光文社古典新訳文庫

フランス革命についての省察

エドマンド・バーク

二木麻里訳

kobunsha classics

光文社

Title : REFLECTIONS ON THE REVOLUTION IN FRANCE
1790
Author : Edmund Burke

目次

フランス革命についての省察

バークによるはしがき

この考察が生まれたきっかけは、パリに住むごく若い紳士との文通だったことを読者にお知らせしておくのはむだではないかもしれない。この青年紳士はその当時、またそれ以来ずっと、世界の注目を集めてきた「フランス革命という」あの重要なできごとについてわたしの意見をもとめたのである。

わたしが返事を書いたのは一七八九年十月のことだった。ただし慎重を期して、すぐには送らず手元においておいた(1)。このあと省察のはじめでふれている「手紙」というのは、このことである。この手紙はそのあと相手に送ったのだが、それとはべつの短い手紙のなかで、返事が遅れている理由についても説明しておいた。ところがその手紙を読んだ紳士は、このできごとについてのわたしの意見を聞きたいと、あらためて強く望んだのである。

それでわたしはふたたびこの問題について、さらにくわしい検討を始めた。そのうち今年の春ごろから、この省察を発表してはどうだろうかと思い始めた。真剣にそう考えるようになると、これは一通の手紙で書けるようなものではなくて、ことの重大さからみても、考えていたよりずっと長い時間をかけて、もっとくわしく考察をかさねる必要があると思えてきた。

ただ、最初の考察は手紙のかたちで始めていたし、実際に書き始めたときにも私信のつもりだったので、考えが新しい方向に進み、さらにくわしいものになった時点でも、相手に話しかけるような書簡体の文体を変えることは難しいことがわかってきた。いまではわたしも、この考察の題材をふさわしいかたちで分割して配分するには、べつの計画にしたがったほうがよかったかもしれないと考え始めてはいるのだが。

1 フランスの革命とイギリスの反応

拝啓

近頃フランスで起きていることについてわたしがどう考えているのかと、あらためて熱心にお尋ねいただいておそれいります。自分の意見にはそれほどの価値があるのだ、などと思い込んでいるようにみえないことを願っています。あまりにささやかな意見なので、お耳にいれようか、どうしようか、と悩むまでもないほどだったのです。

意見を書き送ってほしいと最初にお求めいただいた時点でためらったのも、あくまであなたのことを考えたからで、ただそれだけでした。さしあげた最初の手紙、ようやくお送りしたあの手紙は特定の人びとのために書いたものではなく、また特定の立場を代表して書いたものでもありません。それは今回も同じなのです。内容にまちがいがあったとしても、それはもっぱらわたしの責任で、わたしの評判が下がるだけのことです。

お送りした長い手紙でおわかりいただけるかと存じますが、フランスという国があくまで理性にもとづく自由の精神に動かされているのであってほしいと、わたしとしては心から願っています。みなさんがあらゆる真摯な政策をつうじて、その精神のための強固な政治組織を作り上げ、実際に行動するための効率的な機構を確立するだろうと考えているのです。ところが最近のみなさんの活動のいくつかの点、それも肝心かなめの点については大いに疑念を抱かざるをえないのが、われながら残念です。

フランス革命を「公認」したイギリスの二団体について

先日お手紙をくださったとき、フランスで起きたいくつかのできごとに関して、わたしがそれを公式に認可する者の一人ではないかと想像していらしたようですね。「憲法協会」「革命協会」というロンドンの紳士たちが設立した二つのクラブから、そちらのできごとを厳かに公的に認可する証書がそちらに届いたことで、そうお考えになったわけです。

わたしはたしかに、イングランド王国の国家体制と名誉革命の原則を強く尊敬する複数のクラブに所属するという名誉にあずかっています。さらに、イングランドの国家体制と名誉革命の原則を、この上なく純粋で活気のあるものとして維持しようと熱心に活動している者の一人でもあると自認しています。だからこそわたしは、そこにいかなる誤謬もあってはならないと考えているのです。

革命やその国家体制を愛するという口実にかくれて、その真の原則理念を踏みはずす人たちや、かつて革命をいざない、現在でもその原理を支配している確固とした精神から——それは深謀遠慮に富んだ精神なのですが——あらゆる機会をみつけて逸脱しようとする人びととかかわることについて、自国の革命の記憶を慈しみ、また王国の国家体制をたいせつに思う者たちは、ごく慎重になるものなのです。

ですから、いただいたお手紙の枢要をなす点についてお答えするまえに、いま挙げた二つの団体についてわたしがこれまでに得た情報をお知らせしておきます。二つのクラブは自分たちがフランス国内のできごとに組織として介入すべきだと考えているのですが、まずわたしがそのどちらにも所属していないこと、またかつて所属していたためしもないことを明言しておきます。

憲法協会は書物の回覧クラブにすぎない

一つめのクラブは憲法協会あるいは憲法知識普及協会と名乗って、わたしの知るかぎり七、八年ほどまえから活動しているようです。慈善を目的として設立されたらしく、それじたいは賞賛すべきことですが、実態は会員の拠出金によって多くの書物を購入し、回覧するというものでした。それが自費ではまず買い手のつかないような本ばかりで、しかし売れ残ったままでは有為の人びとにとって大きな痛手になるというわけです。慈善のこころざしから回覧されたその書物が、実際に読まれたのかどうかまではわかりかねます。あるいは一部がフランスに輸出され、こちらで需要のない品物も、そちらで市場を見出したのかもしれません。

イギリスから送られた書物が、フランスでとても役立つことがあるという噂はよく耳にします。お酒によっては、海を渡るあいだに熟成するともいいますが、こうした書物が旅の途中でどのように改良されるものかは判断がつきません。およそ常識のある人は、また最低限の知識をそなえた人は、この協会で回覧されている出版物のほとんどについて、ひとことも褒めてはいません。会員の活動がなにか重要な結果を生んでいるという話も聞いたことはありません——当の会員たちが言っているのはべつとして。

革命協会も実態はあやしい

このみじめな慈善団体、つまり憲法協会については、フランス国民議会もわたしと同じような意見をお持ちのようです。みなさんは国家としての惜しみない賛辞を、もっぱら革命協会のほうだけにあたえました。公平さの観点からみれば、憲法協会もすこしはその栄誉にあずかってもよかったように思います。ですが、みなさんは国家的な感謝と賞賛の言葉を革命協会のほうに捧げることを選んだのですから、ここでわたしがその協会の最近の活動について感想を申し上げてもゆるされるでしょう。

フランス国民議会は、革命協会の紳士たちを承認することで、この協会に重みをあたえました。そして革命協会のほうもその好意に報いて、フランス国民議会の推進する原則理念をイングランドにひろめる委員会として活動しているわけです。ですから、かれらはある種の特権をあたえられたとみなす必要があります。外交団のなかでもそうとうな地位のメンバーという感じです。

しかしそれは、革命時にはあやしげな人物が栄誉に浴し、取るにたりない功績が叙勲されることがままあるという例にほかなりません。つい最近まで、わたしはこのクラブについて耳にしたことさえなかったのです。頭の隅をかすめたこともなかったと断言しておきましょう。当の会員の頭のなかにしか、そんな地位はなかったはずです。

調べてみましたら、どの派かははっきりしませんが非国教会派のあるクラブが、一六八八年の名誉革命の記念日には毎年教会で説教を聞いたあと、ほかのクラブと同じように飲み屋で愉快に日をすごすということを長年つづけていたようです。その人びとが一種公的な立場として祝辞を述べるというかたちで、権威をもってフランス国民議会の行動を承認したといういきさつを知ったときは、驚きのあまり茫然としました。それ以前にかれらの祭日行事のなかで、外国の憲法の長所や、公的な政策や、政治制度が論題になったことが、かつて一度でもあったとは聞いたためしもないのです。おもてだった話にかぎってのことなら、このクラブの昔からの決まりごとやおこないに、なんら文句をつけるいわれはありません。ただし、新しい会員がなんらかの意図をもってそこに参加した可能性はおおいにあります。政治活動家が、自分たちの敬虔なもくろみの道具としてクラブの会員を利用したかもしれないのです。喜びをもって善をなし、かつ施しをする手は慎み深く見せずにおくというあたりは真のクリスチャンといえそうな活動家たちですね。とはいえ、運営の内情について疑うべき点は多々あるにせよ、公にされていないことについては、なんであれ確たることとして申し上げるつもりはありません。

革命協会の行動は異例

わたしとしては、直接であれ間接であれ、あのクラブの挙動に関係しているようにみられるのはまことに心外です。たしかにわたしは世界中の人びとと共に、個として私の持てる力の限りをつくして、かつて公の場で何がなされ、またいま何がなされているかを思索していきたいと思っています。それは古今を問わず、ローマの共和制かパリの共和制かを問いません。しかしなにか普遍的な布教の任を負う立場にはありませんし、一つの国の民として、国の公的な意志にかなりのところまで縛られてもいるわけです。みずからが帰属する国の政府から明確な権限をあたえられたわけでもないのに、外国の政府と公的な通信を始めるとしたら、それは少なくとも不適切な、また異例なふるまいと言わざるをえません。

ましてその通信をあいまいな肩書きで始めれば、こちらの慣例になじみのない多くの人の目には、なにか団体としての裏づけのある行為のようにみえかねないでしょう。

わたしなら、そうしたことは慎みます。そんなことをすれば、まるで王国の法で承認され、国の意向をある面で代表する権限をあたえられた者と思われかねないからです。あんな署名のついた、じつに軽薄な目的の、じつに卑しい請願は、イングランドの下院であれば却下されたろうと思います。それはただ形式の不備のためだけでなく、なんら権威の裏づけのない一般的な記述のあいまいさ、不確実さのためですし、またその背後にありそうな欺瞞の可能性も却下の根拠になったはずです。ところがみなさんはそんなものに対して国民議会の謁見室の扉を開け放ち、全イングランドを代表する訪問団を迎えるようにりっぱな儀式やパレードや大喝采を添えて、国民議会に迎え入れたのです。

もし革命協会がそちらにお送りしようとしたものが、ただの議論だったら、誰が始めた議論かはそれほど問題ではなかったでしょう。議論なら送り手が誰であれ、それで論の説得力に違いが出ることもないでしょうから。しかし送られたのはひとつの評決と決議だけでした。権威を拠りどころとするしかない決議、それがじつは個人の寄り集まりという権威でしかなく、しかもそれが誰なのかさえほとんどわからないのです。

この評決と決議には、それを採択した一人ずつの署名が添えられるべきだったと、わたしとしては考えます。それがあればいったい何人ほどが採択したのか、それが誰で、その意見にどれほどの価値があるかを知ることができました。個々の力量や知識や経験や、国内での権威や指導力にもとづいた判断をくだせたでしょう。

わたしのような単純な人間の目には、今回の手並みはいささか鮮やかすぎ、巧妙すぎるようにみえます。政治的な駆け引きの臭いがしすぎるのです。いかにも聞こえのいい名のもとに、クラブの公的な声明に箔をつけようとしていて、ところがよくよく調べてみると、そんな重みに値するものからはほど遠いのです。どうも詐欺のようなやり口ですね。

フランス革命の評価はまだ保留するべき

わたしは人間的で道徳的な、規律ある自由を愛していますし、そのことにかけては革命協会の紳士がたの誰にもひけをとらないと自負しています。これまでの公の活動全体をつうじて、自由の大義に対する愛をしっかり実証してきたといえると思うのです。協会の紳士たちに劣らず、他のどの国の自由も羨んだことはありません。ですが人間の行動や人間にかかわることがらについて、それを断定的に賞賛したりけなしたりすることはできません。それはそのことがらを、形而上学的な抽象性のなかに孤立させ、単純化し、すべての関係性をそぎ落としてしまうやりかたです。一部の紳士たちは〈状況〉というものを、重要ではないものとみなして無視しますが、あらゆる政治理念にそれぞれ固有の色彩をまとわせ、明確な効果をあたえるのは状況です。個々の社会計画や政治計画が、人間にとって有益になるか有害になるかは、状況次第なのです。

抽象的に語るなら、統治も自由も善きものです。ですが常識として、十年前のフランスの統治がどのような性質のものだったか、またその行政がどのようなものだったか（つまり当時はまだ統治といえるものが存在していましたから）をきちんと調べもしないまま、ただ統治されていたというだけで祝福することはできないでしょう。それならいまのフランスを、ただ自由だからというだけで祝福することができるものでしょうか。

抽象的にいえば、自由とは人類にあたえられた贈り物の一つといえるかもしれません。ですが、だからといって精神の病にある者が、自分を保護するための拘束と、快癒をうながすほの暗い個室から逃走し、ふたたび光と自由を享受したのだと本気で祝福するべきでしょうか。脱獄してきた追剝ぎや人殺しに向かって、おめでとう、自然権を回復しましたねと祝うべきなのでしょうか。そんなことをしても、ガレー船漕ぎの刑に処せられた囚人たちを救出した英雄、すなわちあの形而上学的な「憂い顔の騎士」(1)の場面を再現することにしかならないでしょう。

自由の息吹《スピリット》が活動しているときは、そこに力強い原則がはたらいていることがわかるものです。とはいえ、自由について言えることはさしあたりそれだけなのです。そこでは野生のガスといいますか、〈固定気体〉〔炭酸ガス〕が全面的に解き放たれた状態にあることはあきらかです。しかしこれについて判断をくだすには、最初の泡だちがいくらか鎮まって、液体が澄んでくるまで待つべきです。ぼこぼこと気泡が騒ぐ表面がおちついて、もっと深いところにあるものが見透せるようになるまで、判断停止です。

誰かが贈り物を受けとったとして、それを公に祝福するまえに、まずはその人がほんとうに贈り物を受けとったのかを確認するべきでしょう。おべっかは、言うほうも言われるほうも堕落させるものです。へつらわれるのは王にとって虚しいことですが、民衆にとっても同じです。ですからフランスの新しい自由が、統治や公的権力や、軍の規律や服従や、効率的で均衡のとれた歳入徴収や、また道徳と宗教、財産の安定性、平和と秩序、礼儀や社会の風習などなどと、どこまでうまく結びつくのか、それがはっきりするまでは今回の自由を祝福することは控えておくべきだと思うのです。こうしたことはどれもすべて、それぞれのありかたにおいて善きもので、つまりこうしたものがなければ、たとえ自由がつづいてもそれは恩恵をもたらすものではなく、そもそも長つづきすることもないでしょう。

個人にとって自由とは、やりたいことがやれるということです。ですから、その人びとを祝福するよりさきに、まずその人びとがなにをやりたがっているのかを調べなければなりません。そうでないと、祝福もたちまち不平不満にとって代わるかもしれないのです。一人ずつばらばらに生きている個人が対象であれば、慎重な目で見るだけで、この問題はおのずと解決するでしょう。しかし人びとが集団として行動していると、自由は力になります。思慮深い人であれば自分の立場を公表するまえに、こうした力がどんなかたちで使われているかをまず観察するでしょう。とくに相手の原則や気質や傾向がほとんど経験のないもので、新しい人びとが新しい力をふるっているとき、しかも舞台でいちばん活発に動いている人たちが、じつは真の原動力ではないかもしれないような状況ではなおさらです。

フランス国民議会の急展開について

しかしこのような配慮はどれも、革命協会の卓越した威厳の前には取るに足りないものでしかなかったわけです。あなたに手紙をさしあげた当時、わたしは田舎に滞在していて、かれらのやりかたを十分に把握できていませんでした。ロンドンに来てすぐ、かれらの行動について説明する文書を入手しました。文書は革命協会公認の出版物で、プライス博士の説教のほか、ロシュフコー公爵の手紙やエクスの大司教[2]の手紙、その他の付属文書が添えられていました。この出版物がまるごと、フランスの革命とイングランドの革命とを結びつけようとする意図であるのは一目瞭然で、フランス国民議会の行動にならうことをイングランドにうながすものです。わたしは言い知れない不安を感じました。

国民議会の行動が、フランスの権力や信用、繁栄、治安におよぼした効果は、日ごとに明らかになってきています。将来の政体のありかたを決めることになる憲法の形態も、よりはっきりしてきました。イングランドが模範とすべきだという、そのことがらの真の性質を、いまではかなり正確に見分けられるところまできています。

節度や礼儀作法のために口をつぐんでいるよう求められる状況もありますが、より次元の高い思慮に照らして、自分の考えを口にするほうが正しいという状況もあるでしょう。イングランドではいまのところ騒乱の芽はごくひ弱ですが、わたしたちはフランスの例を目撃してきました。イングランド以上にひ弱だった幼子が、みるみる力をつけて山の上に山を積み上げ、天そのものに戦いを挑むまでになったのです。隣の家が火事だというとき、消防作業で自分の家に多少の水をかけるのはやむをえない話です。安全に自信を持ちすぎて破滅するより、びくびくしていると侮蔑されるほうがましですから。

フランス革命は奇怪な悲喜劇

わたしが願っているのは自国の平和なのですが、だからといってフランスに関心がないわけではありません。ですから、最初はあなたお一人の関心を満たすことだけを考えていたこの手紙も、もっと考察のかまえを広げて書かせていただきます。今後もフランスの状況をつねに念頭に置きながら、あなたに話しかけたいと思うのです。お手紙を通じておつきあいをするという自由な立場を利用して、形式ばったやり方にはあまりこだわらず、心にまかせて感じるままをお話ししようと思います。

まずは革命協会のふるまいから考えてみましょう、とはいえそこに話を限るわけではないのです。また限れるはずもありません。わたしはどうも自分が危機に立たされていると感じています。そしてフランスだけでなくヨーロッパ全体、あるいはヨーロッパを超えるほどの範囲が危機にあるのかもしれません。すべてを考えあわせると、フランス革命は、かつて世界で起きたことのなかでも最大級の、驚天動地のできごといえるでしょう。しかし最も驚異的なことが、最も不条理で、こっけいな仕方で、かつ最も笑うべきありさまで実現するということはままあるのです。それもみるからに愚劣極まりない人びとの手で実現したりします。

軽率と残忍が、あらゆる犯罪とあらゆる愚行が混ぜあわされたこの奇妙な混沌のなかでは、なにもかも本来の自然な性質を失っているようにみえます。この奇怪な悲喜劇の場面を眺めていると、およそ相反する情念がつぎからつぎへと湧いてきて、ときにはそれが心の中で入り混じってしまいます。哄笑と涙が入れ替わり、冷笑と恐怖がたえまなく交錯するのです。

ところがいっぽうで、一部の人びとにはこの奇妙な光景がまったく違うものにみえたことも否定できません。この人びとの心には、ただ歓喜と熱狂だけが湧き起こりました。フランスでなしとげられたできごとの内側にあるのは、確固とした穏健な自由の行使だけだというのです。すべては道徳にも信仰にもそっくり適っているという見方で、それによってフランスのできごとは、勇ましいマキャヴェリ風の政治家たちから世俗的な喝采を受けるに値するだけでなく、宗教的な雄弁をいとも敬虔に披露する、ちょうどいい機会ともみなされたのでした。

イギリス内の革命支持派プライス博士

このまえの十一月四日の朝、非国教会派の有名な牧師リチャード・プライス博士が説教をおこないました。旧ユダヤ人街にある非国教会派の集会所で、博士のクラブあるいは協会に向けられた説教でした。これが異例なほど多岐にわたる内容で、道徳や宗教の立派な意見がなかなかたくみに述べられたかと思うと、それが政治的な意見や考察とごたまぜに混ざっていきます。つまるところ話題の中心はフランス革命なのでした。

革命協会が、スタノップ伯爵をつうじてフランスの国民議会に伝えた呼びかけは、この説教の原則理念をもとに、それを発展させたものではなかったかと思います。原動力になったのは、この説教をしたプライス博士なのです。この呼びかけは、説教の強い影響を受けた人びとによって明示的にも暗示的にも、非難や留保はいっさいなしに採択されました。説教と採択とを切り離して、片方は肯定し、片方は否定するということもできたかもしれません。ですがわたしには切り分けて考えることは不可能です。

わたしの目には、あの説教はひとりの人物の公的宣言であるように思えます。それも国内外の文壇の輩や、陰謀好きの哲学者たち、また政治的な宗教家だの宗教的な政治家などと結託している人物です。かれらはこの人物を、ある種の預言者として祭り上げました。(3)というのもこの預言者はごく純粋に善良な意図のもとに、おのずとフィリッポスの利益になるようふるまって、かれらの望みどおりの預言の歌を歌っているからです。

プライス博士の先達といえるヒュー・ピーター尊師(4)が、かつて一六四八年にセント・ジェームズ宮殿の王室礼拝堂で、キリスト教の聖人たちの名誉と特権を讃える言葉を丸天井に響かせたことがありました。「唇にて神を褒め歌い／手には両刃の剣を持ちて／異教の諸国に仇をうち／それらの民を懲らしめて／その王どもを鎖につなぎ／貴人どもには鉄の足枷／定められし裁きをおこなわん」(5)。プライス博士の説教は、それ以降わたしの国で容認され奨励されてきた説教としては、およそ聞かれたためしのなさそうな調子でした。

フランスの宗教同盟時代やイングランドの厳粛同盟・誓約時代であればともかく、壇上の大熱弁として、あの旧ユダヤ人街でなされた説教ほど節度に欠けたものは思いあたりません。あの政治臭に満ちた演説に、なにか節度といえるようなものが仮にみられたとしても、そもそも政治の言葉と説教の言葉にはほとんど接点などないのです。

市民の教会のなかでは、キリスト教の慈悲に満ちた癒しの言葉以外、なにも耳に響いてはならないのです。自由や政治統治における大義も、宗教の大義とおなじことで、本分をはき違えてはなんにもなりません。自分固有の性格を手放して、自分にないものを装う人の多くは、手放した性格も装っている性格もわかっていないのです。そういう人は自分が好んで介入しようとする世界をじつは知らず、口をはさむことがらについてもまるで経験がないのに、自信満々で口をひらきます。政治戦略といえば自分のうちに掻きたてた情熱しか持ちあわせがありません。教会とはまさしく、人類の不和と憎悪に対して、一日の休戦がゆるされる場所であるはずなのに、です。

教会に政治を持ち込むのはまちがっている

この演説のスタイルはそれほどひさびさに復活してきたものだったので、どこか新鮮な感じもしました。その新鮮さにまったく危険がないというわけではないにせよ、論のすべてが危険だったと言いたいわけではないのです。たとえば、こちらの大学で高い地位についているある人物を指すと思いますが、ある高貴で尊い在俗の神学者について示唆した箇所、「地位と教養」に優れたある在俗の神学者を示唆した箇所[6]などは、なにか目新しさもあり、それなりに妥当で時宜にかなったものに思えました。

しかしプライス博士の進言にはつぎのようなものもありました。もし非国教会の高潔な信徒が、自分たちの敬虔な空想を満たすものを国教会の古い伝統のなかに見出せないときは、また非国教会の多彩な思想のなかにも見出せないときは、国教会に反対する方向で改善をおし進め、おのおの固有の原理にもとづいて自分の礼拝所を設立するべきだというのです。[7]

この尊い神学者が、新しい教会を設立することにこれほど熱心でありながら、そこで授けることになるはずの教義そのものについては完璧なまでに無関心だというのはいささか目を引く点です。博士の熱烈さには奇妙なものがあります。自分の意見を広めるというより、あらゆる意見を広めることに熱心なのです。めざしているのは真理を伝えることではなくて、異議を広めることです。高貴な導師たちは国教に異議を唱えさえすればよく、誰の異議なのか、何の異議なのかは問題ではありません。反対するぞ、という点が重要で、それさえ押さえられていれば、その宗教は理性的で人間的だというわけです。

とはいえわたしは疑問です。こうした打算的な神学者が「偉大な説教者たちの大いなる集まり」から手にしようと目算するすべての利益は、はたして宗教にとって実りになるといえるのでしょうか。非国教主義という植物標本集をさしあたりみごたえのあるものにしている既知の綱や類や種といった豊富な見本に、またひとつ貴重な新種が追加されるというだけではないでしょうか。

たしかに高貴な公爵や、高貴な侯爵や、高貴な伯爵や、勇敢な男爵たちが説教をおこなうようになれば、ロンドンの街の娯楽がふえて多彩になるでしょう。この街は、気の抜けた遊興が変わりばえもしないさまでくり返されることに飽き飽きし始めているのです。ただわたしとしては、この新しい衣装と冠をつけた牧師たちが、その爵位ある説教台から語りかける民主主義的で平等主義的な原理については、ある程度の限界がもうけられるべきだと考えるにすぎません。

ですがこの新しい福音伝道者が、自分たちへの期待を裏切ることになるだろうということも、あえて言っておきます。字義どおりにも、比喩としても、かれらが論客の神学者になることはないでしょうし、古き良き時代に竜騎兵の連隊や歩兵砲兵の部隊が鍛えられたように、かれらの会衆が教えられ鍛えられることもないでしょう。

ここでふれたような仕方は、政治的にも宗教的にも自由を強制しようとする大義にとっては都合がいいでしょうが、国家の安定にとって好ましいものにはならないでしょう。ただし、説教に制約を加えることで不寛容がいたるところに蔓延したり、ひどく乱暴な専制主義の支配になったりはしないよう期待したいところです。

国王は統治権の簒奪者なのか

しかしあの説教師については「あの暴虐の日々を、たわごとに費やせばよかったものを」[8]と言っておくほうがいいかもしれません。あの騒がしい託宣がすべて無害なわけではないからです。その教義はこの国の憲法の核心部にかかわっていて、政治臭に満ちたあの説教のなかで革命協会に対してこう告げているのです。すなわちこの国の国王陛下は「国民に選ばれて王冠をかぶっている世界でほとんど唯一の存在で、唯一の合法的な王です」。

この人権の教皇は、みずからの大権にもとづいて世界中の王という王を（一人をのぞいて）追放に処し、破門してしまうわけです。まるで教皇権が絶頂にあったあの十二世紀の国王廃位権をしのぐような大胆さで、王たちをひとからげに追放と破門に処して、全世界のすべての緯度と経度にわたって国王たちは簒奪者であると宣告してのけるのです。これでは王のほうも、使徒のようなこの伝道者たちを自国の領土に受け入れるかどうかを考えあぐねることになるでしょう。なにしろ当の王の臣民にむかって、貴国の王は合法的な王にあらずと告げに来る伝道者なのです。

それは王が考えればいい問題ではあるでしょう。しかしわたしたちにとっても、ある観点からみた自国の案件として真剣に考えるべきことなのです。というのもあの紳士たちは、グレートブリテンの国王については臣民としての忠誠を捧げられるべきものと承認しているわけですが、その正当性の根拠としている唯一の原理が、はたしてそう強固なものかどうかを検討する必要があるからです。

革命支持派の主張は世襲王位の原理と矛盾している

この教義をいま現在イギリスの王位にある君主に適用した場合、意味をなさないので真でも偽でもないということになるか、あるいは根拠に欠け、危険で非合法的で憲法違反の見解と断定することになるか、どちらかです。あの宗教的政治学者によれば、民によって選ばれたのでなければ国王陛下は王冠に値せず、合法的な王ではないことになります。ですがこの国の王冠がそのようにして陛下に帰せられているとはとうてい言えません。すると、あの規則にしたがえばグレートブリテンの国王は、世の簒奪者たちとなにも違わないことになってしまいます。民の選挙によってその高位を得たのではないからです。国王たる簒奪者たちは臣民の忠誠を得る権利も資格もなしに、このみじめな世界をいたるところあまねく統治している、あるいはむしろ統治権を強奪していることになります。

このようにとらえなおすと、この一般教義のめざすところは十分にあきらかです。この政治的福音を布教しようとする人びとは、自分たちの抽象的な原理（すなわち主権をもつ支配者が合法的に統治するには、民に選ばれる必要があるという原則）がグレートブリテンの国王に適用されないかぎり見過ごされるだろうと期待しているのです。

そうこうするあいだに、説教を聴かされる会衆も耳がだんだん慣れてきて、この原則を議論の余地なく認められた第一原理のように考え始めるでしょう。

この原理はいまのところ、たんにひとつの理論としてだけ扱われ、雄弁な説教という液に酢漬けにされたまま、将来使うときまで保存されているようにみえます。「すぐ取り出せるように備蓄しておく」わけです。このやりかたによって、わが国の統治は、なんら正当性がないまま口あたりのいい温存手段で中和されたことになるのですが、いっぽうですべての統治に共通する安全保障、すなわち世論も奪い去られています。

こうしてあの政治家たちはさらに前に進んでいき、その間、自分たちの教義はほとんど注目されずにすんでいます。ところがそこに使われている言葉のはっきりした意味や、教義の率直な方向性について問われる段になると、とたんにあいまいな言い回しや逃げ道だらけの説明があらわれてくるのです。

国王は民に選ばれて王座についた、だから世界で唯一の合法的主権者であるのだとかれらが主張するとき、これまでの王の祖先のうち何人かは、選ばれて王位についた者なのだから、いまの王も民が選んだことになるのだと言っているようなもので、それ以上の意味にはなりません。このようにかれらは、みじめな言い逃れで自分たちの主張を安全なものにしようとしています。自分の愚かさを、自分の罪をくらますための隠れ家として利用するのです。こんな解釈が認められるなら、かれらのいう「選択」と、わたしたちのいう「世襲」の間にどういう違いがあるのでしょう。そしてジェームズ一世以来つづいてきたブランズウィック家代々の血統による王位継承が、近隣諸国の王権より合法的であるとする根拠はどこにあるのでしょうか。

2　イングランドの立憲主義と王政

イギリス国王の世襲は法にもとづいている

どの王朝であれ、始まるにあたっては、その最初の人物の統治をもとめる人びとによって選ばれたのは確かでしょう。ですからヨーロッパのすべての王国は、選ばれる人物はある程度限られていたとしても、いにしえのある時期に国王が選ばれることで始まったのだという意見には十分な根拠があります。しかし、この国であれどこであれ千年前にどのような国王がいたにせよ、またイングランドやフランスの王朝の発端がどのようなかたちであったにせよ、いま現在グレートブリテンの国王は、自国の法にもとづいて厳密に定められた世襲の規則によって王なのです。そして就任の契約を成立させる法的条件を国王が満たしているかぎりにおいて（いま国王は実際に満たしているのですが）その王位を保持しつづけます。革命協会の選択など、なんの関係もありません。

革命協会というところは、個人としても団体としても、自分たちのなかから国王を選び出す権利などいっさいないのです。ただ、自分たちの主張が認められるようになった場合、すみやかに自分たちを選挙人に仕立てることはまちがいありません。それでも陛下の世継ぎもその継承者たちも、生まれと継承の順に応じて王位を継いでいくでしょうし、そこで革命協会の選挙権など問題にならないことは、現陛下が王位を継承されたときとなにも変わりはないでしょう。

陛下の王冠は民の選択によるなどという考えは、事実について法外な誤認をもちこむことにほかなりません（たしかに陛下は民の願いによって王位を保持してはいますが）。かれらがそれを説明しようとどれほど詭弁を弄しても、民に王を選ぶ権利があるという原理を自分たちが明言していることに変わりはありません。それも正面きって唱え、強硬に墨守しているのですから、うやむやにできるものではありません。

国王選挙についての、もって回ったさまざまなほのめかしは、その底にあるこの主張からきているのです。あの政治的神学者は、国王だけに認められている法的な権限の根拠が、自由をめぐるただの追従の飾り言葉と受けとられないようにと、専横な主張(1)をおし進めています。すなわちイングランドの国民は名誉革命の原則によって三つの基本的権利を獲得した。この三つは全体で一つの体系をかたちづくるもので、つぎのようにまとめられるというのです。

その一　われわれには、自分たちの統治者を選ぶ権利がある。
その二　われわれには、統治者が失政をおかしたときは追放する権利がある。
その三　われわれには、自分たちのための政府を樹立する権利がある。

この新しい、前代未聞の「権利章典」は、全国民の名において定められたものとされています。しかし実際にはあの紳士たちとその党派だけのものです。イングランドの国民の大半は、これにいかなる関わりもありません。国民はこれを徹底的に否定するでしょう。この主張が実行されたりしたら、国民は命と財を投げうっても抵抗することでしょう。まさしくあの名誉革命のおりに作られた自国の法によって、国民には抵抗する義務があるのです。ところがあの革命の名を悪用する革命協会は、虚構の権利を主張するためにこれをもち出しているのです。

旧ユダヤ人街の紳士たちは、一六八八年の名誉革命について自分たちがおこなっているすべての議論のなかで、その四十年ほど前にイングランドで起こったピューリタン革命と、最近のフランス革命を心のなかでくっきり思い浮かべているために、この三つの革命をつねに混同しつづけています。かれらの混同したものを、わたしたちは区別しなければなりません。かれらの誤った幻想を否定しながら、わたしたちは尊敬してやまない名誉革命の実際の法規を思い出して、その真の原理に目を開かなければなりません。

民権と王位継承権は不可分のもの

一六八八年の名誉革命の原則は、権利宣言とよばれる法律のなかにみることができます。きわめて賢明で穏健な、思慮深い宣言書で、偉大な法律家と偉大な政治家の手で起草されたものです。興奮しやすい無経験な熱狂者が作ったものではありません。そこには「統治者は自分たちで選び、失政がある場合には追放して、みずからのために政府を樹立する」という一般権など、ただのひとことも記されていません。示唆さえありません。

この権利宣言は、ウィリアム・メアリ治世の第一年第二議会の法令第二号として施行されました。その際に補強され、解説され、さらに改善されて、その根本原理はわたしたちの国の政治構造の礎石として永久に確定されているのです。これは「臣民の権利と自由を宣言し、王位の継承を定める法」と呼ばれています。臣民の権利と王位の継承が一体のものとして宣言されていること、両者は不可分なものとして結びつけられていることがおわかりいただけるでしょう。

これが定められてから数年後に、国王として選ばれる権利について考察する第二の機会が生じました。ウィリアム王にも、のちのアン女王である王女にも世継ぎが望めないことがあきらかになってきたため、王位の継承と民の自由をさらにしっかりと保証する手段について、立法府はまた考慮しなければならなくなったのです。ではこの第二の機会において、あの旧ユダヤ人街の紳士たちが主張するまやかしの革命原理に沿うありかたで王位が法定されるような条文を、立法府は制定したのでしょうか。いいえ、そんなことはまったくありませんでした。権利宣言に定められた原則にしたがったのです。そしてプロテスタントの血統のなかで王位が継承されることが、さらに緻密に規定されました。

この法令もまえとおなじ方針にもとづいて、人民の自由と、世襲による王位継承をひとつの法令に合体させたものでした。立法府は、イングランドの国民に自分たちの支配者を選ぶ権利を認めるのではなく、ジェームズ一世から始まるプロテスタントの家系で継承することが「この国土の平和と安寧と治安のために」必要不可欠であると宣言したのです。さらに「臣民が安んじてみずからの保護を求め頼ることができるような、王位継承の確実性」を維持することが、なによりも必要であると宣言したのでした。

この二つの法令から響いてくるのは曖昧さなどかけらもない、名誉革命の方針を語る声であって「国民には自分たちの統治者を選ぶ権利がある」などという、ジプシー風の非現実的な予言を認める声ではありません。必要があって生まれたひとつの事例を法の原則に転じてしまうことに、国民の深慮がどれほど全面的な抵抗をみせたかがよく示されています。

名誉革命のときの国民の意志は「世襲制」だった

たしかに名誉革命のとき、厳格な世襲継承順位という点からみた場合、ウィリアム王という人物にはやや逸脱[2]がみられました。とはいえあれは特殊な例でしたし、そもそもある個人について定められた法律から原理原則を引き出そうとするのは、法律学の真の理念に反しています。つまり「個別の特権は先例にはなりえない」のです。

しかし民が選んだ王だけが唯一の合法的な国王であるという原理をうち建てるいい機会があったとすれば、それはまちがいなくあの革命のときだったでしょう。あのときですらそうしなかったというのは、いついかなるときもそうすべきでないと国民が考えていた証拠です。

そして当時の議会もそうでした。つぎの事実を知らないほど自国の歴史に無知だという人はまずいないでしょうが、与野党の多数派には、国王を選挙で選ぼうという考えはまったくなかったのです。空位になった王位もオラニエ家の公子にあたえるのではなく、その妻のメアリのほうにあたえようとしました。メアリはジェームズ王の娘ですし、王の子として最年長でしたし、その血筋になんら疑義はありませんでした。

こんなことをいちいち思い出していただくのはつまらない話のくり返しにしかなりませんが、国民がウィリアム王を国王として受け入れたのは、ほんらいの意味で「選択」したということではありませんでした。ジェームズ二世をふたたび国王として復位させたりして国内を血の海にしたくなかった者や、自国の宗教と法と自由を、いま切り抜けたばかりの危機にまた投げ入れたくなかった者たちにとって、ウィリアム国王は選択というより、必要に迫られての行為でした。それも必要という言葉の、最も厳格に道徳的な意味合いにおいてです。

権利宣言でも世襲制は強調されている

議会は一時的に、あくまで一度かぎりの例として、厳密には王位継承順の第一位から外れた君主を迎えたわけです。[3]とはいえ継承順位としてきわめて上位の人物ではありました。その際に権利宣言と呼ばれる法案を起草したサマーズ卿が、この微妙な状況にどう対処したかは興味深いことです。王位の継承順が一時的に無視されたことが人びとの目を引かないよう、そこはじつに機転のきいた処理がなされたのです。しかし必要にせまられたこの法のなかでさえ、偉大なサマーズ卿と卿に従う立法府は、王位の世襲という継承理念の助けになるようなものがあれば徹底して前面に立てて強調し、最大限活用してみせたのでした。

サマーズ卿は、議会法にみられるような無味乾燥な命令調の文体を使いませんでした。上院と下院の両院が、立法府として敬虔な祈りを捧げるような仕方でこう宣言したのです。「尊い両陛下が祖の御代からの王座について、さいわいにもわれらを統治するために君臨なされたことこそは、この国に対する神の驚くべき摂理であり、慈悲深い恵みであります」。そして「われらは心から、うやうやしい感謝と賛美を捧げるものであります」と述べたのです。

このとき立法府が念頭においていたのは、もちろんエリザベス女王の治世第一年の法令第三号とジェームズ一世の治世第一年の法令第一号です。この二つの法令は、王位の継承は世襲によってなされるのが自然であると力強く示していました。卿たちは多くの箇所で、ほとんど言葉をなぞるくらい正確にこの昔の法令の形式にならっていて、謝辞のかたちまで踏襲しているのです。

上下両院はこのウィリアム王の法令のなかで、統治者を選ぶ権利を主張する文句なしの機会をあたえてくれてありがとうございますと神に感謝したりはしませんでした。また国王が王位につくことを合法とする唯一の資格は選挙によるなどという主張もしませんでした。たんに外見上はそうみえるということさえできるかぎり回避したというその状況までも、神の摂理による逃げ道だったと感じたほどなのです。

かれらは世襲による継承順を改良することで世襲を永続的なものにしようと望んだのであって、そうした権利を弱めそうな状況や、将来ありうる逸脱の先例になりそうな状況までをふくめ、そのすべてにたくみな政治のヴェールをかけて覆ってしまおうとしたのです。

というのも、つぎの条項でこう宣言されているからです。「これらの大権は両陛下に最も完全に、正しく、全面的にあたえられ、体現され、統合され、所属するものである」。これは王政の精神をゆるがせにしないよう、メアリ女王とエリザベス女王が宣言した成文法[4]に定められたとおりに祖先の慣例と緊密に一致しつづけるよう、王位にかかわるすべての法的大権を認証して両陛下のものとする宣言なのです。

またつづく条項ではこうも宣言されていました。「わが国の統一と平和と平穏は、神の恵みのもと、この王位継承権の確実さ」を維持することに「すべてかかってい る」。これは王位継承権の僭称につながるあらゆる疑義を防ぐものです。そしてこの宣言においても、国の伝統的な政策と一致するかたちで、かつてのエリザベス女王とジェームズ王の法令にみる伝統の表現がくり返されています。まるで礼拝の定型文のようです。

王位を継承する資格に疑義が生じれば選挙ときわめて近い状態になってしまうでしょうし、選挙になれば自分たちが重視する「この国の統一と平和と平穏」をまさに破壊することになると、かれらはよく承知していたのです。この目的を実現するため、そしてあの旧ユダヤ人街の声明にあるような「自分たちの統治者を選ぶ権利」を明示的にしりぞけるため、さらにつぎの条項が加えられています。

そこにはさきのエリザベス女王の法令から採られた宣誓文がふくまれていて、これは世襲による王位継承を支持するものとしては、かつてもいまも最も厳粛な誓約であるといえるでしょう。それはあの革命協会が上下両院のものとしてよりどころにしている原理を、あたうかぎり厳粛に否定するものでもあります。すなわち「聖俗の両院議員は、前記の全国民の名において、自分たちとその後継者ならびにその子々孫々にいたるまで、最も謙虚に忠実に、永久に服従し、前述の両陛下ならびにここに明記され、くわしく記された王位についての制限を、全力をあげて護り、保ち、防衛することを、誠意をもって約束する」とあります。

憲法とは道徳的な拘束である

ですから、わたしたちがあの革命によって王を選ぶ権利を得たというのは、およそ真実からほど遠いのです。たとえそれ以前にそんな権利があったとしても、イングランドの国民はあの名誉革命の時点で、自分たちと子孫にいたるまで末永く厳粛に、その権利を拒み、放棄したといえます。［革命協会の］紳士たちは自分流のホイッグ理念[5]を楽しみ、好きに自慢すればいいでしょう。

ですがわたし自身がサマーズ卿を上回るほどのよきホイッグ派であるなどとみられ

るのは願い下げです。また名誉革命の原理原則を、発案者の人びと以上によく理解しているなどとも思われたくありません。さらにいえば権利宣言という、あれほど心を打つ文章をとおして不滅の法の言葉と精神が刻まれた宣言のなかに、それを書いた人さえ思いもよらない神秘的な何かを読みとりたいなどとは考えもしません。

名誉革命の時点において国民は力と機会に恵まれていて、ある意味では王位への道を自由に決めることができたといえます。同じ理屈で、王政を廃棄し、憲法にかかわるほかのすべてを廃止する自由もあったわけです。しかし国民は、そんな不遜な改変を実行することが自分たちの任務だとは考えませんでした。

もちろん当時の議会両院による最高権力について、その権限をたんに抽象的に見た場合、その限界がどこにあるのかを見定めるのは難しいことですし、たぶんむりでしょう。しかし、道徳的な意味における権限の限界がどこにあるかは完璧に認識できます。そのときどきの恣意的な決定をひかえて永遠の理性にしたがうこと、また信頼や、正義や、確固とした基本政策の維持など揺るぎない原則を守ることです。それは両院以上に議論の余地のない、至高の最高権力においてもいえることなのです。この道徳的限界は、国家においてあらゆる権威を行使する人びとを完全に拘束するものです。肩書きの違いも、身分の違いも、そこにはありません。

たとえば上院は道徳的な意味から、下院を解散する権限をもちません。自院を解散する権限さえもちません。自国の立法府としての役割を放棄しようとしても、できないようになっているのです。王でさえそうです。みずから退位することはできるかもしれませんが、王政そのものを廃止することはできません。

おなじような理由から、というよりさらに強い理由から、下院はみずからにあたえられた権威を放棄できないのです。そのような権威侵犯や権限譲渡は社会の約束と契約で禁じられているからで、それはふつう憲法という名で呼ばれています。国家を構成する要素はそれぞれたがいに公的信義を保つ義務を帯びていて、その義務はたがいの契約によって重要な利益を得るすべての人びとに対しても同様です。それは個別の共同体に対して国家全体が信義を保つよう定められているのとおなじことなのです。そうでないと遂行権と権力とがすぐに混同されて、法は無になり、ただ勢力において優ろうとする意志しか残らなくなってしまうでしょう。

保守とは変更をともなうもの

この原理にもとづいて、昔もいまも変わることなく、王位は法に定められた世襲によって継承されてきました。以前の方式では、王位継承はコモンロー（一般法）による継承でした。現在の方式は、コモンローの原理にもとづいて定められた制定法による継承ですので、その違いはありますが、実質的な内容が変わったわけではありません。方式が定められ、継承すべき人物が明記されただけなのです。

コモンローと制定法という二つの法は、同じ効力をもち、同じ権威から生まれたものです。この権威は国家についての共通合意と始原の契約、すなわち「国家の共通の約束」から生まれたものです。そしてこの契約の条項が遵守され、国王と国民がひとつの国家組織を受けついでいるかぎり、国王も国民もこの権威に拘束されるのです。

定められた規則と、ときに生じる逸脱とを調和させるのはかんたんです。詭弁のような形而上学の迷路に迷い込みさえしなければいいのです。そうすれば、この国の統治機構にある王位世襲という原理の神聖さと、極端な緊急事態においてその原理の適用方法を変更する権力とを調和させることも、けっしてむずかしくありません。

とはいえ、そうした極端な緊急事態のときであっても、変更するのは問題のあるところだけにしておく必要はあります。つまりどうしても必要な逸脱を生じさせた部分だけです。かつて名誉革命のときに行使された権利をもとに判断すれば、そういうことになるのです。そしてその場合でも、市民集団や政治集団の構造全体が解体されたりすることなしに変更が効果を発揮するようでなければなりません。社会の基本的な要素から新しい社会秩序を作り出してしまうようなことは避ける必要があります。なんらかの変更手段をもたない国家は、みずからを保存する手段をもたない国家なのです。そうした手段がないときその国は、国の構造のなかでも、最も深く祈るような思いで護りたいと願っている切実な部分を、失ってしまいかねないでしょう。王政復古と名誉革命という、イングランドに王がいるとはいえなかった二度の危機的な時期は、保存と修正という二つの原則が力強くはたらいた時期でもありました。

この二度の時期にわたしの国は、かつての建物にあった統一のかすがいを失いました。しかしそれでも建物全体が分解してしまったわけではありません。それどころか、あのとき国民は古い憲法の欠陥部分を、健全な部品で再生させたのです。古い箇所も厳密にもとのままで保つことができました。修復された部分は、健全な部分にぴったり適合するみこみがあったのです。国民は上下両院という古い組織の形態を保ちながら行動したのであって、ばらばらに解体された民という有機的な分子として行動したのではありませんでした。

名誉革命の時期は、この国で世襲による王位継承のまっすぐな系統から逸脱が生じた時期でした。しかしこのときほど、最高立法府がイングランドの憲法の基本原則に対して鋭敏な配慮をみせたこともないのです。王位はそれまでの家系から少しずれて継承されたわけですが、新しい王系も、もとの王系とおなじ祖先からきていました。ですから、世襲による継承という原則は守られていたのです。ただそこにプロテスタントの王に限るという要素が新しくつけ加えられました。立法府は、方向転換はしてもそれまでの原理は維持したのであって、その原理を不可侵のものとみていることを示してみせたといえます。

世襲継承を否定すれば過去の王まで否定される

この原理についていえば、世襲による王位継承法には名誉革命の時期よりはるか昔に改変が加えられたことがありました。ノルマン征服からしばらくのち、世襲の法原則にいくつか大きな疑義が生じたことがあったのです。ひとつは、分割相続者と長子相続者⑹のどちらが王位を継承するのかということでした。しかしどちらが王位についたにせよ、あるいはカトリックの王よりプロテスタントの王が望まれたにせよ、世襲という原則じたいはあらゆる変転をくぐり抜け、不滅のものとして維持されてきたのです。「永き歳月、家運の幸福は定まって、祖父の祖父までここに連なる」。これがこの国の憲法を貫く精神です。そのことは安定した時代だけでなくあらゆる変革期にも変わりません。誰が王になるのか、どのように王になるのかを問わず、またその即位が法律によるのか、実力によるのかを問わず、世襲による王位継承は受けつがれ、あるいは採用されてきたのです。

革命協会の紳士たちは、一六八八年の名誉革命で起きたことを、この国の憲法からの逸脱だったとしか考えていません。原則からの逸脱を、原則そのもののようにみているわけです。自分たちのそんな教義が必然的に生み出す帰結にはほとんど気をとめていませんが、その教義にもとづくと、この国にある実際の制度のなかで権威をみとめられるものはごくわずかしか残らないことになってしまうと悟るべきなのです。選挙による王しか合法ではない、などという不当な原理がひとたび確立されたら、絵空事の選挙の時代より前のすべての君主が定めた法令は、ことごとく無効になってしまうでしょう。

あの理論家たちは、いにしえの統治者たちの遺体[7]を霊廟の静寂から引きずり出した先人たちのまねをしようというのでしょうか。名誉革命よりまえに君臨したすべての国王には王の権利も資格もなかったのだと非難したうえ、くり返し簒奪されてきたという汚名でイングランドの王位を傷つけたいのでしょうか。国につらなる歴代の王をすべて簒奪者とみなすことで、その治世のもとで発布された成文法まで無効にし、撤廃し、疑問に付すつもりなのでしょうか。わたしたちの自由にとって、はかりしれない価値をもつさまざまな法律、あの革命の時代とそのあとに採択された法律、それにまさるともおとらない貴重な法律を、無効にしてしまうつもりなのでしょうか。

民に選ばれたのではない王には法を定める資格がないとすると、貢税制限法はどうなるのでしょう。権利の請願や人身保護法はどうなるのでしょう。ジェームズ二世は血統上、王位継承権第一位の者として即位しました。それは当時まだ明確に規定されていなかった継承規則によるのですが、あの博士たちは、ジェームズ二世が王位を放棄したとみなされるのが妥当な行為をおこなうにいたる以前は、イングランドの合法的な国王ではなかったのだと主張するのでしょうか。もしジェームズ二世が非合法な王であったなら、この紳士たちが祝賀した革命期において、さまざまな混乱が議会で生じることもなかったのです。ですがジェームズ二世は、悪しき王ではあっても良き資格はそなえていました。簒奪者などではありませんでした。

王統が移っても世襲なら国民の自由を守れる

そののち議会は、選定侯妃ゾフィーの子孫でプロテスタントである者を王位継承者とすることを定めました。この法令にもとづいて王位についた国王は、ジェームズ王とおなじ資格によって王位を継承したのです。ジェームズ王が戴冠したのもその時点で有効な法にもとづいていましたし、つづくブランズウィック家の歴代の王子たちも、選挙ではなくそれぞれ即位時に有効だった法にもとづいて王位についたのでした。これはプロテスタントである王の血統と継承に関する法律です。この点についてはもう十分に申し上げました。

この王家がイングランドの王位を継承することを特に定めた法律は、ウィリアム王治世の第十二年と十三年の法令です。それは「わたしたちの相続者とその子孫を、王家の相続者とその子孫が」プロテスタントであるかぎりにおいて、世の終わりまで結びつけるというものでした。これはわたしたちイングランドの国民をウィリアム王とメアリ女王の後継者に結びつけた、あの権利宣言とおなじ言葉です。ですから王位の世襲と、忠誠の世襲の両方を保証するものといえます。

国民による王の選挙を、将来にわたって否定するような継承方法を定める。それが憲法の方針だったのです。もしその方針がなかったら、立法府はいったいどういう根拠にもとづいて、異国にいる外国人の王妃に後継者を求めることができたでしょうか。この王妃の胎から産まれたことによって、イングランドの国王の系統は、そののち何世紀にもわたって何百万人という人びとを統治する資格を得たのです。

ソフィア王妃は、ウィリアム王の治世第十二年および第十三年の王位継承法で指名されたわけですが、それはイングランドの王位を継承する血筋という根本的な理由によるものです。権力の一時的な管理者としてではありませんでした。王妃自身がその権力を実際に行使することはなさそうでしたし、現実にも行使しなかったのです。

ソフィア王妃が指名された理由はたった一つ、その法令にこう書かれていたからです。「選定侯妃にしてハノーヴァー公爵未亡人であるやんごとなきソフィア王妃殿下は、うるわしき追憶のうちにある故ジェームズ一世の息女にして故ボヘミア皇后なるうるわしき故エリザベス王妃殿下の息女であり、プロテスタントの王統における第一継承者であることをここに宣言する」。

さらに「王冠はこの女性の胎による子孫に受け継がれるが、プロテスタントの継承者であるものとする」という限定も、議会によって定められました。このようにソフィア王妃をつうじて継承の家系は将来に受け継がれ、さらにジェームズ一世という古い血筋がここで一つに結びついたのです（それは議会がとりわけ重視した点でした）。これによって君主政はすべての時代をつうじてとぎれのない統一性を保てるようになり、また王の世襲をつうじて国の宗教も安定し、しかも昔から承認されてきた相続形式をそのまま維持できることになりました。

この国の自由はこれまでいくども危険にさらされてきました。しかしこうした相続の形式を維持することによって、その自由は、国王大権と議会特権のあらゆる嵐と苦闘をくぐり抜けて保たれてきたのです。議会の見通しはみごとなものでした。これまでの経験からいって、わたしたちの自由がきちんと永続し、神聖なものとして受け継がれるためには、王権の世襲継承に優るものはありません。異常な発作病をふり払うには異常な発作運動も必要になるかもしれませんが、王位の世襲という道はイングランドの憲法の健全な習慣であるといえます。

しかしジェームズ一世の女系子孫をつうじて続くハノーヴァー家の系統に王位を限定すると、イングランドの王位継承者には外国人が数代あるいはそれ以上にわたってふくまれる可能性があります。立法府にはその不利益に対して、しかるべき認識がなかったのでしょうか。そうではありません。外国人による統治から生じうる弊害については十分すぎるほど認識していたのです。しかし議会はイングランドの国民が、革命の原理にもとづいて、望むままに王を選ぶ権限をあたえられたわけではないということに確信をもっていました。議会は、王が外国の家系であることから生じる危険性と不都合をいやというほど目のあたりにしていて、じつはそのことにひどく動揺していたのです。それでも古くからつづくプロテスタントの家系に王位を継承させるという計画を採用しつづけました。かれらの確信を証明する決定的なことです。

いま唱えられている変革はまがいもの

以前は不要だった議論を支えにしてここまで自明のことを言いつのるのは、数年前であればわたしも恥ずかしいと思ったでしょうが、いまはこの扇動的で憲法に反する教義がおおやけに説かれ、主張され、印刷されています。革命にむかう合図は、しばしば説教壇から発せられてきました。そうした変革や革命に対して、わたしは嫌悪を感じます。変革の気風は世に広まり、いまの利便や傾向とそぐわない旧制度に対する全般的な侮蔑がフランスをおおっていて、やがてはイングランドにも広まるのかもしれません。そうしたすべてのことを考慮すると、イングランドの国内法の真の原則にいまいちど注目することは的外れではないと思うのです。

そうすればフランスの友人であるあなたもその原則を認識し始めることでしょうし、わたしたち自身もその原則をおろそかにはするまいと思うでしょう。イングランドもフランスも、まがいものの商品を押しつけられて買わされないよう警戒しなければなりません。二重の詐欺をする人びとがいるのです。すなわちわたしの国の産物でもなんでもないものをイギリス産の原料のように偽り、非合法の船でフランスに輸出しておいて、新しい自由というパリの最新流行に仕立て上げて、ふたたびイギリスに密輸入しようというのです。

イングランドの国民は、ためしたこともない流行を猿真似したりはしないでしょうし、ためしてみて難があるとわかっているものに後戻りすることもないでしょう。国民は合法的な世襲による王位の継承を、自分たちへの不正とみなすのではなくて、自分たちの正義とみなしています。悩みの種ではなく恩恵のひとつと考えています。隷属のしるしではなく、みずからの自由を保障するものとみなしているのです。いま現にある国家の枠組みに計りしれない価値をみとめていて、王位が粛々と継承されるということが、国家の構造を構成するほかの部分のすべてに対して、安定と永続を保障するものであるとわかっているからです。

王位選挙派の卑劣さ、王権神授派の愚かしさ

さらに議論を進めるまえに、なんというか、卑劣な手管というものについて少しご紹介させてください。これは、王位につく唯一の合法的な資格は選挙しかないと扇動する人びとが使おうとする手管で、この国の憲法の正確な原則を支持するという作業そのものを、まるで忌まわしいことでもあるかのようにみせるのです。

この詭弁家たちは偽の論拠と架空の人物をつくり上げ、誰かが王位の世襲継承の性質について擁護しようとすると、その人が、その架空の人物の一派であるかのように言うのです。かれらのそうした手口はいつものことで、とうに論破された奴隷制の狂信者かなにかと自分たちが言い争っているようにみせかけてきます。

たしかにかつては狂信者のような者もいて、「王位は神により、世襲により、不可侵の権利により保持される」と言いつのっていましたが、いまどき誰もそんな理論を持ち出すはずがないでしょう。こうした昔ながらの狂信派は、世界で唯一の合法的な統治は世襲による君主政しかないといったことを教義のように唱えていました。それはちょうど、いまの新しい狂信派が、逆に人民という専制権力を信じて、唯一の合法的な権威の源は人民による選挙だけだと主張しつづけているのとおなじことです。

国王大権の古い熱狂的擁護者たちは、たしかに愚かしく思い込んでいました。すなわち君主政は他のあらゆる政治形態とは違うもので、神の承認にもとづくのだという、おそらくは神への不敬にあたる思い込みです。そして世襲による統治の権利は王位を継承するすべての人物のうちに宿っていて、どのような状況においても厳密に不可侵であり、これはいかなる市民的権利にも政治的権利にもない特徴であると主張していました。

王位の世襲権についてはこうした不合理な意見があるわけです。だからといって、法や政策について確たる原則にもとづいた理性的見解の妥当性が損なわれるものではありません。もし法律家や聖職者の主張する不合理な論のために、その論の対象そのものが損なわれてしまうというなら、この世には法も宗教もないでしょう。とはいえ、ある問題について不合理な論を唱えることは、虚偽の事実を主張したり悪質な原理を広めることとは別の話で、正当化の理由にはなりません。

「失政」は王を追放する条件として曖昧すぎる

革命協会の主張の二番目は、「われわれには、統治者が失政にいたったときは追放する権利がある」というものでした。おそらくわたしたちの祖先は「失政は追放」などという前例を作り出すことを深く懸念していたからこそ、ジェームズ王を廃位する法律の公布にあたってあれほど用心深く、ことさらくわしく記した[9]のだと思います。それが欠点でもあるかもしれませんが。

とはいえ、こうした用心深さや細かさのつみ重ねから、慎重の精神をみて取ることはできます。国民が抑圧に憤慨し、またその抑圧に打ち勝って高揚するあまり極端な暴力に走ろうとするような状況にあって、全国民会議（ナショナル・カウンシル）で優勢だったのはこの用心深さでした。このことは、あの大事件において事態に対処しようとした偉大な人びとの気遣いにもみることができます。あの革命を、将来の革命の温床にするのではなく、いわば安寧の母体にしようとした気遣いです。

どんな統治機構であれ、「失政」などという、じつにあいまいで限定性を欠いた評価に振り回されるしかないのでは、一瞬ももたないでしょう。名誉革命を主導した人びとはジェームズ王を実際に廃位させるにあたって、そんな軽々しく不確実な原則に頼ったりはしませんでした。王が告発されたのは本質的で疑う余地のない企てのためで、すなわち王がプロテスタントの教会と国家を転覆させ、基本的で疑問の余地のない法と自由を破壊しようとしていると考えられたためでした。それは多くの、非合法で公然たる行為をつうじて裏づけられることだったのです。

つまり王は、国王と人民との原初の契約に違反したことによって告発されたのでした。これは「失政」ですむことではありません。人びとは重い、動かしようのない必然が示したほうへ進むしかありませんでした。法のなかでも最も峻烈な法にしたがっているかのように、きわめて不本意ながらそうしたのです。かれらは将来の革命においても憲法が維持されるようにと期待していたわけではありません。あのとき定められた規制の全体をつらぬく基本方針は、将来の主権者に対してこのような荒療治に頼らざるをえない事態が、二度と起こらないようにしようというものだったのです。

王位は、法律的な観点においては従来どおり、まったく責任のないままにされました。その王位の責任をさらに軽くするために、国務大臣たちの責任はさらに重くなりました。ウィリアム王の治世第一年の第二議会には「臣民の権利と自由を宣言し、王位の継承を定める法」と呼ばれる法令があり、国務大臣はこの宣言の条文にもとづいて国王に奉仕するよう定められました。ほどなく議会もひんぱんに開会されるようになり、これをつうじてすべての統治は、王国の人民代表と有力者たちによってたえず監督され、積極的に管理されることになったのです。

憲法にかかわるつぎの重要な法令は、ウィリアム王の治世第十二年および第十三年のもので、王の権力をさらに制限し、臣民の権利と自由をさらに強化することをめざしたものです。そして「議会下院による弾劾に対しては、イングランド王の国璽による特赦はみとめられない」と定められました。

憲法に定められた自由を守り、行政の堕落を防ぐためには、「統治者の追放」のような現実にはきわめて実行しにくい権利、論点も曖昧で結果的に有害なものになりがちな権利を維持するよりは、権利宣言で定められた統治の原則や議会の定期的な監督、また実施可能な弾劾権などのほうが、はるかに優れた安全保障になると考えられたのです。

プライス博士は説教のなかで、国王に対していかにもへつらうような挨拶が慣例になっていると非難しています。それはまったく理にかなったことです。ただ博士は、辟易するような言葉づかいのかわりに、陛下は祝福の場でこう話しかけられるべきだと言います。「民の君主というよりも、民の下僕と自認なさるのがふさわしいおかた」。社交辞令としても、この新式の挨拶はいささか波風がたちそうです。名実ともに下僕である人びとは、みずからの立場も、職務も義務も、あえて口にされることを好まないものだからです。古いお芝居のなかでも、奴隷が主人にこう語っていました。「そんなふうに思い出させられると、まるでとがめられているようですね」[10]。これは挨拶として不愉快ですし、しつけとしても不適切です。

かりに国王がこの新式の挨拶に応じ、言葉どおりに取り入れて、さらには国王の称号として「民の下僕」と記したとしましょう。それで双方にとってどういう関係改善になるというのか、想像もつきません。わたしも何度も目にしてきましたが、傲慢きわまりない手紙の署名に「あなたさまの最も恭順にして謙虚なるしもべ」と書かれていたりするものです。

かつてこの地上で耐え忍ばれたなかでも最も奢り高ぶっていたある支配者などは、さらに謙虚な肩書きを使っていたものです。それはいまの「自由の使徒」たちが君主に提案している肩書きをしのぐものです。「しもべのしもべ」というのですから。そう称するこの人物の足元では諸国の王も民も踏みにじられ、王たちに廃位を命じる令状には「漁師[11]」という印章で封がされていたものです。

こうした議論は、すべて軽薄でむなしい談義にすぎないものとみなせばいいのかもしれません。嫌な臭いの煙のなかにいるようなもので、発散する自由の息吹にあてられてしまう人もいるというだけです。しかしその談義が「王が失政にいたったら追放」という思想や、その計画の一端をあきらかに担っているという場合は、少々目をこらして見定めるべきでしょう。

国王の権力は人びとの共通利益をめざすもの

王というものはある意味で、まちがいなく民の下僕です。なぜなら国王の権力は、人びとの共通の利益をめざすことのほか、どのような理性的目的ももたないからです。しかしそれでもふつうの意味では、そこに下僕に似たものをみるのはまちがいです。すくなくともこの国の憲法ではそのように定められていません。下僕とは本質的に、他人の命令に従うもので、かつ随意に解雇されうる立場にあります。ですがイングランドの国王は、ほかの誰に対しても服従はしません。ほかのすべての人間は個人としても集合体としても国王のもとにあり、国王に対しては法による服従の義務をもちます。

法は追従も侮辱も知りませんが、その法はこの高位の為政者を「われらの至高の君主たる王」と呼んでいます。あの謙虚ぶった神学者が呼ぶような「われらの下僕」ではありません。わたしたちもまた自分なりに、いにしえからの法の、ほんとうの言葉を学んできました。バビロンの説教壇から語られたような混乱した内輪言葉を学んできたのではありません。

王はわたしたちに服従するものではなく、わたしたちが王のうちにある法に服従するものなのです。そのため憲法上、国王に下僕としての義務を負わせるような規定はいっさい設けられていないのです。わたしたちの国家からはアラゴンの大法官(12)のような役人が出ることはありえませんし、下僕が負うような責を王に負わせる法廷が設定されることもありません。そのような法的手続きも訴訟も定められていないのです。

この点において、国王は上下両院の議員と違わないのです。議員は公的な裁量権のなかでの行為について、その責任を問われることは決して ないからです。ところが革命協会は、わたしたちの憲法における最も思慮深い、最も美しい箇所のひとつにまっこうから対立する仕方で、こう主張するほうを選びました。「国王は人民の第一の下僕にすぎず、人民によって創られ、人民に責任を負うものである」。

あの革命期の祖先は賢者の名声に値するとされたわけです。もし政府の力を弱めたり、その地位をあやうくすることでしかみずからの自由を確保できなかったら、また内政を混乱させることでしか恣意的な権力に対抗するすべをもてなかったら、その名声も間違いだったことになるでしょう。

革命協会の紳士たちには説明してほしいものです、もし王が下僕として公衆に責任を負うというなら、その公衆を代表する者とはいったい誰なのでしょうか。それをはっきりさせてくれれば、わたしとしても、王はそのような責任を負うものではないという実定法上の明確な規定をかれらに示す機会ができるのですが。

革命は最後の手段

国王追放のセレモニーというものを、あの紳士たちはじつに軽々しく言いつのるのですが、かりにそんな儀式がありえたとしても、軍事力なしではまずむりです。それはもはや戦争の状態であって、憲法の範囲ではまかなえません。武器に取り囲まれたとき、法は沈黙を命じられます。法廷はもはや平和を維持することができず、平和もろとも地に落ちるのです。

一六八八年の名誉革命は、正義の戦いだけで実現されました。この革命はたんなる内乱ではなく、あらゆる戦争のなかで唯一正当でありえた戦いでした。「戦争は、それを避けられない者にとっては正当である[13]」と言われるとおりです。王位剝奪という問題、あるいはこの紳士たちが好む表現でいうなら「国王の追放」は、つねに国家の非常時の問題であって、法の枠組みをとうに超えたところにあります。これまでも、これからも、そのことは変わらないでしょう。

王の追放というこの問題は、国家における他のすべての問題とおなじように、実定的な権利の問題というよりはむしろ配置の問題であり、手段の問題であり、その結果はどうなるのかという可能性の問題です。ふつうの人間が濫用するような話ではありませんし、平凡な頭脳で煽って回るようなことでもありません。どこで服従が終わり、どこから抵抗が始まるのかという思弁的な境界線は曖昧で、かんたんに線を引けるわけではないのです。ひとつの行動や、ひとつのできごとで決められるようなものではありません。

王位剝奪が問題になるのは、その統治がすでに腐敗し、乱れきっているということが大前提ですし、そのさきの展望も、そこまでのてんまつと同じくらい暗澹たるものになってからのことです。そこまで嘆かわしい事態になってはじめて、病の性質に応じた治療法が人びとに示唆されます。その人びとは、毒にも解毒にもなる苦いおそろしいその薬を、病んでいる国家に対して極限の状況下で投与する権限を、自然から授かっている人たちなのです。

それぞれの時代と、そのときどきの状況と、そして怒りを生み出したおのおのの原因から教訓を引き出すことができるでしょう。賢明な人であれば、ことの重大さをかんがみて判断をくだすことでしょう。気の短い人なら抑圧への憤りから決意するでしょうし、高邁な人なら、ふさわしくない者の手に権力があり腐敗していることに対する侮蔑と義憤から決意することでしょう。勇気と果敢の人であれば、気高い大義に宿る誉れ高い危険を愛して決意するのです。ですがそうする権利があってもなくても、およそ思慮をもつ人や善良な人にとって、革命は最後の最後という手段のはずです。

憲法の精神は変革をつうじて受けつがれてきた

旧ユダヤ人街の説教壇で主張された第三の権利は、「われわれには、自分たちのための政府を樹立する権利がある」でした。これも第一、第二の主張とおなじように、名誉革命で実際になされたことから考えて根拠がありません。先例としても原理としてもむりです。名誉革命がおこなわれたのは、古来議論の余地のないこの国の法と自由を保つためでしたし、わたしたちに法と自由を保障する唯一のもの、すなわち統治を可能にする古来の憲法を維持するためでした。

この国の憲法の精神や、それを今日まで守り伝えたあの偉大な時代のおもな方針を知ろうとお考えなら、ぜひこの国の歴史や記録文書、議会の法令や議事録をひもといてくださるようお願いします。旧ユダヤ人街の説教や革命協会の正餐後の乾杯の言葉のなかに探したりなさらないでください。国や議会のこれらの文献には、革命協会とは違う発想、違う言葉がみつかるはずです。革命協会の主張はイングランドの国民の気質や願望とはそぐわないものですし、その主張を裏づける権威といえるようなものもありません。

新しい政府を樹立するというその発想だけで、わたしたちの心にはもう十分な嫌悪と恐怖が満ちてきます。名誉革命の時代もいまも、わたしたちは自分が所有するすべてのものを先祖からの遺産としたいと願ってきました。ですから遺産の幹や親株のうえに、原木の自然な性質とあわない異質な接ぎ木などしないように注意をはらってきたのです。

これまでわたしたちがおこなってきた改革はすべて、いにしえの姿をそこに映すという原則理念にもとづいて進められてきました。わたしとしては、このさきあるかもしれない改革もすべて、おなじように先例と権威と実例にならって注意深くなされていくことを願っています。願っていますというより、信じています。

マグナカルタの源泉は古い

イングランドで最も古い改革はマグナカルタです[14]。エドワード・クック卿[15]というこの国の法律の偉大な権威、またブラックストーン氏[16]にいたるまでのそうそうたる人びとが、クック卿にしたがって、わたしたちの自由の系譜を証明しようとつとめてきました。証明しようとしたのは、ジョン王のマグナカルタという古い憲章が、じつはヘンリー一世のころすでにあった別の憲章からつながってきていること、またこの両方が、それよりさらに古い時代に王国で確立されていた法を再確認するものにあたるということだったのです。

実際この執筆者たちは、すべてではないとしても、そのほとんどにおいて正しいようです。たとえ特定の箇所についてまちがいがあるにせよ、そのおかげでわたし自身の主張はさらに裏づけられるといえます。まちがいのなかには、いにしえの時代に対する強い偏愛がありありとにじんでいるからです。その偏愛はこの国のすべての法律家と立法家の精神に宿り、またその人びとが影響をあたえようとした民衆の精神にも宿っていたことがわかります。人びとのもっとも神聖な権利や参政権は、過去から相続した財産であると考える、わたしの国の揺るぎない方針があらわれているのです。

権利請願で主張されたものはイングランド人の自由

チャールズ一世の治世第三年の有名な法に「権利請願」[17]があります。このなかで議会は国王に対して「陛下の臣民は、この自由を相続しつづけてきました」と述べています。議会はみずからのさまざまな特権を、抽象的な原理にもとづく「人間の権利」としてではなく、「イングランド人の権利」として述べ、祖先から受けつがれてきた世襲財産として主張したのです。

この権利請願を起草したのはセルデン氏[18]や深い学識をそなえた人びとでした。すくなくとも「人間の権利」にまつわる一般論についての習熟度は、わが国の説教壇の講演者やフランスの議会の演説者、すなわちプライス博士やシェイエス師[19]におとらない水準にありました。

しかしセルデン氏たちは、プライス博士の理論的学識にまさる実践的叡智をもって、世襲権を採用したのです。世襲権は過去の記録にもある実定的な権利ですので、人間としても国民としても大きな代価が生じかねない、あのあいまいな思弁的権利を退けることが可能になりました。そうした思弁的な権利では、自分たちの確実な遺産も奪い合いの的としてさらされることになり、争いを好む粗暴な相手に引きちぎられてしまいます。

権利宣言でも国民の自由は世襲によると宣言された

これとおなじ方針は、わたしたちの自由を保つために制定されたすべての法律に浸透しています。ウィリアムとメアリの治世第一年につくられた有名な法令、いわゆる「権利宣言」[20]のなかでも、上下両院は「自分たちのための政府を樹立する権利」などというものにはひとこともふれていません。

おわかりいただけると思いますが、上下両院がひたすらめざしていたのは、すべて自分たちの宗教と法と自由を確保することでした。それらは長年にわたって保たれてきたのに、当時は危機に陥っていたからです。こうして、審議はつぎのような文言で始められました。「人びとの宗教、法律、自由が二度と破壊の危険にさらされないための最善の手段を、最大限に真剣に熟考する」[21]。その手段のひとつとして「まず第一に、祖先が古来の権利と自由を擁護するために、同様の事態に際してつねにおこなってきたようにおこなうために、つぎのように宣言する」と述べています。そのうえで国王夫妻にこう求めたのでした。「ここで主張され、申し述べられるすべての権利と自由とは、この王国の民の、古来から疑うべからざる権利と自由であると宣言し、法として定めること」。

このようにマグナカルタから権利宣言にいたるまで、この国の憲法をなす法律には一貫した方針があります。それはわたしたちの自由を相続財産とすること、つまり祖先から伝えられ、また子孫に伝わるものとして自由を主張し、断言することでした。しかもその自由は、ほかの一般権や優先権とはかかわりなく、この王国の国民に特に帰属する財産であるものとして断言されるのです。

これによって憲法には統一性が保たれ、しかもその各部に大きな多様性をもたせることができました。こうしてわたしたちには、自分たちが受けつぐ世襲の王と貴族の身分があり、遠い祖先の系譜から特権と市民権と自由とを受けついできた下院と民衆があるのです。

わたしには、この方針は深い内省から生まれたもののように思えます。あるいはむしろ、自然にしたがった幸福な帰結なのかもしれません。自然は内省など必要としない叡智によって、内省を超えるものだからです。革新を好む精神というものは、がいして利己主義の性格と視野の狭さからくるのです。祖先をかえりみない人は、子孫を思いやることもないでしょう。また世襲という考えは、改善という原理を排除するものではまったくありません。しかも保守の原理や伝承の原理を確実にする考えでもあることを、イングランドの民衆ならよく知っています。

こうした一般原則のうえに立つ国家なら、ひとたび獲得された利益はすべて家族の継承財産のように厳重に確保され、ある種の永代相続の財産のようにいつまでも保たれます。自然というお手本にならって機能する憲法の基本政策によって、わたしたちは自分の政府と特権とを受けとり、維持し、伝承していきます。それは自分たちの財産や人生を楽しみ、伝えていくのと変わらない仕方なのです。

政治の制度、運命のもたらした財産、神の摂理の賜物などは、わたしたちの手に渡されて、わたしたちの手からまた渡されていきます。その道筋も順序も変わりません。わたしたちの政治のシステムは、世界の秩序ときれいに一致し、調和するようにおかれていて、それはまた、移ろいゆくさまざまな部分からなる永遠の身体のために定められた存在の様式とも照応しているのです。

この永遠の身体のなかでは巨大な叡智のはたらきによって、人類という種の壮大で神秘的な結合体がかたちづくられ、その全体が、同時に老年であることも、中年であることも、青年であることもなく、普遍の恒常性をそなえながら、衰退や没落、恢復と進歩という豊かな流れをたどって動いていくのです。わたしたちはこうして自然の手法を国家の行動のうちに維持することで、改善をおこないながらもそこに新奇さだけが満ちるということは決してなく、また維持することが退化するだけに終わってしまうこともありません。

このような方法と原理にもとづき父祖にならい歩むことによって、わたしたちは古さを愛玩するような人たちの迷信とは違う、哲学的なアナロジーの精神に導かれているのです。この世襲の原理を選びとることで、わたしたちはみずからの政治的な枠組みに血のつながりをあたえたといえるでしょう。憲法を最愛の家族の絆として結びつけ、国の基本の法律を家族愛の懐に抱き入れて、国家と家庭と墓地と祭壇を不可分なものとして維持しつつ、それらすべてが結合されて照らしあい、博愛のぬくもりで慈しまれるようにしてきたのです。

わたしたちは自己の自由を世襲財産とみなすことで、ほかにも重要な利点を導き出してきました。人為的な制度を自然と一致させるというおなじプランを導入すれば、まちがいやすく弱いものである人間の理性の産物も強化することができます。まちがうことを知らない力強い自然という本能の助けを借りることができるからです。行動するときはいつも、列聖された父祖のまえにいるかのようにすれば、とかく無秩序と過剰につながりがちな自由の精神も、驚くほど厳粛に節度をわきまえたものになります。自由を世襲しているという思いは、生まれながらに威厳をあたえられているという感覚ではげましてくれるのです。

そしてこの意識は、なにかの卓越性をはじめて獲得した人間にいやおうなくつきまとって名を汚すことになる、あの成り上がり特有の尊大さを防いでくれます。これによってわたしたちの自由は高貴な自由、なにものにもとらわれない自由になり、堂々とした荘厳な威厳を帯びてくるのです。この自由には家系図があり、祖先の名がありますす。紋章もあれば紋章旗もそなわっています。画廊には自由の肖像画がならび、銘の入った記念碑も、記録も証拠も称号もあるのです。

人間はひとりひとりがその年齢によって、その祖先によって、尊敬されるべきであると自然は教えてくれます。わたしたちはその原理によって、自分たちの政治制度への尊敬を学ぶことができているのです。フランスのどんな詭弁家も、理性と人間の自由とを維持するうえで、わたしたちがたどった道のりに優る方法を生み出すことはできません。

わたしたちはみずからの権利と特権を維持するための壮大な保存場所として、貯蔵庫として、自分の思弁よりは自然を、自分の思いつきよりは親からの恵みを選んだのです。

対立や闘争こそが中庸を生む

もしお望みなら、みなさんもわたしたちの実例を参考にして、自分たちが取り戻した自由にふさわしい尊厳をあたえることができていたかもしれません。フランスが持っていた特権は、とぎれてしまったにしてもまだ記憶から消えてはいなかったでしょう。たしかにフランスの憲法精神は、失われていたあいだに荒れはてて崩れてしまいました。それでも由緒ある高貴な城の土台は全面的に残っていましたし、城壁もまだ一部が残されていました。壁は修復できたはずですし、古い基礎のうえに建物を再建することもできたはずです。

フランスの憲法は完成前に中断されはしたものの、憲法の要素としては望み得る最良に近いものがありました。フランスのかつての身分制議会には、社会が幸福に構成されていたころのさまざまな階級に対応する、多様性に富んだ各部がありました。自然界でも政治界でも、普遍的な調和というものは利害による結びつきや対立、その作用と反作用など、さまざまな力の相互的な闘争のなかから導き出されてくるものですが、そのすべてがあったからです。

こうした利害の対立や闘争は、フランスの古い国家の枠組みにおいてもイングランドのいまの国家の枠組みにおいても、みなさんが大きな欠陥とみなしていたものです。しかし、じつをいえばあれこそは、時期尚早な決定を下してしまうことを防ぐ健全な抑制手段なのです。対立や闘争があることによって、熟慮をもって審議することは選択肢の問題ではなく必然的な課題になるからです。そのことですべての変革は歩み寄りの問題になり、それが自然な節度につながります。いいかえれば人の気質が中庸をえたものになり、粗野で強引なよからぬ改革が大きな害をなすことを防げるのです。また、権力をもつ者が少数であれ、おおぜいであれ、恣意的な権力を無鉄砲にふるうようなことは永久にできなくなります。社会の構成メンバーの利害も多様になれば、さまざまな秩序とさまざまな見方ができて、その数が多いほど社会一般の自由にとっては保障になるのです。しかも真の君主政の重みというもので社会全体に対して抑止が効いていますので、各部がそれぞれの定位置からずれて動き出したりすることがないというわけです。

フランスは歴史の蓄積を捨てたために失敗している

フランスの古来の身分制議会には、こうした長所のすべてがありました。それなのにみなさんは、まるで文明社会など一度も形成したことがなかったように行動するほうを選んだのです。なにもかも新しく始めなければならないようにふるまったのですから。始め方が間違っています。手元にあることごとくを侮蔑することから始めるのは、元手になる資本もなしに商いを始めるようなものです。

自国の前の世代があまりぱっとしないようにみえたのであれば、そこを飛び越えてもっと前の世代まで先祖をさかのぼり、その人びとの主張を自分たちの源とすることもできたのではないでしょうか。それらの祖先に対する敬虔な愛があれば、みなさんの想像力も祖先にそなわる徳と叡智に気づいたでしょう。それは最近の粗野なやりかたとはかけ離れたものだったでしょう。そして、みなさんがお手本にしたいと憧れるような実例とともに、ご自分を高めることができていたはずです。祖先を尊敬することで、自分自身を尊敬することを学べたでしょう。フランス人は時代遅れの国民にすぎず、一七八九年という解放の年までは生まれの卑しいみじめな奴隷のような国民だったなどという見方をとるようなこともなくてすんだはずです。

フランスでは革命のさなかに、いくつか極悪非道のおこないがみられました。それについて代わって弁明しようとする人びとがイングランドにはいたわけですが、その弁明は、結局みなさんの名誉を汚すものでした。すなわち西インド諸島の脱走奴隷の群れが、とつぜん奴隷収容所から脱獄したために、まだ慣れない自由を濫用してしまったようなものだという弁明です。みなさんはそんな不名誉な弁明に甘んじることもせずにすんだはずでした。

りっぱな友よ、せめてこうみなされたほうがまだよかったのではないでしょうか。つまりフランス人は高貴で勇敢な国民であって、ただ誠意や名誉や忠誠といった高雅で感傷的な心情に惹かれたばかりに、行くべき道を誤ってしまったのだと。わたしはいつもそう考えてきました。不運なできごとがつづいたにせよ、みなさんは自由を知らない奴隷的な心情から隷属したわけではなく、最も献身的な服従心においても、つねに公共精神の原則につき動かされていたのだし、みなさんが国王という人物のなかに崇拝していたのはフランスという母国そのものだったのだという見方のほうが、やはりまだよかったのではないでしょうか。そしてみなさんは、こうした愛すべき誤謬に行き惑って、賢明な祖先よりもつい先走ってしまったのだと、そう主張されたほうがよかったのではないでしょうか。かつてもいまも忠誠心と名誉心をうしなわないようにと考えながら、古来の特権を取り戻そうと決意していたのだと主張すればよかったのではないですか。

みなさんは自分を信じることを疑い、祖先がかつて構築していた国家の枠組みがほとんど記憶から消え去っていたために、それをはっきりと見分けられなかったのかもしれません。しかしそれなら、隣人であるイングランドに目を向けて手本になさればよかったのです。イングランドはヨーロッパの古いコモンローの原理とモデルを改良しながら、それを現状にあわせて生きたものにしてきました。この賢明な実例にしたがっていれば、みなさんも新しい叡智の例を世界に示すことができていたはずなのです。そして自由の大義の尊さを、あらゆる国のあらゆる卓越した人びとの眼前に示せたことでしょう。自由は法と調和しうるものであり、磨き抜かれた自由は法を補うことさえできると示して専制主義を恥じ入らせ、地上から消滅させてしまうこともできたはずでした。

そうすれば国の歳入も、抑圧のない生産的なものになったでしょう。商業が豊かに栄え、その歳入を支えたでしょう。憲法は自由になり、王政は力強く、軍隊は規律正しく、聖職者は改革的で尊敬され、貴族はなごやかで活力に満ち、そのなかでみなさんは徳を圧迫するのではなく、むしろ徳を導くことができたでしょう。平民は自由で、貴族にならい、その層に加わっていくようなものになったはずです。民衆は保護され満ち足りて、勤勉で従順な人びとになり、どんな状況でも徳によって生まれる幸福を追求し、それを味わうことを教えられていたはずなのです。

人類のほんとうの道徳的平等はその徳のなかにあるのです。あやしげな妄想のなかにあるのではありません。そうした妄想は、労働生活のなかでひっそりと歩みつづけるよう運命づけられた庶民の心に、偽りの思想やむなしい期待を吹き込むことで、ただ現実の不平等をさらに深刻で耐えがたいものにするだけなのです。それで不平等をなくすことは決してできません。この不平等は、みじめな境遇に置き去りにされるしかない人びとにも、それよりはましにせよ、より幸福とはいえない水準くらいに上昇できる人びとにも、どちらにも役立つように、この世のさだめが作り出した秩序なのです。

みなさんの目のまえには、幸福と栄光にいたる実になだらかな道がひらけていたというのに、それこそ世界の歴史においてたぐいまれなほど安楽な道だったというのに、人間にとっては苦難こそがふさわしいと証明する道のほうをみなさんは選んでしまったのです。

王権という制御装置をはずして、フランスは混乱に陥った

どれほど多くのものが手に入るはずだったか、考えてみてください。そしてあの節操のない僭越な考えから、いったいなにが手に入ったか。フランスの指導者たちがそこから得たのは、ただ軽蔑することだけでしょう。すべての世代の指導者を、すべての同時代人を軽蔑し、自分たちさえも軽蔑し、それを教えていくうちに、ついにみずから心底軽蔑するにふさわしい指導者になったのです。

このゆがんだ光についていって、フランスはまぎれもない災難を買い入れることになりました。しかもそのために支払った値段といえば、これまで真の幸福を手にいれるためにいかなる国が払ったよりも高くついたのです。フランスは犯罪によって貧困を買い入れました。フランスは徳を犠牲にして利益を手にしたわけでさえありません。利益を犠牲にして徳を淫売に出したのです。

ほかの国の国民はすべて、新しく統治の組織を創設したり、古い組織を改革するにあたっては、なんらかの宗教的な形式を新しく創るか、あるいはそれをより厳格に実施してきました。どの国の民もみな、厳格な風習と、より厳密で男らしい道徳体系を定めることで市民としての自由の基礎を確立してきたのです。

ところがフランスは王権の支配という制御を解いた時点で、風紀を紊乱させる放埒さを倍増させ、人の考え方と風習における傲慢な不信仰を倍増させてしまいました。そしてすべての身分をつうじて、あらゆる不幸な堕落を蔓延させたのです。あたかもなにかの特権を広めたり、それまでは隠されていた恩恵をあきらかにするかのようでしたが、どれもすべては富と権力の病にほかなりません。これがフランスにおける新しい平等原理のひとつなのです。

フランスでは指導者たちが背信に走ったことで、王侯会議にみられた寛大な助言の空気はことごとく否定され、そうした意見を支持する重要な論拠も崩れてしまいました。フランスはまるで暴君のようにふるまって、暗い猜疑心にみちた行動原理を採択してしまったのです。こうして国王たちは、道徳をふりかざす政治家たちの欺瞞だらけのものいい（今後はそう呼ばれるでしょう）に震え上がることをおぼえました。臣民に限りない信頼をおくようにと王に助言する者たちを、王自身は今後こうみなすようになるでしょう。あれはこの王座の転覆をもくろむ叛逆者たちである。王の素直で善良な性質につけこんで、まことしやかなものいいを弄するが、それは傲慢で不誠実な者が王権のわけまえにあずかろうとするのをうながす裏切り者なのだ。かりにそれだけのことだとしても、それだけで、すでにフランスと人類にとっては取り返しのつかない打撃ではないでしょうか。思い出していただきたいのですが、パリの高等法院はフランス国王にこう助言したのです。身分制議会を招集するにあたっては、議員たちのあふれるような熱意が度を越してしまうこと以外、なにも危惧なさることはありません、なぜならそれは王座を擁護するためだからです。この助言をした者たちは恥じて姿を隠すべきでしょう。自分たちの進言が自国の君主と国土にもたらした破滅について、その責任の一端をになうべきです。

こうした楽観的な助言を耳にすると、権力者はなだめられて眠り込んでしまいがちなのです。そして軽率なことに、前代未聞の危険な政策という冒険に手を出したりします。そこには備えも構えも用心もなく、善行と愚行の見分けもつきません。準備がなければ、抽象的な統治計画や自由の計画が有益な効果を上げると保証できる人はいないでしょう。そうした準備がなかったために国家のための薬が毒になってしまうありさまを、人は目撃したのでした。

人びとは、穏和で尊法的な君主政に叛逆するフランスの国民を目にすることになりました。それはかつて最も不法な簒奪者に立ち向かった民衆や、最も残虐な専制君主に抗った民にさえみられなかったほどの激昂と狼藉と侮辱をもってなされたのです。国民は保護されたのに抵抗し、慈悲と好意と免責を差し出した手にむかって攻撃を加えました。

そしてフランスは無政府状態に転落した

　これはなんとも自然に反したことでした。そのあとのなりゆきは、もはや必然だったでしょう。フランスの国民は、その成功のただなかで罰を受けたのです。法は覆され、法廷は瓦解し、産業は活気を失って商業活動はとだえ、歳入が払い込まれず国民は貧しくなりました。教会は略奪され、国家の負担は解除されず、市民にとっても軍にとっても、無政府状態が王国の基本法ということになったのです。人と神とにかかわるすべてが公債という偶像のために犠牲にされて、そのあげく国は破産したのでした。

　この末尾を飾ったのが、頼りなく不安定な力しかない新紙幣の発行[22]でした。これは金詰まりの詐欺師が発行した、保証にならない紙切れであって、それを一文無しの盗賊が、一つの帝国を支える通貨として差し出したのです。これが、ながらく人類の信用を示すために使われてきた［金と銀という］二種の正貨に代わるものになりました。この正貨は所有という原理から作り出され、それを象徴するものでもありましたが、その原理が組織的に破壊されていったとき、生まれ出てきた大地のなかへとひとりでに姿を消してしまいました。

こうしたおそろしいできごとはどれも、起こるべくして起こるしかなかったのでしょうか。それは断固たる愛国者にとっての避けられない帰結であったのか。流血と動乱のただなかをくぐり抜け、平和で豊かな自由という静かな岸辺にたどりつくために、死にもの狂いの格闘を強いられたことによるのでしょうか。

とんでもありません。フランスのなまなましい廃墟は、見渡すかぎりどこであれ、わたしたちの心に衝撃をあたえます。しかしそれは内乱による荒廃ではありません。長い平和の時代にあってさえ、軽率で無知な助言がどのような結果をもたらすか、それを教える悲しい記念碑なのです。争うこともなく、抵抗されたこともないような無思慮で思い上がった支配権力が、どうなるものかを陳列しています。

このように、みずから罪を犯して貴重な財宝を得た人びとは、国家の究極の身代金というべき最後の賭け金までを乱脈に使いはたしていきました。それは公共性に対する害悪でした。ところがその間、かれらは自分たちに反対する者と、まったくといっていいほど出会わなかったのです。進む姿は戦場の進軍というより、凱旋の行進に近いものがありました。

かれらより先に進んでいた人びとが、すべてを粉砕して足元をならしておいたのです。かれら自身は、自分が滅ぼした国家の大義のために、ただ一滴の血も流してはいません。かれらの計画は甚大な結果をもたらしたにもかかわらず、そのために払った犠牲は、せいぜい靴の留め金くらい(23)でした。

ところが自分たちは自国の王を投獄し、同朋の市民を殺害し、何千もの優れた人びとや優れた家族を涙にくれさせ、あげくに貧困と苦悩のなかへ突き落としたのです。かれらが残虐だったのは、怯えていたからという浅ましい理由によるものですらありません。自分たちの行為を正当化してもまったく安全であると感じていたことによります。叛逆、強奪、暴行、暗殺、殺戮、放火、なにをおこなってもです。しかしすべての原因は最初からあきらかでした。

誰に強制されたわけでもないのに、かれらは好んで悪を選んだのです。その理由は国民議会の構成について考えてみないかぎり、とうてい説明がつかないと思います。構成といっても形式上の構成ではありません（いまや形式のほうでも十分に疑問が出そうではありますが）。議会の大部分を構成している顔ぶれという実質のほうです。それはこの世のあらゆる形式的側面より一万倍も重要なことなのです。

3　フランス国民議会の実態

国民議会は政治の素人ばかり

もしわたしたちが国民議会について、その名称や機能しか知らないとしたら、どんな色彩であれ人の想像にとってこれ以上まばゆいイメージはないでしょう。名称や機能という面から評価する人の心になってみれば、まるですべての民衆の徳と叡智が結集した場所のように感じられて、圧倒されると思います。そしてその最悪の側面を非難することにも気が引けて、ためらうでしょう。非難するべきものというより、ただ神秘的にみえてしまうのです。

しかしどのような名称や権力であれ、またその機能や人為的な制度がどうであれ、その支配権力を構成する人間そのものを創造することはできません。人間は、神と自然と教育と習慣によってでき上がったとおりにしかならないのです。それを超えた能力を民衆がかれらにあたえようとしても、民衆にそれができるはずはありません。民衆は、徳と叡智を好ましく思って選ぶことはあるでしょうが、それを望んだとしても、自分たちが祝福してその任務をあたえた人自身に、徳と叡智をあたえることはできないからです。民衆は自然にそうした役割を帯びているわけではありませんし、天啓によってその力をさずかるわけでもありません。

わたしは第三身分の代表として選ばれた人びとの名簿と、その説明に目を通しました。そのあとはもう、かれらがなにをしようと驚かなくなりました。名のある人やすばらしい才能の持ち主もいたことはいたのですが、国政について実務的な経験のある人がなんと一人も入っていなかったのです。いちばんいい人でもたんなる理論家でしたし、優れた人が何人かいても、議会の性格を作り出し、最終的に進む方向を決めることになるのは、組織の実質をなす大多数の人たちです。

どんな組織であろうと、指導する人は組織の大半を占める人たちにかなりのところまで従わなければなりません。自分が率いていこうとする相手の思考や才能や性格に、自分のほうを合わせていく必要が生じるのです。ですから議会を構成する大多数の人が悪徳や無気力にとらわれていれば、才能のあるひとにぎりの人も、つまるところ不条理な計画をやりとげるための有能な道具になってしまうことは避けられません。これを防ぐためには、それこそ世にもまれな最高水準の徳がもとめられるでしょうが、そのような徳はまれすぎて期待しようもありません。

現実的にありうることは、こうした才能のある人びとが、なみなみならぬ徳の高さのかわりに、邪悪な欲望や俗悪な名誉心につき動かされていくことです。かれらにとって、議会のなかで最初の調整相手になるのは無力な人の層です。この層が、そうした才能のある人のたくらみに欺かれ、その筋書きどおりの道具になります。この政治的な駆け引きのなかで、指導者は自分に服従した者たちの無知蒙昧に屈することになり、服従者のほうは指導者の最悪の筋書きに踊らされる者でしかなくなります。

どのようなものであれ、公共の集まりにおける指導者は、自分の提案がそれなりの重みをもって受けとめられるようにしたいなら、自分が率いる人びとを尊重しなければなりません。またその人びとに対して、ある程度のおそれをいだくべきです。いっぽうで導かれるほうも、やみくもに導かれたくないのであれば、みずから行動する資質はなくても、判断をくだせる資質はもとめられます。それも自然の重みと威厳をそなえた判定者としての資質です。

こうした公的な集まりで、着実で穏健な指導が確立されるには、集まりを形成するおもな人びとの構成が適切なものであることが必要です。それぞれの生活状態において安定した財産をもち、ふさわしい教育を受けていて、自由に理解を広げていけるような習慣がそなわっていることがたいせつになります。

第三身分の代表に国政はむり

フランスで身分制議会が召集されたとき、わたしがまず愕然としたのは、それまでのありかたから大きく逸脱していたことでした。第三身分の代表が六〇〇名で構成されていて、これは第一身分と第二身分の代表をあわせた人数と同じだったのです。三つの身分がそれぞれべつに行動するのなら、費用の問題はべつとしても人数そのものはそう重要なことではなかったでしょう。しかしこの三つの身分の代表が融合して一つの身分をなすということになると、全体の多数派がめざす政策と、その必然的帰結がどのようなものになるかはあきらかでした。第一身分か第二身分から少数が離脱するだけで、第三身分はあとの二つの身分代表の力を掌握してしまうことになるのです。じっさいに国家のすべての権力は、ほどなく第三身分の手に集約されたのでした。

こうして、身分制議会の構成は適切なのかということがきわめて重要な問題になってきたのです。

さらに国民議会の大多数が（出席者の多数ということだとは思いますが）法律界のなかでも実務者の層で構成されていることを知ったとき、わたしがどれほど驚いたかをお察しください。議席を占めていたのは、みずからの学識と思慮と高潔さを国に捧げてきた名高い判事でもなく、法廷の栄誉をになってきた一流の弁護士でもなく、著名な大学教授でもありませんでした。圧倒的多数は、法曹関係者としても下位の無学な人で、機械的に働く補助的な立場の人たちだったのです。またこれほどの大人数ではそうならざるをえなかったでしょう。

ずば抜けた例外もみられたにせよ、議会を構成していた人びとは一般に、地方の名もない弁護士や、地方の小さな役場の役人、田舎の代書屋、公証人、そして市町村のさまざまな司法関係者などで、村の瑣末な諍いごとを扇動したり裁定したりすることを常とする人たちでした。わたしは議員名簿を読んだ瞬間、将来のてんまつがまざまざと目に浮かび、じつのところ、ほぼすべてそのとおりになりました。

ある職業が社会でどのくらい尊敬されているかは、その職業者が自分を評価する基準にもなってきます。それぞれの法律家自身の力量がどうであれ、じっさい多くはりっぱな人びとで、そのことはうたがいもなかったのですが、しかしフランスのような軍事大国において、法律家はそれほど敬意をあつめてきた職業とはいえません。

例外は、法律界の頂点に立つひとにぎりの人びとです。この人びとは職業的な地位を家名の繁栄と結びつけ、大きな権力と権威をみとめられていました。尊敬を集め、すくなからぬ畏怖の対象にさえなってきました。とはいえその下の層はそれほど尊敬されていませんでしたし、さらに機械的な層にいたってはとても低い社会的評価しか得てこなかったのです。

こういった構成の組織に最高権力があたえられた場合、それまで自分を尊敬する習慣のなかった者が最高権力を得たらどうなるか、という結果に行き着きます。うしなわれ得る名声という資産をかつて手にしたことがなく、節度をもって思慮深く権力を行使することなど期待もされてきませんでしたし、そもそもこのような権力をあたえられて、誰よりも驚いたのは当人たちだったはずです。

このような人びとが、最も低い従属的な階層から、ある日とつぜん魔法のように連れ出されたのです。降ってわいた予想外の偉大さに陶酔するなといってもむりでしょう。

日頃から差し出がましく、衝動的で陰険でせわしなく、訴訟好きの騒々しい心の持ち主は、昔の状態にあっさり戻ってしまうものだと誰が予想できたでしょう。すなわち瑣末な争いや、労多くして低俗な、利益のすくない詭弁の駆け引きという状態です。いっぽうで国家にあたえる損失などはとうてい考えもせず、よく知り抜いた私益の追求に専念するようになるものだと、誰が疑いえたでしょうか。

それは偶然や機会の問題ではありません。避けがたい必然であって、ものごとの自然に根ざしていたのです。すべてを訴訟で解決する憲法の獲得計画などというものがもしあれば、かれらが参加することはまちがいありません（その計画をみずから主導するほどの能力はないにしても、参加はするでしょう）。

そのような訴訟国家であれば、国家規模の動乱や革命や、財産の所有権が劇的に移転するようなさまざまなできごとを起こして、自分が利益を得る機会を数えきれないほど作り出せます。財産の所有を、疑わしく曖昧で、不安定な状態にするようなできごとに依存して生きてきた人びとが、財産の安定性を重視するということがあるものでしょうか。こうした人は、地位が上昇するにつれて目標も大きくはなるでしょうが、自身の気質や性癖や、目的を実現する方法は以前と変わらないに違いありません。

そうはいっても、もっとまじめな心を持ち、もうすこし開けた理解のある層と接することで、こうした人びとの手法も抑制されてやわらげられることがあるとお思いになるかもしれません。ではこの人たちが、国民議会の議席の一隅を占めるごく少数の田舎者の議員の、すばらしい権威やまたとない威厳のまえにかしこまるとお思いになりますか。国民議会の一部の議員は読み書きすらできないそうですのに。あるいはいくらか教養があり、社会的な身分において多少目をひく商人層の議員たちにならヽ頭を下げるでしょうか。しかしこの商人たちは自分の店の帳簿のことしか知りません。みこみはありません。この二つの階層は、法律家に対抗してバランスをとるより、むしろ法律家の手練手管に圧倒されて振り回されるでしょう。不均衡であやういこの状態では、法律家がなにもかも支配することになるのはしかたがありません。

また法律畑の議員たちに加えて、かなりの数の医師たちもいました。フランスでは法律家とおなじように、医師もあまり高く評価されていません。ですから医を職業とする人にも、尊厳という感覚が身についていない層に特有の性向がみられます。たとえしかるべき地位を得ていたとしても（じっさいにイングランドでは得ているのですが）病人の枕辺は政治家や立法家を養成するうえでふさわしい場所とはいえません。

医師たちについで重要な位置を占めていたのが株式や債券のディーラーです。この人びとは、観念的な価値しかない紙切れの財産を、もっと実質的な土地という価値に交換したいと必死で望むことでしょう。

議員には、このほかにも異なる職業の人びとが加わっていました。ですが大国の利益にまつわる知識や配慮をこうした人びとに求めることはむりですし、制度の安定を考慮するようにと望むこともできません。これらの人びとは補助的な手段として使われるほかはなく、統率者ではないのです。

専門職と統率者は資質が異なる

これが国民議会における第三身分の議員の、おもな構成でした。そこにはイングランドにおいて本来の土地所有階級と呼ばれている人びとなど、影もかたちもありませんでした。

イングランドの下院では、どの階級の、どのような長所もないがしろにされることはありません。さまざまな因果関係を適切に機能させているため、国内に見出される傑出したもののすべてが満ちあふれていることが知られています。すなわち身分や、家系や、相続財産、また独力で築いた富、磨かれた才能、そして陸軍や海軍や、あるいは個人的な地位、政治的な地位によって勝ち得た名声などです。

とうていありえないことですが、かりにイングランドの下院がフランスの第三身分とおなじような人で構成されていたらと考えてみてください。イングランド人が、このようなごまかしによる支配を耐え忍んだりするでしょうか。想像しただけでぞっとするのではないでしょうか。法律家という職業は、正義という神聖な儀式をつかさどるもので、いわばべつのかたちの聖職者として定められたものですので、わたしがここでその職業にむかって軽蔑のあてこすりを口にすることは神にも禁じられています。

みずからの職務を遂行している人びとをわたしは尊敬しています。その人が職務を妨げられるようなことがあるなら可能なかぎり防ごうと、人間として努力するだろうとも思うのです。それでも、ああした人びとにへつらうつもりはありませんし、自然に反して嘘をつくつもりもありません。かれらはひとつの組織のなかに配置されるなら、優れて有能です。しかし、かれらだけで組織の全体をなしてしまうようなときは、組織にとって有害でしかありません。固有の職務において卓越していると、かえって他の職務の適性からは遠くなることがあるのです。

ここで見のがしてはならないことがあります。専門職としての習慣や職業上の習慣にあまりにも慣れすぎた人は、その狭い世界のなかで根が生えたようにおなじ仕事をくり返すことを習慣づけられてしまいます。すると人類の知見にかかわるようなことや、複雑な問題についての経験が必要なこと、また国内外の利害が錯綜しているなかで総合的で統一的な視野がもとめられるような事態、いいかえれば国家と呼ばれる多面的な組成体にまつわる事態については、それをあつかう適性ができるどころか、むしろ無能になるということです。

フランス国民議会はあまりに強大な権力を手にしている

結局のところ、もし下院が完全に専門職の人と職業団体に属する人で構成されなければならないとしたら、下院の権力とはなんなのでしょうか。下院は法律や慣例、また理論と実践の両面について明文化された規則などに取り巻かれてがんじがらめです。また下院の権力は上院の権力でつりあいをとるようになっています。さらにいついかなる時であれ、審議を継続するべきか、休会か、解散かが国王の決定権にゆだねられています。このような下院の権力に、いったいどんな意味があるというのでしょうか。

ところがその下院の権力は、直接にも間接にも絶大なものなのです。この力の大きさ、精神の偉大さが、いつまでも欠けることなく保たれることをわたしは願っています。たとえばインドで法を破壊した人物が、イングランドでは法を立てる人物になってしまう、などという事態を阻止しつづけることができるかぎり、この願いはこれからも満たされるだろうと思うのです。

とはいえそのイギリス下院の権力も、たとえ最大限に発揮されたとしてさえ、フランスの国民議会で安定多数の手にある権力とくらべたら大海の一滴にすぎません。フランスの国民議会では身分階級が崩壊してからのち、基本法もなく、厳格な協定もなく、尊重される慣例もなく、権力を抑止するものはなにひとつなくなりました。

フランスの議員たちは、定められた憲法に沿って自分をかたちづくる義務のかわりに、自分の意図に沿うように憲法を定められるほどの権力を手にしています。天にも地にも、それを抑止するものはいっさいありません。定められた憲法のもとで法を制定するだけではなく、一気呵成に根底から新しい憲法を作り上げるほどの資格をもち、あえてそれを実行し得るというような組織には、いったいどれほどの頭脳と精神と器量があればふさわしいといえるでしょうか。憲法というものは、ひとつの強大な王国のために、それこそ王位から教区の礼拝堂にいたるまであらゆる要素をはらむものですのに。

しかし「天使も歩むをおそれるところに、愚者は突進してしまう」[1]といわれます。ここまで歯どめのない権力が、なんら限定された目的もなく、また限定しようもない目的へとむかうなかで、その職務につく人間が倫理的にも、ほとんど身体的にも、不適格であるとします。その場合、人間のいとなみにかかわることがらが処理されるときに起こる害悪は、想像を絶した最悪のものになるにちがいありません。

第一身分の聖職者議員は田舎の司祭たち

さて、ここまで第三身分の構成について、もともとの枠組みのなかで考えてきました。ここからは［第一身分である］聖職者の代表について検討してみたいと思います。これについても、その代表を選ぶための原理として、財産についての一般的な保証をもつかどうか、また代表者が公共の目的に照らして適格といえるかどうかが、まったくといっていいほど考慮されていないのはあきらかでした。

国家の枠組みを新しく作り出すという偉大で困難な任務にとりかかろうというのに、この身分制議会の代表者たちは、聖職者議員を選出するにあたって、平凡な田舎の助任司祭にすぎないような人びとを、人数だけは膨大に集めてくるという仕組みしか作りませんでした。この人びとは国家などというものは絵に描いたものさえ見たこともなく、名もない村の境から先の世界についてはなにひとつ知らないまま、なんの望みもない赤貧のどん底にいたのです。財産などは、それが世俗の財産であれ教会の財産であれ、ただ羨望のまなざしで見るだけでした。

そのなかには、まとまった財産を略奪してそこからごくささやかな分け前でも得られるのなら、どんな計画にも喜んで参加したいという人がおおぜいいたことでしょう。このような人びとにとっては、たとえわずかな取り分であれ、世の中が大混乱する奪い合いの時代でもなければ、ほとんど望めなかったのです。

この司祭たちは、もういっぽうの第三身分会議で活動する合法的詐欺師のような法律家の権力に対抗してつりあいを取るどころか、その活発な助手になるか、せいぜい良くても受身の手下になるしかありませんでした。それもしかたのないことで、なにしろかねて自分が暮らしていた村の、瑣末な利害関係のなかで頼りにしてきた相手なのです。こうした司祭たちは、聖職者層のなかで最も良心的な人びとであるとはいいがたいのです。

聖職者仲間たちはこうした司祭の理解力の貧しさにつけこんで陰謀に引き入れ、かれらを村の信徒たちとの関係といった自然な行動圏から引き離して、国家の再生に携わるのだと思い込ませたのです。この司祭の集団という貴重な勢力が加わったおかげで、第三身分の法律家たちの集まりには、無知と猪突猛進と思いあがりと略奪欲という勢いがついて、もはや誰も抵抗できなくなりました。

第二身分の貴族議員は歪んだ野心家たち

洞察の鋭い人であれば最初から見とおしていたはずですが、第三身分の議員の大多数は、いま述べたような聖職者の代表議員と手を結んで貴族階級を打倒しようところみながら、かえって一部の貴族議員が立てた最悪の計画の実現を手助けしてしまうことになりました。この貴族たちは、自分の階級から着実な資本を確保して新しい手下に金をあたえることを考えたのです。自己の階級から略奪し、恥辱をあたえつつです。この人びとにとって、自分の仲間にあたる貴族たちを幸福にしていたものを浪費することくらい、痛くもかゆくもないのでしょう。

名門貴族の出身であっても、不平不満でいっぱいの騒がしい性格の人たちは、自分のプライドと傲慢でのぼせていくほど、おなじ階級の人びとを誰かれとなく見くだすようになるのがつねなのです。かれらの身勝手で邪悪な野心があらわになっていく最初の兆候のひとつは、他人の尊敬の心を恥知らずに棄ててかえりみなくなることです。公共愛の第一の原理、その芽ばえとは、社会のなかで自分が属する小さな共同体を愛し、そのグループの人たちを愛することにあります。それはやがて祖国愛や、さらには人類愛へと進んでいく長い連鎖の最初の環なのです。

社会の組織のなかでもこうした小さなグループの利益を守る仕事は、そのグループを構成する全員の手にゆだねられている重い責任です。これを濫用し、しかもその濫用を正当化するというのは悪人だけです。まして自分の個人的な利益とすり替えて手放すのは、まさに裏切者です。

イングランドでも、かつての内乱の時期にはホランド伯爵[2]のような人物が何人かみられました（フランスの国民議会にもそのような人物がいるかは存じませんが）。国王はこうした人物とその一族に、気前よく賜物をあたえたために顰蹙を買ったほどなのですが、伯爵はのちに、伯爵自身に起因して不満をつのらせた人びとが叛乱を起こした際にはそちらに加担したのです。かれらは王座のおかげで存在していたにもかかわらず、王座を破壊する手助けをしたのでした。また国王からあたえられた権力を利用して、自分の恩人を破滅させた人びともいました。

この種の人びとは、自分の貪欲な欲望になにかしら制限が加えられたり、自分が独占しようとしていたものを他人が共有してもいいことになると、貪欲さの満たされない部分に復讐と嫉妬の思いが湧き上がるのです。病んだ情熱でがんじがらめになって行き惑い、理性は乱れ、思うことはとりとめもなく茫漠としたものになります。人からみると説明がつきませんし、自分でも確信がもてないのです。ものごとの秩序が定められていると、あらゆる面で自分の理念のない野望がさまたげられているように思い込むのです。混乱した霧やもやの中ではなにもかも遠くまで広がっているようにみえて、どこにも限界などないように思えてしまうからです。

身分の高い人が、尊厳にまつわるあらゆる理想を犠牲にしてでも、明確な目標のない野望を実現しようとするときは、低劣な人びとと活動をともにして低劣な帰結にいたるときで、そのときは組織全体が低劣で卑しいものになります。いまフランスで起こっているのは、そのようなことではありませんか。それはなにか下品で不名誉なものを生み出してはいませんか。フランスでおこなわれている主だった政策のすべてに、ある種の卑しさが含まれているのではないでしょうか。おこなわれているすべてのことに、個人と国家の尊厳と、重要性を低める傾向がみられるのではないですか。

かつて、ほかの革命をなしとげた人びともいます。しかしその指導者たちは国家の変革をこころみた結果を得るにあたっては、自分たちが平和を乱した民衆の尊厳を高めることで、自分たちの野心も清めたのだといえます。かれらには長期的な展望があったのです。自分の国を破壊するのではなく統治することをめざしていたのです。文化にも軍事にも優れ、偉大な才能をそなえていました。その時代における恐れの対象にもなりましたが、時代を飾るほまれにもなったのです。かれらはユダヤの商人のような人物とは違いました。退廃的な計画で自分の国土に荒廃をまねいておきながら、詐欺のような通貨と価値の下落した紙幣を使って最良の賠償をおこなえるのは誰か、などと言い争うような人間ではなかったのです。

イングランドではおなじみの、そうした悪者の一人にクロムウェルがいて、彼に捧げられた賛辞があります。それは親戚筋にあたる当時の流行詩人[3]の手になるものですが、これを読むと、クロムウェルが野望を成就した、その達成度のおそるべき高さがうかがえます。

あなたがなお高みに昇るとき　国家もまた高みへと昇りゆく
あなたが国を変革するとき　国が騒ぎ乱れることはない
昇りゆく太陽が夜の卑しい光を　音もなく滅ぼすときに
世界の偉大な光景も　舞台のように場面を換える

社会の秩序を乱したこれらの人びとは、権力の簒奪者というよりむしろ、社会のなかでみずからにふさわしい場所を探し求めた人びとでした。こうした人物が高みに昇ることで世界は照らされ、美しくもなったのです。かれらが競争者たちに打ち勝ったのは輝きが優っていたからです。その手は破壊の天使のように国土を打ちのめしたのですが、それほどの力と強さを国土に伝えたのでした。

わたしはこうした人物の徳の高さが、かれらの罪の大きさを償うと言いたいわけではありません（神かけて、そうではありません）。しかし徳の高さがあったことで、罪の結果が多少なりとも中和されはしたのです。イングランドのクロムウェルとは、まさにそういう人物でした。

フランスでいえばギーズ家やコンデ家、コリニ家など(4)がこれに近い性格の一族でしたし、リシュリュー一族(5)のように、もっと平穏な時代に内乱時の気構えで行動した例もあります。アンリ四世とシュリ(6)などは、こうした人びとよりはるかに立派な人物で、あきらかな大義にもとづいて行動した人たちでした。この人びとは内乱の混乱のなかで育っていますから、まったく汚点がないとはいえませんが。

職人層と知識層の役割は違う

かつてフランスでは、どの国の歴史にもないほど凄惨な内乱が長くつづきました。それにもかかわらず、内乱がひと段落した瞬間、驚くほどすみやかにそこから回復し、台頭してみせました。なぜそれができたのでしょうか。その理由は、むごい虐殺があったにもかかわらず、国の精神までは抹殺されていなかったからです。みずからの尊厳への自覚、気高い誇り、家柄への自覚と競争に対する高邁な感覚はうしなわれていませんでした。逆に、火がついたように搔きたてられて、めらめらと燃え上がったのです。

国家のさまざまな機関も、損なわれたにせよまだ存続していました。名誉と徳への賞賛も、褒賞も、叙勲も、うしなわれることなくつづいていたのです。ところが現在のフランスの混乱ぶりは、まるで麻痺していく病のように生命の根源そのものに襲いかかっています。フランスのなかで、名誉という原理によって行動すべき立場にあるすべての人が、名誉を剝奪され、辱められていて、心を鼓舞するものはただ無念と屈辱の憤怒だけです。生の感動に喜びをいだくことなどできません。ですがこの世代もすぐに次世代へと移っていくでしょう。次の世代の貴族は、職人や農民や両替商や高利貸し、ユダヤ人に似てくると思います。またこれらの人びとが貴族の仲間入りをすることがつねになり、ときには主人になることでしょう。

信じていただきたいのですが、水平化しようとする人びとは、平等化するわけではけっしてないのです。さまざまな市民階層で構成されている社会にあっては、どこでも一部の階層がほかを圧倒して最上位にこないわけにはいきません。ですから水平化しようとする人びとは、ものごとの自然な秩序を変えて、ねじ曲げてしまうだけなのです。

構造としての堅牢さを維持するためには地上に置くほかない構築物が空中に組み上げられたことで、社会という大建築には負担がかかっています。自然にそなわった特権を簒奪するというのは簒奪のうちでも最悪の簒奪ですが、共和国（たとえばパリ共和国）を構成している仕立屋や大工の団体は、その役割をおしつけられています。かれらがそんな状況に耐えられるはずはありません。ですがそれは、みなさんがそう強いているのです。

身分制議会の開催にあたってフランスの大法官は、美辞麗句をつらねた演説で、いかなる職業も名誉あるものであると語りました。これが、まっとうな仕事には恥ずかしいものはないという程度のことであれば、そうまちがってはいないでしょう。しかしなにかが名誉であると語るとき、区別があると暗示したうえで、こちらのほうがより優れていると主張していることになります。

理髪師の仕事や、動物の脂を原料にして蠟燭をつくるような仕事は、誰にとっても名誉ある仕事だとはいえないでしょう。これよりさらに卑しい多くの職業についてはいうまでもありません。こうした階層の人びとが国家から抑圧されるようなことがあってはなりませんが、だからといってこの人びとが個人として、集団として、統治することをゆるされるなら、抑圧されるのは国家のほうです。それは偏見と闘うことだとみなさんはお思いになるかもしれませんが、じつは自然と闘っていることになるのです。(7)

統治者の資格は徳と叡智にある

親しい友よ、あなたのことを揚げ足とりの詭弁家だとは思いませんし、不誠実であるとも鈍感であるとも思っていません。一般的な観察や感覚を述べたことに対して、訂正や例外をことこまかく記せなどとはおっしゃらないでしょう。理性的な人間の語る一般的な命題には、そうした訂正や例外はおのずとふくまれているとみなすのが理性的推論だからです。

権力や権威や優秀さは、特定の血統や家名や地位をもっている人間にかぎられているなどとわたしは言いたいわけではなく、あなたもそんなふうにはお読みにならないと思います。そうなのです。統治にふさわしい資格、それは徳と叡智だけです。仮定においても実際においても、それはたしかです。その人の身分や境遇や専門や職業にかかわらず、徳と叡智を実際にそなえた人は、この世でしかるべき栄誉と地位を得るための「神にあたえられた旅券」を手にしているのです。

国家に栄光を添え、奉仕するものとして文政や軍事や宗教の才能と徳があるときに、それを冒瀆しながら狂ったように拒む国家があるなら、その国家は呪われるべきです。国家に輝きと光彩がもたらされるように作られたすべてのものを、曖昧な暗さへと運命づける国家は呪われるべきです。またもういっぽうの極端さに走って、教育の低さや、さもしい視野の狭さ、金儲けだけをめざす卑賤な職業などを、支配者に必要な資格とみなす国家がもしあるなら、その国家もまた呪われるべきです。

すべては開かれているべきです。しかし、誰にでも開いていいということではないのです。大がかりな目標を担う一国の政府の仕事には、交代制やくじ引きや輪番制といった発想の選任方式は、がいして好ましいものにはなりません。なぜならその方式では義務感の強い人物を選ぶことや、適材適所で義務に従わせることが、直接にも間接にもできないからです。

はっきり言っておきます、無名の境遇から高貴な地位と権力にいたるまでの道のりは、あまりに安楽すぎたり、当然だったりしてはなりません。ごくまれにみられる資質であっても、それが世に二つとないような真に最高の資質であるとわかるためには、なんらかの試練をくぐり抜けないとだめなのです。名誉の殿堂とは、人が見上げる高みに据えられているべきものです。その殿堂の扉は、ただ徳によってしか開かれることはないのですが、その徳はなお、なんらかの困難と苦闘の試練に出会うものであることを忘れてはなりません。

財産の保護は国家の財産をもたらす

国家の財産も、国家の能力も代表していない人物は、国家のふさわしい代表にはなりえません。ただし能力というものは活発で積極的な原理であるいっぽう、財産は動きが鈍く不活発で臆病な原理ですので、どうしても能力に侵害されがちで、安全ではありません。このため財産の代表は比較にならないほど優越した地位においておかなければなりませんし、大量に蓄積されている必要もあります。そうでないと正しく保護できないのです。

財産は、獲得と維持という複合的な原理で形成されます。その本質は不平等であることです。大量の財産は羨望の心を掻きたて、奪おうとする思いを誘いますので、危険の及ばない場所に保管しておく必要があります。そうしておけば、それほど巨額ではないさまざまな財産にとっても自然な防壁になるのです。

同じ量の財産があっても、ことの自然ななりゆきとして多くの人びとに分割されている場合、同じはたらきをすることはありません。財産が分散されると、みずからを防衛する力も小さくなります。各人の分けまえも小さくなりますので、他人の財産を羨みながら、分割すれば手に入るのにと期待していたほどには手に入らないのです。少数の人から財産を略奪しても、多数の人で分配すると、思いがけないほど少額になってしまうものです。ところが略奪しようとする多数の人はそうした計算ができません。いっぽうで略奪を主導する側は、そもそも分配するつもりなどないのです。

わたしたちの財産を家族の手の中で永続させる力は、財産のもっとも貴重で興味深い特質の一つですし、社会そのものを継続させるためにもっとも強くつながっていく力になるのです。それはわたしたちの弱点さえ、わたしたちの徳に役立つものにして、貪欲を善意と結びつける役割をはたしてくれます。

家族の富を所有する人は、相続という富の伝達を保証する自然の担保のようなものです。遺産の相続人やそれにともなう地位称号の持ち主についても、おなじことがいえます。相続者は家族の富を維持することに最も関心をいだく人だからです。イングランドでは、この原則にもとづいて上院が形成されています。

　上院は相続財産と世襲の地位だけで構成され、立法府の第三の部分とされています。そして上院は、細分化されたすべての財産について判断をくだす唯一の機関なのです。また下院もその圧倒的多数の議員が、必然としてではなくても事実として、いつものようなかたちで選出されています。

　この資産家たちには、思うままにさせておけばいいのです。そうすればかれらは、最善の場合にはもっとも善き人々としてふるまうでしょうし、どうしようもなく最悪の場合でも、国家という巨大な船を安定させるバラストの役割をはたすでしょう。というのも世襲によって受けつがれる富やそれにともなう地位は、地を這いまわるような追従者や、みさかいなく権力を賞賛する卑屈な人びとからは偶像視されすぎていますし、いっぽうで哲学とよばれる、気難しく高慢で短絡的な、底の浅い衒学的な思索のなかでは、あまりにあっさりと軽んじられてもいるからです。

　生まれというものに対して、適切に規制された卓越性をみとめること（排他的専有性とは別物です）、また重視するだけではなくその長所をみとめることは、不自然でも不公正でも無分別でもありません。

　二四〇〇万人［の大衆］は、二〇万人［の資産家］より優先されるべきだという意見もあります。そのとおりです。ただしそれは国家の構造を、算術という観点から眺めた場合にかぎります。この種の議論の立会いには［革命のときに富裕な人びとを吊るした］街灯の柱を賛成者にすればいいでしょう。理性的に冷静に推論できる人にとっては愚かしい議論なのです。多数者の意志は、多数者の利益と大きく異なる場合が多いものですし、邪悪な選択をするとき、そのずれはひときわ深刻になるでしょう。田舎の法律家とあいまいな副司祭が五〇〇人集まってつくられる政府は、たとえそれが四八〇〇万人によって選ばれたものだとしても、二四〇〇万人［の大衆］にとって善いものにはなりません。また身分の高いひとにぎりの人間が指導する政府も、その権力を手にするために信託にそむいてきたような人であるなら、善い政府にはなりません。

現時点のフランスはすべてにおいて、自然の定めた王道からそれてしまっているようにみえます。フランスの財産がフランスを統治していません。財産はあきらかに破壊され、理性的自由など存在していないのです。いまみなさんが手にしているのは紙切れにすぎない通貨と、投機的な憲法だけです。では将来はどうなるかというと、フランスの領土には独立した自治体がじつに八三もあり、さらにその自治体はたくさんの小規模な部分から構成されています。これらの自治体からなる共和制体制を採用したフランスの国土を、一つの政体として統治できるなどと本気でお考えでしょうか。全体が一つの精神の鼓動で動くように整えることなど、できるとお思いですか。

国民議会がみずからの仕事を完成したときは、みずからを破壊した廃墟を完成していることでしょう。それぞれの地方自治体は小さな国家のようなもので、パリ共和国という国家に従属するような状態に甘んじつづけることはできないからです。パリ共和国という一つの政体が国王という捕囚を独占し、みずからを国民議会と呼んで統治権を独占し、全国を統治しつづけることに耐えられなくなるはずです。

どの地方自治体も、教会を略奪した取り分は地元にかかえこむでしょうし、略奪した成果物よりはまっとうな勤労の成果や、土地の天然の産物などもそうです。それを首都であるパリに送って、尊大で贅沢な都会の職人がさらに横柄になるさまを我慢したりはしないでしょう。そうしたことにいかなる平等もみとめなくなるのです。この平等という名のもとに、地方の自治体はフランス古来の憲法を投げ捨てて、国王への忠誠も放棄するようにとそそのかされたからです。

フランスで最近制定された憲法のなかでは、そもそも首都というものがありえません。かれらは忘れていますが、民主主義的な政府を樹立した時点で、事実上、国を解体してしまったからです。国王と呼ばれている人はまだいるものの、その人物の手には、こうした共和国の集まりを束ねて一つにするために必要な権力の百分の一も残されていません。

パリ共和国は、軍隊の堕落をさらに完璧なものにするまで努力するでしょうし、有権者に諮ることなく専制支配をつづける手段として、非合法なありかたで国民議会を恒常化しようと努めるでしょう。紙切れの通貨を無制限に流通させる中心になることで、すべてのものを自分たちに引き寄せようと努力するはずです。しかしそれはむだな努力です。この政策方針がいま凶暴であるのとおなじくらい、いずれ行きつくところは無力であるとあきらかになるでしょう。

フランス革命を賞賛するイングランド人には思惑がある

かりにこれがフランスの現状であるとします。神の声と人の声に導かれて天命にしたがった状況とくらべると、みなさんの選択に対して心から祝福する気持ちにはなれません。努力して獲得された成果についてもおなじことです。こんな原理にもとづいて、こんな結果をもたらす行為は、どこの国にも推奨できません。こうした祝福は、わたしよりずっとフランスの事情につうじた人や、みなさんの行動が自分たちの計画にとってどこまで都合のいいものかを熟知している人たちに任せるほかはなさそうです。

ところでイングランドの革命協会の紳士たちは、フランス革命をあれほど熱烈に祝福したわけですが、どうもイングランドの政策にかかわる試案があって、フランスのなりゆきが、なにかでその役に立つかもしれないと強く信じているらしいのです。というのも、そちらのプライス博士はこの問題に少なからず熱中して思索していたようですが、きわめて注目に値するつぎのような言葉で聴衆に語りかけているからです。

「これを言わずに演説を終えるわけにはいきません。わたしがこれまで何度となく触れてきた考えを、ぜひとも思い出していただきたいのです。おそらくみなさんも、ずっと待ち望んでいたことでしょう。それはわたしが言葉にできないほど心を打たれている考え、すなわち自由という大義のためにあらゆる力を尽くすには、現代という時代こそ有利であるという考えです」

このとき、この政治伝道者の心が、なにか途方もないたくらみでふくれ上がっていたのはあきらかです。そしてわたしよりこの人物をよく理解している聴衆の心は演説者の考えを先どりしていて、どのような結論にいきつくかもすでに予測していたのかもしれません。

この説教を読むまで、わたしは自分がそもそも自由な国に暮らしているものと頭から信じていました。しかしそれはまちがいで、そう考えるほうが好きだったからなのでしょう。ですが、これを読んで自分の国をもっと好きになりました。

つまり、わたしはそれまで自由という財産を、侵害から守るだけでなく、衰退や腐敗からも守るためには、つねに目覚めて警戒しつづけていなければならないと考えていました。それがわたしたちの最善の叡智であり、なによりの義務だと考えていました。とはいえ自由というその財宝はしっかりと守るべき所有物であって、これから手に入れようとする褒美のようなものだとは考えてもいなかったのです。

自由という大義を手に入れる努力をするにあたって、現代という時代がそれほど有利な時代になったというのは、わたしにはよくわかりませんでした。ただ現代という時代がこれまでの時代と異なっているところは、フランスで革命が起きたことです。

フランスで起きているこの革命という実例がイングランドに影響をおよぼすはずだということであれば、思いあたることがあります。フランスの革命が不快な側面をもち、人間性や寛大さ、誠実さや正義にとっておよそふさわしくない行動がみられるにもかかわらず、それをおこなう人物たちはきわめて温和な性質の持ち主であるかのように言いつくろわれています。受難者はじつに英雄的な忍耐心で耐え忍んでいるのだと称賛されているのです。そのわけが理解できます。というのも、自分たちがお手本にしようとしている実例の権威を揺るがせてしまうのは、たしかに賢いやり方ではないでしょうから。

とはいえ、自然な疑問がいやおうなくわいてきます。すなわちフランスの実例が二つとない吉兆であるとみるような、その自由の大義とは、そもそもどういうものなのでしょう。その大義のために力を尽くすとはどういうことなのでしょうか。イングランドの王政は消滅すべきものだということでしょうか。その古来の法律と裁判所と法人の、なにもかもが廃止されるべきだというのでしょうか。幾何学的で算術的な憲法を採用するために、地方のあらゆる境界線を取りのぞいてしまうべきなのでしょうか。上院は無用であると投票で決定するべきなのでしょうか。教会の監督制度も廃止されるべきでしょうか。教会が所有する土地はユダヤ人や仲買人に売却されるべきで、あるいは教会荒らしに参加させるために、新しく設立される自治共和国に賄賂としてあたえるべきなのでしょうか。すべての租税は抑圧的だと決議したうえ、国の歳入は愛国的な寄付金や献金だけで確保すべきなのでしょうか。土地税もビール税も廃止して、靴の銀バックルを奉献してもらうことで海軍を維持すべきなのでしょうか。

あらゆる身分と地位と爵位の優遇をなくしてしまい、国家が破産した無秩序な状態のなかで、三〇〇から四〇〇〇ほどもある民主的政治体制を八三の政治体制にまとめあげ、さらにそのすべてをある種の不思議な魅力で一つの政治体制に組織するべきなのでしょうか。その大きな目的を実現するために、軍隊にはあらゆる背任をおこなうよう誘いかけ、つぎに昇給をみとめるというとんでもない先例をつくって、規律と忠誠を捨ててしまうよう誘うべきなのでしょうか。

司祭には、司教から離反するようにとそそのかすべきなのでしょうか。それも、ほかならぬ自分の身分をつうじて手にした略奪物の分け前を手にできるという空しい希望で誘惑するわけです。王の臣民であるはずのロンドン市民は、同胞の出費という犠牲で養われるからということで、その忠誠心を捨てるべきなのでしょうか。この王国の合法的な通貨を捨てて、紙切れの通貨を強制すべきなのでしょうか。公的収入の貯えが略奪されたあと、まだ残っている額は乱暴な計画のために流用すべきなのでしょうか。それも、たがいに監視しあい、争いあう二つの軍隊を維持するという計画のためにです。

もしこれらが革命協会の目的であり手段であるというなら、たしかに、じつによくできているというしかありません。そしてその目的と手段のどちらに対しても、フランスは優れた先例を提供できることでしょう。

イングランドの革命礼賛派は、自国に自由がないと考えている

フランスの実例が、わたしの国を恥じ入らせるために突きつけられたものであることは承知しています。わたしたちは愚鈍で歩みの遅い人種で、みずからの境遇に耐えることができるために受け身になっていて、かつそこその自由があるために、逆に完全な自由を獲得したためしがないのだとみられているのも知っています。フランスの指導者たちも最初はイギリスの憲法を賞賛し、ほとんど崇拝するところから始めたわけですが、やがてそれを極端な侮蔑の目でみるようになったのです。

イングランドでフランス国民議会に友好的な人びとは、かつて自分たちの国の栄光とみなされていたものを、いまではまったくつまらないものと考えるようになっています。革命協会は、イングランドという国には自由がないことを発見したのです。かれらは、この国の代表制の不平等さについて、こう述べています。「わが国の憲法におけるこの欠陥はあまりに重篤かつ明白であって、優れた点はただ形式と論理の面だけである(8)」。

またかれらによると、わたしの王国の立法府における代表制は、国のすべての憲法の自由の基礎であるだけでなく「すべての合法的な統治の基礎であって、それなしには統治が簒奪になってしまう」そうです。そして「代表が部分的なものにすぎない場合、王国には部分的な自由が存在するにすぎない。代表がきわめて部分的なものであった場合、自由のたんなる外見が存在するにすぎない。代表がきわめて部分的であるだけでなく、代表選出法が腐敗している場合、それは有害なものとなる」というわけです。

プライス博士は、この代表制の不適切さこそが、わたしの国の根本的な病であると考えているのです。それでも代表制の腐敗はまだ完全な堕落にまで陥ってはいないという希望をもっていて、とはいえつぎのように懸念しています。「権力のはなはだしい濫用でふたたび国民が激怒するようになるか、大きな災厄のためにふたたび国民の恐怖が呼びさまされるか、影にすぎないものによって国民が惑わされているあいだに、ほかの国が純粋で平等な代表制を確立して、国民の恥辱が掻き立てられることになるだろう。そこにいたるまで、この大切な祝福を獲得するために必要なことが、なにもなされないままなのではないか」。さらに博士は「おもに国庫の関係者と、報酬を受けとって投票する民衆の屑のような数千人が投票することで選ばれている代表制」であると注釈しています。

あなたもここで微笑なさるかもしれませんが、たしかにこの民主主義者たちにはぶれがありません。それでもうっかりすると社会の底辺層を、最大級の侮蔑をこめて扱ってしまい、しかしその層にすべての権力があるかのようにみせようとするのです。「不適切な代表」という言葉の漠然とした一般性や多義的な性質にひそむたくさんのごまかしを、あなたに指摘してみせるには長い論議が必要になると思います。

いまはただ、この旧来の憲法、つまりそのもとでわたしたちがながらく繁栄してきたその枠組みに対して公平であるためにも、これだけはお伝えしておきます。わたしたちの代表制は、めざすべきすべての目標に対して完璧にふさわしいものとみなされてきたのです。この憲法に敵対する人びとが、それは逆だというのなら、その証拠を示してほしいものです。この国の憲法が、その目的を実現していくうえで非常に優れたものであることを、個々の問題についてくわしくみていこうとするなら、実際の構造についてまた一つべつの論文が必要になるでしょう。

いまここでは革命主義者たちの教義をみておきます。この紳士たちが自国の憲法をどう考えているのか、みなさんにご理解いただくために説明してみましょう。また権力がひどく濫用されたり、大規模な惨禍が発生したりすることが、自分たちの理想とする憲法を実現するいい機会になるとかれらが考えているらしい、その理由についてもご説明してみます。そうすればかれらがなぜあれほどまでに、フランス風の公正で平等な代表制のシステムに夢中になっているのかがおわかりになるでしょう。

そのシステムは、ひとたび実現されると、どこでもおなじ効果を発揮するものらしいのです。かれらにとって、イングランドの下院はたんに「偽装」で「形式」で「理論」で「影にすぎないもの」で「ものまね」で、そしておそらくは「害をなすもの」であると考えられている、そのこともおわかりになると思います。

イングランドの国家崩壊を望む人びと

この紳士は自分たちを体系的であると自己評価していて、それはまちがっていません。体系的であることの結果として、代表制のこの重大で明白な欠陥や、この根源的な弊害（とかれらがいうもの）を、それじたい不道徳とみなすだけでなく、イングランドの統治全体を絶対的に違法なもの、まぎれもない簒奪であるとみなさなければならなくなるのです。そうなるとこの非合法で、簒奪の上に立つ統治を排除するには、新しく革命を起こすことが絶対に必要とまではいわなくても、完璧に正しいということになるわけです。

すこし注意して観察すればおわかりになるように、彼らの原理では下院の選挙方法を変更するくらいではすみません。かりにすべての統治を合法的なものにするためには国民の代表制、または国民による議員の選出制が必要なのだとすると、上院はその血統によって、ただちに私生児であり腐敗していることになってしまいます。上院はとうてい国民の代表ではなく、それこそ「偽装」や「形式」としてさえ成立しません。おなじく王位という問題も、良くないことになります。名誉革命で樹立された制度の権威によって、国王がみずからを防衛しようとしてもむなしいでしょう。これらの紳士たちの理論体系によると、王の資格の根拠としての名誉革命そのものが、べつの資格づけを必要とするものになってしまうからです。

かれらの理論にしたがえば、名誉革命をおこなった両院のうち、上院は自分たちの代表でしかない代表だったわけですし、下院はいまあるとおり、かれらの言葉でいう代表の「影にすぎない、まがいもの」にすぎません。わたしたちのいま現在の政治形式とおなじで、確固とした根拠のあるものではないことになってしまいます。

あの人たちはなにかを破壊しなければならないのです。そうでないと自分が存在する目的がないことになるからです。教会権力によって政治権力を破壊しようとする人もいますし、逆に政治権力によって教会権力を破壊しようとする人もいます。

教会と国家の両方を破壊してしまったら、公共にとって最悪の結果が生じるかもしれないということは、かれらも認識しています。ですが自分たちの理論に熱中するあまり、この二重の破壊とそれがもたらすあらゆる害悪、またそれにともなって生じかねない害悪について(それが必ず生じざるをえないとかれらは考えているのですが)受け入れがたいものではないし、自分たちの望むものからそうかけ離れたものでもないと、かなりはっきり示唆しているのです。

かれらのなかに、大きな権威の持ち主がいます。実際にも優れた才能があるこの人物は、教会と国家のあいだに存在するとされる同盟関係についてふれながら、こう語っています。「このきわめて不自然な同盟が破壊されるには、おそらくまず政治権力の没落を待つしかないだろう。そうなれば災難が訪れるであろうことはまちがいない。しかしこれほど望ましい結果が得られるのなら、政治の世界にどんな動乱が起ころうと、嘆くほどの価値があるだろうか」。祖国に降りかかりかねない最大級の破局を、この紳士たちがどれほど平静なまなざしで眺めようとしているか、おわかりでしょう。

それは教会についても国家についても、自国の政治構造と統治のあらゆる面を、非合法で簒奪の所産であるとみなすような認識であり、最善でも空虚なまがいものとみなす考えです。そのような考えの人びとが、激しい、燃えるような熱狂をもって外国のできごとに目をむけたとしても不思議ではありません。

こうした考えかたに取り憑かれているかぎり、祖先が採用してきたやりかたや、イングランドの基本法や、制定された憲法の利点をかれらに説明しても、むなしいだけでしょう——こうした利点は長年の経験という確かな検証をつうじて確認できますし、国力が増し、国家が繁栄しているという証拠からも確認できることなのですが。かれらは経験というものを無学者の叡智として軽蔑しています。経験なしでどうするかというと、いわば地中に爆弾を埋めて、一発の大爆発ですべてを吹き飛ばそうというのです。古くからの実例も、議会の先例も、国の憲章も法令も、すべてをです。かれらの手には「人間の権利」というものがあります。この権利にはどんな時効もききませんし、どんな論拠も拘束力がなく、どんな修正も妥協もみとめられません。その全面的な要求に応じられないものは、なんであれ欺瞞であり不正なのです。かれらの主張するこの人間の権利に反しては、どんな政府もみずからを保護する保証を求めることができないのです。その政府が存続してきた期間が長かろうと、その行政措置が公正で寛大であろうと、関係ありません。統治の形態がこの空論家たちの理論にぴったり一致しないなら、ひとしく異議が適用されるのです。その統治が凶暴な専制であろうと、なまなましい簒奪であろうと、あるいは古くからの有益な政府であろうと関係ないのです。

またかれらはつねに政府と言い争いをしています。統治の害悪についてだけでなく、統治権限や統治資格についても争うのです。かれらの政治的形而上学の、不出来なせせこましさについては、いまここでお話しするつもりはありません。かれらにはかれらの流儀でやらせておきましょう。「そこの広間でかの王は、勝手にふるまい、風どもが、押しこめられた牢獄を、自由におさめておればよい[9]」というわけです。とはいえかれらが牢獄を破り、地中海のレヴァント地方の東風のように突如吹き起こって大地を疾風でなぎ払い、深い泉を壊してわたしたちを滅ぼしたりしないようにしなければなりません。

人間の権利とはなにか

わたしは人間の真の権利というものを理論において否定するつもりは毛頭ありませんし、実践において拒む思いがあるわけでもありません（かりにもこの権利を承認したり拒んだりする力がわたしにあるとしてですが）。人間の権利についての、かれらの偽りの主張を否定しようとはしていますが、だからといって真の権利を損ねようとしているわけではありません。むしろかれらが人間の権利と称するものが、まさしくその真の権利を破壊してしまうと考えているのです。

市民社会は人間の利益のために作られるものです。ですから市民社会がめざす人間のすべての利益が、人間の権利になるのです。市民社会は人間に恩恵をもたらす制度であって、そもそも法律じたい、この恩恵が一定の規則のもとではたらく、そのいとなみにあたるのです。人間にはこの規則にしたがって生きる権利があります。人間にはこの規則にしたがって正義をおこなう権利があります。この正義は「ともに生きる人びと」のあいだで適用されるものです。そしてこの「ともに生きる人びと」は、政治的な機能をはたす人であるか、ふつうの職にたずさわる人であるかを問いません。

人間にはみずからの勤勉によって手に入れたものを確保する権利があります。またその勤勉を実り多いものにする手段を確保する権利があります。さらに両親が獲得したものを受けつぎ、子孫を養い、教育をあたえる権利があります。そして生において導きをあたえられ、死において慰めをあたえられる権利があるのです。

すべての人間は、他者を害することなく個別におこないうることについて、みずからそれをおこなう権利があります。また社会がその技能と力のあらゆる組み合わせをもってその人のためになしうるすべてについて、その正当な分けまえを手にする権利があります。

社会という共同組織において、すべての人にはひとしく権利があります。ですが、すべての人が同じ物を手に入れる権利ということではありません。この共同組織に五シリング出資した人は五シリング分の権利だけをもっています。五〇〇ポンド出資した人は五〇〇ポンド分の権利をもっています。この人の権利が、五シリングしか出資していない人の権利よりも大きくなるのは当然です。この共同資本から生まれた生産物についても、五シリングしか出資していない人は、五〇〇ポンド出資した人とおなじ配分を平等に受けとる権利はありません。

市民社会では自然権は放棄される

　また国家においてそれぞれの個人がになうべき権力、権威、指導の配分の大きさについては、市民社会に生きる人間の、直接の原初的権利として認められるべきだと主張する人がいます。しかしこれにわたしは強く反対します。というのは、ここでわたしが考えているのは市民社会に生きる人間であって、それ以外のなにものでもないからです。ですから配分の大きさは取り決めによって決定されるべきです。

　市民社会がこうした取り決めによって形成されるものなら、その取り決めは市民社会における法であることになります。この取り決めは、これによって設立されるすべての憲法を限定し、規定するものでなければなりません。あらゆる立法、司法、行政の権力はその取り決めの産物であって、こうした権力はこれ以外のどのような状態でも存在しえません。ですから市民社会の取り決めのもとにあって存在するとは想定できないような権利、いいかえれば取り決めに絶対に矛盾するような権利は、誰も主張できないのです。

　市民社会がかたちづくられた最初の動機のひとつは、誰であれ自分が当事者である訴訟の裁判官にはなれないということです。これが市民社会の基本原則のひとつになりました。［文明的市民社会の外にあって］こうした取り決めに参加するまえの人間なら、自分にかかわることがらについてもみずから審理し、みずから弁護することができます。しかし市民社会にあって各人は、取り決めにまだ参加していない人間のもつ第一の基本的権利［自然権］を放棄したのです。

この人びとは、みずからの統治者であるために必要な全権を放棄したわけです。さらに第一の自然法である自己防衛の権利も、その大部分を包括的に放棄することになりました。市民社会以前の権利と、市民社会以後の権利を両方同時に享受することはできないのです。人は自分にとってなにが最も大切かを自分で決める権利を捨てました。それは正義を得るためです。一定の自由を確保するためにすべての自由を社会に委託するというありかたで、それらを社会に譲渡したのです。

統治は自然権の力では形成されません。自然権は統治とはまったく独立して存在しうるものであり、また実際に存在しています。しかもはるかに大きな透明性と、はるかに高い抽象的完全性のうちにあるのです。ただ自然権のこうした抽象的な完全さは、実践において欠点にもなります。すべてのものに権利をもっていると、実際にはすべてのものをもちえなくなってしまうからです。

統治は人間のさまざまな欲望を満たすために人間の叡智がつくり出したもので、人はこの叡智によって自分の欲望が満たされるよう望む権利があります。その欲望のなかには、情熱が十分に抑制されることを願う欲望もふくまれていて、それは市民社会が形成されることで生まれた欲望です。社会は個人の欲望が抑制されることを求めるだけではなく、集団や組織体においても、人びとの自然な傾向がしばしば抑えられ、その意志が制御され、その情熱が服従のもとにおかれるよう求めるのです。それは人びとの内部から現れる権力をつうじてしか可能にはなりません。その任務は、人の意志と情熱のはたらきを抑制し従属させることです。

この点で人間に加えられる制約は、人間の自由とおなじように人間の権利のひとつとみなされるべきものです。しかし自由も制約も時と場合によって変化しますし、無限に調整される余地があるわけですから、抽象的なルールのうえに定めることはできません。そもそも抽象的な原理にもとづいてこうした問題を論じるくらい愚かしいことはないでしょう。

人が自分を統治するという人間の全権からなにかを差し引いて、この全権に人為的で実定的な制限をさだめるという痛みをへた瞬間から、統治のすべての組織は人間のさまざまな利害をどう調整するかという合目的性の問題に直面します。そして国家をどのように構成するか、権力をどのように分配するかは、最も精密で複雑な技能を必要とする問題になるのです。

この問題には人間の自然な性質と必要性についての深い知識が求められますし、社会制度のメカニズムによって達成されるさまざまな目的を促進するものはなんなのか、阻害するものはなんなのかについても深い知識が必要になります。

国家はみずからの力を補給する源泉と、みずからの病を治療する薬をもたなければなりません。こうした補給物や治療薬について、人間はそれを獲得できるという抽象的な権利を論じるだけではなんの役にも立ちません。重要なのはじっさいにそれを獲得して、管理する手段なのです。この問題を考察したいときは形而上学の教授に教えを乞うより、農民や医者に知恵を借りなさいとわたしなら助言します。

政治は経験豊かな専門家の手を必要とする

国家を構築する学問、また国家を革新し改造するための学問は、経験なしに《アプリオリ》学べるものではありません。それはほかの実践的学問とおなじです。またこの学問は、短期間の経験ではなにも教えてくれません。というのも倫理的な目標によって定めたことの真の効果が、すぐおもてに現れてくるとはかぎらないからです。最初の段階では有害にしかみえなかったものが、のちのちの効果としては非常に優れたものになることがあります。しかも当初の悪い効果から、優れた長所が生まれることさえあるのです。逆もあります。文句のつけようのない計画で順風満帆のすべり出しだったのに、嘆かわしく恥ずかしい結末になることも多いのです。国家の内側にはしばしば、あいまいで、ほとんど潜在的な原因がいろいろとあって、最初は重要でもなさそうにみえたものが、国の興隆と衰退を根本的に左右するほどの力をもつようになることがあります。

そんなわけですから統治の学問はそれじたい実践的なものですし、めざすところもまた実践的なのです。それはとにかく経験が必要とされることがらで、それも人が生涯をかけて蓄積しうる量をこえるほどの経験を要します。どれほど賢く、観察力に富む人であってもそうなのです。したがって、長年にわたって社会の共通目的を実現するうえで十分な力を発揮してきた構造物を破壊しようとするとき、あるいは眼前でその効力が証明されたモデルや類型なしにその構造物を再建しようとするときは、どこまでも警戒しなければなりません。

ふだんの生活のなかにこれらの形而上学的な権利が入り込んでくると、まるで密度の高い媒体に光が射し込んだときのように屈折します。まっすぐでなくなるのは自然の法則というものです。人間の情熱や関心はずしりと大きく錯綜した塊をなしているため、そのさまざまな屈折や反射をうけて人間の原初の権利も変質します。もともとの方向性の純朴さが保たれているかのように考えることは大きなまちがいです。人間の自然な性質は複雑です。社会が向き合うものは、その複雑な可能性の最大値ということになります。ですから権力を単純に配置して方向づけようとしても人としての自然とそぐわず、人にまつわることがらにもそぐわないのです。

新しい政治制度を構築するにあたって、シンプルであることをめざしたとか、実際にシンプルにしたと自慢するのを耳にするたび、わたしなどはその発案者が自分の職業についてまったく無知なのか、あるいは自分の義務にどこまでも怠慢なのか、どちらかだと即座に思ってしまいます。あまり悪くいうことはひかえるにせよ、シンプルな統治などというものは根本的に欠陥品です。

社会を一つの観点からしか眺めないのであれば、シンプルな形式の政治組織というものは、どこまでも魅力的にみえるでしょう。じつをいえば複雑な体制で複雑な目的をはたすより、単一の体制でそれぞれ単一の目的にあたるほうが、はるかに完全に対応できるのです。しかしたとえ不完全でも変則的でも、全般にわたって対処ができることがたいせつです。ある部分だけりっぱで的確な措置がとれるとしても、とかく得意な方面に手厚く配慮をして、ほかはおざなりだったり実質的に損害をあたえるような状態よりはいいからです。

政治的理性とは道徳的計算の原理である

この理論家たちが人間の権利と称するものはどれもすべて極端で、形而上学的に正しいぶん、道徳的にも政治的にも虚偽が生じるのです。人間の権利というのはある種、中間的な性格のもので、定義できるようなものではないのですが、それでも見わけることはできるのです。

統治における人間の権利とは、人間が利益を得られることです。その利益はひとつの善とべつの善とのあいだでバランスがとれることが多いのですが、ときには善と悪との妥協点で、ときには悪と悪との妥協点でバランスがとれることもあります。政治的理性とは計算の原理にほかなりません。加減乗除を道徳の領域でおこなうのです。形而上学でも数学でもない、純粋に道徳的な単位のやりくりなのです。

あの理論家たちはしばしば詭弁を弄しては、人民の権利を人民の力と混同してしまうのがつねです。共同社会という団体は、行動を起こせる状態にあるなら、実質的な抵抗などに遭遇しないものです。権利と力とが同一視されないかぎり、社会全体が徳に反する権利をもつことはありませんし、徳のなかでも第一の徳である深慮に反する権利をおびることもありません。人間は不合理なものには権利をもちません。また自分の利益にならないものにも権利をもちません。

ある陽気な作家が、詩人には自由に死ぬ権利があると書いたことがあります。[10] 噴火する火口にあっさりと飛び込んだ詩人がいたのです。「燃えるエトナ山に平然と飛び降りた」と人から聞いて、その作家はそう語ったそうです。ただわたしは、そうした戯れは芸術の山パルナッソスに住む者の特権であるとみなすより、詩人の不合理な気まぐれとみなすほうです。そしてそのような［自殺の］権利を行使したのが詩人であれ聖職者であれ政治家であれ、より賢明で寛容な考えに立ってその人を救助しようとしたでしょう。身投げした詩人の青銅の履物を狂気の記念にしようと保存したりするかわりに、わたしならそうします。

ここで何度もふれてきたあの記念説教に類するものは、人びとが、この革命の事態を記念するという現在のふるまいを恥じて慎むこともしないなら、むしろ革命というものの本道はねじ曲げられ、記念して祝おうという当の革命の恩恵を人から奪い取るだけになってしまうでしょう。

率直に言って、わたしは抵抗と革命について語りつづけるこの状態を、決して好きにはなれません。憲法にとって劇薬であるものを、まるで日々の糧とするような馴れ方がいやです。そういうことをすると社会の体質が、いかにも危うい病的なものになっていきます。昇華水銀を日常的に服用したり、自由への愛を刺激しようとして刺激剤のカンタリス[11]を常用するようなものです。そんな投薬では不調が慢性化し、粗雑で堕落した使われ方のせいで心の活力はたるんで磨耗してしまいます。心の活力とは、ここぞというときにこそ発揮されるべきものです。

革命という妄想を愉しむ人びと

ローマにおいて奴隷制が最悪の状態になった時期には、暴君を弑するというテーマが、学校の子どもたちにとってふつうの練習問題になっていたものでした。「憤怒に満ちた学舎にて、多くの生徒が、残忍な暴君を弑するなり[12]」。ものごとが正常な状態にあるときなら、こうした暴君弑逆論は、わたしたちのような国では最悪の結果につながります。自由という偉大な大義に対して、誇大な思弁をだらしなく悪用するからです。

現代では、家柄のいい共和主義者のほとんどは、ごくみじかいあいだに筋金入りの断固たる宮廷人になってしまいました。かれらは退屈でも節度のある現実的な抵抗をつづけるという任務をかんたんに放棄して、わたしたちの側に押しつけたきりにしています。トーリー派の党員とたいして変わらない、などとこちらを軽蔑しながらです。かれらは自論を誇り、陶酔しているのです。いうまでもなく偽善というものは、最も崇高な思索にこもってみずからを装いたがります。その思索の枠組みを越え出ようとしなくてすみますし、壮大にみせるだけなら痛くもかゆくもありません。

この大言壮語のなかにあるのは欺瞞というより、むしろ軽率なのかもしれないという場合でも、行きつくところはまず変わりません。あの先生たちも、自分たちの極論があてはまらない状況がどういうものかは知っていて、そうした状況にはそもそも抵抗しないのです。それは妥当な抵抗といいますか、市民的で合法的な抵抗だけがもとめられるような状況です。かれらにとって抵抗とは戦争か革命であって、ほかは無にひとしいのです。

自分たちが思う政治計画は、自分たちが生きているこの世界にはあてはまらない。そう悟っているからこそ、かれらはしばしばすべての公共原理を軽んじるようになります。そして自分たちがわずかな価値しかないとみなしたものは、わずかな利益と引き換えに放り出してしまえばいいと考えているのです。

たしかに、もっと堅実で忍耐強い性質の人びともいます。かれらは熱心ながら議員ではない政治家たちで、気に入った計画を捨てるほどの興味をほかのことに見つけられなかったのです。この人たちは教会か国家か、あるいはその両方において変革することはないかといつも思いめぐらしています。

こういうときのかれらは悪しき市民で、仲間としてはとうてい頼りになりません。心のなかで企んでいる計画にどこまでも価値があると思ういっぽう、現実の国家の構成にはまったく価値がないと考えているので、現実の国家構成にほとんど関心を持たないのです。公共のことがらが巧みに処理されていてもまったく価値をみとめませんし、まずく処理されていても欠陥をみません。まずく処理されれば革命に都合がいいと、むしろ喜ぶのです。

この人びとは、どんな人物も行動も政治原理も、自分たちの変革のもくろみを促進するか阻害するかという観点からしか、その利点や欠点を考えようとしません。日によって、暴虐で広範な国王大権を唱えるかと思えば、どうしようもなく野放図な民主主義的自由の観念を唱えたりします。そしていっぽうからまたいっぽうへとわたり歩くのです。大義も人物も党派も、どうでもいいのです。

革命の政治学は心を硬直させる

フランスで、いま現在みなさんは革命の危機のただなかにあり、統治形態が新しいものにとって代わろうとしています。人間の性質を、いまイングランドでみているのとまったくおなじ状況でみることができるわけではありません。イングランドで人心はまだ戦いのさなかにあり、フランスではすでに勝ち誇っています。そして自分の意志をそのまま実現できる権力があるとき、人がどう行動するかはみなさんもご存じでしょう。

こういう観察は、特定の人びとだけを指していうのではありません。またその特定の人の全員がそうだというのでもありません。まったく違います。わたしには、そういう不公平なものいいはできないのです。それはわたしが、過激な原理を唱える人びとや、宗教の名を借りて粗暴で危険な政治を教える人とつきあうことができないのとおなじです。

こうした革命政治学で最悪なのは、極端な状況下で起こりがちな自暴自棄の攻撃にそなえて、人の心を鍛え、冷たく硬直させてしまうことです。ところがそこまで極端な条件になるようなことはまずないので、心には無意味な傷が残ります。政治的にはまったく役に立たないまま、道徳感情だけがひどく損ねられてしまうのです。

この種の人たちは人権についての自論に熱中するあまり、人としての自然な性質をすっかり忘れてしまいました。人間を理解する道を新しくひらくどころか、心につうじる道をふさいでしまったのです。仲間同士でも、追随する人びとも、人間らしい心には当然宿っていたはずの同情心が完全にねじ曲げられてしまいました。

旧ユダヤ人街のこの有名な説教のなかで、政治的な箇所の隅々にまで息づいているのは、ひたすらこうした精神なのです。ある種の人々にとっては陰謀も虐殺も暗殺も、革命を実現するために支払うべき些細な対価にすぎません。かれらにとって、血なまぐさくない改革など安直すぎますし、罪を犯さず手にする自由などは趣味に合わないのです。それこそ退屈で気の抜けたものにしか思えないのです。

かれらにとっては場景が一変しなければならないし、壮大な舞台効果が発揮されなければなりません。六十年にもわたる平和を怠惰に享受し、今日の繁栄というおだやかで無気力な休息に慣れて無感動になった想像力を揺さぶり起こすには、壮大なスペクタクルが求められるというわけです。

そしてあの説教者は、フランス革命のなかにそのすべてを見出したのです。若さにみなぎる熱気を、革命が全身にほとばしらせてくれたのです。説教が進むにつれてその熱狂はますます燃え上がり、結論を語るころには炎が最高潮に達することになります。説教壇に立って、モーセがピスガ山から［約束の地を］眺めたときのような興奮に震えるわけです。自由で道徳的で幸福で、繁栄する名誉あるフランス国家を眺めながら、まさに約束の地を俯瞰するように、狂喜の言葉をこんなふうに語るのです。

「現在はなんという多事な時代でしょうか。わたしはこの時代に生まれ落ちたことを感謝します。〝主よ、いまこそあなたは、お言葉どおりこの僕《しもべ》を安らかに去らせてくださいます(13)。わたしはこの目であなたの救いを見たからです〟。わたしは生きているうちに、知識が普及して迷信と誤謬の根源が打ち砕かれるのを見ました。生きているうちに、人間の権利がかつてないほど理解されるようになったのを見ました。自由の理念を忘れたようにみえた国々が、自由を熱望するのを見ました。そして憤慨した決然たる三千万人の民衆が、屈従をしりぞけて、あらがいえない声で自由を求めるさまを、生きているうちに見たのです。かれらの王は凱旋行進のなかを引かれていき、横暴な王政が臣下の前に屈したのでした(14)」

議論をさらに進めるまえに指摘しておきますが、プライス博士はいまの時代に手に入れ、広めようとしている光の偉大な成果を過大評価しているようにみえます。わたしには、前の世紀も現代とおなじように光に満ちた時代だったように思えるのです。前の世紀にも、場所は違いますがプライス博士の語るのとおなじような勝利が実現されました。その時代の優れた説教者たちは、プライス博士がフランス革命を賞賛したように、その勝利を熱心に賞賛していたものです。

たとえばヒュー・ピーターズ尊師が大逆罪で裁かれた際に明らかになったことですが、［ピューリタン革命で］チャールズ王が裁判のためにロンドンに連れて来られた日、この自由の使徒たちは凱旋行進をおこなったと証言されているのです。その証言によると「わたしは陛下が六頭立ての馬車に乗せられ、国王の馬車の前をピーターズ尊師が勝ち誇って騎乗して進むのを見ました」とあります。

プライス博士は大発見をしたのが自分のように語っていますが、じつは前例にならっているだけです。先例にあたるピーターズ尊師は、国王の裁判が始まったあとホワイトホールの王室礼拝堂でおこなった長い祈禱の最後を、つぎの言葉で締めくくっているからです。尊師はどこまでも勝ち誇って、祈禱にその場所を選んだのでした。

「この二十年、わたしは祈り、説教をおこなってきました。そしていま年老いたシメオンとともに、わたしはこう語りたいのです。〝主よ、いまこそあなたは、お言葉どおりこの僕《しもべ》を安らかに去らせてくださいます。わたしはこの目であなたの救いを見たからです〟」⑮

とはいえピーターズ尊師にとって、この祈りの言葉は実現しませんでした。尊師がこの世を去ったのは、願ったほどすぐでも安らかでもなかったからです。尊師は、祭祀長として先導した凱旋行進で命を落としたのです。そしてこの国で尊師のあとを継ぐ人びとが、おなじような仕方で命を落とさないことをわたしとしては心から願っています。王政復古のとき、この哀れな善人はあまりに手厳しく罰されすぎたといえるかもしれません。

しかしわたしたちはピーターズ尊師への追憶と尊師の受難のおかげで、いくつものことを確認できます。たとえばいまの時代に彼を受けつぎ、くり返そうとする誰にもおとらない光と熱意を尊師は備えていました。また自分が携わった偉大な事業を妨げかねなかったあらゆる迷信と誤謬を掘り崩すためにも師は貢献したのです。ところが現代で尊師の後継者になった人びとは、人間の権利に関する知識と、その知識のもたらした名誉な帰結をすべて自分だけのもののようにいいたがります。

革命の凱旋行進は文明国のふるまいとはいえない

旧ユダヤ人街の説教は、一六四八年の［ピーターズ尊師の］説教で語られた熱狂の精神と言葉とを、そのまままくり返したようなものでした。時と場所が違うだけです。とはいえこの突撃のあと革命協会は、自分たちの知識を寛大に急速に普及してみせようとしています。誇らしげにいばり歩きながら、かれらは新しい統治の建設者としてふるまい、君主を追放する英雄たちの団体としてふるまい、主権者を選ぶ有権者として、凱旋行進で引かれていく王の前を歩く者としてふるまっています。ですがその知識は、自分たちではほとんどなにもせずに手に入れたものなのです。そしてこの協会の会員たちは、無料で受けとったこの贈り物から多額の分け前にあずかったといえるでしょう。

このありがたい知識を伝達するために、かれらは旧ユダヤ人街の教会からロンドンの酒場に席を移したのでした。プライス博士は神託を告げた祭壇の香の匂いもまだ抜けないうちに、決議あるいは祝福の言葉を酒場で発議して承認され、これがスタノップ卿を介してフランスの国民議会に伝えられたのです。

はじめてキリストが神殿に詣でたとき、神殿に響いたあの美しい預言的な言葉[16]、一般に「いまこそ僕《しもべ》を去らせたまえ」と呼ばれているあの叫びを、この福音説教者は冒瀆しているとわたしは思います。かれは非人間的で不自然な恍惚につつまれながら、ある光景にこの言葉を重ねようとしています。ところがそれは人類に憐れみと憤慨の念を起こさせるできごととしても最も恐ろしく、残虐で、苦悩に満ちた光景なのです。

この「凱旋行進で引かれていく王の前を歩く」という行為は、たとえ最善のかたちであろうと人間としてふさわしくない不敬虔なことです。しかしあの説教者はそれで邪悪な陶酔に満たされるのです。生まれのいい人びとであれば全員、まちがいなく自分の道徳的判断に衝撃を受けるでしょう。

イングランドでも一部の人びとは、この凱旋行進を目撃して茫然とし、憤慨していたのです。勘違いでもしないかぎり、この凱旋行進は、文武両道に秀でた国民の勝利の儀式どころか、アメリカの蛮人の行進にそっくりでした。蛮人たちは殺戮行為を勝利と呼びつつオノンダーガ[17]の村へと行進しながら、かれらにおとらず残忍な女性たちの嘲笑と殴打によって打ちひしがれた捕虜たちを小屋のなかへと連れ込んだのです。小屋には人間の頭から剝ぎ取った頭皮がぐるりと吊るされていました。そもそも寛大な気持ちがあるのなら、打ちひしがれて苦しんでいる人びとに対して、文明国の国民が凱旋行進などできるものでしょうか。

フランス国民議会は反対派の議員たちを殺戮した

こんなものはフランスの凱旋行進とはちがうでしょう。こんなものはみなさんフランス国民を羞恥と恐怖で圧倒したにちがいないと思います。またフランスの国民議会はあんな凱旋行進を思いついた人間や実行した人間を処罰できずにいることに、これ以上ない強い屈辱を感じているだろうと思います。さらにこの問題を調査しても、その調査に自由や公平性の見かけさえ保てない状況にあると思います。

こんな状況を考えれば国民議会の弁明も理解できます。とはいえ国民議会が耐えるしかない事態を、わたしたちが進んで承認しようとするなら、腐敗した心が選びがちな堕落というしかありません。

フランスの国民議会はいちおう審議しているふりをするしかないのでしょうが、じつのところは厳しい必然性によって、決議をしているのです。かれらはいわば自分たちのものではない共和国の中心［パリ］で議会を開いています。この都は、その基本構造を国王の特許状からえたのでも、かれら自身の立法権からえたわけでもありません。そして国王の権威で徴兵されたわけでもなく、国民議会の命令で徴兵されたわけでもない軍隊に周囲を囲まれているのです。

もし国民議会が軍に解散を命じれば、軍はたちまち国民議会を解散させてしまうでしょう。国民議会はたしかに開会してはいます。ですが開会にさきだって、すでに暗殺者たちが数百人の議員を殺戮してしまっているわけです。穏健な原則をもち、忍耐強く希望を捨てずにきた議員たちも、毎日のようにすさまじい侮辱と殺害の威嚇にさらされているのです。

議会の多数派は、ときに真の多数派、ときに見かけだけの多数派として、本人たち自身も捕虜といえるわけですが、そのかれらが捕虜である国王に強制して勅令を公布させています。かれらは放埒で軽薄な空気のカフェで、汚らしい、でたらめの決議をまずおこなっておいて、それを国民議会で採択してから、三番煎じで王の勅令というかたちにさせているのです。議会が採択するすべての措置は、審議されるまえにもう決定事項になっているということは、悪名高くも周知の事実になっています。

さまざまなクラブが提案してくる露骨で、救いようのない方策を、国民議会がどれもこれも採用しないわけにいかなくなっていることは疑問の余地がありません。なにしろさまざまなクラブは、あらゆる境遇と言語と国籍をもつ怪物的な寄せ集めの人間で構成されています。しかもそこから出てくる提案は、銃剣と［革命反対派たちの首をくくって吊るした］街灯と、議員の自宅に火を放つ松明という恐怖のもとにあるのです。まったく、この人たちとくらべると、カティリナでさえ小心に思えますし、ケテーグス(18)でさえ穏健でまじめにみえてきます。

公的施策をねじまげたのはこうしたクラブだけではありません。公的施策はすでにアカデミーの手でねじまげられてきたのです。このアカデミーというのは公衆の出入りするあらゆる場所に設置された施設で、それぞれのクラブの養成所というべきところです。その集会ではすべて、提案が大胆で乱暴で不誠実であればあるほど、発案者の才能が優れていることの証明になるのです。そこでは人間性も同情も、迷信と無知の産物として嘲られます。個人に優しさを示すことは公共のことがらに対する裏切りとみなされますし、財産が不確実になるほど自由は完璧になるとみなされるのです。

そうした立案は暗殺と虐殺と没収の雰囲気のなかでなされ、ときには雰囲気だけでなく実行までされたのですが、そのなかでかれらは未来の社会の善き秩序を構築する計画をつくってきたのです。卑しい犯罪者の死体をその腕に抱き、命を落としたその犯罪者の犯行の報酬として関係者を昇進させてやりました。そうしながら人徳のある人びとを何百人も、物乞いと犯罪で生きるしかない状態に追い詰めて、さらにはおなじ死の運命にまで追い込んできたのです。

国民議会はこうした人びとのために働く器官なのです。自由にも礼節にも欠けたまま、その人びとのまえで審議という道化芝居を演じているのです。まるで市場《いちば》で騒ぐ観衆のまえで喜劇を演じる役者のようです。凶暴な男や恥を知らない女の立ち混じる暴徒騒ぎの絶叫のただなかで、芝居を演じているのです。

これらの男女が国民議会を主導し、制御し、賞賛し、追放しています（傲慢にも本人たちはそう考えています）。ときにはこの男女は、国民議会の議員に混じって議員席に座っています。そして奴隷の気難しさと、誇り高く傲慢な権威との奇妙な混淆で、国民議会を支配しているのです。

かれらはすべての秩序を転倒させたので、傍聴席も議場になってしまうのです。いくつも王国を転覆させ、何人も国王を廃位させてきたこの集まりには、もはや厳粛な立法府としての外観も様相もありません。〝そこには国家のおもかげも元老院のすがたもなかった[19]〟のです。かれらは悪魔の力のような転倒と破壊の力をあたえられました。ですがさらに転倒と破壊を進める装置のほかは、なにひとつ創り出す力をあたえられなかったのです。

国民議会は内部分裂している

国民を代表する議会というものを賞賛し、心から愛着を感じる者なら、あの神聖な制度がここまで冒瀆的な道化芝居になりはて、おぞましく倒錯したものになってしまったら、恐怖と嫌悪で顔をそむけるしかないでしょう。君主制を愛する人であれ共和制を愛する人であれ、この事態にはひとしく嫌悪をいだくに違いありません。フランスの国民議会の議員たちもそうでしょう。自分たちにまったく指導権がなく、どんな利益もえられないのです。こうした専制政治からあらゆる恥辱を味わって苦悩しているはずです。イングランドの革命協会がどれほど賞賛しようと、国民議会の多数派を構成している議員たちもわたしとおなじように感じているはずだと思います。

あわれな王、あわれな国民議会。空から太陽を消し去った日を「麗しき一日」[20]と呼んだ同僚の議員に対して、国民議会はどこまでも言葉にならない怒りに震えざるをえなかったと思うのです。

なにしろ「国家という船は再生をめざして、かってない速度で航路を飛ぶように進むだろう」と国民議会に語ることを、ふさわしいと考えた議員がいたのです。議会は心のなかでどれほど憤慨したでしょうか。この議員にしたがえば国家という船は、イングランドの説教者の勝ち誇った説教のまえに犯された、叛逆と殺人の激しい暴風に押されて航路を進むというわけです。

無実の紳士たちが自宅で惨殺されたのに「流された血はかならずしも清いものではなかった」などと語られることに対して、かれらは表面で耐えながら内面はさぞ憤怒に駆られたことでしょう、まったくどんな気持ちだったことか。国土を土台から揺るがした無秩序への不満の声に囲まれているのに、そうした不満を述べる人びとに対して冷たく答えるしかないのです。すなわちその無秩序をまねいた人びとは法の保護のもとにあるとか、かれらを保護するために法を施行するよう国王に（囚われの国王にです）要請する、などと言うしかないとき、いったいどんな思いだったでしょう。囚われの国王の奴隷のような大臣たちは、保護する法律も権威も権限ももはやないと正式に通告しましたが、いったいそのときどう感じたでしょう。また今年の新年を祝う祝辞として、囚われの国王にかれらはこう述べました。昨年の動乱の時期のことは忘れて、王が国民にもたらしうる大きな利益をお考えいただきたい。そういわざるをえなかったとき、いったいかれらはどのように感じたでしょうか。かれらはめざす善を完全に実現するまでは、国王への忠誠を実際に示すことなど先延ばしにしてきました。しかし国王がもはや命令をくだす権限をうしなったときになって、国王への服従を確約したのです。

革命反対派は暗殺されていった

国王へのこうした語りかけが、おおいなる善意と愛情をもってなされたことはたしかです。フランスで起きたさまざまな革命のひとつとして、礼儀作法というものの大革命を挙げなければなりません。わたしたちはフランスから使い古しの作法を教えられ、フランスの古着をもらって自分たちの行動を飾ってきたとイングランドでは語られています。そうだとすると、わたしたちはまだ古い服で暮らしていて、教養高いパリの新しいモードには遅れているのでしょう。

パリ風の新しいモードでは、地上に生存する生物のなかで最も深い屈辱を味わわされた人にむかって、それで偉大な公共的利益が生み出されるだろうと通告するのです。たとえその人の従僕が殺され、本人と妻にも暗殺がくわだてられ、さらに個人的な屈辱と不名誉がふりかかって品位を喪失していても、です。しかも慰めか祝福かを問わず、とにかくそれが上品な挨拶であって、きわめて洗練された語り口だと考えるのです。しかしわたしたちはまだそこまでパリのモードにかぶれていません。

イングランドのニューゲート監獄の聴罪牧師たちでも、絞首台に立たされた罪人にこんな慰めの言葉をかけるには、まだまだ慈悲深すぎるでしょう。パリでは絞首台の絞首役人であっても、いまでは国民議会の投票で自由な身分をみとめられ、人権という紋章局によって身分と紋章をゆるされています。ですから寛大で親切な人間になって、自分にみとめられた新しい品位を自覚することでしょう。ということは、叛逆罪でかれの執行権のうちにおかれる誰に対しても、ここまで皮肉な慰めの言葉をかけることはないだろうと思いたいところです。

こんな慰めを言われたら、どんな人間でも落ち込みます。この忘却という名のたくみに調剤された痛み止めを処方されると、耐えがたい覚醒状態をたもちつつ心を蝕む記憶という腫瘍を育てることができるので、そういう目的には合っています。嘲笑と軽蔑をふりかけた忘却という阿片を習慣的に服用させることは「痛む心への慰め」[21]のかわりに、人間の悲惨をたっぷり満たした盃を相手の唇に押しつけて、飲み干すよう強いることです。

十月六日のヴェルサイユ行進は残酷な悲劇

フランス国王は、すくなくとも新年の挨拶であれほど上品に述べられた理性の言葉とおなじくらい強力な理性に譲歩して、できごとも挨拶も忘れようとするでしょう。しかし歴史は人間のあらゆる行為を記録しつづけ、主権者のあらゆる行為を厳しく批判するものです。ですからこうしたできごとも、人間の交流がここまで自由に洗練された時代のことも、決して忘れられることはないでしょう。混乱と驚愕と狼狽と殺人の一日につづく一七八九年十月六日の朝、フランスの王と王妃が、公的な信義によって安全を保証するという約束で数時間の猶予をあたえられ、暗澹たる思いで横になって体を休め、休息をとったことも歴史に記されることでしょう。

王妃の眠りを破ったのは、扉のところにいた衛兵の声でした。危険です、すぐお逃げくださいと大声で王妃に叫んだのです。この兵の、最後の忠誠の証でした。人びとに襲いかかられて殺されてしまったからです。残忍な悪漢と暗殺者の群れは、衛兵の血潮を浴びて王妃の寝室に殺到し、銃剣と短剣でベッドを百回も突き刺したのでした。迫害されたこの女性はほとんど裸で、寝室から間一髪の差で飛び出して、殺人者たちに知られていない抜け道をとおって、夫である国王のもとに逃げ込もうとしたのです。

しかし国王自身の命も、もはやいっときも安全ではありませんでした。国王については、もはや申し上げないつもりです。ですがこの王妃と、偉大で寛大な国民の誇りと希望の星になったかもしれない幼子たちは、世界で最も壮麗な宮殿の安全な場所から離れなければなりませんでした。血の海を泳いで、殺人によって汚された場所から、切断された手足や胴体が散乱するこの場所から離れるしかなかったのです。かれらは王国の首都へ連行されていきました。

それにさきだって、無差別に選び出された二名が挑発も抵抗もないまま殺害されました。国王の衛兵をつとめる、生まれも家柄も良い二人の紳士でした。この二人の紳士は正義の執行という名目で引き立てられて、公衆の面前で残酷に断頭台まで引きずられていき、宮殿の大きな前庭で首を切り落とされたのです。二人の首は槍の穂先に突き刺され、行列の先頭を進むことになりました。

捕えられた国王と家族は、ゆっくり歩みを進めましたが、一家を囲んでいたのは恐ろしいわめき声や金切り声、狂ったような踊りや恥知らずの侮辱や、忌まわしい女たちの堕落した姿をとった地獄の復讐神と、筆舌に尽くしがたいおぞましい行為の数々でした。二〇キロメートル弱の距離をえんえんと六時間かけて進んでいくこの拷問のなかで、王一家は死の苦しみを一滴ずつ味わわされました。この有名な凱旋行進で国王一家を引き立ててきた兵士たちがそのまま護衛になって、国王一家はパリの古い宮殿を宿舎にするよう決められました。いまやそこが国王一家のバスティーユになったのです。

凶行現場で笑っていたミラボーたち

これが祭壇で聖なるものとされるはずの凱旋行進でしょうか。喜びに満ちた感謝の声で記念されるようなものなのでしょうか。神聖な人間性に対して、燃えるような祈りの言葉と熱狂的な叫びが捧げられるはずの行進なのでしょうか。

フランスで演じられたこのテバイ風あるいはトラキア風の祝祭の狂乱を祝福したのは、イングランドでは旧ユダヤ人街の紳士たちだけでした。あんな狂乱が、預言者風の熱狂のきっかけになるのは、イングランドという王国ではごく少数の人間の心のなかだけだということは断言できます。

ただし聖者で預言者のふりをするあの人物は、自分だけの啓示を受けて心の迷いなどすべてふり払ってしまったのでしょう。この凱旋行進を、平和の君主イエス・キリストの降誕とくらべるのが敬虔で礼儀正しいことだと考えたのかもしれません。かつてこの平和の君主の降誕は、聖なる尊者(22)が聖なる神殿で告げたものです。またそれにさきだち天使の声で、無口で無辜な羊飼いたちにも告げられたものでしたが。かれらがこれほど手放しで有頂天になる発作を起こしたのはどうしてなのか、わたしは当初よく理解できませんでした。ある種の人にとって君主の受難が美味なる〝ごちそう〟になることは知っています。そうした食欲を一定の枠におさめるという、節制に役立ちそうな考察もありました。

しかし事情を考えると、革命協会のこうした行動もある程度まで大目にみる必要があることもたしかです。ふつうの人間の分別心には、あまりにも誘惑が強すぎたのです。この凱旋行進の勝利の凱歌「すべての司教を街灯に吊るせ(23)」という叫びなどのために、幸多いこの日からたどれそうな帰結を思って、熱狂的な喜びが爆発したのでしょう。むりもなかったかもしれません。

こんな熱狂のなかでは慎重な姿勢から逸脱してしまうこともありうるでしょう。千年王国の到来か、それとも教会制度が崩壊したあとに現れるという第五王国の到来かと思うようなできごとです。あの預言者が喜びと感謝の賛歌を絶叫してもしかたがないのです。

それでも、すべて人間のことがらとおなじで、この喜びのなかにも、あの立派な紳士たちの忍耐力をためし、信仰の確かさをためすような要素がありました。この「麗しき一日」に起きた、めでたいできごとのなかには、王と王妃と子供たちの殺害は入っていませんでした。

またあれほど多くの聖なる叫びが要求したにもかかわらず、司教たちの殺害も実際にはありませんでした。王族と聖職者を殺害しようという集まりが組織されはしましたが、勇ましい話だけに終わり、計画倒れでした。その部分は、無辜なる人びとの殺戮というこの偉大な歴史絵画の未完の部分として残されたのです。

人権派の巨匠の思いきった筆で、この未完の絵画がどう完成されるかは見ものです。わたしたちの時代はまだ、迷信と誤謬の根を掘り崩した知識の恩恵を、十分こうむったわけではありません。またフランス国王にとっても、自分の受難と啓蒙時代の愛国的犯罪から生み出されるであろうすべての善きことを考慮して、忘却のかなたに押しやるしかない記憶がいくつかあるでしょう[24][25]。

4　フランスとイギリスの文化の伝統

王妃の最期を予想する

新しい光と知識をめざしたわたしたちの新しい事業は、おそらく当初めざしたところまでは進まなかったかもしれません。しかし人間があんなふうに扱われることは、誰にとっても衝撃に違いないでしょう。ひたすら革命のためだけに生まれてきたような人だけはべつかもしれませんが。しかしここで話を終えるわけにはいきません。わたしは自分にとって自然な生まれつきの感覚に影響される人間で、当世の光には一筋も照らされていません。告白しますと、それだけにあの憂鬱な事件については、高貴な人びとの受難に心が動かされるのです。

まして何人もの王の子孫にあたる人は女性で、美しく、愛らしい性格です。また、いたいけな王子たちはまだ幼く無邪気で、自分の両親が賞賛の的になるかわりに残酷な暴行の的になっていても、わからないままでいるしかありません。そうしたことを考えると、いやでも心が揺れるのです。

例の説教師の勝ち誇った説教で、おもな題材にされたあの高貴な王は、この屈辱的なできごとにあっても自分をうしなわなかったそうですが、感じることは多かったと聞いています。国王は人間として妻と子供たちに同情し、そして自分の身近にいて冷酷に殺戮された忠実な衛兵たちに同情したそうです。また開明的な臣下たちが奇妙で驚くような変貌を遂げたことを思い、国王としてそれを自分のために嘆くというより、本人たちのために悲しんだというのです。

それはあの王の剛毅さを弱めるものではありません。王の人間性の名誉を無限に高めることでした。このような人物が偉大な、人としての徳の高さを賞賛されるにふさわしくない状況に置かれたことは、やはり遺憾です。じつに遺憾です。

あの凱旋行進のもう一人の重要な登場人物、あの偉大な貴婦人が、あの日をしっかり耐え抜いたことを耳にして、とても嬉しく思っています。苦しむように生まれてきた人が、りっぱに苦しんでいるとき、誰でも心を打たれるものです。王妃はそれにつづく日々にもよく耐えています。夫の投獄と自身の幽閉、友人たちの亡命や慇懃無礼な言上、つみ重なる不幸のすべての重さを、静かにこらえているそうです。その身分と生まれにふさわしいかたちで、また信仰と勇気においてきわだっていたあの女帝［マリア・テレジア］の子にふさわしいありかたで、そうしているのです。

王妃はあの女帝に似た高貴な感情の持ち主で、ローマの婦人の威厳に共感しているそうです。たとえ最悪の事態になっても、最後の瞬間にも、汚辱からは身を防ぐでしょうし、死ななければならない場合でも、卑しい人の手にかかって死ぬことはないでしょう。

マリー・アントワネットとの謁見の記憶

もう十六年から十七年まえになりますが、まだ皇太子妃だったフランス王妃にヴェルサイユで謁見を賜ったことがあります。あんなにすばらしい姿が地上に輝いたことはありません。まるで地面に足が触れていなくて、地平線の上に浮いているようにみえました。まるで歩み入ろうとする高みに美と活気をあたえるように、暁の明星のように命と光輝と喜びに満ちて光り輝いていたものです。

まったく、革命とはなんというものでしょうか。あの上昇と下降を目にして震えない心はないでしょう。あの女性が、遠くに仰ぎみつつ熱烈な、しかも慎ましくていねいな愛を受ける称号［皇太子妃］に加えて、敬われる称号［王妃］をえたとき、やがて恥辱の毒を消す強い解毒剤を胸にしまっておかなければならない境地におちいるとは夢にも思いませんでした。

わたしは自分が生きているうちに、これほどの災厄があの女性に降りかかるのを目にしたことが信じられません。女性に丁重な国、名誉と騎士道を尊ぶ国にあってこうなのです。王妃を侮辱しようというまなざしがみられただけで、一万本もの剣が報復のために抜き放たれて閃くものと思いこんでいました。ですが騎士道の時代はもはや過ぎ去りました。そして詭弁家の時代、守銭奴の時代、計算高い人びとの時代がそれにつづいたのです。

ヨーロッパの栄光は永遠にうしなわれました。高い身分と女性に対するあの寛大なまでの忠誠心、あの誇りに満ちた服従、威厳のただよう従属、そして心からの献身を、ふたたび目にすることはもはやけっしてないでしょう。かつては奴隷の身分にあってさえ、あの高められた自由の精神が息づいていました。お金では買えない品位のある生活、費用などかからない国家の防衛、男らしい感情と英雄的行為の揺籃、すべて消えました。原理に対する鋭い感受性、名誉を重んじる忠節心、わずかな汚れも傷とする感覚、残忍さをくじき、勇気を奮いたたせ、手に触れたすべてを高尚なものに変え、悪徳からさえ粗雑をそぎ落として害悪をなかば消してしまう感性、もはやすべてはうしなわれたのです。

ヨーロッパの制度の根源には騎士道がある

このような人びとの意見と感情が織りなしていた制度は、古くからの騎士道に由来するものでした。その原理は人の世のありさまが変わるにつれて、外見も変わっていきましたが、わたしたちの時代にいたるまで何世代も影響をあたえつづけてきたのです。これが完全に消滅するなら、きわめて大きな損失になるだろうとおそれます。現代のヨーロッパの性格をつくり出したのは、まさにこの制度でしたから。

現在のヨーロッパをアジア諸国と比較してみると、そしておそらく古代の最も輝かしい時代に繁栄していた諸国と比較しても、この地を統治形態にかかわらず傑出したもの、きわだったものにしたのはこの制度です。身分の違いを混同することなく高貴な平等をつくり出し、それを社会生活の全階層に伝えたのもまさにこの制度でした。国王たちの頭を低くさせて同輩に親しませ、私人を国王の高さにまで引き上げたのも、この見識です。これは実際に力をもちいることなく、力を呼び起こしもせず、それでいて高慢さと権力の苛烈さを弱めました。主権者たちを社会の評判という柔らかい首輪に従わせ、厳格な権威を優雅さに従わせ、法の力で支配するにいたった征服者を、世間の風習に従わせるようにしたのです。

しかしいま、これらのすべてが一変しようとしています。かつては喜ばしい幻想の力によって権力は穏やかなものになり、服従は自由なものになり、生活の多様な陰影も調和されていたのです。その幻想の穏やかな同化作用によって、私人の交際を美しく柔らかなものにするさまざまな感情が政治のなかにも浸透していたのでした。

しかし光と理性の力で征服するこの新しい帝国の手で、その喜ばしい幻想も解体されようとしています。生活のすべてをおおっていた慎みのある衣が粗暴に引き裂かれようとしています。道徳的想像力という衣装だんすから取り出して配されていた付随的な観念もすべて滑稽なもの、不条理なもの、時代遅れのものとして破棄されようとしています。ですがそうした観念は、裸で震える人間の自然な本性の欠陥を包み込み、みずからを尊厳あるものと評価できるところまでその本性を高めるために必要なものとして、心が認め、知性が認めてきたものだったのです。

新しい哲学は野蛮すぎて愛がない

新しい考えかたでは国王も一人の男にすぎず、王妃も一人の女にすぎません。女性は動物にすぎず、しかも最高級の動物ではありません。女性一般に漠然と捧げられていたすべての敬意は、中世の物語につきものの愚かさとみなされるようになりました。王殺し、親殺し、瀆聖などの罪は迷信が生み出した虚構にすぎず、法律学の簡明さをそこねるもの、法律学を腐敗させるものとみなされます。国王や王妃を殺すことも、司教や父親を殺すことも、たんなるふつうの殺人にすぎません。人が偶然に、あるいはなにかの方法でこうした殺人から利益を得られるのなら、この種の殺人はおおいにゆるされるべきもので、わたしたちはあまりうるさく咎めだてしてはならないというのです。

この野蛮な哲学の体系は冷たい心と濁った理解力の産物です。そこにしっかりした叡智がそなわっているわけではなく、およそ趣味も優雅さもありません。この体系によると、人が法にしたがうのは恐怖心と各人の利害への関心だけによるのであって、その利害についての関心は、各人が私的な思考をつうじて法のなかに見つけるか、あるいは各人の私的な利益にもとづいて見すごしてもいいと考えるのです。かれらのアカデミーの木立ちには、見渡すかぎり絞首台しか見えないでしょう。国家に愛情を抱かせるようなものはなにひとつ残っていません。

この機械論的な哲学原理にもとづくと、わたしたちの制度が人格として体現されることや（そんな表現をしてよければですが）、わたしたちのなかに愛情や尊敬や賞賛や愛着が生まれることは、ありえない話になります。しかし愛情を追放するようなこの種の理性が、愛情などに代わって座を占めることはできないのです。法律には、それを補正するものとして、ときに補うものとして、そしてつねに助けるものとして、礼節と結びついた公共の愛情が必要なのです。

偉大な批判者でもあった賢者が、詩作のための格言として語ったことは国家にもあてはまります。「詩は美しいだけでは十分ではない、詩は心を魅惑しなければならない[1]」。どんな国でも、りっぱな精神の持ち主であれば大切に思うような習慣の体系というものが存在すべきなのです。わたしたちが国を愛するためには、わたしたちの国が愛されるにふさわしいものでなければなりません。

それでも権力は、どんなものであれ、風習や世論を破壊するほどの衝撃にも耐えるでしょう。そしてみずからを支える支柱として、より悪しき手段を見つけることでしょう。古来の制度をくつがえすために古来の原則を破壊した簒奪行為であれば、その権力を獲得するために使った手段で、みずからの権力を維持していくでしょう。

古来の忠誠という封建的な騎士道精神は、国王を恐怖から解放し、国王と臣民の両方を専制に対する警戒心から解放していました。人の心からこの精神が完全にうしなわれたときは陰謀と暗殺の時代になり、それにさきだって予防的な殺人や予防的な没収がなされ、そして陰惨な血なまぐさい格言の一覧が幅を利かせることになるでしょう。その格言の一覧が、それじたいの名誉にも、服従者の名誉にも関係なくすべての権力の政治法典になるのです。臣民が原理にもとづいて叛逆者になったときには、国王は政策にもとづいた圧政者になるでしょう。

貴族と聖職者は学問を守ってきた

生活についての古い意見と規則がうしなわれるときは、計り知れない大きな損失になるでしょう。その瞬間からわたしたちは自分を統治する羅針盤をなくした状態になり、どの港に向かっているのかもはっきりしなくなってしまいます。

フランス革命が達成された時点で、ヨーロッパが全般に繁栄していたことはたしかです。この繁栄が古い風習や世論のなかにある精神のおかげだったのかどうかは、かんたんに明言できません。ですがこうした風習や世論が無関係ということはありえないのですから、全体としてそのはたらきは好ましいものだったと想定しなければなりません。

わたしたちはさまざまな事物について考えるとき、いま目にみえる状態をもとに考察しがちです。そうした状態を生み、それを維持している原因については十分に遡って考えません。このヨーロッパ世界でわたしたちの風習、文明、またそれと結びついて卓越していたもののすべては、長年にわたって二つの原理にもとづいており、まさにその二つの組み合わせから生まれてきたものなのです。それは紳士の精神と、宗教の精神です。

貴族と聖職者は、たとえ戦争と混乱のさなかにあっても学問を存続させてきました。貴族の場合は庇護をつうじて、聖職者の場合は職務によってそうしたのです。そのころ政府は、まだ形成されるまえの萌芽の段階にありました。いっぽう学問の領域は貴族と聖職者の考えかたを敷衍し、またその精神を養うことで、みずからが受けとったものを、いわば利息をつけて貴族と聖職者たちに返済していました。

この両者がたがいの結びつきのわかちがたさを知り、それぞれの場所をこころえていたらどんなによかったろうと思います。学問も野心のために堕落せず、主人になるより教師でいることに満足していられたらよかったでしょうに、これからの学問は、ごくあたりまえに見出してきた保護者や守護者とともに泥沼へ投げこまれ、豚のような大衆の足で踏みにじられることになるでしょう。(2)

近代の学芸は、自覚するよりはるかに多くのものを古来の風習に負っていると思います。もしそれが正しければ、わたしたちが高く評価するほかのさまざまなことがらにも、おなじことがあてはまります。守銭奴のような政治家たちが神さながらに崇めている商業や貿易や製造業でさえ、こうした古来の風習から生まれたもので、その実りにすぎません。それなのに、わたしたちはこれを第一原因とみなして崇拝しているのです。

これらの活動が、学問を繁栄させたのとおなじ庇護者のもとで発達したことはまちがいありません。その活動をごくふつうに庇護してきた原理が滅びていくなら、活動もまた衰退していくでしょう。

すくなくともいま現在、フランスでこれらの活動はすべて絶滅の危機に瀕しています。たとえある国で商業や製造業がまだ生まれていなくても、貴族や宗教の精神が残ってさえいれば、欠けたところは感情がおぎなってくれますし、その結果もつねに悪いわけではありません。しかしある国が、こうした古い基本原理なしでどこまでやっていけるかを実験し、そのために商業と技術をなくしてしまうなら、そこから生まれてくるのは粗野で愚鈍で凶悪な国家でしょうし、宗教も名誉も男らしい誇りもなく、もはやなにもない国、未来にも希望のない国、貧乏で貪欲な野蛮人の国家でしょう。これよりひどい状態は想像もできません。

フランスの野蛮はヨーロッパ全土に影響する

わたしはフランスが、この恐ろしい、忌まわしい状態へまっしぐらに、しかも最短経路で進もうとしているのではないかとおそれています。国民議会とそのすべての指導者のやりかたには、考えの貧しさと粗野と俗悪さがかいまみえます。かれらの考える自由はほんらいの自由ではありません。かれらの考える学問は思い上がった無知にすぎませんし、かれらの考える人間性は野蛮で残忍です。

イングランドにはまだ、かつての偉大で礼節にかなった原理と風習の痕跡が残っていますが、それはわたしたちがフランスから学んだのか、それともフランスがわたしたちから学んだのかはあきらかではありません。ですが源泉はフランスにあると思います。フランスは「われらが族《うから》の揺籃地(3)」です。多かれ少なかれ、フランスはいつもイングランドの風習に影響をあたえてきました。

そしてフランスの源泉がせきとめられたり汚れたりすると、イングランドに流れてくる水流もほどなく濁ってしまうでしょう。たぶんそれはあらゆる国に生じる現象になるでしょう。フランスで起こることにヨーロッパ全土がきわめて切実で密接な関心をもたざるをえないのは、このためなのだとわたしは思います。

ですからわたしが一七八九年十月六日の恐ろしい光景にこだわり、あの日から始まる革命の、重要なできごとのすべてについて心に浮かんだ感想を、えんえんとお話ししたことをゆるしてください。この革命はまさに、感情と風習と道徳的な意見の革命にほかならないのです。そしてわたしたちがいま目撃しているように、わたしたちのなかにあるすべての尊敬の対象が滅ぼされ、すべての尊敬の原則が破壊されようとしているなら、人類に共通の感情を抱いている人間は誰であれ、それについてひときわ弁明が求められる事態になっているのです。

おおぜいの世俗の民が、プライス博士やあの演説の感情を受け入れる方向にあります。それならわたしは、どうしてここまで違う考えかたをするのでしょうか。理由はかんたんで、そう考えるほうが自分にとって自然だからです。わたしたち人間はそのようにできているのです。つまり、死すべき人間の繁栄が不安定なのを目にしたり、人間の偉大さがまことに不確実なのを目にすると、憂鬱になります。そしてその自然な感情からたくさんの教訓をえます。こういうとき、理性は情念に教わっているのです。

なにしろこの一大ドラマの総監督の手で国王は王座から追われ、卑しい人には侮辱され、善良な人には憐れまれています。そんな光景を目にするのは、道徳秩序に災害が発生したのを目撃していることだといえるでしょう。自然の事物の秩序に奇跡が起きたのを目撃することと似ています。そうするとわたしたちは不安になり、物思いに沈みます。ですが昔からいわれてきたように、人の心は恐れと憐れみをつうじて純粋になるのです。浅はかで弱々しい自尊心は、神秘的な叡智の配慮のおかげで打ち砕かれていきます。

芝居の舞台でそうした光景を眺めたとしても、わたしはきっと泣いていたでしょう。かりに現実界に起きた災厄を愉しみながら、いっぽうで芝居という虚構の災厄ではうわべの、それこそ芝居がかった涙にひたっていると気づいたら、そういう自分が恥ずかしかったろうとも思います。そんな倒錯した心で劇場に顔を出し、悲劇を観ることなどぜったいにできません。昔はギャリックの演技を見て、最近ならシドンズの演技を見て、[4]わたしは泣きました。それは偽善の涙だと人はいうでしょうし、わたし自身、愚かな涙だったと深く恥じなければなりません。

裏切りと殺人がつづくだろう

じつのところ劇場は、人間の道徳感情を学ぶうえでは教会などより優れた学校です。教会では人間らしい感情がとても乱暴にあつかわれるからです。ですが、かりに詩劇作家が、まだ人間の権利という学校を卒業していない観客を相手にしなければならないとしたら、相手の心の道徳的本質に訴えるしかないでしょうが、まちがってもあの凱旋行進を歓喜の場面としてえがいたりはしないでしょう。心の自然な衝動にしたがうとき、人はマキアヴェリ風のいまわしい政治原理にがまんしたりはしないのです。その原理が暴政を実現するために適用されたのが、君主制であるか民主制であるかは問題ではありません。

観客は古代の舞台でそうしたものを拒みましたし、現代の舞台でも受け入れないでしょう。古代の舞台ではたとえ虚構であってもそうした邪悪な主張を観客が容赦しなかったのです。たとえ圧政者を演じる役者の口から、役にふさわしい言葉として語られる場合でもです。

凱旋行進の日に現実の悲劇のただなかで耐え忍ばれたことを、アテナイの観客ならけっして耐え忍んだりしなかったでしょう。あれは恐怖をあつかう商店の店先にある秤を使って、主役が利益を宣言するような話です。さまざまな罪悪と、その罪悪から生まれる利益を秤にかけて量るのです。分銅をのせたり、どけたりしたあげく、これなら利益のほうが大きいと宣言するような場面を、アテナイの観客は絶対に容赦しなかったでしょう。

新しい民主主義の犯罪を、古い専制政治の犯罪とくらべるように帳簿に記して、政治の簿記係がこう宣言するのです。民主主義はまだ借りになっている。しかし民主主義には差額を支払う能力も意思もない。そう言い放つような場面を、アテナイの観客ならけっして我慢しないはずです。

劇場の観客はひと目見た直観で悟るでしょう。入念な推理はいりません。ひとたび政治の算術がもち込まれると、あらゆる大きさの犯罪が正当になってしまうのです。この算術原理によるかぎり、たとえ最悪の行為がなかったとしても、それは陰謀家が陰謀や流血沙汰をさしひかえたからではなく、たんに相手の運がよかっただけということになるのです。

劇場の観客はすぐ気づくでしょう。ひとたび犯罪的な手段が容認されると、そうした手段が好まれるようになるのです。犯罪的な手段は、道徳という王道を通るより手っとり早く目的を実現できる近道だからです。公共利益を実現するために裏切りと殺人が正当化されると、ほどなく公共利益の実現はたんなる口実になっていき、裏切りと殺人が真の目的になってしまうでしょう。

略奪と悪意と復讐と、そして復讐よりこわい恐怖が観客の尽きない欲望を十全に満たすまで、裏切りと殺人がつづくでしょう。人間の権利を祝う凱旋行進の壮麗さのなかで悪と正義にまつわる自然の感覚をことごとくうしなったあとは、いやでもこうした結果になるほかないのです。

ルイ十六世は人道にもとるあつかいを受けている

しかしあの敬うべき尊師は、ルイ十六世が文字どおり「専制君主」だったという理由で、この「凱旋行進の先導」に喜びを感じるのです。喜ぶ真の理由は、国王がルイ十六世であったこと、不運なことにフランスの王に生まれ、祖先にいたる血統の長さと国民の黙従した歳月の長さのおかげで、なにもせずに国王の大権を手にしたことにあります。まったく王自身にとっては大きな不運でした。ですが不運は犯罪ではありません。そして思慮分別に欠けることは最大の罪ではありません。

ここに一人の君主がいるとしましょう。その治世において彼が出した法律はすべて臣民に対する譲歩だったとしましょう。彼は自分の権威を和らげようとし、国王としての権利を削減しようとし、臣民を自由にあずからせたとしましょう。そんなことは王の祖先は思いつかず、おそらく望みもしなかったことでしょう。このような君主に弱点があったとします。人間にも君主にもつきもののふつうの弱点です。また国王の身柄と、国王に残された権威に敵対する自暴自棄のこころみが起きて、王は自分を守るために力を行使することが必要だと考えたとします。すべてを考慮にいれてもこのような君主が、パリでおこなわれ、プライス博士が賞賛したあの残酷で侮辱的な凱旋行進にふさわしい人物だとは、わたしにはどうしても思えないのです。

このような王の実例を考えると、自由という大義のために戦慄を感じます。また人類の最も邪悪な人びとの暴行が処罰されずにいるのを考えると、人道の大義のために戦慄を感じるのです。

しかし低劣で邪悪な考えをする人びとは、王座をしっかり保つことを知っている王や、臣民をしっかり押さえ込むことを知っている王や、自分の巨大な権利を行使する王のことは、ある種の満足げな畏敬と賞賛の思いで見上げるものなのです。厳しい専制主義をしき、たえず警戒しつづけて、すこしでも自由が近づいてくるのを防ごうとする王、そうした王にはけっして敵対の声をあげません。幸運にめぐまれた原理を捨てたかれらは、受難している有徳の人に善があることをみとめず、繁栄している簒奪者に罪があることもみとめません。

国王の処罰は論理的一貫性に欠けている

あの凱旋行進よりまえにフランスの王と王妃が手に負えないほど残忍な暴君で、国民議会の議員を殺戮する計画を立てていたと明確に示されていたら（ある種の出版物でこうした計画が仄めかされていたのを読んだ記憶があります）、かれらが捕えられたのも正当だとわたしも考えたでしょう。

それがほんとうなら国王夫妻にはもっと多くのことがおこなわれてしかるべきですが、ただしもっと別の仕方でおこなわれるべきだったでしょう。真の暴君を罰するのは、正義というものの高貴で畏怖されるおこないにあたります。その行為は人間精神のなぐさめになるといわれていますし、それは正しいのです。

しかしわたしが邪悪な王を罰するなら、犯された罪に復讐する場合でも尊厳というものに配慮するでしょう。正義とは荘厳で礼節を重んじるものだからです。処罰にあたっては罰を選ぶのではなく、必然性にしたがった罰をあたえるでしょう。

罰すべき王はネロなのか、アグリッピナか、ルイ十一世か、シャルル九世か。かりにスウェーデンのカール十二世がパトクルを殺害したあと、あるいは彼にさきだつクリスティナ女王がモナルデスキを殺害したあと、みなさんかわたしがその処罰をおこなう役についたとします。その場合も、みなさんとわたしではあたえる罰が違ったことは確実だと思います。(5)

もしフランス王あるいはフランス人の王が（みなさんの憲法の新しい用語で王がどのような呼び名で呼ばれるとしても）、彼自身の人格あるいは王妃の人格においてこのような隠密な殺人計画をほんとうにくわだてていたなら（ただしこの計画は実行されなかったため、報復もされなかったのですが）、そして殺人より酷い不名誉な行為をほんとうに犯していたなら、そのような人物は、いま現在みとめられている従属的な行政執行者としての地位にさえ値しないでしょう。そんな人物は自分で暴虐を加えて抑圧した国民の首長にはふさわしくないでしょうし、その廃位された暴君を新しい国家の首長として選ぶほどまちがったことはないでしょう。

しかしある人物を最悪の犯罪者として貶め、辱めておいて、そのあとこの人物を忠実で正直で熱心な公僕としてみなさんの最も重要な関心事を信託するというのは、論理的一貫性に欠けます。政策としても慎重さに欠けますし、安全ではないでしょう。こんな任命ができる人間は、人民に対して犯されたどんな罪より悪質な信任破棄罪を犯したことになるにちがいありません。フランスの指導的な政治家たちがおこなった犯罪としては唯一の矛盾といえるでしょう。ですから「国民議会議員の殺戮という」あの恐ろしい噂にはいかなる根拠もないとわたしは結論します。ほかの中傷にも根拠などないでしょう。

フランス王妃の中傷者はイングランドでは処罰される

イングランドではこうした噂はまったく信じられていません。わたしたちは敵であるときは寛大な敵ですし、同盟者であるときは誠実な同盟者なのです。白百合の花を肩に飾って証人らしさをよそおいながら、わたしたちのところにこうした噂をもち込んでくる中傷者たちは嫌悪と怒りをもって追い払われます。(6)わたしたちはニューゲート監獄に、ジョージ・ゴードン卿をしっかり監禁しています。(7)卿は公然とユダヤ教に改宗し、カトリックをはじめあらゆる宗派の聖職者に対する激しい反感から暴徒をひきいて（暴徒という言葉をおゆるしください。イングランドではまだこの言葉が使われているのです）、わたしの国のすべての監獄を破壊しましたが、それをする自由が卿には保たれていたわけです。ただし本人がこの自由を、自由の名にふさわしい道徳的なありかたで使えなかっただけです。

わたしたちはニューゲート監獄を再建し、広い邸宅を借り上げました。フランス王妃をあえて中傷しようとする人びとのために、バスティーユ監獄におとらない堅牢な監獄を用意したのです。高貴な中傷者も、この聖なる隠遁所にとどまってもらいましょう。自分の生まれや身分にふさわしいふるまいを学ぶまで、みずから帰依した古代宗教ユダヤ教に恥じないふるまいを学ぶまで、あるいはフランスから使節が派遣されて、みなさんがユダヤ教徒の新しい仲間を喜ばせるために卿の身代金を支払うまで、監獄でタルムード[8]でも学んでいればいいのです。

彼はシナゴーグの古い財宝と、銀貨三十枚[9]、それに超長期複利でついた手数料を使って土地を購入できるでしょう。フランスのカトリック教会が強奪していたと最近あきらかになった土地です（プライス博士は一七九〇年間の長きにわたって蓄積された金に、複利がどのような奇跡をもたらすかを示してくれました）。

そちらからはカトリックのパリ大司教を派遣してください。こちらからはプロテスタントのユダヤ的律法学者を派遣しましょう。そちらから派遣された人物を、紳士として、誠実な人物と考えておもてなしいたします。ただしその人は親切心と寛容と善意という〝資金〟をご持参ください。そして信じていただきたいのですが、わたしたちはその名誉ある敬虔な〝資金〟から一シリングも没収しないでしょうし、救貧箱から金を奪って国庫を豊かにしようなどとも思わないでしょう。

イングランド人の気質は生まれながらの自然のまま

わたしはじつのところ、わが国の名誉はある程度まで、旧ユダヤ人街とロンドンの居酒屋における革命協会の行動を否認するかどうかにかかっていると考えています。わたしは誰の代理人でもありません。あくまで自分自身として語るのですが、あの凱旋行進の実行者とも、それを賞賛する人びととともいかなる交友関係もないことは心から真剣に主張します。

イングランドの民にかかわることで、なにかほかのことを主張するときも、わたしは権威ではなく観察結果にもとづいてお話ししています。ただわたしは若いころから四十年ちかく、自分の王国のさまざまな職業や身分の人とかなり広範で多様な交際をつづけてきましたので、こうした交際で得た注意深い観察にもとづいているのです。

イングランドとフランスは二四マイルほどの狭い海峡で隔てられているにすぎませんし、最近は両国間の交際も非常にひんぱんです。それなのにフランスのかたがイングランドについてほとんどなにもご存じないことに気づいて、わたしはしばしば驚愕したものです。原因はみなさんがこちらの国民についての見解を抱くうえで、ある種の出版物にもとづいているからではないかと思います。しかしこうした出版物は、イングランドで一般に支配的な世論や世間のさまざまな傾向をまったく示していないか、示すとしても非常に歪めているのです。

イングランドでもいくつか陰謀家の集まりが、自分たちにまったく影響力がないことを隠そうとしてがやがやと騒ぎたて、自画自賛してたがいに褒めあいながら仲間の意見を引用しあっています。この陰謀家の集まりは虚栄心が強く、落ちつきがなく、短気で陰謀を好む性格をそなえているのです。わたしたちはかれらの才能のなさを軽蔑して無視しているのですが、みなさんはそれを、わたしたちがかれらの意見に従っているという一般的な兆候のように考えているようです。そんなことはありません、断言しておきます。

たとえば五匹か六匹のバッタが、シダの葉の陰でしつこく鳴きながらうるさい音をたてていたとします。ところがそこでは数千頭の太った牛の群れがイングランドの樫の木陰に休息していて、物静かに反芻しているのです。その場合、この野原に棲んでいるのは雑音を立てているバッタだけだと考えないでください。バッタのほうが数が多いとも考えないでください。たしかにバッタはいまのところ大きな声を立ててうるさいのですが、結局のところ貧弱な生き物で、騒ぎたてることしかできないのです。

ほとんど断言していいと思うのですが、わたしの国の人間で革命協会の「凱旋行進」に参加したのは百人に一人もいません。もし戦争などの偶然のために、どこまでも激しい敵意のなかでフランス国王夫妻と子供たちがイングランドの手に落ちたとします（そんなことが起きないよう、そんな敵意が生まれないよう願っていますが）。たとえそのときでも、王一家はあの凱旋行進とは違うありかたでロンドンに迎えられるでしょう。

わたしたちは以前、それに似た状況で、フランスの国王をこの国に迎えたことがあります[10]。そのとき王が戦場の勝利者にどう遇されたか、そのあとどうイングランドに迎えられたかは［歴史の書物で］お読みになったことがあると思います。それから四百年の時がたちました。ですがわたしたちの姿勢はそのときからほとんど変わっていないと思います。

わたしの国の国民は革新というものには無骨なほど抵抗しますし、国民性は冷静で不活発ですから、祖先とおなじ特徴のままなのです。十四世紀の思考にみられた寛大さや尊厳もなくしていませんし、自分たちを洗練させて野蛮人になることもありません。ルソーの思想の信奉者にはなっていませんし、ヴォルテールの弟子でもありません。エルヴェシウス(11)の思想はイングランドではほとんど流行しませんでした。この国で無神論者が説教者になることはないし、狂人が立法者になることもありません。道徳について、わたしたちは新しい発見などしなかったことを知っています。そこに新しい発見などないと考えてもいます。統治の大原則や自由の観念についても多くの発見があるとは考えていません。そういうことはわたしたちが生まれるずっとまえから理解されてきたことなのです。わたしたちの高慢さのうえに埋葬の土が高く積まれて、沈黙が支配する墓場の掟がわたしたちの生意気な饒舌を封じたあとも、これらの原則や観念はそのままでしょう。

イングランドで、わたしたちはまだ生まれながらの自然な内臓をすべてうしなってはいません。まださまざまな感情を自分のなかに感じ、育てているのです。この感情はわたしたちの義務の忠実な擁護者で、活動的な勧告者で、あらゆる自由で雄々しい道徳のまことの支持者です。わたしたちはまだ博物館の剝製になった鳥のように内臓を引き抜かれ、翼を縛られて、内側に屑やボロ布を詰め込まれたりしていませんし、人間の権利について書き散らされた紙切れを詰め込まれたりもしていません。

わたしたちはまだ感情のすべてを衒学や不誠実さに破壊されずに、生まれたままの状態で完全に保っているのです。胸のなかには脈うつ血と肉でできた、ほんものの心臓があるのです。わたしたちは神を畏れます。畏敬をもって国王を見上げます。愛情をもって議会を見上げ、礼をもって為政者を見上げ、崇敬をもって聖職者を見上げ、尊重をもって貴族を見上げます。(12) なぜでしょうか。それは、こうした観念が心に浮かぶときは、そんなふうに感じられるのが自然だからです。

それ以外の感情はすべて偽物で、みせかけで、わたしたちの心を腐敗させ、基本的な徳を汚して、理性的な自由を享受するにはそぐわないものにしてしまいがちです。そうした偽りの感情はわたしたちに、奴隷的で、放埒で、捨てばちで怠惰な暮らしをすることを教えるのです。ほんの数日間の休暇にする低俗な遊びのようです。ですがそれでわたしたちは一生、奴隷にぴったりのものになるのです。そうあるのがふさわしいものになってしまうのです。

伝統に根ざした先入観は叡智の蓄積である

おわかりいただけるでしょうが、わたしはこの啓蒙の時代に、あえてつぎのように告白するほど不遜な人間です。つまりわたしたちは一般に、教育を度外視した感情で動く人間で、自分たちの古くからの先入観をまるごと投げ捨てるどころか、それを心からたいせつにするのです。さらに恥ずかしいことに、まさに先入観であるからこそたいせつにします。それもその先入観が長つづきしたものであればあるほど、世に広まったものであればあるほど、いとおしむのです。

人が自分の理性だけをたよりに暮らし、それで取引するようなことをわたしたちは恐れています。なぜなら各人のなかにある理性の蓄えなどそう多いものではないからです。さまざまな国民とさまざまな時代をつうじて蓄積されてきた〔理性の〕共同銀行と共同資本を利用するほうがいいと思うのです。

わたしの国の思想家の多くはこうした一般的な先入観を否定せず、先入観のなかに生きている潜在的な叡智を掘り出すために知恵をめぐらせます。そして探していたものを見つけても（失敗することはまずないのですが）、先入観の衣を捨ててそのなかの裸の理性だけを取り出したりはしません。内側に理性をふくませながら先入観を維持るからです。というのも理性をふくむ先入観は理性に行動を起こさせる動機になりますし、そこにふくまれている愛情によって永続するものになるからです。

緊急のときにも先入観はすぐ動き出します。先入観は精神を、叡智と徳のしっかりした道へと向かわせるのです。そして決断すべき瞬間に人をためらわせたり、疑わせたり、困惑させたりしません。決断しないままにもさせません。先入観があることでその人の徳は習慣になり、その人の義務は本人にとって自然な本性の一部になるのです。

フランスの文筆家や政治家、そしてイングランドの啓蒙主義者はことごとく、このことについて根本的な思いちがいをしています。かれらは他者の叡智を尊重しません。ところが自分の叡智には全幅の信頼をいだくのです。かれらにとってものごとの古いしくみは、古いというだけでもう十分破壊する動機になってしまいます。いっぽう新しいものについては、いそいで建てた建物がどのくらい長持ちするかなどまったく気にかけません。というのも自分の時代のまえにはなにもなかった、あるいはほとんどなにもなかったと考えていて、新しく発見できるものだけに期待をいだくからです。長続きさせることはめざしていないのです。

かれらは一貫して、永続性をそなえたものはすべて有害だと考えていて、すべての既存の制度に妥協のない戦いをいどみます。政府など衣服の流行のように着せ替えがきくもので、また着せ替えてもほとんど害はないと考えるのです。憲法には愛着をもてるような原理などいらないし、せいぜいその時点でべんりだという感覚をもてればいいと考えるくらいです。

かれらはしばしば為政者と一種独特の契約を結んでいて、しかしその契約は為政者を拘束しても自分たちは拘束されないと考えているように語ります。人民には至高の権利があって、望みさえすればなんら理由なくこの契約を解除する権利があると考えているような口調です。かれらが自分の国を愛するのも、自分たちの移り気な計画に国が同意しているかぎりはということであって、おりおりの政策と一致すれば国を愛し、一致しなければ愛さないのです。

こうした教義というか感覚に近いものは、フランスに新しく登場した政治家には強く見られるようです。しかしそれは、イングランドの国民が行動するときにいつも従ってきた感覚とはまったく違うものです。

フランスはイングランドの手本にならない

フランスで起きたことはイングランドの実例に学んだのだと、そちらの人びとはときどき語っているそうですね。しかし断言させていただきますが、フランスで起きているできごとのうち、ほぼいかなるものもイングランドの民の習慣や多数意見から生まれたものではありません。できごとのなかでなされた行為も、その精神も異なります。またわたしたちはそこから学ぶつもりもありませんし、逆にみなさんに教示したこともいっさいないと言い添えておきたいと思います。

フランスのできごとに関わっている可能性のあるイングランドの陰謀家はごくひとにぎりの人間たちにすぎません。こうした陰謀家のたくらみや説教や出版物などの力をつうじて、またフランス国民の忠告や力と結びついているのではという推測からきた信頼によって不運なことにかなりの人数が仲間に引き入れられたり、フランスで起きたことをまねてなにかイングランドでこころみることはあるかもしれません。ですがかりにそうしたこころみがこちらの国でやっかいごとを引き起こしたとしても、結局はかれら自身が墓穴を掘るだけでしょう。

遠い昔イングランドの国民は、ローマ教皇の不可謬性を信じて自国の法を変えるようにといわれて拒んだことがありました[13]。いまも、哲学者たちの独断的な教条をうやうやしく信奉して法に手を加えたりすることはないでしょう。たとえ教皇が破門と十字軍で武装していても、哲学者たちが中傷と街灯［に吊るすという脅し］で武装していてもです。

かつては、フランスで起きたことはフランスだけの問題でした。わたしたちは人間として共感を抱くにしても、距離を置いていました。フランスの市民ではないからです。しかしフランスで起きたことが、まねるべきモデルとして眼前に掲げられるなら、わたしたちはイングランド人としての感情を抱かざるをえず、それに対処せざるをえません。

フランスで起きたできごとは、いやおうなくわたしたちの関心を引きます。とはいえそれはフランスで示された万能薬や疫病を遠ざけておくためです。もしそれが万能薬でも欲しくはありません。いらない薬を服用したらどうなるか、わたしたちはその結果を知っています。もしそれが疫病なら最も厳重な隔離で予防する必要のある、じつに警戒すべき疫病なのです。

イングランドの市民社会の基礎は宗教にある

哲学的な党派と自称する陰謀家たちが、最近のできごとの多くについて名誉にあずかっていると、さまざまな人から耳にしています。あのできごとを動かす力になったほんとうの精神はかれらの意見や体系だというのです。ですが文学者の党派であれ政治家の党派であれ、哲学的と呼ばれる党派がイングランドにあったという話は聞いたためしがありません。そんなふうに造形されたのはフランス国内でのことだったのではないかと思いますが、いかがでしょう。そしてそれは大衆が、あの飾らないまっすぐなものいいで無神論者とか不信心者と呼ぶ人びとのことではないかと思います。

それならたしかに、イングランドにもそのような著作家がいて、かつては騒ぎを起こしたこともありました。しかしいまではすっかり忘れられています。いま四〇歳より若いくらいの世代で、コリンズやトーランド、ティンダル、チャブ、モーガン⑭など、いわゆる自由思想家たちの書いたものをわずかでも読んだことのある人がいるでしょうか。いまの時代に誰がボリングブルック⑮を読むのでしょうか。そもそも読みとおした人などいたのかどうか。

かつて世界に光を投げかけたこの人びとがその後どうなったか、ロンドンの書店でお尋ねになってみるといいでしょう。数すくない後継者たちもあと数年のうちに「キャピュレット家代々」の家族墓所[16]に収まることでしょう。しかしわたしたちからみてかれらがかつてどんな人びとで、いまどんな人びとであるにせよ、まったくばらばらに孤立した存在だったことは変わりません。かれらはそうした人びとに特有の、孤立してやっていけるという気持ちを共通してもっていて、群れることはなかったのです。

かれらは集団として行動することはなく、国家の中で党派を作ることもありませんでした。党派としての名前や個性をつうじて、あるいはその目的のために、国の公的なことがらに影響をもたらすともみられていませんでした。こうした人びとがそんなありかたで存在すべきかどうか、あるいはそんなふうに行動するのをゆるされるべきかどうかはまたべつの問題になります。

ともあれイングランドではそうした策謀の党派はなかったのですから、この人びとの精神がわたしの国の憲法の最初の枠組みをつくるうえで影響をおよぼすことはありませんでしたし、憲法に加えられた補修や改善にもまったく影響はありませんでした。どちらも信仰と敬虔さに守られておこなわれ、それらに是認されてさらに強固になったのです。すべてはこの国の単純な国民性と、生まれつきの理解力の平明さや率直さから生まれたものでした。この国民性はのちにこの国で権威を得た人たちの特徴でもありましたし、その気風はいまも、すくなくとも大部分の民のなかには息づいているのです。

わたしたちは宗教こそが市民社会の基礎[17]であり、あらゆる善の源泉であり、あらゆる慰めの源泉だと知っています。さらにさいわいなことに、心のなかでもそう感じているのです。

わたしたちはこのことに深い確信があるので、イングランドには迷信という〝錆〟がいっさいつかないのです。この錆は、人間精神のなかに蓄積された不条理なものの集まりで、長年のうちに精神を錆つかせていたかもしれないものです。またイングランドでは、百人の民のうち九十九人までは不信仰を好んだりしません。あるシステムに発生した腐敗を取り除き、欠陥を補って構造を完全にしようとして、かえってシステムの核心部に敵を呼びこんでしまう愚か者になることもけっしてないでしょう。

もし自分たちの宗教的な教義の内容についてさらに解明する必要があるとしても、わたしたちはその説明を無神論にもとめようとは思いません。自分たちの神殿を汚れた火で照らそうとは思わないのです。神殿はもっとべつの種類の火で照らされるべきです。さらに、神殿で香を焚くにせよ、形而上学の密輸業者が運び込んだ、混ぜ物の入った伝染性物質などを使ったりしないでしょう。自分たちの国の教会制度に手直しが必要だとしても、その神聖な収入の監査や受け取りや支出のために、公私をとわず強欲や貪欲の力を借りることもないでしょう。

人間は宗教的動物である

わたしたちはギリシアやアルメニアのキリスト教会制度を厳しく非難したりはしないでしょうし、もはや熱狂が静まったローマカトリックを攻撃することもないでしょう。ただわたしたちはプロテスタントのほうがいいのです。プロテスタントならキリスト教としての要素が薄まっているからという考えではなく、より濃いと判断しているからです。無関心だからではなく、熱心なキリスト教徒だから、プロテスタントなのです。

わたしたちが知っているのは、人間はその根本において宗教的動物だということ、無神論はわたしたちの理性にもとるだけではなく本能にももとるということ、したがって無神論は長くその優位を維持できるものではないということです。わたしたちはこの知識を誇りに思っています。

ですが暴動の瞬間には、あるいはいまフランスで激しく沸騰しているように地獄の蒸留器から流れ出した強い酒で酩酊した錯乱のときには、わたしたちの誇りであり慰めでもあったキリスト教が投げ捨てられ、わたしたちの裸の姿が露わになるのかもしれません。わたしたちの国だけでなく、ほかの多くの国でも文明の偉大な源泉になったキリスト教なのですが、それが投げ捨てられた場合に心配なのは、かわりに粗野で危険で下劣な迷信が入りこむのではないかということなのです。精神が真空状態に耐えられないことはよく知られているからです。

そのためにも、既存の制度から自然で人間的な評価手段を剝ぎとって、その手段が侮蔑されるままで放っておくようなことをしたくないのです（みなさんはそうしたために、ふさわしい罰を受けて苦しんでいます）。そのかわり、なにかべつのものが提示されることを望みます。提示されたら、そこではじめて、それについて判断するでしょう。

わたしたちはこんなふうに考えているので、こうした既存の制度と争うかわり、それに強く執着しているのです。既存の制度に敵意をもつことを自分の哲学や宗教の要とみなした人たちとは、そこが違います。すでに確立された教会、確立された君主制、確立された貴族制を、それが存在する程度に応じて、しかしその程度に限定して、維持しようと決意しているのです。わたしたちのところにこうしたものがどの程度あるのか、このあとご説明しましょう。

この時代の不幸は、自国の憲法が喜ばしいものではなく、論争の対象であるとみなされ、すべてが議論にさらされたことです。それはあの紳士たちが考えるほど名誉なことではありません。ですから、みなさんのなかで、あらかじめ実例を参考にしておきたいと願うかた——もしそういうかたがあれば——のご要望を満たすために、これから既存の制度についてわたしの思うことをすこしお話ししてみます。ご辛抱を強いることになりますが、かつて古代ローマで法を新しくしようとしたときは、わかるかぎりでいちばんよく組織された国家を調査するために調査団を派遣したものなのです。愚かではなかったということだと思います。

教会制度が国家と結びついていることには意義がある

まずこの国の既存の教会制度についてお話ししましょう。これはわたしたちの先入観のなかでも筆頭といえるものですが、理性に欠けた先入観ではありません。そこには深く広い叡智がふくまれています。ですから最初にお伝えします。これはわたしたちの精神の最初にあり、最後にあり、そして中間にもあるものなのです。というのもいまある宗教システムにもとづくことで、わたしたちは人類がごく初期に受けいれ、それ以来ずっと維持してきた感覚にもとづいて行動することになるからです。聡明な建築家のように、この感覚が国家という壮大な建物を建築したのです。さらにこの感覚は思慮深い所有者のようでもあります。この建築物を聖なる神殿として瀆聖と破滅から守れるようにと、あらゆる欺瞞と暴力と不公正と暴政といった不純物を排除したからです。こうして国家組織とそこで働く人びとは荘厳に永遠に聖別されました。

この聖別がおこなわれることで人間の統治にたずさわるすべての者は、神自身の位のなかに立って統治する者として、みずからの機能と運命を高貴で価値の高いものとみなせるようになります。また不死という人間の希望も満たされます。そして目先のつまらない金銭や、一時的で移り気な俗人からの賞賛を求めたりもしなくなります。人の自然な性質の不変領域にふくまれる強固で永遠のものに目を向けて、豊かな遺産として人が世界に遺す先例のなかにふくまれる永遠の名誉と栄光を望むようになるのです。

こうした崇高な原理は高い地位にある人びとにこそ注ぎ込まれるべきものです。また既存の宗教制度はこうした崇高な原理をたえずよみがえらせ、強めるようなものとして構築しておかなければなりません。あらゆる種類の道徳的制度、あらゆる種類の社会的制度、そしてあらゆる種類の政治的制度は、人間の理解力と愛情を神の理解力と愛情に結びつける理性的で自然な絆として役に立つべきものです。それは人間というすばらしい構造物を構築するために、なによりも必要なものなのです。

この人間の特権はなによりも、みずから自己を作っていく生きものだということにあります。そしてあるべきかたちに作り上げられた場合、人間は創造の秩序において重要な場所を占めるように定められているのです。しかしある人物が、その自然な性質においてより優れているために他者より高い位置を占めるよう定められている場合、その人物はできるかぎりその完成度を高めるべきなのです。

国家の既存の宗教制度をつうじて国家を聖別することは、健全な畏敬の心を自由な市民に持たせるためにも必要です。自由な市民はみずからの自由を確保するためにも、国家のなかで特定の地位を占めることが必要だからです。民が国家に服従することが個人的感情や家族問題の処理だけに限定されている社会もあります。それとくらべると、国家と結びついた宗教、そして国家への義務と結びついた宗教は、自由な市民としてははるかに重要な意味を持ちます。

主権者としての民衆は自分に責任を感じない

信託を受けて権力を行使する者は、信託を受けたみずからの行動について、社会の偉大な主人であり創造者であり設立者である者〔神〕に責任を負っているのです。この観念が、一部でも権力をになうすべての人びとには畏怖とともに深く刻まれていなければなりません。

この原理は、個々の君主より集団として主権を構成する人びとの心に強く刻印される必要があります。君主は、手足として使える道具がなければ一人ではなにもできません。道具を利用する人は誰でもそれを助けにできますが、いっぽうで道具は障害物にもなります。ですから君主の権力はけっして完全ではありませんし、権力を極端に濫用したときは安全でもありません。

君主は、追従や傲慢さやうぬぼれでどれほど思い上がっていたとしても、信託された権利を悪用したときは地上でもなんらかのかたちで責任を負わなければならないと感じているに違いありません。そのとき実定法で保護されているかどうかは問題ではありません。こうした君主たちは人民の叛乱で失脚しなくても、他のすべての叛乱から君主を守るために備えられた近衛兵自身に絞殺されてしまうかもしれないのです。

そしてわたしたちはフランスの国王が、増給を要求する国王軍兵士たちの手で敵に売り渡されるのを目撃しました。しかし民衆の権威が絶対で制約がないとき、民はみずからの権力にはてしなく大きな信頼をもちます。自分の権力に対する信頼の根拠が、はるかにしっかりしているからです。民衆はかなりのところまで自分自身の道具だといえます。民衆みずからの目的に対して近いところにいるのです。

地上で権力を制御する最大の要素は、名誉と名声を重んじる感覚です。これについても民衆はそれほど大きな責任を負っていません。実際、公的な行為において個人が負わされる悪評の大きさは君主制の場合とくらべると、はるかに小さくなります。権力を乱用する人数が多ければ、それに反比例して世論の作用の大きさも小さくなるからです。民衆が自分の行為を是認するとき、その是認は自分たちにとって好ましい公的な判断のように思えるのです。このため完全な民主制は、世界で最も恥知らずな体制で、最も恐れを知らない体制になります。

民主制では自分が処罰の対象になることを誰ひとり懸念しません。たしかに民衆全体が処罰の対象になるということはありえないでしょう。処罰というのは民衆全体を維持していく見せしめとしておこなわれるものですから、民衆全体は誰からも処罰の対象になりえないのです(18)。

ですから民衆には、かれらの意志が国王の意志と同等に正否の基準になるのだなどと信じさせてはいけません。そのことはこのうえなく重要です。自分たちは安全だからといって恣意的な権力を行使する権利などまったくないし、そんな資格もないのだと民衆に納得させなければいけません。

また偽りの自由の名をかかげて実際には不自然で倒錯した支配をおこなったり、おりおりの恣意をおしつけて国家の職務遂行者に卑屈な服従を強要するような権利や資格がないことも、民衆には納得させなければいけません。自分たちの利害に対する完全な奉仕を国家の職務遂行者に要求する権利はありません。しかしそれを要求すると、道徳的原理や尊厳の意識や判断の行使、また性格の一貫性といったもののことごとくを奉仕者全員から根こそぎ奪うことになります。すると民衆はみずから、自分たちへの追従者や宮廷のおべっか使いの卑屈な野心にとってぴったりの餌食、それもきわめて卑しい餌食になってしまうのです。

民衆が権力者を任命する条件はその人物の徳と叡智

これは宗教の力がなければとうてい不可能なのですが、もし自分たちの利己的な意志を実現したいという欲望を民衆が完全に捨てた場合、卑劣で無能な人間に権力をあたえることにかれらももっと慎重になるでしょう。また理性が認めることだけに意志を抱くという永遠不変の法則に従う以外自分たちの権力を正当化できる道はないと認識した場合にも、おなじことがいえます（こうした民衆による権力の行使は、権力行使の委任における序列では高位にあるのですが）。

誰かをある地位に任命するにせよ、それは権力の行使にあたって卑しい仕事につくのではなく、聖なる機能をはたすことなのだとその人物に思わせるでしょう。そして職務についた人物は聖なる機能をはたすようになるでしょう。自分の卑しい利己的な利益や、気まぐれな思いつきや、恣意的な意志で権力をふるうことはないでしょう。そして民衆は、能動的な徳と叡智を備えているとすぐわかるような人だけに権力をさずけるでしょう（権力とは、それを与えるがわにとっても受けるがわにとっても恐れに震えるようなものです）。こうした能動的な徳と叡智は、人間の不完全さと不確実さが避けがたく入り混じる巨大な集まりのなかでも、そうした責務の遂行に適しているのです。

本質的に善である人は、自分の行為においても他者の行為の承認においても、いかなる悪も受け入れません。そのことを民衆が自分たちの習性として確信すれば、尊大で無法な支配といえるようなものをあらゆる為政者の心から取り除けるに違いありません。すなわち市民社会の権力者や、教会権力者や、軍部権力者すべての心からです。

国家と法の原理を破壊するとどうなるか

そして国家と法を神聖なものにする第一の原理、そして最も重要な原理のひとつは、国家や法をひとときあるいは終生になう人が、自分こそ国家や法の完全な主だというように行動してはならないということです。自分が祖先からなにを受け継いだか、子孫になにを受け継がせるべきか、考えるのを忘れてはいけません。社会の元来の機構を恣意的に破壊してはいけませんし、限嗣相続財産を削減したり、相続した財産を浪費するのを自分の権利と考えてはいけません。そんなことをしたら後継者に住居ではなく廃墟をあたえることになります。そして祖先の制度を尊重しなかったというお手本を自分たちが示した以上、自分たちが作り出したものも後継者は尊重しないということになるでしょう。原則もない安直なしかたで、軽薄な思いつきや流行に従うようにして国家をしばしば、それもあれこれ変革したら、国家のすべての結びつきと継続性は破壊されてしまうでしょう。どの世代もほかの世代と結びつくことができないまま、人はひと夏しか生きない蠅のようにはかない存在になってしまいます。

そうなると、なにより人間の知性の誇りである法学がまったく学ばれなくなってしまうでしょう。法学は、さまざまな欠陥や冗長さや誤謬はあっても、何世代にもわたる人間の理性を集積したもので、根源的な正義の原理をはてしなく多彩な人間の関心と結びつけるものなのです。たとえこうした関心事が古くから論破されてきたさまざまな誤謬の集まりであったとしてもです。さらに個人的な自己満足や傲慢のために、裁判官の役割まで奪い取るでしょう。こうした自己満足は自分の叡智より大きな叡智を知らない人たちに必ず生じるものなのです。

そして希望と恐怖の不変の基礎のうえに確実な法律が定められて人の進むべき道筋を定めたり、目標に向かって進むよう指示することも当然ながらなくなるでしょう。財産を維持し、職務を遂行するための安定した方法というものがなくなり、両親が子孫の教育や、子孫の将来の社会的地位について配慮するための確固とした根拠もうしなわれてしまうでしょう。

なにかの原理が人びとの習慣に取り入れられることもなくなるでしょう。最も有能な教師が生徒たちを丹念に教育し終えれば、そのあと生徒は優れた訓練を受けて社会でふさわしい地位につき注目と尊敬を集めるだろうと思えたのに、そういう生徒を社会に送り出そうとしても、もはや状況がすっかり変わっていることに教師は気づくでしょう。そして尊敬のための真の根拠というものを知らない世間で、この生徒は軽蔑と嘲笑の的になる哀れな人物になってしまっていることに気づくでしょう。

貨幣の基準をたえず変更するような国、そしてなにを名誉とみなすべきかを誰も知らない国にあっては、心臓のほとんど最初の鼓動とともに優美で繊細な名誉心が生まれることなど、誰が保証できるでしょうか。生活のどの部分であれ、獲得したものを維持できなくなるでしょう。着実な教育と明確に定められた原理がなければ、科学と文学では野蛮が、技術と製造活動では未熟さが生まれてくるのも避けられないでしょう。そして国家はほんの数世代のうちに崩壊し、塵と埃のような個人性のなかに分解され、やがて天空の風に吹き飛ばされて消え失せてしまうでしょう。

頑迷さや死角の多い先入観のもたらす害悪より一万倍も有害な気まぐれと移り気のもたらす害悪を防ぐために、わたしたちは国家を神聖なものにしてきたのです。国家の欠点や腐敗を調べる人にも自分の仕事に十分配慮させてきたのです。またこうした人が国家を改革しようとして国家を転覆することを夢想したりさせないようにしてきました。国家の欠陥に対処するうえでは、まるで父の傷に向かうように敬虔な畏敬の念と、身を震わせるほどの憂慮の念を持つようにしてきたのです。

ある国の子たちは、年老いた父親を無鉄砲に切り刻み、魔女の煮る鍋に投げ込みました[19]。自分たちが生やした有害な草と野蛮な呪文の力で父親の身体構造を作り変え、父親の生命を蘇らせることができると信じたといいます。しかしわたしたちはすでに述べたような叡智ある先入観の力によって、こうした子らを恐怖のまなざしで見ることを学んできたのです。

太古の偉大な契約という「法」がある

たしかに社会はある種の契約によって生まれます。契約も、たんにおりおりの利益を目的としたごく些細な契約なら、好きに解約することもできるでしょう。しかしごく一時的な利益のために締結した契約で国家を作り出したり、当事者の気の向くままに国家を解消したりできると考えるべきではないのです。国家を作り出す契約は、胡椒やコーヒーの取引や、インド製の綿布やタバコの取引や、そのほか重要でない物品を取引するために締結される協力協定のようなものとみなしてはならないのです。国家はもっと尊敬の念をもってみるべきものです。

というのは国家は、ただひととき存在して滅んでいく［人間という］粗野な動物的存在だけに役立つ協力協定で作られるものではないからです。国家はすべての学問についての協力協定によって、すべての技芸についての協力協定によって、すべての徳とすべての完璧さについての協力協定によって作られるのです。こうした協力協定の目的は何世代つづいても実現できないほどのものなので、生きている人びとだけが結ぶ協力協定ではすみません。それは生きている人びととすでに死んだ人びととの間で、またこれから生まれてくる人びととの間で結ばれる協力協定なのです。

それぞれの国が結ぶそれぞれの契約は、永続的な社会を築くべき太古の偉大な契約にふくまれた一つの条項にすぎません。この太古の偉大な契約は不動の取り決めに従って締結されます。その取り決めは、すべての物質的自然と精神的自然をそれぞれふさわしい場所で保つという不可侵の誓いによってなされます。そしてその誓いによって聖なるものとされた低次の自然と高次の自然とを結びつけ、可視的世界と不可視の世界とを結びつけることをめざしているのです。

この太古の偉大な契約という法は、みずからの上に存在する無限の存在者への義務のために、みずからの意志を法に従わせなければならないような存在者［すなわち人間］の意志に服するものではありません。この法から生まれる普遍的な王国の地方組織［国家］には、自分たちの好む自由などは道徳的にみてもありません。その自由とは、恣意的で偶然の改良をめざす思弁だけにもとづいて、国家に従属するさまざまな共同体の絆を引き裂いて分裂させ、それを非社会的で非市民的でばらばらな根本元素にまで解体してしまうような自由です。

世界には至高の必然性がある

無秩序の状態を利用できるのは第一の至高の必然性だけです。これは選ばれるがわの必然性ではなく選ぶがわの必然性であり、たんなる思索をはるかに上回るものです。いかなる議論も認めず、いかなる証明も必要としない必然性なのです。この必然性は規則への例外ではありません。この必然性そのものが事物の道徳的秩序と物質的秩序の一部であって、人間はそれに同意するにせよ強制されるにせよ、この秩序に従順でなければならないのです。

しかし、こうした必然性に服従することがたんなる選択の対象にされてしまうと法は破壊され、自然への服従も否定されてしまいます。そして叛逆者たちはこの理性と秩序と平和の世界から追放され、法の保護の外におかれます。かれらは亡命し、そうすることによって、結局は狂気と不和と悪徳と無益な悲しみが支配する正反対の世界へと追われるのです。

これこそわたしの王国の高い学識と推察力のある人びとがいま持っている感情であり、これまで持ってきた感情であり、このさきも持つであろう感情なのです。こうした人であれば、その人にとって当然と思える根拠にもとづいて自分の意見を形成するものなのです。それより探究心の少ない人は、権威を持つ人からこうした意見を受けとるのですが、摂理によってこうした他者の意見を信頼して生きていくよう定められた人が、他者の意見に依拠して生きるのは恥ずかしいことではありません。

これらの二種類の人びとはいる場所は違っても、進む方向は同じです。そしてそれぞれ宇宙の秩序に従って前進します。それぞれ古来のこの偉大な真理を知っているか、感じているのです。「全世界を支配する最高の神にとって、少なくとも地上で行われることで、法によって結ばれた、国と呼ばれる人間の結合と集合よりも一層気に入るものはないのである[20]」。

かれらが頭と心でこの教えを学んだのは、その教えと直接結びついている［スキピオという］名前のためでも、それを生み出した、より偉大な［キケロという］名前のためでもありません。そこで働いていたのは、学識に裏づけられた意見にほんとうの重みと聖性をもたらすただひとつのもの、つまり人間が共有する自然な性質と、人間が共有する関係性なのです。

かれらはすべてのことがらがさまざまな関連づけのもとでおこなわれなければならないと確信していました。さらにすべてのことがそこへ向かうという参照点［神］に配慮しながら、心の聖なる場所を尊ぶ個人として、またこうした個人的能力によって形成されるひとつの群れとして、自分たちの高貴な生まれと起源の記憶をあらたに追想する義務があるのだと感じているのです。

さらにかれらは文明社会の創設者であり作成者であり保護者である存在に対する国民的な忠誠心を、集団としての資格においてつくす義務があると感じています。この市民社会がなければ人間は、その人間性によって可能になるはずの完成の域に到達できる可能性をすべてうしないます。またそこに到達しようとする、わずかな、かぼそいこころみもおこなえなくなるでしょう。

人間の自然な性質は徳によって完成されるものとして神からあたえられたもので、それを完成する手段もまた神からあたえられたのだとかれらは考えています。神はそのために国家を欲し、あらゆる完成されたものの源泉であり原型であるものと国家が結びつくことを欲したと考えているのです。これこそが神の意志であり、法のなかの法、主権者のなかの主権者であるということです。

このように考えるので、人間の集団的な忠誠と臣下としての服従がなされ、至高の主権者である主君の承認をえることが、誰もが賞賛を捧げるいと高き祭壇への奉納としておこなわれることを残念だとは思えないのです（わたしはうっかり国家それじたいによる奉納、というところでした）。またそれがあらゆる公共の厳粛な行為とおなじに、自然に教えられた人類のさまざまな習慣に従って、さまざまな建物と音楽と装飾と演説をもって、人格の尊厳のうちにおこなわれるのを残念なことだとは思えません。それは謙虚な華やぎと軽やかな威厳をもって、また穏やかな荘厳さと真摯な華麗さをもっておこなわれるべきなのです。

イングランドは国家宗教制度を自然と考えている

こうした目的のために国家の富の一部が使われることは有益だとも考えられています。国家の富は個人の贅沢を助長するために使われてしまったりしますが、この使い方は公共の装飾であり、公共の慰めです。それが公共の希望を育てるのです。いちばん貧しい人びとも、そこに自分の重要性と尊厳が表現されているのだと思えます。いっぽうで個人の富と誇りは、ささやかな財産と身分にとどまる人にとってあらゆる瞬間において劣等感を感じさせ、その境遇を貶めて悪いものにしてしまいます。

国の共通の富がいま述べたように使われて、それで聖なるものとされるのは貧しい生活をいとなむ人のためですし、その人の自然の性質を高めます。そして富によって得られる特権が意味をうしなう瞬間があるのだと思い出させてくれます。この瞬間、貧しい人は富める人と人間の自然な性質において平等になり、徳においてはより高い位置に立てるのです。

断言しておきたいのですが、わたしはめだちたいわけではありません。ここで申し上げたことは、わたしの国ではごく古い時代からいまにいたるまで誰もがみとめ、受け入れてきた考えかたなのです。実際この考えは私の心に深く根づいていて、自分で考えたこととひとから聞いたことを区別できないくらいです。

こうした原理に立っているので、イングランドの民の大多数は国家的宗教制度が不法であると考えるどころか、こうした制度がないほうが非合法的だと考えているほどです。イングランドの国民がなによりも、またどの国民よりもこの制度を大切にしていることがフランスでは理解されないとしたら、それはまったくまちがっています。そしてイングランド国民が、この制度にあまりに愛着をいだいているために、正当化できない愚かな行動に走ったとしても(ときにそういう行動があったのも確かですが)そうした過ちのなかに、すくなくとも彼らの熱意は読みとれるはずなのです。

この原理はイングランドの政治組織の全体系を貫いています。イングランド国民は国の教会制度が自国にとってたんなる便宜的なものではなくて、本質的なものだと考えています。またこうした制度が国家とは異質で分離できるとか、妥協のために国家につけ加えられたとも思っていません。一時的な便宜のために国家から取りのぞいたり、国家のもとに維持したりしていいとも思っていません。この制度は憲法全体の基礎をなすもので、憲法そのものや、そのすべての各部とわかちがたく結びついていると考えられているのです。教会と国家は心のなかでわかちがたく結びついた観念で、片方の観念が語られるときは、ほぼつねにもう片方の観念も語られているのだということです。

教育理念も教会と結びついている

わたしの国の教育はこの印象を確認し、強固にすることをめざしています。わたしの国の教育はある意味で完全に聖職者の手にあります。しかも幼いころから青年にいたるまであらゆる成長段階をつうじてそうなのです。高校や大学を卒業して、学業と経験を結びつけ始めるという人生の最も重要な時期にさしかかったときも、そしてこの目的でほかの国を訪れるときも、青年貴族や青年紳士に同伴して外国を訪れる者の四分の三は聖職者なのです。ほかのさまざまな国からわたしの国を訪れる貴人には年老いた召使いがつき添って世話をすることが多いのですが。

こうした聖職者たちは、厳しい師としてではなく、またたんなる従者としてでもなく、立派な性格の友人や仲間として同行します。また同行する貴族や紳士におとらない優れた生まれの人びとも多いのです。親戚のように、生涯をつうじて親しい関係を保つこともよくあります。この関係があるためにこの国の紳士は教会と結びつきを保ち、また教会も国の指導的な人物と交流を保つことで心が広くなるのだとわたしたちは考えています。

教会制度の独立性は合理的

わたしたちは古い教会制度の様式と形式に強い愛着があるので、十四世紀か十五世紀ごろから、ほとんどなにも手を加えていません。ほかのあらゆることとおなじように教会制度についても、古いものから全面的に、また一気に離れてはならないという昔定めた原理に忠実なのです。

わたしたちはこの古い制度が全体として道徳にも規律にも役立っていると気づきました。そして土台を変えなくても修正はできると考えました。神の摂理の秩序によって、科学と文芸の成果がつぎつぎに生まれてくるにつれ、国の教会制度もその成果を受け入れ、改良し、なによりも保存できると考えたのです。

ようするにこのゴシック時代の修道院のような教育をつうじてわたしたちは（そうしたものがわたしの国の教育の基礎をなしているのです）現代世界を飾り、照らしている学問と技術と文芸の改善に早い時期から広く貢献してきたと主張できるのです。ヨーロッパのほかの国民にひけをとらずにです。こういう改善ができたおもな原因のひとつは、祖先から受けついだ知の遺産を軽んじなかったことだとわたしたちは考えています。

イングランドの国民はこの教会制度に愛着を持っているからこそ、国全体の大きな基本的利害を、移ろいやすく不安定な個人の貢献に委ねるのは賢明ではないと考えたのです。とりわけ市民的公共サービスと軍事的公共サービスを個人に委ねるのは賢明とはいえないということです。それだけではなくイングランドの国民は、教会に定められた財産を年金に変えることや、国庫からの支払いに依存することを、けっしてゆるしませんでした。財政難だからと支払いを遅らせたり、中断したり、停止することもゆるしませんでしたし、これからもゆるさないでしょう。財政難は政治的な目的で申し立てられることがありますし、政治家の浪費や怠慢や貪欲で起こることもよくあるからです。

自国の独立した聖職者たちを、国家教会の年金生活者に変えてしまうようなこころみには反対するべきだとイングランドの国民は考えています。それは宗教的な見地からも憲法上の見地からもいえることです。イングランドの国民は、国王に依存した聖職者の影響で自分たちの自由が損なわれたらと考えるとぞっとするのです。かといって聖職者が国王以外の権力に依存した場合でも、党派的な聖職者が引き起こす無秩序で公共の平和が妨げられたらと考えるとぞっとします。だからこそ、国王や貴族とおなじように教会も独立させてきたのです。

イギリス国民は、宗教にかかわる政策と憲法にかかわる政策とを結びつけて考えようとします。また弱い者を慰め、無知な者に知識をあたえることを義務だと考えています。このため教会財産を私有財産にふくめて、同一のものとみなすことにしたのです。そして国家は私有財産の使用においても管理においても所有者として行動するべきではなく、あくまでその保護者、規制者として行動するにとどめるべきだと考えています。この制度を維持するための資産が、その土台である大地とおなじくらい揺るぎないものになるように、そう定めたのです。株式の価格のような大きな変動が生じないようにしているのです。

宗教による慰めは上流層にも必要

イングランドの光として国を導く人びと、とりわけその叡智が（叡智があるとしてですが）開かれた率直なものであるような人なら、そのふるまいからあきらかに軽蔑している宗教を、名目だけ信じるふりをするのは恥だと考えるでしょう。そんなことは愚かで欺瞞に満ちた小細工とおなじだからです。道徳世界と自然世界の両方を支配する偉大な原則は、大衆を服従させるためのたんなる便宜にすぎないと考えているようにみえる行動があったとしても（行動というのは、めったに嘘をつかない唯一のものです）自分たちのそのふるまいが、めざす政治目的を実現するうえで妨げになるだろうとかれらはわかっているのです。自分自身がみるからに信じていない体系を他人に信じさせるのはきわめて難しいことだと知っているからです。ですからこの国のキリスト教徒の政治家たちは、なによりもまず大衆に配慮します。それは人数が多いという意味における大衆です。人数が多いということが教会制度の目的ですし、そもそもすべての制度の目的でもあるからです。

福音が貧者に説かれたということこそ、教会制度の真の使命を問う重要な試金石のひとつなのだと人は教えられてきました。ですから福音が貧者に説かれるということに配慮しない者は、そもそも福音を信じていない者だとかれらは考えたのです。しかしまたキリスト教の慈愛は特定の人びとだけに向けられるのではなく、望むすべての人びとに向けられるものだとも知っていましたので、悲しみに満ちた上流階級の人びとの苦しみにも適切に配慮する憐れみの情をなくしてはいませんでした。気難しいほど繊細であるために、上流階級の人びとの傲慢さと不遜な空気を嫌って、その人びとの精神の傷や膿んでいる痛みに医学的な手当を拒むようなことはありませんでした。

どの人びととくらべても、こうした病める上流階級の人びとにこそ宗教的な指導が重要であるということは理解されていました。というのも、そうした人びとは大きな誘惑にさらされますし、こうした人びとの犯す罪からは重要な結果が生じます。またそこでの悪い実例は伝染する性格のものですし、こうした人びとの誇りと野心を謙虚さと美徳のくびきによって押さえつけることで、それが頑固に首をもたげることがないようにする必要があるからです。また人間として最も知るべきことがらについては非常な愚かさと粗野な無知がみられるからです。こうした愚かさや無知は、機織り職人や農民たちだけではなく宮廷や軍の上層部や上院にも蔓延しているのです。

イングランドの国民は、上流階級の人びとにも宗教の慰めと宗教的な指導が必要であると納得しています。こうした人びともまた不幸な人間なのです。個人的な痛みと家族的な悲しみを感じるのです。これらの点では上流階級の人びとにも特権はなにもなく、死すべき存在である人間が支払わなければならない賦課金のすべてを支払う義務を負っています。人びとは心を蝕む心配と懸念のために、宗教という至高の慰めを必要とします。こうした人びとは、ただ生きるだけという動物的な生を支える必要性にあまり迫られることがないぶん、心配や懸念は、奔放ではてしない想像力の世界でとめどなく広がり、無限の組み合わせによってさらに多様なものになっていきます。わたしたちにとって、これらの人びとはきわめて不幸な同胞で、かれらの精神は地上で望むものも恐れるものも知らないだけに、陰鬱な空虚に支配されています。それを癒すためにもキリスト教的な慈愛による慰めが求められるのです。するべきことがなにもない人びとを、内心にある死ぬほどの倦怠と過度の物憂さから救うためにはなにかが必要です。金銭で贖えるすべての快楽につきものの気の抜けた満足のなかで暮らす人びとに、生きる意欲を掻きたてるような、なにかがいります。満ち足りることに飽きたこの状態では自然も前に進めません。欲望も先回りされて喜ばせようとして念入りに立てられた計画と工夫のために、かえって喜びそのものが壊されてしまうのです。願望と成就のあいだに間隔もなければ障害もないからです。

高位聖職者は重視されている

宗教的指導者たちは、長い歳月富と権力を持ちつづけてきた層にほとんど影響をあたえられず、成りあがり者への影響はさらに小さくなることがあります。人と交わらなければならず、ときにはそうした相手に対して権威をふるわなければならない宗教指導者が、その相手にまったく釣り合わない様子であるようにみられてしまった場合にはそうなるということを、イングランドの民衆はよく知っています。

富や権力を持つ者たちが、この宗教指導者はうちの召使いとたいして違わないとみなしたらどう思うでしょうか。貧しさも、もし選びとられたものだったらいくらか違って見えるのかもしれません。強烈な自己否定の実例はわたしたちの心に強く訴えかけるものだからです。欲望を持たない人間は、より大きな自由と心の堅固さを獲得し、さらには権威を手にしたりします。

しかしどんな職業の人であれ、その大半はふつうの人間で、あえて貧困を選んだということはまずないのですから、世俗界の貧しい人に向けられる軽蔑のまなざしは、おなじように宗教界の貧しい人にも向けられるでしょう。

ですからわたしの国の思慮深い憲法は、尊大で傲慢なこの層を指導して不遜な悪徳を監督するべき宗教指導者たちが、この人びとから軽蔑されたり、そこから受けとる施し物で生活したりすることのないように配慮しています。そして富裕な人たちが自分の心を癒す真の薬を無視したりすることのないように配慮しているのです。

こうした理由から、わたしたちは親心としてまずなによりも貧困層に配慮します。しかしだからといって宗教を、なにか見られて恥ずかしいもののように人目につかない田舎町やうらぶれた村に追いやるようなことはしません。裁判所でも議会でも、司教の冠を戴いた宗教が、恐れることなく顔を上げていてほしいのです。生活のすべての場面に宗教が結びつけられ、社会のすべての階層とともにあることをわたしたちは望んでいます。

イングランドの民は世界の不遜な権力者たちに向かって、そしてかれらを取りまくおしゃべりな詭弁家たちに向かって、はっきり示すでしょう。つまり自由で寛大で知識豊かな国民は教会の高位聖職者を敬うものだということ、また尊敬の念をもって敬うべきものを軽蔑して見くだすのはゆるされないということをです。軽蔑する理由が富や権力の傲慢のためであれ、あるいはもっとほかの高慢な口実のためであれ、変わりはありません。また学識と敬虔と徳の報酬としてではなくて（なにがその報酬になりうるというのでしょう）そうしたものの成果として獲得されたようにみえる（みえるだけではなく実際に獲得される）個人貴族[21]の身分が踏みにじられることもゆるさないでしょう。

大司教が公爵より上席につくのを見ても、イングランドの民は苦痛も不安も感じないでしょう。ダーラムやウィンチェスターの司教が年一万ポンドも稼いだとしても気にしないでしょう。教会財産は聖職者の所有ですが、おなじくらいの富を伯爵や地主が所有しているのと比較して、よくないことだとは思わないでしょう――聖職者が多くの犬や馬を飼っていて、ほんとうなら人間の子供を養うために使われるべき食糧で動物たちが養われているなどということはない——というのは事実だろうと思います。もちろん教会のすべての収入が、最後の一シリングにいたるまで慈善のために使われているとはいえません。またそうしなければならないわけでもないのですが、それでも一般的にみてある程度の慈善はおこなわれています。人間を、政治的な恩恵を受けとるただの機械や道具のようなものにしてしまうのではなく、たとえその目的の一部は実現されないとしても、多くのことを自由な意志に委ねて美徳と人間性を育てていくほうが望ましいのです。全体としてみれば世界は自由から大きな恩恵を受けていて、自由なしには徳もありえません。

教会の土地を没収するのは筋がとおらない

国家がひとたび教会財産を教会の所有物として確立した以上、そのあとそれが多いとか少ないとか言い出すのは筋がとおりません。認めた財産に対する裏切りです。ほかのあらゆる財産とおなじように、この財産についても、最高の権威者が完全至上の監督をしてあらゆる濫用を防いでいるのです。大きな逸脱がみられたときは、制度の目的としてふさわしい方向に修正するよう指示されます。それなら、その富が誰の所有であろうとなんの害が生じるでしょうか。

誰の手から奪ったものでもなく、徳のためにあたえられた地位と名誉と収入を羨んで猜疑の目で眺める――そのようなことは、自分の財産を築き始めた人への嫉妬と悪意でしかないとイングランド人の多くは感じます。古代のキリスト教会でみられたような自己否定と禁欲への愛とは違うと、よく知っているのです。

イングランドの民は鋭い耳をもっています。こうしたことをする人びとが無遠慮に話すことに耳を傾けます。そうした人の舌は自分を裏切って本心を語るものですが、それは欺瞞の方言で語られ、偽善の隠語や早口言葉で語られるのです。それでもイングランドの民はこのおしゃべりな人びとが、「財産を没収することで」聖職者を初源の福音の貧しさに連れ戻そうとしているのだと主張するとき、つぎのように考えるのです。

たしかに聖職者の精神にはそうした貧しさがいつもあるべきかもしれない。好むかどうかはべつとして、わたしたちのなかにもあるべきかもしれない。だとしても、聖職者と国家の関係がまえと違うものになっている以上、そして風習や生活様式や人間界のすべての秩序がまったく違うものになっている以上、そうした貧しさも違うかたちになるべきではないだろうか。

わたしたちとしては、そういう改革を要求するおしゃべりな人たちが、自分の所有物を共有にして、自分の人格も原始キリスト教会の厳格な規律にならうのを実際に目にしないかぎり、正直な熱狂家だとみなしたりはしないでしょう。わたしたちの考えるような欺瞞者ではないらしい、などとは思わないでしょう。

イングランド人は教会財産没収に否定的

イングランドの下院にはこうした思想がどっしり根づいていますので、たとえ国の非常時であっても、教会財産や貧しい人の財産を没収して国の財源にあてようなどとはけっして考えません。聖なるものを奪いとり、財産を没収して、下院の予算委員会の財源にするなどというのは考えられないことなのです。両替通りのユダヤ人たちでさえ、カンタベリー司教座の収入を抵当に取ろうなどという希望は、ほのめかしたこともありません。

わたしはここで、否認される不安などいっさいなしにみなさんに断言しておきます。フランス国民議会は、その第一の義務として所有権を保護するよう求められているにもかかわらず、教会の財産を不正直に、不敬虔に、残酷に没収したのです。みなさんが引き合いに出そうと思っていらっしゃるイングランドの公人、あるいはどの党派や階層の人間であれ、誰ひとりこれを非難しない者はいません。

ささやかな国民的誇りの高揚をもって申し上げますと、パリの諸協会のために「憎しみの祝杯」をあげようとした人びともこの国にはいたのですが、かれらはやがて失望することになりました。フランスの教会が略奪されたことは、かえってイングランドの教会所有物が安全に守られる保証になったのです。あれで民は目覚めました。あの恥知らずで法外な財産の没収行為は、恐怖と警戒の目で見つめられたのです。

この行為は、陰険な人びとの精神の利己主義が拡大されて、寛大な感情が縮小されたことを示しています。ひそかな偽善と欺瞞から始まって、傲然たる暴力と強奪に終わる性質のものです。人びとは、それをはっきり認識しましたし、これからさらに明確に認識するでしょう。イングランドでもおなじようなことが始まりつつあると注目されています。そしておなじような結果に終わるのではないかとわたしたちは警戒しているのです。

聖職者をおとしめるのは非人間的

社会の結びつきを保つために法律が課している義務感が完全にうしなわれてしまわないことを、わたしとしては望んでいます。公共目的という口実で、罪のないひとりの市民の財産を没収するようなことが起こらないでほしいのです。人間性を汚し貶めるあらゆるものは暴君という名で呼ばれます。告訴されず審理されず裁かれてもいない数百、数千の人びとのあらゆる財産を、ひといきに没収しようなどと考える人物を暴君と呼ばずにいられるものでしょうか。

人間性のかけらまで完全になくした人物でもなければ、高位にあって聖なる機能をはたす人びとを地面に打ち倒そうなどと考えるでしょうか。なかには高齢で、尊敬と同情を同時に呼び起こさずにいられない人もあります。自分の土地の財産があることで、国家の最高位のつとめを維持できたのです。その人を困窮と落胆と軽蔑に満ちた立場に引きずりおろしてしまおうなどと、そんな人物でもなければ誰が考えるのでしょう。

犠牲者は自分の食卓からいかにも残酷に追い払われました。財産を没収した人物は、たしかにもとの食卓から落ちた屑や食べかすのいくらかを犠牲者が拾うことだけは許しましたが、その残りものの食卓も、貪欲な高利貸しをもてなすために惜しみなく明け渡されたのです。ある人を、独立した立場から施される側に追いやるのはきわめて酷いことです。施しの生活に慣れた人であればかろうじて耐えられる境遇かもしれませんが、まったく慣れていない人には恐るべき変転に思えるでしょう。徳のある人にとっても犯罪者への死刑求刑に近い苦痛があると思います。そして多くの人にとってこの転落と不名誉の罰は、死より悪いものなのです。

まちがいなく、この残酷な苦悩をはてしなく重くする要因がまだあります。犠牲者は、教育や聖職の機能をはたすことで得た地位のおかげで、宗教を信じる先入観を二重の意味であたえられてきた人びとです。しかし残されたわずかな財産は、ほかの財産を奪った不敬で不信心な手から施しとして受けとるしかありません。

宗教を維持するために必要な資金さえ、信心深い人からの慈善献金ではなく、無神論者を自認する者の高慢な配慮として受ける以外にはなく（実際に受けとるとしてもですが）、しかもその金額は宗教への侮蔑をもとに定められたものなのです。そのお金を受けとる人が人類の目から見ておよそ尊敬に値しない、卑しい人にしかみえないようなものです。

権力側の自己弁護は詭弁にすぎない

ところがこの財産押収の行為は、没収ではなく法に基づいた判決によっておこなわれているようです。パレ・ロワイヤルとジャコバンのアカデミーで発見されたことにしたがうと、特定の人びとが法律と慣行と裁判所の決定のもとで、かつ千年にわたる時間的効力のもとで保有していた所有物の所有権が無効だというのです。聖職者は擬制的な人格であって国家によって作られたものであるため、そのすべてについて制限と修正が可能なばかりか、勝手に滅ぼしていいとのことです。

また聖職者たちが所有していた財貨はかれらのものではなく、この擬制をつくり出した国家に所属するのだそうです。ですからこの擬制の人格を持つ聖職者たちが、自分になされたことのために自然の感情と自然の人格においてどういう苦痛を受けようと、まったく気に病む必要はないというのです。これはどういうことでしょうか。みなさんは人を傷つけ、職業の正当な報酬を奪うために、いったいどういう名目を使おうというのでしょう。かれらはこの職業につくことを国家に許されただけではなく、奨励されてきたのです。報酬が確実に得られるというみとおしにもとづいて人生の計画を立て、借金の契約を結び、また多くの人が全面的にかれらを頼って生きていたのです。

　わたしがえんえんと論じているのは、この人びとのあわれな境遇に敬意を表するためなのだとお思いにならないでください。暴君の展開する議論は、もたらす力が恐ろしいぶん、裏をかえせば軽蔑すべきものでもあります。みなさんの没収者たちは、はじめのころに犯した罪によって、そのあと犯した罪とこれから犯しうる罪への免罪を確保したのです。それができるだけの権力を手にしたわけです。もしそうでなかったら、窃盗と殺人の共犯者にふさわしい詭弁を罰する役割をつとめたのは論理学者の三段論法ではなく、処刑人の鞭だったでしょう。

　パリの詭弁家の暴君たちは、かつて世界を苦しめた、いまは亡き暴君王たちを論難するために声を張り上げています。ここまで不敵にふるまうのは、かつての主がそなえていた地下牢にも鉄の檻にも入れられる心配がなくなったからです。その現代の暴君たちを、わたしたちはさらに親切に扱うのでしょうか。さらにひどい悲劇がこちらの眼前で演じられてもそうするべきなのでしょうか。わたしたちもかれらとおなじくらい自由を行使してみましょうか。かれらとおなじくらい安全に自由を行使できるなら、そうするべきなのでしょうか。自由について率直に語るためには、こちらが嫌悪する行為をしてのける相手の意見を軽蔑するだけで十分ではないかと思うのですが。

5　フランスの財産になにが起きているのか

国民議会は個人財産や年金まで剝奪している

あらゆる財産権へのこの忌まわしい行為は、最初はかれらの行動システムにそって国家的信義への配慮という口実で隠されていましたが、この口実は考えられるかぎり最も驚くようなものでした。国民の財産権の敵であるこれらの人びとは、国家の債券の所有者に対する国王の約束を守るのだと、まことに思いやり深い、繊細で細心の配慮を示しているようにみせかけたのです。

人間の権利を守るというこの先生がたは教えるほうに忙しくて、自分はなにも学ばなかったようです。市民社会の第一の根源的信義を守るなら、国の債権者の要求ではなく市民の所有権のほうを保障しなければなりません。学んでいればそのくらいは理解していたでしょう。市民の請求権は時間において先だち、権限において最高であり、衡平の原理において優先されるのです。

個人財産は、みずから獲得したものか相続したものかを問わず、また共同体の財産に参加することで獲得したものかどうかを問わず、債権者の明示的抵当にも、暗黙の抵当にもとられることのないものでした。債権者が取り決めをおこなった際、個人財産はまったく考慮に入れられていなかったのです。

代表が国王であるか議会であるかにかかわらず、公共体が抵当に入れることができるのは公共財産だけです。そして公共体が公共財産を持てるのは、正当で均衡のとれた税金を市民全体に課すことによってだけです。債権者はそのことをよく知っていたはずです。これが国王の約束したことでした。これ以外、公共の債権者はなにも約束できないはずです。自分の誠実さを保証する担保として、不正を抵当に入れることなど誰もできません。

この取引に影響をあたえた新しい公共的信義は、きわめて厳格であると同時にきわめていいかげんなものでした。そのせいで生まれた矛盾について、ここですこし検討しておかなければならないでしょう。この矛盾は債務の性質によってではなく、取り決めをおこなった相手の種類によって影響が出るものです。

国民議会において、それまでのフランス国王の法令はすべて無効と宣言されました。

ところが例外として、ほかのどの法令より法的に曖昧だった金銭的契約だけは有効とみなされたのです。国王政府が定めたほかの法令はきわめて忌まわしいものとみなされて、その法令の権威によってなにかの請求をおこなった場合は犯罪とされたほどなのですが。

たとえば年金は国家に対する奉仕の報酬としてあたえられるものです。年金は国家に前貸しした金銭に対するほかの保証とおなじように所有権の十分な基礎になります し、金銭の前貸し以上に優れた所有権の基礎になります。貨幣は国家への奉仕を獲得するためにこそ支払われるものだからです。

しかしわたしたちは今回フランスでこの年金の権利を持つおおぜいの人びとが、人間の権利を主張するこの国民議会によって情け容赦なく年金の権利を奪われるのを目撃しました。フランスでは最も専制的な時代でさえ、最も専制的な大臣たちのもとでさえ、年金の権利だけはこれまで一度も奪われたことがなかったのにです。年金の請求権を持つ人びとは、自分の血で獲得したパンの権利を請求したのです。それなのに、あなたが奉仕したのはいまここに存在する国家ではないからという答えで拒否されたのです。

国家の信義にまつわるこのでたらめさは、これらの不幸な人びとに対してみられただけではありません。国民議会は、まえの政府が諸外国と締結した条約にどこまで拘束されるかを検討しています（たしかにそれじたいには論理的一貫性があるといえます）。どの条約を批准するべきで、どの条約を批准するべきでないかは委員会が国民議会に報告することになっています。しかし国民議会はこのせいで、この生まれたばかりの国の対外的信用を地に落としたのです。国内の信用で起きたこととおなじです。

公債の債務が優先されることには矛盾がある

政府にはみずからの権利のもとで、国への奉仕に対して報酬をあたえたり諸外国と条約を締結したりする権利があります。いっぽうで国の既存収入やこれから得られる収入を、債権者に抵当として認める権利もあります。国王政府がこの二つのうち最初のほう、すなわち条約締結権などは持つべきではなく、あとのほう、すなわち抵当権だけを持つべきだという主張にどういう合理的な原理があるのか、ここは理解に苦しみます。

あらゆる権利のなかで、国家財産を処分する権利はフランス国王の権利として認められることが最も少なかったもので、これはヨーロッパのどの国の王権にもいえることです。国家収入を抵当に入れることは、最も完全な意味において、公共の財政に対して主権の支配権を行使するということです。これは臨時課税や特殊課税の信託という範囲をはるかに上回るものです。ところが無制限の専制主義のあきらかな兆候であるこの危険な権力の行使だけが神聖なものとみなされたことになります。

民主的であるはずの国民議会が、君主支配権のなかでも最も危険で有害な権威にもとづく財産［公債の債務］だけを優先的に承認したのはなぜなのでしょうか。理性で考えるかぎりこの矛盾を解決する道はみつかりません。衡平の原則からみても、この「えこひいき」は説明できません。しかしこうした矛盾もえこひいきも、正当化はできないにせよ、それなりの理由がないわけではないのです。そして理由を知るのは難しくありません。

貨幣財産は変革と相性がいい

フランスが膨大な負債を抱えることによって、貨幣を所有する大階級がひと知れず成長し、巨大な権力を持つようになりました。フランスでは古くから支配的だった慣例のせいで、財産を広範に流通させることはいつも難しい課題でした。土地を貨幣に転換し、貨幣を土地に転換するという土地と貨幣の相互流通はとくに難しかったのです。

イングランドと比較すると、フランスでは家族継承方式による不動産の処分がより全般にわたり、しかも厳格におこなわれてきました。かつ土地の買い戻し権が認められていましたし、王権が広大な土地を所有していて、しかもフランス法の原理によってそれは譲渡できないと定められていました。また教会のさまざまな団体が広大な土地を所有してきました。これらすべての要素のためにフランスの土地階級と貨幣階級は明確に分離され、混ざり合いにくくなっていました。そしてこの二つのあきらかに異質な財産の所有者たちは、おたがい相手に好感をもてなくなっていたのです。

フランスの民衆は長いあいだ、貨幣階級をかなり悪意のこもったまなざしで眺めてきました。あの階級のために自分たちは困窮し、苦しめられてきたのだと考えていたからです。古い土地階級もまた、貨幣階級を嫉妬のまなざしで眺めてきました。部分的な理由はフランスの民衆とおなじでしたが、さらに重要な理由は、貨幣階級がこれみよがしの派手で贅沢な支出をしていたことにあります。資産を持たない家柄の貴族たちや、爵位しか持たない貴族たちの栄光は影の薄いものになってしまったのです。恒久的な土地財産を代表する貴族が、結婚をつうじて貨幣階級の代表と結びついたおりにも（これはときどきみられました）貴族の家族を破滅から救ったはずの富は、その家族を汚し、堕落させるもののようにみられたのです。

こうして貨幣階級と貴族階級の相互の敵対心と嫉妬心は、ふつうならおたがいの不和を終わらせて、敵対関係を友愛関係に変えるはずの方法をつうじてさえ、さらに激しいものになりました。そのうち貴族でもなく、新しく貴族になったわけでもない富裕な人びとの誇りは、その矜持の根拠になった富が大きくなるにつれてさらに高まっていったのです。かれらはわけのわからない劣等感を味わわされ、そのことに恨みを抱きました。

富裕な人びとは、かれらに対抗する貴族階級の高慢からもたらされた侮辱に対抗するため、そしてかれらの富に自然な（とかれらが考える）高い地位と高い評価を享受するために、使えるかぎりのあらゆる手段を使いました。かれらは王権と教会を使って貴族たちを攻撃しました。そして貴族たちのいちばんの弱点、すなわち王権の保護のもとで貴族にあたえられた教会財産に攻撃を集中したのです。そのころ司教領と委託大修道院領の大部分は貴族の所有になっていたからです。

貴族など昔からの土地所有階級と新しく登場した貨幣階級のあいだは、まったくの闘争状態になっていました（いつもそう意識されていたとはかぎりませんが）。この戦いで最強の手段をもっていたのは貨幣階級のほうでした。これは即戦力だっただけに強みになったのですが、つまり貨幣階級はその自然の性質として冒険に乗り出す準備があったのです。貨幣の所有者はどんな新規のこころみにもとりかかる意志をもっているものです。貨幣は新しく獲得されたものですから、どんな新しいこととも自然に折り合えるのです。だからこそ、貨幣は変革を望むすべての人びとが利用しようとする富なのです。

文筆家たちは貨幣階級にくみした

この貨幣階級とともに新しい種類の層が成長して、貨幣階級はその人びとと密接で顕著な結びつきを作り上げました。それは政治性を帯びた文筆家たちです。文筆家はめだつことが好きですから、がいして革新的なこころみは嫌いではありません。またルイ十四世の寿命と威光が傾き始めてからのち、かれらはルイ十四世からも摂政や王位継承者からもあまり大切にされなくなりました。ルイ十四世時代の策略を好む絢爛とした時代とくらべると、文筆家が宮廷で恩顧や報酬で広く雇われることも少なくなっていたのです。

そこでかれらは自分たちで一種の組合を設立して加盟し、昔の宮廷の庇護でうしなったものを埋め合わせようとしたのです。フランスの二つのアカデミーと、のちにその文筆家たちが設立した協会がやりとげた百科全書の巨大な計画も、この目的に少なからず貢献しました。

この文筆家の集まりは数年前、キリスト教を破壊することを考えて、組織的計画といえるものを立てました。かれらはこの目的を、従来ならなにか信仰にかかわる主義の喧伝者にしかなかったような熱心さで追求しました。それこそ改宗者にいちばん熱狂的にみられるような精神で追求したのです。かれらが自分たちの手段にふさわしい、迫害の精神にとらわれるようになったのは当然でした(1)。

そして直接的な即時行動でこの偉大な目的を実現できなくても、世論をとおして時間をかければできるだろうと考えたのです。こうした世論を支配する第一歩は、世論を導く者を支配することです。かれらは文学的名声を得るすべてのコースを、みごとな方法と忍耐心で独占しようとつとめました。その人びとの多くは実際に、文学や科学において高い地位にあったのです。世の中はかれらをそれにふさわしく迎え入れました。そしてその全般的な才能の高さに免じて、かれらの奇妙な原理にそなわるよこしまな傾向は大目にみたのです。これこそ真の寛大さというものでした。

ところがそれに報いるどころか、かれらは感情と学識と趣味における高い評価を自分だけで、あるいは仲間うちだけで独占しようとつとめました。こうした狭量で排他的な精神は、道徳と真の哲学をゆがめる以上に、少なからず文学と趣味をゆがめることだったとあえて申し上げておきます。

この無神論の司祭たちには独特の頑迷さがあって、いわば修道士に反論するために修道士の精神を学んだような観がありました。しかしかれらはいくつかの点では世俗人としてふるまいました。論証や機知で足りないところは陰謀という算段でおぎなったのです。

このようにかれらは文芸を独占するだけではなく、自分たちの仲間にならなかったすべての人びとについて、あらゆる方向であらゆる手段を使って悪口を言い、相手の信用を落とすためにたゆまず努力しました。かれらの発言や筆にしたたる不寛容な精神が、財産や自由や命に襲いかかる迫害行為へとつながるうえで必要だったものは、ただ権力だけだったのです。それはかれらの行動の背後にある精神を観察した人なら、まえまえからわかっていたことでした。

貨幣階級と民衆を結びつけたのは文筆家たちだった

かれら自身に対しても散発的で弱々しい迫害はありましたが、それは真剣な怒りによるものではなく、たんなる形式的な儀礼であって、力を弱めることも、活動を弱体化させることもありませんでした。この問題を全体として表現するとこういえるでしょう。かつて世にも例のないほど悪意のある熱狂が、反対されたり成功したりしながら、かれらの心を完全にとらえてしまったのです。こうして本来はここちよく、示唆に富む点も多かったかれらのすべての会話が、ことごとく不愉快なものになってしまいました。

かれらのすべての思想と言葉と行為には党派的な精神や陰謀の精神が、また人びとの思想を変えたいと思う精神がみなぎっていました。そして論争好きな人びとは自分の思想に力を持たせたいという熱意を抱きますので、やがて外国の君主たちと文通するようになりました。こうした君主たちの権威をつうじて、自分たちがもくろむ変革を実現できるのではないかと期待したからです。そしてまずその君主たちにおべっかを使ったのでした。こうした変革が専制主義の強圧的な力によるものか、それとも民衆が引き起こした騒動によるものなのかは、かれらにとってはどうでもいいことだったのです。

この党派と故プロイセン王との書簡は、かれらの行動がどういう精神でなされたかをはっきり教えてくれるでしょう。(2) かれらはこれらの外国の君主たちと陰謀をめぐらせたのとおなじ目的で、フランスの貨幣階級を巧みに扇動しました。そして最も広範で確実な通信手段を職務とする人びとが提供した手段を使って、かれらは世論を作り出すすべてのコースを占領したわけです。

文筆家たちは公共の精神に大きな影響をもたらすものですし、かれらがまとまって一つの方向に向かうようなときはとくにそうです。それだけにこの文筆家たちが貨幣階級と手を結んだことは、(3) この種の富に対して民衆がそれまでつねに感じていた嫌悪感と羨望を取りのぞくうえで少なからず貢献したのです。

これらの文筆家たちは、新規のことがらを推進するすべての宣伝者とおなじく貧民層と下層階級の人びとに強い同情を感じているようにふるまい、いっぽうでは風刺をつうじて宮廷や貴族や聖職者の欠陥をあらゆるかたちで誇張しながら、嫌悪するべきものとして描きました。かれらはある種の扇動家になりました。ある目的に向かうために、不愉快な富と絶望的で不穏な貧民層を結びつける役割をはたしたのです。

フランスの世論は操作されていた

この二種類の人びとは最近起きたすべてのできごとの、おもな指導者とみられています。ですからこの結びつきと政治姿勢は原因に数えられるでしょう。法律にも政策にも根ざしているわけではありませんが、ひとつの大義としてみるとき、教会関連団体の土地財産を槍玉にあげた人びとの怒りはこれで説明がつきます。また国王の権威で貨幣階級には手厚い配慮がなされましたが、その背後の原理も説明がつくでしょう。それはかれらが表向き表明していた原理には反しているのです。

富と権力に対するすべての羨望が、ほかの種類の富を攻撃する方向へ向かうよう意図的にしむけられたのです。長い時代にわたって教会の財産は激しい内乱の衝撃にも耐え抜いてきました。正義と先入観があったおかげです。ところが、かなり最近の負債の支払いにはこの財産が充てられました。しかも非難を浴びて倒された政府の契約した負債の支払いにです。じつに不自然で異常なこの現象は、わたしがここで述べてきた原理をあてはめなければ説明がつかないのではないでしょうか。

そもそも公共財産は、国家の負債を支払う十分な元手といえたのでしょうか。そうではない、しかし損失はどこかで引き受けなければならないと想定してみましょう。

そしてある取引がなされたとき、契約の当事者がその時点で想定していた唯一合法的な所有財産がその取引には不十分だったとします。その場合、自然の原理と法律の衡平原理からみて誰がその損失を引き受けるべきでしょうか。

もちろんそれは信託をおこなった当事者か、信託をおこなうように説得した当事者か、あるいはその両方です。この取引にまったく無関係だった第三者ではありません。

支払不能が発生した場合には、不十分な担保で貸付をおこなった弱みをもつ人か、有効ではない担保を詐欺的に提供した人が損失を引き受けなければなりません。これ以外の決定基準は法に定められていません。ところが人間の権利を主張する新しい学派によれば、衡平の原則のもとで損失を負担すべき唯一の人が、損害をこうむらずに救われるべき唯一の人とされているのです。そして借り手でもなく貸し手でもなく、担保を入れもせず取りもしなかった人が、この負債の責任を取らなければならないというのです。

この取引に聖職者はいったいどう関わっていたというのでしょう。自分たちの負債の範囲を超えて、聖職者たちは公共契約とどんな関わりがあったのでしょう。それなのに聖職者たちの領地はじつに最後の一エーカーにいたるまで、この公共契約に拘束されたのです。

国民議会は国家による財産の没収について審議しています。しかしこの聖職者の負債についての仕方をみれば、その衡平の新しい原理、道徳の新しい理論とともに、そのほんとうの精神がよくわかるでしょう。財産没収の任をおびた人びとは、この法律で定められた負債を引き受ける能力が聖職者にはあるとしたわけです。これは貨幣階級にとっては正しく、ほかの全員にとっては虚偽でした。もちろんかれらも聖職者が財産を所有する合法的権限を持つことは認定しました。ですがそれは、聖職者が自分の財産を抵当に入れて負債を引き受ける能力を持つという認定でもありました。かれらは迫害された市民の権利を大きく侵犯することで、まさしくこうした権利の存在を認定したわけです。

公債の損失回収には不公正がある

すでに指摘したように、公債の所有者の損失を埋め合わせるのが社会全体ではない場合、その取り決めを管理した人びとこそが損失を埋め合わせなければならないでしょう。それならすべての財務総監の財産が没収されないのはなぜでしょうか。(4) 歴代の大臣や財務担当の役人や銀行家の財産が没収されないのはなぜでしょうか。まさしくこの人びとが実行した取引と助言のせいで国民は貧しくなったのに、かれらの富だけは増えたのです。

公債基金の設立にも取引にもまったく無関係だったパリ大司教の財産が没収されたのに、ラボルド氏(5)の財産が没収されないのはなぜでしょうか。金融業者の利益のために、古くからある土地財産を没収しなければならないとしても、土地財産の所有者だけが損失をこうむらなければならないのはなぜでしょうか。

ショワズール公(6)は戦争においても平和においても、主の寵愛に頼って非常に多額の金額を引き出し、さまざまに浪費してフランス国家の現在の負債におおいに貢献しました。あの金額のうちどのくらい残っているのでしょうか。まだ残っているなら、なぜ没収されないのでしょうか。

わたしは革命前、旧政府の時代にパリを訪れたことがあります。それは専制支配の力でデギュイヨン公(7)が窮地から救い出されたときでした（少なくとも当時はそう考えられていました）。公はそのころ大臣をつとめていて、あの浪費時代のできごとにかかわっていたのです。すると公の領地が、地元の地方自治体に引き渡されなかったのはなぜなのかと考えずにはいられません。

また高貴なノアイユ家(8)は長いあいだフランス王の臣下でした（賞賛すべき臣下だっ

たことはみとめます)。ただ、かれらが国王の気前の良さの恩恵を受けていたのは確かなのですから、あの人たちの財産が公債の支払いに当てられないのはどうしてなのでしょうか。

ロシュフコー公[9]の財産が、ロシュフコー枢機卿の財産より神聖なものとしてあつかわれるのはなぜなのでしょうか。ロシュフコー公が優れた人物で、自分の収入をりっぱに使ったことには疑問の余地がありません(財産の使いかたが財産の所有権に影響するように語るのが失礼ではないとしてですが)。しかしこう指摘しても、公に尊敬を欠くことにはならないでしょう。すなわちその兄弟でルーアン大司教だったロシュフコー枢機卿がおこなった財産の妥当な使い道のほうがはるかに賞賛に値しますし、公共の精神にもかなっていました(それは権威のある情報に保証されています[10])。にもかかわらずルーアン大司教の枢機卿は人権を剝奪され、財産も没収されたのです。これを聞いて怒りと恐れを感じずにいられるでしょうか。これをなんとも思わないなら人間とはいえません。またその感情を表明しないなら自由な人間の名には値しません。

野蛮な財産剝奪

野蛮な征服者でも所有権についてここまで大きな革命をおこなったことはほとんどありません。ローマのさまざまな党派の首領たちが、ほかの都市を征服して略奪物を競売にかけるため「かの残酷な槍」[11]を突き立てたときでさえ、征服された市民の財産をここまで大量に売却したことはなかったのです。

この古代の暴君たちのために弁明するなら、およそ冷静な心で実行できるようなものでなかったことは確かでしょう。かれらは復讐心につき動かされて、おたがいに無数の流血と略奪をしかけたり、しかけられたりしていました。めらめらと情念が燃え上がって猛々しい気分になり、判断力も混乱していました。自分が許されるという希望など抱きようもないほど傷つけてしまった相手の家族に財産を返したら、権力も復活するかもしれません。それを恐れて、節制の限度をことごとく超えざるをえなかったのです。

この時代のローマはまだ専制政治が始まったばかりでした。当時の没収者たちは、挑発などされなくても相手にあらゆる残酷な行為をしていいという姿勢を、人権の主張者からまだ教わっていませんでした。このため自分の不正をまぎらわすには一種の迷彩が必要だと考えたのです。つまり敗北した人びとは武器を手に取った裏切り者か、国家への敵対行為者だったのだとみなすことにしました。財産を没収したのもその犯罪行為のためだというわけです。

ところがフランスでは人間の精神がもっと向上していたので、そんな手つづきはいらないということになりました。みなさんは「そうしたかったから」というだけの理由で、年五〇〇万ポンドの地代を没収し、四万人から五万人もの人びとを家から追い出したのです。

イングランドの暴君ヘンリー八世は、ローマのマリウスやスラ[12]ほどにも啓蒙されていませんでしたし、みなさんの新しい学校で学ぶこともありませんでした。ですから人間の権利という攻撃用の壮大な武器庫のなかに、専制政治にとってどれほど効果的な武器があるかを知りませんでした。ジャコバンクラブがあらゆる聖職者から強奪したように、ヘンリー八世は修道院を略奪しようと決意したのですが、かれはそのとき、修道院の内部にはびこっていた犯罪や腐敗を調査する委員会を設立することから始めたものです。そして予想どおり、調査委員会の報告には現実にあった真実も、誇張も虚偽もありました。真実か虚偽かはべつとして、たしかに犯罪と腐敗は報告されたわけです。ところが腐敗は是正できます。また個人が犯したどんな犯罪も、修道院のすべてを没収する根拠とはされなかったのです。

さらにあの暗黒時代には、所有というものが先入観の産物だとはっきりわかっていたわけではありません。ですからどの腐敗も（たしかに多くの腐敗があったのですが）ヘンリー八世が思っていたような没収をおこなううえで十分な根拠とみなすのはむずかしかったのです。そこでヘンリー八世は、これらの修道院領をだれかに正式に譲渡させることにしました。このめんどうな手つづきは、歴史をひもといたなかでも、ずば抜けて断固たる決意を固めた暴君ヘンリー八世が財産を没収する予備的措置として実行したものだったのです。

この手つづきのあと、国王ヘンリー八世は自分の不正行為が議会の法令で承認されるよう、上下両院の議員に没収のわけまえを賄賂としてあたえ、また課税免除の終身特権をあたえました。もし運命によってヘンリー八世がわたしたちの時代まで生きのびていたら、こんな手間はいらなかったでしょう。「哲学、啓蒙、自由、人権」と呪文をとなえればすんだのです。

こういう暴君の行為に賛辞を述べることは、わたしにはできません。またその欺瞞の迷彩にだまされて賞賛するような人もいませんでした。ただし迷彩が必要だと考えられていたということは、専制主義も正義には敬意を払っていたことを示しています。

あらゆる恐怖とあらゆる悔恨にまさる権力でさえ、恥にだけは勝てなかったわけです。恥辱がみはっているうちは心から徳が完全に消え去ることはなく、暴君の心からでも節度が完全に追いはらわれることはなかったのです。

当時、つぎのように歌った政治詩人がいました。真摯な人なら、心から反省するときはこの詩人の言葉にきっと共感を抱くでしょう。貪欲な専制主義のこうした行為が自分の視野や想像のなかに現れるときは、つねにその悪しき兆候を退けたまえと祈るだろうと、わたしは信じているのです。

そのような嵐が
われわれの時代を襲わぬことを。
そのときはふたたび廃墟を復興せねばならない。
わがミューズよ、語れ。
どれほど凄まじく恐るべき犯行が、罪が
キリスト教徒の君主をかくまで怒らせることができたのか。
それは贅沢だったのか、それとも色欲だったのか。
王はそれほど節度があり純潔であり正義であったのか、
これは人びとの罪だったのか。

いやそれはなによりもかれ自身の罪だった。
そして富は貧者にとって十分に大きな罪なのだ。(13)(14)

ネッケル大臣は財政改善案を示していた

国家組織がどのようなかたちをとっていようと、ここに歌われた富は貧しく貪欲な専制主義からみればつねに叛逆であり、国民に対する大逆罪なのですが、みなさんはこれに誘惑されて、財産と法と宗教が一体化していたもの［教会］を破壊してしまったのです。しかしフランスは、存続しようとするなら略奪以外に手段が残されていないほど悲惨な状態に陥っていたのでしょうか。わたしはこの点についていくつか教えていただきたいと思います。

身分制議会が開催された時のフランスの財政状態は、正義と恩恵の原理にもとづいてあらゆる分野で節約がおこなわれても、そしてあらゆる身分に公平に負担を分散して負わせてもなお再建するみこみがないほどひどい状態だったのでしょうか。負担を平等に負わせることで足りるなら、かんたんに実行できたことはよくご存じでしょう。ネッケル氏はヴェルサイユに集まった各身分の人びとに提示した予算案のなかで、フランスの国家状態についてくわしく説明しています[15]。

ネッケル大臣の言葉を信用するなら、フランスの歳入と歳出の均衡を取るために新しい賦課金に頼る必要はいっさいありませんでした。それによると新たな借入金四億リーヴルへの利子をふくむすべての経常費は五億三一四四万四〇〇〇リーヴル、固定歳入は四億七五二九万四〇〇〇リーヴルでした。すると不足額は五六一五万リーヴル、すなわち二二〇万ポンドにすぎません。

しかもネッケル氏はその不足分を埋め合わせるために、赤字額を上回るほどの節約方法と歳入の改善方法を提案しています（それがすべて実現可能だとしてのことですが）。そして結論としてこう強調しています（「財政総監報告の」三九ページ）。「みなさん、ヨーロッパでこれほど大騒ぎしている財政赤字を、課税なしに、かんたんに、しかも気づかれない方法で埋め合わせられる国は、わが国以外にありません」。

ネッケル氏の演説で示された負債の償還や削減の目的、公共の債権や政治計画の主要財源を確保するにはどうすればよかったのか、それはあきらかです。ごく穏当で均衡のとれた賦課をすべての国民に対して無差別におこなえば、必要な金額のすべてを調達できたはずでした。

聖職者と貴族は国の税収に大きく貢献していた

もしネッケル氏の語ったことが虚偽なら、議会には最高度の責任が求められるでしょう。自分の主君や議会の信頼をここまで公然と裏切れる人物を大臣として認めるよう国王に強制した責任、そして国王が廃位になったあとは自分たちの大臣として雇用した責任があるからです。

いっぽうでネッケル氏の説明が正しかったとすれば（正しかったと信じています。わたしはあなたとおなじようにネッケル氏をいつでも高く評価してきたからです）、そこまで穏健で妥当な国民全体への課税という手段があったにもかかわらず、なんら必要なくきわめて冷血に、不公正で残酷な、没収という手だてを採用した人びとをどう弁護できるのでしょうか。

聖職者や貴族がみずからの特権を口実に、国民全体に対するこういう課税を拒んだことがあったでしょうか。なかったのはたしかです。むしろ聖職者は第三身分の望みより、もっとさきに進んでいました。身分制議会が開催されるまえから、免税権を放棄するよう自分たちの代表に明確に命じていたのです。この特権のために聖職者は、同朋国民とはちがう立場におかれていました。その免税権の放棄に関するかぎり、聖職者は貴族よりずっと明確な立場をとっていたのです。

ところで財政赤字はネッケル氏が最初に述べたように五六〇〇万リーヴル（二二〇万ポンド）だったとしましょう。そしてこの財政赤字を埋めるためにネッケル氏があげたすべての財源が、恥知らずにも根拠のないでたらめだったとしましょう。そして議会（あるいはジャコバンの法案起草貴族委員会[16]）が、この財政赤字のすべての負担を聖職者に負わせることも正当だったとみなすとします。

たとえそうだとしても、二二〇万ポンドが必要だからという理由は五〇〇万ポンドにもおよぶ金額を没収する根拠にはならないでしょう。二二〇万ポンドの賦課金を聖職者に課すのは、それはそれで不公平で、抑圧的で、不正ではあったでしょうが、それでも相手を完全に破滅させることにはならなかったでしょう。そしてつまり、この賦課金を企てた人びとの本当の目的ははたされなかったでしょう。

聖職者と貴族には納税特権があったとフランスの事情にうとい人が耳にしたら、フランスに革命が起こるまでこの層は国になにも貢献していなかったのだと思ってしまうかもしれません。ですがこれは大きなまちがいです。それぞれがおなじありかたで国に貢献したわけではありませんし、平民たちとおなじ貢献だったのでもありませんが、この二つの階級は国に多額の貢献をしていました。消費財の物品税や関税、そのほか無数の間接税の負荷をかれらが免除されていたわけではないからです。そしてこれらの税金はイングランドとおなじようにフランスでも、国に納められる税金の非常に大きな部分を占めていました。

さらに貴族は人頭税を納め、二〇番目のペニーと呼ばれていた土地税も支払っていました。これはときには一ポンドに対して三シリングあるいは四シリングもの額に達していました。どちらも軽くはない直接税としての賦課で、その負担はかなり大きなものだったのです。

征服されてフランスに属するようになった地方では(面積としては全体の八分の一程度ですが、富としてはもっと大きな比率を占めています)、聖職者は貴族とおなじ比率で人頭税と二〇番目のペニーを支払っていました。もとからある領地の人頭税は支払っていませんでしたが、それを免除されるためには二四〇〇万リーヴル、あるいは一〇〇万ポンド以上の金額を支払う必要がありました。二〇番目のペニーは免除されていましたが、その場合でも無償で寄付していたのです。聖職者は国のために負債を負い、さらにそのほかの負担も負っていたので、純収入の十三分の一にもあたる比率で支払いを強いられていました。また貴族の負担分との釣り合いをとるため毎年四万ポンドの付随的な支払いをしなければなりませんでした。

聖職者たちは、追放されるという凄まじい恐怖に襲われて、エクスの大司教をつうじて［十分の一税の放棄という］貢献案を提示しました。ただし、あまりに途方もない提案でしたから受け入れられるはずはありませんでした。しかしこの提案は、公債所有者の観点からみれば、没収をつうじて合理的に期待できるものよりははるかに有利なことがあきらかですし、自明でもありました。ではなぜこの提案が受け入れられなかったのでしょう。理由はかんたんです。教会が国家に貢献することなどまったく期待されていなかったからです。

教会を国家に貢献させるという口実で教会は破壊されたのです。あの人びとは教会を破壊するという目的を推進するためなら自国の国土を破壊することもためらわなかったのです。そして実際に破壊してしまいました。土地を没収する計画ではなく、財産を強奪する計画が採用されていたら、かれらのプロジェクトの重要な目的のひとつは実現されないままになったでしょう。新しい共和国と結びついた新しい土地所有階級の創出も不可能になっていたでしょう。この階級はその存在そのものがこの新しい共和国と結びついていました。聖職者たちが提案した途方もない身代金が受け入れられなかったのはそのためなのです。

土地没収計画の不合理さ

最初に提案されたこの没収のプロジェクトが、いかに狂気じみたものであるかはすぐあきらかになりました。〔聖職者の所有する〕手のつけようもない膨大な土地財産と、さらに王権の所有するすべての広大な領地を没収した土地財産をいちどきに市場に放出してしまったらその土地の価値が下落し、さらにフランス全土の土地財産の価値が低下して、土地の没収で見込まれていた利益もうしなわれるでしょう。フランスで流通している貨幣のすべてを商業活動から土地の売買へと流入させたら、それも大きな被害を引き起こすことになるでしょう。

ではどのような措置がとられたのでしょうか。予定していた土地の売却が悪影響をおよぼすのは必至であることに気づいて、国民議会は聖職者の提案を採用すると決めたのでしょうか。そうではありません。かれらはどんな困難に出会っても、正義の匂いがして恥ずかしくなるような道だけはぜったいに進まないつもりでいたのです。すべての土地をただちに売却することはまったく望めなくなったので、べつの計画が採用されたようです。教会の土地と交換に株券を提供するという案が出されました。ところがその株券の価値を決定するのがむずかしかったのです。ほかの弊害もわかってきたので、どうにかして土地を売却するという計画に戻らざるをえませんでした。

この計画には地方自治体が警戒心を抱きました。王国で略奪されたすべての土地がパリの株式所有者の手元に委譲されるというのは、地方自治体にとって受け入れられないことだったのです。これらの地方自治体は構造的にひどく惨めな貧窮状態に陥っていました。地方では貨幣がまったく姿を消していました。こうして地方自治体は議会が強く望んでいた状態に導き入れられたのでした。地方で衰退しつつあった産業を復興させるためには、どんな貨幣であれ渇望されていたのです。

こうして地方自治体も獲物のわけまえにあずかれることになりました。ところがそうすると最初の計画を実行することがまったくできなくなるのです（実行が真剣に検討されていたとしてですが）。国家的窮乏があらゆる側面で圧力になりました。大蔵大臣は喫緊の懸念に満ちた預言者の口調で語りながら、予算案の承認をくり返し要求しました。

こんなふうにあらゆる側面から圧力を受けていた議会は、［銀行に土地を買収させて］銀行家を司教や修道院長にしてしまうという最初の計画を放棄しました。負債を支払うこともせず、教会の土地を売却してえられるはずの資金をよりどころに新しい紙幣を発行し、年利三パーセントで新しい負債の契約を結んだのです。この新紙幣が発行されたのはなによりも、かれらの虚構の富を作り出す偉大な装置であり紙幣印刷所でもある割引銀行の要求を満たすためでした。

いまや教会の略奪が、議会の財政活動における唯一の資金源になり、政策の主要原理になり、権力を維持する唯一の保証になりました。たとえ乱暴でもあらゆる手段を講じて全国民をおなじ立場に立たせ、国民を罪深い利害関係に結びつけることで、この罪深い行為と、これをおこなった者の権威とを支持させなければならなかったのです。

こうした行為を嫌がる人も、かれらの略奪にむりやり参加させられるかたちで、すべての支払いにこの新紙幣を使うよう強制されました。かれらの計画の傾向全般がこの問題を中心に展開されていて、これ以降すべての措置がこの中心から生み出されていることを考えれば、わたしが国民議会のこのやり口にえんえんとこだわる理由も理解していただけるでしょう。

高等法院が昔から持っていた独立司法権は、そのすべての功績と欠陥とももども完全に廃止されてしまいました。王権が公共の正義と結びついているようにみえるという外観を完全になくすため、またすべての人をパリの独裁者たちに暗黙のうちに服従させるためです。高等法院が存続していれば国民はそこに頼るようになり、高等法院という古い法の旗のもとに集まってくるのはあきらかだったからです。

アシニア紙幣という欺瞞

しかしここで検討しなければならない問題が出てきました。廃止された高等法院の裁判所に勤めていた司法官や行政官は、とても高い金額をはらってその地位を購入したのです。またその地位での任務に対してもごくわずかな報酬しか受けとっていませんでした。単純に没収してすませるという措置は聖職者に対してだけ可能だった〝恩恵〟であって、法律家に対しては、たてまえだけでも衡平の原則を守らないわけにはいきません。法律家は賠償金を、しかも巨額の賠償金を、受けとらなければおかしいのです。

こうして法律家への賠償は国の負債の一部ということになりました。ただしその支払いには［アシニア紙幣という］無尽蔵の財源がありました。法律家は賠償金をこの新しい〝教会没収紙幣〟で受けとり、司法と立法の新しい原理はこの新紙幣とともに歩むということになります。解雇された司法官は、聖職者とともに殉教するか、こうした基金からその財産を受けとるか、どちらかを選ぶことになりました。法律学の古い原理を学び、所有権というものの唯一の擁護者だった人びとですから、こういう基金には恐怖のまなざしをむけたに違いないでしょうが。

聖職者も自分たちの悲惨な給与をこの額面割れした紙幣で受けとるか、でなければ飢え死にするか、どちらかしかありませんでした。聖物の冒瀆という拭えない文字と、自分たちの破滅の象徴が刻印された紙幣なのにです。どの時代であれ、どの国民であれ、破産と圧制のどの組み合わせであれ、強制的に流通させられたこの紙幣ほど信用と財産と自由に対する激しい侮辱があからさまになったものはありませんでした。

ありとあらゆるこうした操作がつづけられていくうち、ついに偉大な秘密があきらかになってきました。というのも現実には、というか正しくは、教会の土地はまったく売却されないことになっていたのです（議事録から確実な情報がえられるとしてですが）。

国民議会の最新決議では、教会の土地はもちろん最高価格の入札者にあたえられることになっていました。ですが注意が必要なのは、この購入価格のごく一部についてしか支払いがなされないという点です。残額の支払いには十二年間という期間がさだめられています。一種の手付金を支払えばその土地をすぐに所有できるのですからいわば〝思弁的な〟購入者です。これはある種の贈り物です。新体制に熱意を示したことに対する封建的な保有権といいますか、それにもとづいておこなわれた贈与なのです。

この計画はあきらかに、十分な資金のない購入者を引き入れる目的でなされたものでした。これをつうじて土地を購入した人びとは、むしろ土地を贈与された人びとと呼ぶべきでしょうが、借入金を支払っていくことになります。国家はその支払いを受けとります。しかしかれらの支払いは発生した地代からなされるだけではありません。建材を収奪し、森林を乱伐し、高利をむさぼることに慣れた手がかき集めたあらゆる種類のお金で、そして悲惨な農民から搾りとったお金で、借金を払うのです。

惨めな農民は、あらゆる種類の収奪に駆りたてられる人びとの強欲と恣意の手に委ねられることになります。人びとは、新しい政治制度の不安定な体制をつうじて所有した土地から、ますます大きな利益を得ようという欲求の高まりによって動かされるのです。

健全な君主制の可能性が考えられていない

この革命を実現し維持するために使われたすべての欺瞞、詐欺、暴力、強奪、放火、殺人、没収、紙幣の強制流通およびあらゆる種類の暴政と残虐行為がその自然の帰結にいたるとき、そして徳高く真摯なすべての人びとが道徳感情に衝撃を受けるとき、この〝思弁的〟体系の先導者達は、すぐさま声を張り上げてフランスの古き君主制統治に対する批判宣言を叫んでみせるのです。

かれらはまず廃止した君主権力を、陰険な、どす黒いものとしてえがき出し、新しい権力の濫用をみとめようとしないすべての人びとを、当然ながらかつての古い権力の濫用を支持する人びとだと決めつけました。そしてかれらの未熟で暴力的な自由の計画を非難する人びとのことは隷属の主唱者とみなすしかないというふうに議論を進めました。

かれらがこの低劣で卑しい詐欺に走っているのは必要にせまられてであることはわたしもみとめます。人びとがかれらの行為と計画を容認するにいたったのは、もはや第三の道はないのだという仮説のためです。すなわち歴史の記録や詩人たちの想像でえがき出された最も卑劣な圧政か、それともかれらの計画か、その中間はないという仮説です。かれらのこうした空虚なおしゃべりは詭弁とさえ呼べません。ただの図々しさにすぎません。

理論世界と実践世界の全領域のなかでは、君主専制主義と群集専制主義とのあいだにはべつのなにかがあるのだと、この紳士たちは耳にしたことがないのでしょうか。法に導かれ、世襲の富と世襲の尊厳で制御されてバランスがとれている君主制というものについて耳にしたことがないのでしょうか。そしてこの世襲の富と世襲の尊厳のどちらもが、しかるべき常設機関をつうじて行動する国民全般の理性と感情によって健全なかたちで制御されている、そういう君主制というものについて耳にしたことがないのでしょうか。犯罪的な悪の動機では動かされず、かといって憐れむべき不条理でも動かされないような人が、両極端の専制政治より、両方の要素を混ぜ合わせた節制のある統治のほうを好むということが考えられないのでしょうか。

そしてそのような人は、こう考えるのではないでしょうか。つまりこんな［好ましい君主制の］政府をやすやすと手に入れられる国民が、あるいはむしろ実際にそうした政府を手にしたときはさらに強化できるような国民が、そうした選択ができないようにするために幾千もの罪を犯して、みずからの国土を幾千もの害悪にさらすほうが適切だと考えているとしたら、その国民にはいかなる叡智もいかなる徳もないのであると。

純粋な民主制というものは人間社会がそこに投げ込まれてもなんとか耐えられる唯

一の政治形態であって、民主政治の利点にとまどうような人間はつまり暴政の味方で人類の敵であると疑われてもしかたがない。そんな考えは、それほどまでに万国で認識された真理なのでしょうか。

純粋な民主制は少数派を抑圧しやすい

現在フランスを支配している権力がどんなものなのか、わたしにはうまく分類できません。いまのところ純粋な民主制を装っていますが、いずれ有害で恥知らずな寡頭制にそのまま移行していくような気がします。ですが当面は、それが主張する純粋な民主制という看板どおりの性質と効果にふさわしいものだとみなしておきましょう。どんな統治形態であれ、わたしは抽象的な原理だけでは非難しません。純粋な民主制の形態が必要な場合もあるでしょうし、そうした形態が望ましい場合もあるでしょう（ただしこうしたことはきわめて稀な、きわめて特殊な状況だけに限られるのです）。それでもフランスやほかの大国の場合、こうした状況は存在しないと思います。わたしたちはこれまで、まともな民主制の実例というものにはお目にかかったことがないのです。古代の人びとのほうがわたしたちより民主制に慣れていました。

もっともわたしも民主制の国家構造の多くを目撃し、それらをとてもよく理解していた著者たちの著作を読んでいないわけではありません。ですから絶対民主制は絶対君主制におとらず、合法的な統治形態とはみなせないというかれらの意見に同意せざるをえないのです。絶対民主制というものは、共和国の健全な国家体制というよりは、その堕落形態であるとこれらの人びとは考えていました。わたしの記憶が正しければアリストテレスは、民主制は圧制と驚くほど共通点が多いと述べています[17]。

民主制で激しい分裂が広まる場合（民主制ではつねにそうならざるを得ないのですが）、市民の多数派は少数派に対してきわめて残酷な抑圧をおこない得るとわたしは考えています。そして一人の国王が支配している場合と比較すると、民主制におけるこうした少数派への抑圧ははるかに激烈で、しかもはるかに多数の人びとにおよぼされることになります。

このような民衆による迫害の場合、迫害を受けた人はほかのどの体制とくらべても、さらに悲惨な状況に置かれることになります。一人の残酷な君主に虐げられた場合なら、受難者は人類の温かい同情を受けて傷の痛みを癒せるでしょう。苦難のなかにあっても人びとから拍手喝采を受けて、自分たちの高邁な誠実さへの励ましを感じられるでしょう。しかし大衆のもとで災厄に苦しむ人びとが外から慰めを受けることはまったく不可能です。人間という種全体の陰謀に苦しめられ、人類から見捨てられたようなことになるからです。

ですがここでは、党派的な暴政に移行する不可避的な傾向は民主制にないものと想定します（移行しがちな傾向があるとわたしには思われるにせよです）。民主制はほかの統治形態と混ざり合ったときのほうが大きな長所をもつのですが、純粋な民主制でもおなじほどの長所があるものと想定します。それでもなお、君主制には推奨できるどんな長所もないと断言できるのでしょうか。

わたしはボリングブルック氏の文章をそうしばしば引用することはありませんし、彼の著書が一般的にわたしに大きな印象を与えたとは思いません。思い上がった皮相な書き手だと思います。しかし彼が述べているつぎのような意見には深みもあり、着実な論拠もあると思っています。すなわち彼は、ほかの統治形態より君主制のほうが望ましいと述べています。その理由として、共和制の統治形態に君主制を接ぎ木するよりは、どんな種類の共和制であれ君主制に接ぎ木するほうがうまくいくからだと説明しています。わたしはこれはまったく正しい意見だと思います。歴史的事実がそれを証明していますし、わたしが考察してきたこととも一致します。

うしなわれた偉大さのなかに潜む欠陥について論じ立てるのがごくたやすいことは、

わたしもよく承知しています。国家で革命が起こると、昨日までおもねっていた追従者が今日になると厳しい批判者に変身しているものです。ですが確固とした独立精神の持ち主なら、国家統治のような人類にとっての大問題を考察するときに、風刺家や告発者の役割を演じるのは恥だと感じるでしょう。そして人間の政治制度について、人間の性格とおなじように判断するでしょう。そして死すべき人間とおなじように、死すべき政治制度のなかに混在している善と悪とを区別するだろうと思うのです。

旧政府には改革の余地があった

統治資格のない君主制や、あまり十分な資格のない君主制があるなかで、フランスの［旧国王］政府は最善の君主制と評価されることが多く、わたしもそうした評価が正しいと思います。しかしそれでも多くの弊害に悩まされていました。こうした弊害は長い期間にわたって蓄積されるもので、国民の代表がつねに検査していない君主制ではこうした弊害が蓄積せざるをえないのです。

わたしは転覆されたフランス政府の欠陥や欠点を知らないわけではありません。また自分として自然な性質からも、採用方針からも、非難が正当で自然であるようなことがらを賞賛する傾向があるとは思いません。しかしここで問われているのは、君主制の悪徳ではなくてその存在そのものなのです。

フランスの［旧国王］政府は改革しようがなく、するだけの価値もないという主張は正しいのでしょうか、そしてその全機構をただちに打倒し、かってさまざまな機構が存在していた場所を片づけて、理論にもとづく実験的な建物をそこに建設するというのは絶対に必要なのでしょうか。一七八九年の初頭には、こうした意見をすべてのフランス人が否定していました。王国のあらゆる地方から集められた身分制議会の代表者にあたえられた指示には、当時の政府を改革するさまざまな提案が示されていたのです。政府を破壊しようとする計画などはまったく示唆されていませんでした。もしそんな計画がほのめかされていたら、軽蔑と恐れをもってそれを退けようとする声だけが聞かれたと思います。人には、もしその全貌を眺めることができていれば、ごくわずかでも近づくことさえゆるさなかったようなことがらがあります。しかしそれに次第に導かれていったり、それにむかって突進してしまうこともあるのです。

身分制議会の代表者たちに指示が出された時点では、弊害があること、またその弊害を是正する必要があることには疑問の余地がありませんでした。いまでもそれは変わりません。ところがこういう指示が出てから、革命が起こるまでのあいだに事態が急変したのです。この急激な変化が起きたため、いま問われている真の問題は、改革しようとした人びとと、実際には破壊した人びとのどちらが正しかったかという点になっているのです。

ある人びとがいまは亡きフランスの君主政治について語るのを聞いていると、まるでタ―マス・クーリ・カーン[18]の恐ろしい剣の下で血を流すペルシアについて語っているか、あるいはすくなくともトルコの野蛮で無政府主義的な専制政治について語っているのかと思ってしまいます。

これらの地域では、世界で最も温暖な気候にあるすばらしい国々が、戦禍に苦しむどの国よりも平和によって荒廃させられているのです。これらの国では技術というものが知られず、製造業は滅亡し、科学は消滅し、農業は衰退し、それを目撃している人びとの目の前で、人類そのものが姿を消していくのです。

フランスもそういう目に遭っているのでしょうか。わたしは事実を参照せずにこの問題について決めることはできません。そして事実によるかぎり、そんな類似はないと断言できます。王政そのものには多くの悪がありますが、いくつかの善もあるのです。またフランスの王政は宗教や法律や世論から、その害悪を是正するある程度の力をえていたにちがいないのです。フランスの君主制は自由な体制ではありませんでした。またいかなる意味でも優れた国家構造ではありませんでした。それでもこうした罪悪を是正する力のおかげで、みかけとしては専制主義でも、現実には専制主義とはちがう体制になっていたのです。

旧体制下でフランスの人口は健全に増加していた

ある国で統治がどういう効果を発揮しているかを判断する基準はいろいろありますが、なかでもいちばん確実なものは国の人口だと思います。人口が勢いよく増えて段階的に伸びている国なら、どうしようもなく有害な政府が統治しているということはありえません。六十年ほどまえにフランスの地方長官たちが、各地域の人口をほかの調査項目と合わせて報告したことがあります。このきわめて大部の報告書はわたしの手元にあるわけではなく、入手方法もわかりません。記憶に頼るしかないのでやや不正確かもしれませんが、当時のフランスの人口は二二〇〇万人と推定されていた記憶があります。フランスの前世紀末の人口は一般に一八〇〇万人と計算されていました。どちらの推定でもフランスは人口の乏しい国とはいえません。ネッケル氏が同時代について語った証言は、地方長官が自分たちの統治地域について語った証言とおなじくらい権威のあるものですが、同氏はあきらかに確実な資料に依拠しながら、一七八〇年のフランスの人口を二四六七万人と推定しています。

しかしこの人口はアンシャンレジーム時代の最大数だったのでしょうか。プライス博士はフランスにおける人口の伸びが、この年に頂点に達したとは考えていません。わたしはこうした人口の問題についてのプライス博士の意見は、一般政治についての意見よりも、はるかに権威を備えたものだとみなしていますが、博士は、ネッケル氏のデータに依拠しつつ、フランスの人口が急速に増大したのはネッケル氏が計算した時代よりあとだと強く確信しているのです。

この伸び率は非常に急速だったので、一七八九年のフランスの人口を三〇〇〇万人以下に見積もるとしたら博士は同意しないでしょう。こういう楽観的な推定を多少割り引くとしても（おおいに割り引くべきだと思いますが）、この時期にフランスの人口が大幅に増加したのはたしかだと思います。［ネッケル氏の示した］二四六七万人が、二五九九万人に増える程度の増加率にとどまったとしても、なお二万七〇〇〇平方リーグの面積に二五〇〇万人もの人が暮らしていて、しかもまだ増えつづけているのです。巨大な人口だといえます。それはわたしたちの島国の人口密度、連合王国のなかで最も住民が密集しているイングランドの人口密度と比較しても、はるかに大きな値なのです。

フランスが肥沃な国だというのは普遍的真理ではありません。国土のかなりの部分は不毛ですし、ほかにも自然の悪条件に苦しんでいます。わたしの知るかぎり、有利な条件の地域では住民数も自然の寛大さに応じています。[19] わたしがいちばんいい実例だと考えているのはリール県なのですが、十年ほどまえは四〇四・五リーグの面積に七三万四六〇〇人の住民数でした。一平方リーグあたりの人口密度は一七七二人ということになります。フランスでほかの地域の平均人口密度は一平方リーグあたり九〇〇人ほどなのです。

わたしはこの人口密度の高さが、廃止された旧政府の功績だと考えているわけではありません。神の配慮で恵まれたものを人間の工夫の力だと考えたくはないからです。ですが土壌の自然の性質や民衆の勤勉の習慣など、その王国の全土をつうじて人間の数をこれほど増やし、地域によってはこれほど多くの住民を生み出したさまざまな原因を（その原因がなんであれ）、非難されている君主制政府が阻害できたはずはありません。むしろそれをうながしたと考えるべきではないでしょうか。

こういう国家制度が、全政治制度のなかで最悪だったとは思えません。人口の増加にとって好ましい原則がふくまれるような政治制度だったことは経験が教えているのです（たとえそれがどれほど潜在的な原則だったとしてもです）。

革命前のフランスには巨額の貨幣蓄積があった

ある国の政府が保護をもたらすか破壊をもたらすかを示すべつの基準として、国の富の大きさがあります。それはけっして軽視していいものではありません。フランスは人口の多さではイングランドをはるかに上回りますが、富の大きさで比較するとイングランドをはるかに下回るというのがわたしの理解です。フランスの富の分配はイングランドより不公平ですし、流通もイングランドほど円滑ではありません。ですから国富ではイングランドのほうがフランスよりも優れていますが、その原因の一つは政府の形態の違いだと思います。ここで申し上げているのはイングランドについてであって、わたしの国の支配地域全体ではありません。支配地域全体の富の大きさで比較すると、フランスに対するイングランドの優位はやや小さくなるでしょう。

イングランドの国富の大きさとは太刀打ちできないにせよ、それでもフランスの国富は十分に大きいといえるでしょう。一七八五年に出版されたネッケル氏の書物[20]には公共経済と政治算術にかかわる非常に興味深い正確な事実が列挙されていますし、この問題についての氏の考察は全体として学識に富んだ公正なものです。

この書物からはフランスの状態についてひとつのイメージが浮かんできます。ですがそれは政府が国民から広く不満を抱かれていて、絶対的悪で、全面革命という暴力的で不確実な救済策でしかそれを是正できないような国だとは、どうしても思えない像なのです。ネッケル氏は、フランス造幣局が一七二六年から一七八四年にかけて金銀の正貨で一億ポンドもの通貨を鋳造したと断言しているのです。(21)

ネッケル氏がフランスの造幣局で鋳造された地金の量についてまちがいを述べるはずはありませんし、これは公式記録にかかわる話です。ただしこの有能な財務官の推測も、本人がこれを執筆していた一七八五年当時、つまりフランス国王が廃位されて投獄される四年前に流通していた金銀の量についてはここまで正確とはいえません。それでもしっかりした根拠にもとづく推測だと思われますので、計算の正当性を拒むのはむずかしいのです。

ネッケル氏は当時フランスに実際にあったニュメレル、すなわちわたしたちの言葉でいう正貨の量を、わたしの国の通貨に換算して八八〇〇万ポンドと計算しています。広い国とはいえ、一国の富としてはきわめて巨額の蓄積量だといえます。ネッケル氏も一七八五年に執筆していた時点で、こうした富の流入が停まると予測するどころか、計算した時期にフランスにもたらされた貨幣量が将来はさらに年二パーセントの率で増大すると予測しているのです。

フランスの造幣局で鋳造されたすべての貨幣は、当初はフランス国内で流通していたにちがいありません。それはなにか適切な原因があったわけです。そしてネッケル氏はひきつづきそれが国内で流通していると考えていたのです。これほど巨額の富が国内で流通しつづけたこと、あるいは国内に戻ってきたことにはなにか理由があったと考えるしかありません。ネッケル氏が計算した流通額をある程度割り引いたとしても、フランスにはまだ巨額の貨幣が残されます。そして貨幣をこれほど強力に獲得し維持できた要因が、衰弱した国内産業や、不安定な財産や、積極的に破壊を企てる政府にあったと考えることは不可能です。

フランスは各分野でみごとな資源を有していた

フランスという王国を外からみると、都市数の多さ、都市の裕福さ、有益で壮大な広い公道と橋梁、広大な大陸のあれほど広範囲にわたって水上交通の便宜を提供している人工運河と水運の便利さに目を引かれます。またフランスの港湾施設のすばらしさ、戦争にも貿易にも役立つあらゆる海運施設も注目に値します。大胆で卓越した技術力で造成された多くの要塞は巨額の費用をかけて建設され維持されていて、全方位からの襲撃に対する武装前線として、侵入不能な障壁をなしていることにも目を引かれます。

また広大な領土のなかでも未耕作の土地はほんのわずかであること、地上で最良の作物のおびただしい栽培方法がきわめて完璧なありかたでフランスに導入されていることにも思いがいたります。わたしの国にはかなわないにせよ、部分的には匹敵するようなフランスのすばらしい製品や織物のことも想起されます。公共でも民間でも偉大な慈善団体が活動していることも思い出されます。生活を美しく洗練させるあらゆる芸術のありさまにも、また戦争で名誉を輝かせるために育てられた人びとや、有能な政治家たちや、おおぜいの深遠な法律家や神学者、哲学者、批評家、歴史家、好古家、詩人、そして聖俗の雄弁家にも思いがいきます。これらすべてのなかに、想像力を圧倒し、畏敬の念を呼びさますものをみつけることができます。こうしたものについて考えるとき、わたしたちの精神は軽率な無差別の非難を控えるようもとめられるのです。そしてこれほど偉大な建造物を地に引き倒すことが当然であるとみなされるほどの悪が潜在していたなら、それはいったいどれほど巨大なものだったのかと深刻に考えないわけにはいかなくなるのです。

わたしはこの眺めのなかにトルコ風の専制主義をみつけることはできません。そして全体としていかなる改革にもふさわしくないほど抑圧的で、腐敗した怠慢な政府の性格も発見できません。それならその国の政府はその長所をさらに伸ばし、欠点を是正し、能力を改善していって、イングランドの国家体制に匹敵するほどのものにする価値が十分にあったのではないかと考えるのです。

旧政府には改革の意欲があった

廃止された旧政府の行動を過去数年にわたって遡行し、検討した人であれば、宮廷につきもののさまざまな不安定や動揺はあったにしても、国を繁栄させ改善させるために真摯な努力がおこなわれてきたことは見逃せないでしょう。またこうした努力が長年にわたってつづけられてきたため、フランスに蔓延していた悪習と悪例が、一部では完全に一掃され、ほかの箇所でも多くの場合、かなりのところまで是正されていたことが確認できるはずです。また君主が臣下の身柄に対して持っていた無限の権力は（こうした権力が法律とも自由とも両立しないものであることはあきらかです）、それが行使される場合にも、その行使が日に日に穏やかになっていったことが確認できるはずです。

このように国王政府は改革をみずから拒むどころか、咎められてもいいくらいあっさりと、あらゆる種類の改革計画と計画立案者を迎え入れようとしていました。政府は革新精神に対してむしろ好意を示しすぎたほどなのです。ところがこの革新精神はやがて、こうした好意を示した政府に牙をむき、最後には滅ぼしてしまいました。

没落した君主制については、長年のあいだに何度か道を踏み外すことがあったとしても、それは勤勉さに欠けていたからとか、公的精神に欠けていたからというより、たんなる軽率さと判断力の欠如のためだったと指摘するのは冷たい判断ではあります。ですがそれほど追従的な判断ではないでしょう。

過去十五年か十六年間のフランスの統治を、賢明で優れた政治構造をもつ政府の統治における同時期あるいはほかの時期とそのままくらべるとしたら公正とはいえないでしょう。たしかに貨幣の支出があまりに放漫だったことや、権力の行使が厳しすぎたことなどは、それ以前の国王の統治とそう違わないかもしれません。しかし公平な判定者なら、寵臣への贈与や宮廷の支出や、ルイ十六世治世下のバスティーユ監獄での恐怖などについていつまでも言いつのる人びとにそもそも善意があるのかどうか、そこに疑いをもっても当然だろうと思います。[22]

新政府下では人口流出、失業、貧困が起きている

古くからつづいたフランス君主制の廃墟のうえに構築された現体系が（体系の名に値するとしてですが）統治の任を負う国の人口と富について、旧政府よりいい結果を出せたと報告できるかはおおいに疑問です。新政府は、改善したなどというものではありません。この哲学的革命の影響から、ある程度であれフランスが立ち直って、以前と同水準に戻るまでには長い歳月が必要になるのではないかと心配しています。

数年後、プライス博士がわたしたちにフランスの人口推定値を示してくれるとして、それは一七八九年に計算された三〇〇〇万人にも、おなじ年に国民議会が計算した二六〇〇万人にも、またネッケル氏が示した一七八〇年当時の二五〇〇万人にさえも届かない人口になるでしょう。

フランスからは国外に移住する人が増えていて、さらに多くの人びとは退廃した空気と魅惑的なキルケーの自由を捨てて、イングランドの専制主義の支配下にあるカナダの寒冷地域に避難していると聞いています。

いまのように国から貨幣が姿を消している状態だと、現在の大蔵大臣がかつては八〇〇〇万ポンドの正貨を見出せたのだと想像することさえむずかしいでしょう。全般的にみるならこの国は、しばらくラピュタ島やバルニバルビ国の博識な学者たちの特別指導のもとにあったのではないかと想像したくなるかもしれません。(23)すでにパリの住民数は大幅に減少しているので、パリの住民の生活を支えるために必要な食糧は、かつて必要と見積もられた量より二〇パーセントくらい少なくてすむとネッケル氏は国民議会に語っているほどです。(24)

パリでは一〇万人が失業しているという噂です。こうした噂を否定する意見は聞いたことがありません。いまのパリには投獄された王の宮廷や国民議会があるにもかかわらずです。

信頼できる情報では、首都パリの街でくり広げられている物乞いたちの光景ほど衝撃的で、嫌悪をそそるものはないといいます。じっさい国民議会の議決からみてもそこに疑いの余地はありません。国民議会は最近、乞食の問題を解決する常設委員会を指名したのです。この問題を解決するために厳しく警察力を行使するのと同時に、はじめて貧民を養うための税金を課し始めました。この貧民救済にさしせまって必要な金額の大きさは、今年の国家予算にも示されています。(25)

ところが立法クラブやコーヒーハウスにたむろしている指導者たちは、自分の賢さや能力の高さについて自画自賛しながら酔いしれているのです。かれらはよその世界のことをきわめて軽蔑した口調で語ります。かれらは民衆にぼろ布を着せておきながら、この国は哲学者の国だと慰めに言いきかせるのです。そしてさまざまな種類のいかさま行列や見世物や騒ぎや雑踏の力を借りて、でなければ国内の陰謀や外国からの侵入の恐れがあると警告して貧窮者の叫びを抑えこみ、国家の破滅と荒廃から観察者の目をそらせようとしています。

勇敢な国民なら、たしかに豊かでも堕落した隷属より、貧しくても徳のある自由のほうを選びたいと思うでしょう。しかし安楽と豊かさを放棄するという代価を支払うまえに、手に入れたのがほんとうの自由だといえるのか、それ以外の代価ではこの自由を手に入れることはできなかったのか、しっかり見極めておくべきでしょう。正義と叡智のない自由や、繁栄と豊かさのない自由は、きわめて疑わしい自由だとわたしはいつも思うのです。

絶対王政はすでに終焉を迎えていた

革命の擁護者たちは旧政府の悪徳を誇張するだけでは満足しません。外国人の注意を引くほとんどすべてのもの、すなわち聖職者と貴族を、まるで恐ろしい人びとのようにえがき出し、そのことで自国の名声そのものに大きな打撃をあたえているのです。たんなる誹謗ならそう大きな問題ではなかったでしょうが、それではすまない実質的な結果を引き起こしているのです。

もしフランスの貴族と地方名士が（これはフランスの地主の大半と軍士官のすべてですが）、かつてハンザ同盟都市が自分の財産を防衛するために戦わなければならなかった相手、つまり当時の貴族や地方名士のような人間だったら、あるいは要塞に住んで商人や旅行者を強奪するためにそこから出撃していたイタリアのオルシーニ一族やヴィテッリ一族(26)のような人間だったら、さらにはエジプトのマムルークやマラバール沿岸のナイール(27)のような人間だったら、と想像してみましょう。それなら、そういう困った人間たちから世界を解放する手段をあまり批判してとがめるのは考えものかもしれないと、わたしも思います。公平と慈悲の像にはしばらくヴェールをかけておくほうがいいかもしれません。

最も優しい心の人でも、ひどい困窮を前にして困惑のあまり顔をそむけることもあるかもしれません。道徳性がその原理を守るために、一時的に規則を停止するしかないときはあるからです。流血や裏切りや恣意的な没収を忌まわしいものと思う人びとも、さまざまな悪のあいだで戦われているこの内乱のさなかには、沈黙した傍観者になることがあるかもしれません。貴族を自称する人びとが、人間性に迫害を加えながら人間性を貶めているときに、かれらを殲滅するために欺瞞と暴力がふるわれるなら、そういうこともあるでしょう。

しかし一七八九年に王命でヴェルサイユに集まった特権貴族とその代理人たちを、現代のナイールやマムルークとみなすことができるでしょうか。いにしえのオルシーニやヴィテッリのようにみなせるでしょうか。もしわたしがそこでそんな質問をしていたら、きっと血迷った者とみられたことでしょう。

それでは貴族たちはそのあとなにをしたせいで、亡命せざるをえなくなったり、身柄を追い回されたり、切り刻まれたり拷問されたり、一家離散に追いこまれたり、自宅を完全に焼きつくされたりするはめになったのでしょう。なにをしたせいで貴族の身分を剝奪されたのでしょう。それまで呼ばれてきた名前を変えるようにと命じることで、できればかれらの記憶まで抹消しようともくろまれたのは、いったいなんのせいだったのでしょうか。

国民議会が貴族代表にあたえた指示をお読みになってみてください。貴族はそれまでほかの身分に劣らず温かい気持ちで自由の精神を呼吸していて、改革がなされることを強く望んでいたのです。国王は最初から課税の権利をすべて放棄していましたし、おなじように貴族は課税負担をめぐる特権をすべて自主的に放棄していました。自由な国家の憲法とはどのようなものであるのか、それについてフランスで意見の相違はなかったのです。

絶対王政は終焉を迎えていました。絶対王政は呻きもせず、抗いもせず、痙攣もせず、最後の息を引きとろうとしていたのです。あらゆる争いとあらゆる意見の対立が生まれたのは、政府の各部門がたがいに制御しあうシステムより専制主義的民主制のほうが好まれるようになってからのことでした。勝利をおさめた党派の凱歌は、イギリス的な憲法の原理を超えてしまったのです。

6　貴族層と聖職者——優秀な人材への不当な迫害

革命推進者も歴史上の王なら賞賛する

フランスでは、とくにパリでは、長年にわたってアンリ四世の記憶を偶像のように崇める愛着心がとても強いことをわたしも目撃してきました。それはもう子供っぽいというしかないほどでした。ときにその人格の王らしさを飾りたてるおこないが耐えがたいところまでいくことがありますが、それはとくに裏心のある賛辞がおおげさに語られるときです。

ところがこのしかけを最も頻繁に利用したのは、アンリ四世の子孫で後継者である君主を王座から追放して賛辞を終わらせた人びとにほかなりません。ですが王座を追われたこの国王はすくなくともアンリ四世とおなじくらい善良で、おなじくらい国民を愛し、まえまえからの国家の悪徳をただすことにおいては偉大な王アンリ四世がおこなった以上に（あるいはおこなおうとした以上に、というほうが確実かもしれませんが）どこまでも力をつくした王だったのです。

アンリ四世を賛美するこれらの人びとが、アンリ四世とかかわりをもたずにすんだのはさいわいでした。というのもナヴァール公アンリは、強い意志を持ち、活動的で、政略にたけた君主だったからです。たしかにすばらしい人間性と柔和な心の持ち主ではありましたが、とはいえこうした人間性と柔和な心のために、自己の利益を追求することが妨げられたわけではありません。公は人に愛されることをもとめるよりさきに、なによりもまず人に恐れられるようにしていました。言葉は柔らかくても行動は断固としたものでした。全般に自己の権利を主張し、維持していて、さまざまな譲歩をみとめたのは細部だけです。

アンリ四世は国王大権からえた収入を高貴なありかたで消費しました。しかし元金には手をつけないよう気をつけていました。王は基本法でみとめられた請求権はどんな瞬間でも放棄しませんでした。歯むかう者にはしばしば戦場で、ときには断頭台で、血を流させることもためらいませんでした。恩知らずの者にも王の徳を尊敬させるすべをこころえていたからです。だからこそ、かりにこの王の時代に生きていたらバスティーユ監獄に投獄されていただろう人びとからも賞賛を博しているわけでしょう。

この王への大逆者たちは飢えさせられ、パリで降伏させられたあと絞首台に送られたものですが、その大逆者とあわせて処刑されていたにちがいない人びとから賛美されている理由はそこにあります。

アンリ四世を讃美するこの人びとが、もし本気で王を賞賛するのなら、フランスの貴族のこともおなじくらい高く評価しなければならないのも忘れるべきではありません。アンリ四世はいつも貴族の徳と名誉と、愛国心と忠誠心について語りつづけていたからです。

フランスの貴族には自己批判力があった

とはいえフランスの貴族はアンリ四世時代より堕落している、というのもありうることです。ただ、それが真実だとは思えません。わたしは人とおなじくらいフランスに精通している、というふりをするつもりはありません。ですが人間の自然というべき本性に精通しようとする努力は生涯つづけてきました。そうでないと、人類に奉仕するという自分の役目にふさわしいとはいえないからです。その探求をつづけてきた以上、この島国からわずか二四マイルしか離れていないフランスという国で変化をみせている、人間の自然的本性の大きな部分に、知らないふりをするわけにはいきません。

そしてわたしの最善の研究にも匹敵する最善の観察結果から気づいたことがあります。フランスの貴族の多くは、個人としても全体としても高貴な精神と繊細な名誉心の持ち主で、ひとりひとりの貴族は貴族全体について、他国ではみられないくらい批判的なまなざしを持っていました。

かれらはなかなか育ちがよく、とてもめんどう見がよく、人間的で、客を歓待しました。率直でおおらかに話し、軍人としての気風にすぐれ、文学に趣味を持ち、とりわけ自国語で執筆する作者の精神に感化されてもいました。そして多くの貴族はここでわたしが述べた以上に優れた特質をそなえていました。しかもごくふつうに出会う貴族たちがそうだったのです。

下層階級の人びとに対するふるまいをみても、善意をもって対処していると思えました。イングランドで上流階級と下流階級のあいだでふつうに観察される関係とくらべると、むしろ家族的な親しさが感じられます。どれほど惨めな境遇にある人に対しても殴ったりすることは考えられず、それはじつに恥ずかしい行為とみなされます。社会で卑しまれている人だからと虐待するようなことは、まれなのです。

また貴族から聞いたかぎりでは、平民の所有権や身柄の自由が攻撃されることはまったくないといいます。そもそもアンシャンレジームで施行されていた法律では、臣下に対するそんな暴政はゆるされなかったでしょう。また土地所有階級の人びとの行動についても、非難するような点はまったくみあたりません。古い小作地の多くでは非難する点や改善課題がいろいろあったようですが。

土地が賃貸されて貴族が地代を受けとっていた場合でも、貴族と農民の契約に抑圧的なところはみられませんでした。また貴族と農民が作物をわけあうような契約が多かったのですが、作物を圧倒的な比率で貴族が独占するようなことはなかったと聞いています。作物の分配比率は不公正なものではなかったようでした。

たしかに例外はあったでしょうが、例外は例外にすぎなかったのです。これらの側面についてフランスの地主である貴族は、イングランドの土地所有層のジェントリーと比較しても、悪くいわれるところがあったとは思えません。どの側面からみてもフランスの土地所有者としての貴族たちは、貴族ではない土地所有者と比較しても悪しき人びととはいえないことはたしかです。

貴族は都市部ではまったく権力を所有していませんでしたし、農村部でもほとんどそうでした。ご存じのように、ここでわたしたちが検討している貴族は、政府権力のほとんどと、警察権力の大部分を保有していなかったのです。フランス政府の最も嘆かわしい部分といえる歳入制度、徴税のシステムは武人階級とも呼ばれる貴族層が運営していたわけではありませんでした。ですからこうしたシステムの原理的欠陥や運営上の問題についてこの貴族たちに責任はありません。つまり、たとえそうした問題が生じた場合でもということです。

じっさいに民が抑圧されたときでも、その抑圧のかなりの部分に貴族はかかわっていませんでした。それは十分な根拠をもって否定しておきます。とはいえ貴族層にかなりの欠陥や過失があったこともたしかです。愚かなことですがイングランドの風習の最悪の部分を模倣してしまったのです。このため貴族の自然な性格は損ねられ、しかも模倣しようとしたものが埋め合わせにもならなかったことで、まえより悪しき者になったこともたしかです。フランスでは放埒さが貴族の習慣になってしまい、イングランドとくらべても、人生でゆるされるような時期を超えてその状態がつづくようになっていました。

こうした放埒さは外面的な礼儀におおわれていたぶん、多少は害が薄くなったかもしれませんが、逆に矯正できる見込みも小さくなったのでした。かれらはあまりにもあの放縦な哲学を信じこんでいたために、ますます破滅が呼びこまれたのです。

そしてもうひとつ、さらに致命的なあやまちがありました。それは「伝統的な世襲貴族と一代だけの法服貴族という」二種類の貴族が、ドイツなどほかの小国ほど厳しくはないにせよ、あまりにも几帳面に隔てられていたことです。平民の富が貴族の富と肩をならべたり上回ったりした場合でも、それだけの富の力があればどの国でも認められたはずの身分と尊敬をフランスでは十分に得ることができませんでした。筋をとおすという点からも、政策上の賢明さという面からも、そうだったのです。

貴族階級の破滅は不当である

勝手な指摘をさせていただきましたが、つまり古い貴族階級が破滅した重要な原因のひとつはこの分け隔てにあったと思うのです。とくに軍人の地位は、伝統貴族の家柄だけで独占されていました。ただこれは結局のところ見解の誤謬なのであって、反対する見解が出てくれば是正できたことだったでしょう。平民が権力をわかちもつ常設の議会が設立されれば、こうした区別の面であまりにも悪質で侮辱的な隔てはすぐ廃されていたでしょう。そして貴族の道徳的欠陥も、かれらが携わる職業の多様性をつうじて正されたに違いありません。国家体制が複数の身分から構成されるようになれば、こうした職業の多様性も生まれていたはずなのです。

貴族に対しては激しい非難の声が上がっていますが、それは作られたものにすぎないとわたしは考えています。自国の法律や世論、伝統の慣行などは、長い歳月をへた先入観から生まれたもので、それによって名誉や、さらに特権まであたえられることは誰にとっても恐怖や憤慨を引き起こすようなものではありません。

これらの特権に過度に執着するとしても、それが絶対の罪だとはいえません。誰であれ自分に所属するものを、そして自分らしい違いを作るものを、守ろうとして激しく闘うものです。それがわたしたちの自然的本性なのですし、同時に、不正と専制主義にあらがって闘う保障にもなります。所有権を保障し、社会を安定した状態に維持する本能のようなものとして機能するのです。

そこに、人を不快にするものがなにかあるのでしょうか。貴族は市民社会の秩序における優雅な装飾のようなものです。それは洗練された社会にそなわるコリント風の柱頭のようなものなのです。「優れた市民はつねに貴族に好意的なものだ[1]」と、ある賢明で善良な人も語っています。貴族に対してある種の偏愛を抱くのは、心が広く寛大なことを示す印のようなものなのです。

世論にひとつの姿をあたえ、移ろいやすい尊敬の念を恒久的なものにするために適用された人為の制度をことごとく覆そうとするのは、心のなかに高貴な原理を宿していない人間のすることです。それまでながらく壮麗と名誉の高さを誇ってきた人びとが、いわれもなく没落することを喜んで眺める人は、気難しく悪意にみちて嫉妬深いのです。こうした人びとは現実性に対する審美眼がなく、徳を目にみえるありかたで表現したり再現したりすることが好きではないのです。

わたしはどんなものであれ、それが破壊されていくのを目にすることが好きになれません。社会のなかに空虚が穿たれることをみるのも、地上に廃墟が生まれていくさまをみることもいやです。ですからわたしが探求し、観察した結果として、改良しても取りのぞけないほどの悪弊がフランスの貴族にみつからなかったこと、廃止しなければ是正できないほどの悪徳がみつからなかったことに失望も不満も感じませんでした。フランスの貴族は罰せられるに値しません。ですが貶めるということは罰にひとしいのです。

聖職者は先人が犯した罪で非難されている

フランスの聖職者について調べたことからもおなじような結論がえられ、わたしはおなじように満足しました。救いがたいほど腐敗した人びとがおおぜいいると知らされるのはいいニュースではありません。ですがもし誰かが、これから略奪しようとしている相手の悪口を言ったとしてもあまり信用はできません。ある相手を罰すれば利益がえられるという見込みがあるとき、罰しようとする側が主張する悪は、捏造されているか誇張されているのではないかと、むしろ疑ってしまいます。

敵というものは、悪しき証人です。盗賊はさらに悪しき証人です。聖職者階級に悪徳と悪弊がみられたことはたしかですが、それはそうでしょう。古い制度なのですし、ひんぱんに見直されてきたわけでもありません。しかし個々の聖職者が犯した罪について調べてみても、激しく侮辱したり資産を没収したりするほどの犯罪はみあたりませんでした。状態を改善するために規制を設けるのではなく、不自然な迫害を加えなければならないほどの犯罪もみあたりませんでした。

このあたらしい宗教的迫害になにか正当な理由があったとしても、大衆を略奪に駆りたてるラッパ吹きの役をはたした無神論者たちは、誰に対しても愛のかけらもないのですから、いまの時代の聖職者の悪徳を言いつのるだけでは満足しませんでした。この無神論者たちはいにしえの歴史のなかまであら探しをしました。そして聖職者がおこなった実例や、聖職者のためにおこなわれた実例として、ありとあらゆる抑圧と迫害をみつけ出してきたのです（それをまた悪意に満ちた破廉恥な勤勉さで渉猟したのです）。それはきわめて非論理的で不正な幸福の原理にもとづいて自分たちが実行した迫害と、その自分の残酷さを正当化することでしかありませんでした。

かれらはほかのすべての家族の家系と家柄を破壊したあとで、犯罪の〝家系図〟のようなものをでっちあげたのです。人を、自然が定めた祖先の犯した罪のために罰するというのはまっとうなこととはいえません。しかしある種の集団的継承関係のために祖先とみなしうるという虚構を作りあげてまで、名称と一般的特徴のほかにはいかなる関係もない祖先の犯罪行為のために人を罰しようとするにいたっては、啓蒙の時代の哲学に特有の不正を洗練したものというしかありません。

しかし議会が罰している対象者のうち、すべてではないにせよ多くの人びとは、いま自分たちに迫害を加えようとしている相手に負けないくらい、過去の時代に聖職者がおこなった暴力行為を嫌悪していたのです。その気持ちをできるだけ声高に強調してさえいたのです（ただしこうした人びとは、聖職者を非難する声がどういう目的で使われるかを知らなかったようです）。

フランスは歴史の教訓から学んでいない

法人団体は加盟者の利益を維持する目的においては不滅ですが、加盟者の処罰において不滅であるわけではありません。そして国家もこうした法人のひとつなのです。わたしたちイングランド人がフランス人に対して際限のない戦争をしかけようと考えたとします。それはかつて英仏二国が敵意を持ちつづけていた時代にフランス人がイングランド人になした、すべての悪に報復するためだとします。そのときはみなさんフランス人も、かつてヘンリー王やエドワード王がフランスを不正に侵略してもたらした、またとない厄災に復讐するために全イングランド人に襲いかかるのは正当だと考えるようになるでしょう。

そしてわたしたちはたがいに相手の国に絶滅戦争をしかけることを正当だと考えるようになるでしょう。過去のフランス人がおこなったことを理由に、現代のフランス人にいわれのない迫害をおこなうとすれば、いま述べたこととおなじになります。わたしたちは歴史から道徳的教訓を引き出せるはずなのに、そうしていないのです。

それどころか歴史は不注意に扱えばわたしたちの心を損ない、幸福を破壊するために利用することもできます。歴史のなかには大きな巻物が広げられていて、わたししたちが過去の誤謬と人間の弱さについて学ぶことで、将来の知恵を築く材料を引き出して考察できるようになっているのです。ところが悪用してしまうと、教会や国家の党派に対して攻撃と防衛の両方に役立つ武器を供給するものになります。また不和や敵意を鎮めずにおけば、内乱の騒ぎに油を注ぐ武器の供給源としても利用できるのです。

歴史のできごとの多くは、高慢と野心と貪欲と復讐心と欲望と叛乱と偽善と、抑制されない熱意によって、そしてあらゆる種類の欲望によってこの世にもたらされた不幸からできています。この不幸は

　人の境遇を揺るがして、人生を苦いものにする
　あの災い多き嵐[2]

の力で国家を揺さぶるのです。
嵐の原因はこうした悪です。宗教とか道徳とか法律とか大権とか特権とか自由とか人間の権利は、どれもじつは口実です。口実というものはいつも、なにかほんとうに善いものの、それらしいみせかけとして語られます。しかしみなさんはこうした欺瞞の口実に使われる原理のほうを人間の心から根こそぎ取りのぞくことで、暴政や騒乱から人間を守ろうとするのでしょうか。しかしそれは人間の心にある尊いものを取りのぞいてしまうことにもなります。これらの原理は口実に使われているだけなのです。

おなじく国家的な大悪が語られる場合にごくふつうに登場する役者や道具だては国王、司祭、長官、元老院、高等法院、国民議会、判事、軍の指導者などです。しかしもはや国王も国家の大臣も福音を告げる牧師も存在してはならないと決めつけたり、法の解釈者や官吏や公的議会なども存在してはならないと決めつけても、それで害悪がなくなるわけではないのです。

名前を変えることはできるかもしれません。それでもなんらかのかたちで、結局は存在しつづけるでしょう。社会のなかでは特定の量の権力が、だれかの手に、なにかの名前で、存在しなければなりません。賢い人は、名前のほうではなく害悪そのものに救済の対策をあてます。害悪がときにその姿をとって現れる器官のほうではなく、あるいは害悪の過渡的な現れかたに対してでもなく、つねに存在する害悪の原因にこそ救済策を適用するのです。そうでないと、歴史的見地からは賢いとしても、実地においては愚行になります。

二つの違う時代におなじかたちの口実が現れることはまれですし、おなじ弊害が現れることも珍しいものです。人間の邪悪さはもっと発明の才に長けているのです。みなさんがいまの流行について話しているあいだにも流行は移り変わっていきます。おなじ害悪が新しい装いで現れるのです。悪徳の精霊は生まれ変わって生きつづけ、外見は変わっても生命力はうしなわれません。新しい器官をそなえて生まれ変わって、若々しい活動力に満ちた新鮮な活力を取りもどすのです。死体を晒して墓を暴いているあいだに、悪徳の精霊は外を出歩いて人を破滅させつづけるのです。

自分の家に盗賊が住みついているのに、幽霊や亡霊のほうを怖がる人もいます。歴史の外面だけに心を奪われて、自分は非寛容や高慢さや残酷さと戦っているのだと信じている人はそういう状態です。こういう人は、時代遅れの党派の悪しき原理を憎んでいるというみせかけのなかで、実際にはそれとおなじほど忌まわしい悪徳を、他の党派のなかで、おそらくはさらに悪い党派のなかで是認して、育ててさえいるのです。

パリ市民は聖職者を迫害するよう誘導されている

みなさんパリの市民はかつて悪名高いサンバルテルミの虐殺の日に、カルヴァンの弟子たち(3)を殺戮する格好の道具としてはたらきました。あの時代の呪わしいできごとと恐怖のしかえしをするために現代のパリ市民に報復しようと考える人がもしいたら、わたしたちはそんな人をどう扱えばいいのでしょう。

たしかにいまのパリ市民は、かつてのあの日の虐殺を嫌悪するようになっています。

かれらは凶暴な人びとではありますが、あの事件を嫌悪させるのは難しくありません。というのも政治家も最近流行の説教師たちも、パリ市民の情熱をこの方向にむかわせようということには関心がないからです。それでも、パリ市民がおなじ野蛮な気質をうしなわずにいることが自分たちの利益にかなうと考えてはいるのです。

つい先日もかれらは、この犯罪を犯した人びとの子孫の気ばらしになるようにと、まさにこの虐殺を主題にした悲劇を舞台で演じさせたばかりです。悲劇という名のこの茶番劇では、ロレーヌ枢機卿が法衣をまとって全員の殺戮を命じている場面が演じられました。このお芝居はパリ市民に迫害を嫌悪させ、流血を忌まわしいものと思わせるために演じられたのでしょうか。そうではありません。司牧者を迫害するようパリ市民に教えるためでした。この悲劇はパリ市民に自国の聖職者への嫌悪と恐怖を掻きたてることで聖職者という身分の人びとを追いつめ、破壊する活力を引き出そうとしたのです。

この聖職者という身分は、そもそもそれが存在すべきなら十全に存在すべき身分ですし、敬われるべき身分なのです。この舞台はパリ市民の食人的欲望を刺激するうえで、その目先を変え、味つけを変えるものでした（これまでかれらのこうした欲望は十分に満たされてきたと思っていいでしょう）。そして現代の［虐殺にかかわった］ギーズ家のめざす目的と一致する範囲で、パリ市民をあたらしい殺人と殺害の準備にむけて急がせようとするものでした。こうして多くの司祭と高位聖職者たちはある会議を開催したときに、入り口で辱められることになりました。

この芝居の作者はガレー船送りになったりはせず、俳優たちも矯正施設に送られはしませんでした。この芝居が演じられたしばらくあとで俳優たちは国民議会に姿をみせて、自分たちが晒しものにした宗教の典礼を要求し、自分たちの汚れた顔を上院であらわにしてみせました。いっぽうパリ大司教は自宅を捨てて、まるで飢えた狼たちから逃れるように、みずからが司牧する民の群れから逃れざるをえなくなったのです（民に知られるパリ大司教のはたらきは祈りと祝福だけでしたし、その富は慈善によるものだけでした）。というのもロレーヌ枢機卿(4)は、たしかに十六世紀には叛逆者で人殺しではあったからです。

歴史が歪曲されて現代に重ねられている

歴史を歪曲するとこういう効果が生まれるわけです。歴史を歪曲する人びとは、おなじ邪悪な目的のために、ほかのすべての学問まで歪曲しました。しかし理性の高みに立とうとする者ならパレ・ロワイヤルの説教師たちにこう語るでしょう。ロレーヌ枢機卿は十六世紀の人殺しだった。諸君は十八世紀の人殺しという名誉に浴している。唯一の違いはそれだけなのだ。

こうした理性の高みに立とうとする人は、何世紀もの時間を一望に眺めて、比較するべきほんとうの違いによってものごとを対比することで、些細な役割しかない人びとは背後に退けてしまい、党派の些細な色彩の違いは弱めるものです。こうした理性の高みには、精神と人間の行動の道徳的な質の高さによってだけ到達できるものなのです。

ですがわたしは信じています。十九世紀になれば、もっと歴史の理解を深めて歴史の知識をよりよく活用することで、両方の野蛮な時代のまちがった行為を嫌悪するように、文明の進んだ子孫に教えることができるようになるでしょう。将来の司祭や役人たちは、歴史からつぎのことを教わるでしょう。すなわち現在の実践的熱狂家や激しい狂信者が哀れな誤謬を信じて凄まじい罪を犯したからといって、思索するだけで行動しない将来の無神論者に報復を加えるべきではない。というのも事態が収束してみれば、こうした誤謬は、それを信じているというだけでその人間に十分な罰をあたえているからである。

そしてのちの時代の人びとは歴史からこう教わるでしょう。宗教と哲学の偽善者が宗教と哲学を悪用しても、この二つの学問に宣戦を布告すべきではない。それはすべての人間の庇護者［である神］の恵みによってわたしたち人間にあたえられた、最も貴重な祝福すべき学問である。そしてこの庇護者は、あらゆる点で人間という種に好意を寄せ、保護しているものだからである。

新旧教会の抗争史はすでに終焉している

フランスであれどこであれ、もしその国の聖職者が人間につきものの弱さや職業的欠陥という範囲ではみのがせないほど邪悪な存在だとあきらかになったとしましょう（こうした職業的欠陥は、職業的徳からかんたんには切り離せないものですし、また邪悪だからといって抑圧すべきだということにはならないにしてもです）。その場合は暴君がかれらを罰するにあたって中庸と正義という基準を守らなかったとしても、その暴君に対するわたしたちの怒りは自然に小さくなるだろうとみとめざるをえません。

どの教区であれ聖職者は自分の意見にこだわりがちで、布教についてもあまりに熱をこめてしまう傾向があります。自分の身分や職務に愛着し、自分の団体の利益を優先し、自分たちの教えを嘲笑し軽蔑する相手よりも、おとなしく耳を傾ける相手のほうを好む傾向があります。わたしはそれをすべて容認しています。それは他人と交際をつづけなければならないからですし、寛容を破り捨てて最大の不寛容にまでつき進みたくはないからです。人間の弱さは、それが化膿して犯罪にいたるまでは、がまんしなければならないものとわたしは思っているのです。

いうまでもありませんが、人間の情念が弱さから悪徳へと自然に移ってしまうことは、注意深いまなざしとしっかりした手で防がなければなりません。しかしフランスの聖職者がもはや許容限度を超えているというのはほんとうなのでしょうか。最近フランスで刊行される、ありとあらゆる出版物全般のスタイルをみていると、まるでフランスの聖職者がある種の化け物で、迷信と無知と詐欺と強欲と暴政の奇怪な集まりのように思えてくるのです。ですがこれはほんとうなのでしょうか。

聖職者の精神をすこしずつ改善するある種の影響力が生まれてこなかったというのは、ほんとうなのでしょうか。たとえば時がたち、利害対立が終焉したことをつうじて、あるいは派閥の怒りからどれほどの悪が生じるかを知ったという悲しい経験をつうじても、なお改善しなかったということなのでしょうか。

聖職者が国内の平穏を乱して政府活動を弱体化させて危険にさらし、世俗の権力を日ごとに侵襲していったというのはほんとうなのでしょうか。いまの時代の聖職者が鉄拳で世俗の民を抑圧し、いたるところで野蛮な迫害の炎を燃え上がらせたというのはほんとうなのでしょうか。

聖職者はありとあらゆる詐欺的なたくらみで自分の所領を拡大したのでしょうか。所領のなかで、許容できないほどの要求を突きつけたのでしょうか。あるいは正を邪であると言いくるめ、合法的な要求をまるで迷惑な強請《ゆすり》のようにみせかけたのでしょうか。権力をもたないときに、それを羨望する者につきものの悪徳で満たされていたのでしょうか。乱暴で訴訟好みの論争に精神を燃やしていたのでしょうか。最高の知的権力を手にいれようとする野心に動かされてあらゆる官吏に正面から抵抗し、教会に放火して、自分とは違う身分の司牧者たちを殺戮し、祭壇を引き倒し、転覆させた政府の廃墟に自分たちの教義の帝国を確立しようとしたのでしょうか。そしてそのために人の良心に、ときにはおもねり、ときには強制をしたということですか。そして良心が公的制度の管轄をはずれていって、聖職者の個人的権威に従うようしむけたのですか。自由を要求することから始めて、やがては権力の濫用にいたったということですか。

聖職者たちの悪徳として非難されてきたのはこうしたことがら、あるいはその一部なのですが、これはかつてヨーロッパを分裂させ混乱させていた二大派閥⑤にそれぞれ属していた聖職者については、あながち根拠のない非難というわけではありません。しかしほかの国々ではあきらかにみられることですが、フランスでもこういう害悪が強まるのではなく弱まっているのだとすれば、ほかの者が犯した罪を咎めたり、ほかの時代にあった忌まわしい性格を押しつけたりして、いまのフランスの聖職者のせいにするべきではありません。かつての時代の聖職者の不名誉な精神から離脱しようとしていることについて、そして聖なる職務にふさわしい精神状態と態度を獲得したことについて、現代の聖職者たちのこころみは賞賛され、奨励され、支援されるべきなのです。

フランスの聖職者には優れた人材が多かった

わたしが現国王の治世の終わりごろにフランスを訪問したとき、とりわけ好奇心を刺激されたのは、あらゆる種類の聖職者のありかたでした。ある種の刊行物を読んでいたので、聖職者に対しては不平や不満が語られているのだろうと予想していたのですが、フランス国内では、聖職者のことは公私ともほとんど不安がられていないのだと気づきました（一部の活発な人びとはべつです。それも、それほど人数は多くありません）。さらにくわしく調べてみても、聖職者はがいして穏健で礼儀正しいとわかりました。

わたしが調べた聖職者には、修道会所属の修道士と非所属の修道士がそれぞれ男女ともふくまれていました。残念ながらわたしはそれほど多くの教区司祭とは知り合いになれませんでした。しかしこうした司祭たちの士気は高く、職務にも忠実だというじつに好ましい説明を耳にしました。高位聖職者とも数人知り合えましたし、そのほかの聖職者についても豊富な情報をえられました。こうした高位聖職者はほぼすべて高貴な生まれでした。かれらはおなじ身分の非聖職者とよく似ていて、違いがある場合には聖職についている人のほうが優れていました。

かれらは軍務についている貴族より高い教育を受けていました。ですから無知のために、あるいは権威を行使する適性が欠けているために、聖職者という職業を汚しているようなところはありませんでした。聖職者という職業の性格をこえてリベラルで開かれていて、紳士の心を持ち名誉を重んじる人びとでした。物腰でも行動でも礼を失することがなく、卑屈さもありません。高い階級の人らしいと感じましたし、これはフェヌロン(6)のような人が出ても不思議はないと思いました。

パリの聖職者には博識で率直な人もみかけました（そうした人びとはどこにでもいるというものではありません）。しかもそれがパリにかぎられたことではないと思える十分な理由がありました。

パリ以外の場所でみたものがたんなる偶然だったのはたしかなので、見本としてはふさわしくないでしょうが、わたしはある地方の町で数日過ごしました。ちょうど司教が不在で、司教代理の聖職者三人といく晩かを過ごしました。三人とも、どの教会にいても名誉になるような人でした。見聞が広く、とくにそのうち二人は自分の職業にまつわる古今東西のことがらについて詳細で全般的な広い知識をもっていました。またイングランドの神学者についても予想以上の広い学識があって、それらの思想の真髄に批判的な鋭さで迫っていました。

この紳士の一人だったモランジ僧院長はのちに亡くなりました。高貴で、敬われるにふさわしい、博学で卓越したこの人物に、わたしは喜んで賞賛の言葉を捧げます。そしてまだ存命と思われるあと二人のかたがたにも、お役に立てないばかりか傷つけるおそれがなければですが、その美点におなじく喜んで賞賛の言葉を捧げたいと思うのです。

これらの高位聖職者のなかには、あらゆる根拠においてすべての者が敬うべき人がいました。多くのイングランド人からも感謝されてしかるべき人びとでした。もしこの書簡がその人たちの手に渡ることがあるなら、いわれのない没落と財産の残酷な没収について、なみなみならぬ思いで受けとめて心を寄せている人間がイングランドにもいるのだと、その人に信じてもらえればと思うのです。

わたしがこうした聖職者について語っていることは、小さな声ではあれ、真実の証言なのです。この自然に反する迫害が問題になるかぎり、わたしはいつでも証言します。正義と善意を貫くのを妨げることは誰にもできません。その義務をはたす時はきています。わたしたちから、そして人類から、正義と善意の言葉を捧げられるに値する人びとが、いま民衆の罵りと抑圧的な権力の迫害に苦悩しているからです。

聖職が選挙制になれば真摯な司牧者はいなくなる

革命前のフランスには約一二〇人の司教がいました。なかには聖性に優れ、かぎりない慈愛の心をもった人もいました。わたしたちが英雄的な徳について語るとき、もちろんそれがごく稀な徳だということはわかっています。そして聖職者のなかで極端なところまで堕落していた人の実例も、おなじように稀なのだと信じるでしょう。超越した善良さをそなえた人の実例とおなじです。貪欲で放蕩を尽くした聖職者の実例を挙げることは可能でしょうし、わたしもそれを疑うものではありません。ですがそれはそうした実例を探すことに喜びを感じる人にまかせておきましょう。

わたしくらい歳をとれば、富と快楽を禁じるうえで完璧な生活を送っていない聖職者がどの階級にもいるとしても驚きはしません。こうした完璧な生活はすべての人びとが願うものですし、一部の人にはそうした生活が期待されますが、すべての人に完璧な生活を厳しく要求するのは、じつのところ自分自身の利害に最も敏い人であって、自分の情熱を追求することに最も熱中している人なのです。

わたしがフランスを訪れたときは、悪徳な高位聖職者は多くなかったという確信があります。たしかに生活の折り目正しさという点ではあまり優れていない人も何人かはいましたが、そうした人も、自分の生活に厳格さという徳が欠けている部分は、度量の大きさという徳でおぎなっていました。あるいは教会や国家にとって有益な人間である資質を備えていました。

ルイ十六世は、そのまえの何人かの国王とくらべても、臣下を高位聖職者に昇進させるときはとくに性格を重視したと聞いています。そして王の治世の全般に、ある種の改革精神があふれていたことを考えると、これはたぶん正しいだろうと思うのです。

ところがいま支配している権力は、教会を略奪することしか頭にないという傾向をみせています。そしてすべての高位聖職者が処罰されました。これはすくなくとも名声という観点でいえば、悪徳聖職者に利をあたえるものでした。さらに現在の支配権力は侮辱的な年金制度を始めました。自由な思想の人や自由な生活条件にある人なら、自分の子の将来をこんな制度に委ねたいとは思わないでしょう。こうした制度が根づくのは最下層だけです。

フランスの下級聖職者は、その職務をはたすには人数がすくなすぎますし、職務が度を越してこまかいところまで定められていて煩雑です。また中級聖職者にはゆとりがありません。こんなありさまですと、将来のフランス教会には学問も学識もなくなってしまうでしょう。この計画を完成するために、国民議会は将来に向けた聖職者の選挙制度を決定しました。聖職授与の権利などにはまったく配慮しませんでした。これでは、真摯な人びとを聖職からことごとく追いはらうことになるでしょう。職務においても行動においても自主独立であろうとするような人びとを、です。

この制度は民の心の指導という職務全体を、放埒で不遜で狡猾で党派的で、追従の得意な悪人たちの手にほうり投げることになるでしょう。軽蔑すべき聖職者年金制度は、下劣で下品な陰謀の対象になってしまうと思います。この悪人たちの生活条件と生活習慣からみればそうなるでしょう。この年金とくらべれば収税人の給与でさえ、利益の得られる名誉の高いものということになりそうです。

この制度から生まれる役人たちは、まだ司教という名では呼ばれるにせよ、知られているかぎり（あるいは作り出してしまえるかぎり）ありとあらゆる宗教的教義の持ち主たちから選挙という同一手段で選び出され、あまり高いとはいえない給与を支払われることになります。選ばれる人びとの教義や道徳性について、新しい立法者はいかなる規定も定めていません。下級聖職者の場合もおなじです。

そして上級聖職者も下級聖職者も自分の好きなあらゆる宗教（あるいは非宗教）を思うままに実践し、説教していいようです。この制度で、司教は部下にどんな権利を持つのか、あるいはそもそもなにかの権利を持つのか、わたしにはいまだに見当もつきません。

つまるところこの新しい宗教制度はたんに暫定的なものと目されているに過ぎず、キリスト教という宗教をそのあらゆる形態において完全に撤廃する準備の制度だとしか思えません。キリスト教の聖職者というものを人びとに軽蔑させる計画を実現して、その最後の一撃がととのうまでの暫定計画のようです。この計画を指導した哲学的な狂信者たちが、こういうキリスト教廃絶計画をずっとあたためてきたのだと信じようとしない人は、こうした者たちの性格や手口についてまったく知らないのです。

公教育は宗教を破壊する

こうした狂信者たちは、ひとつの宗教を持つ国家より、宗教をまったく持たない国家のほうがうまく存続できるという見解を公言して恥じないのです。そしてかれらは宗教のなかになにか善い要素があるとしても、かれらの提供する計画なら、それに代わるものを供給できるといいます。すなわち人間が身体的に必要とするものについての知識にもとづいてかれらが空想した、ある種の教育によって供給できるという見解です。こうした教育によって人間の心は啓蒙された利己心へと段階的に導かれるし、その利己心は、正しく理解されればさらに拡大された公共的利益と一体になるというのです。こうした教育計画は以前から知られていたのですが、最近では公教育という名称で注目されるようになりました（かれらはまったく新しい命名法を発明したというわけです）。

イングランドにもこの計画の支持者たちがいますが、かれらが聖職者からの略奪に成功したりしないことをわたしは望んでいます。またわたしの国の主教職や教区牧師職について、民衆選挙の原理を導入することにも成功しないでほしいものです（かれらが成功するとしても、この忌まわしいもくろみの究極の目的をなしとげて成功するというより、思慮の欠けた行動をすることに成功するのではないかと考えているのですが）。

現在の世俗的状況から考えると、これで教会は最終的に腐敗し、聖職者としての性格も完全に堕落するでしょう。これは宗教についての誤解にもとづく措置をつうじて国家がこうむる打撃としては、最大のものになるでしょう。

もちろん主教職や牧師職が国王や領主から任命されるシステムでは、好ましくないありかたで任命される場合があることはわたしもよく承知しています。それは最近までフランスでみられましたし、また現在もイングランドでみられることです。しかし聖職者に選挙方式を採用した場合、聖職者があらゆる種類の悪しき手管に従属するようになるのはどこまでもさらに確実ですし、またそれがさらなる普遍になるといわざるをえません。この方式がより多くの範囲を対象とし、より多くの人びとの手で実行されるほど、それにともなう害悪もより多くなるでしょう。

無神論が導入されようとしている

フランスで聖職者からの強奪に走った人びとは、自分の行為はすべてのプロテスタント諸国の行為とそう違わないものと思っているようです。これほど略奪され、貶められ、嘲笑と軽蔑の的になったのはローマカトリックの聖職者で、自分でそう思い込んでいるだけの聖職者だからだというのです。

たしかにフランスでもほかの国でも、宗教の本質を愛しているのではなく、違う宗派や党派を嫌悪している哀れな独善者はいます。こうした独善者は、人間共通の希望の土台を攻撃する者を嫌うというより、自分たちに固有の計画やシステムとは違うものを採用している相手にとくに怒りをむける傾向があるのもたしかです。

こうした人びとはその気質や性格にそった仕方でこの問題を論じたり、執筆したりするでしょう。バーネット(7)は一六八三年にフランスに滞在していたとき、こう書いています。「最も優れた才能を持つ人びとをローマ教皇派に誘い込む方法はつぎのようなものである。すなわちまずキリスト教全体に疑念を抱かせるのである。そうすればこうした人びとにとって外面的にどのような立場やどのような形式を採用するかは、それほど重要なことには思われなくなる」。

もしこれがひとたびフランスでなされた政策なら、フランス人はのちの時代にどれほど後悔してもしたりないでしょう。かれらは自分の思想に合わない形式の宗教より無神論を選んだわけです。そして自分の思想に合わない宗教形式を破壊することに成功しましたが、いまでは無神論がかれらを破壊することに成功しているのです。

わたしにはバーネットの正しさがよくわかります。イングランドでもおなじような精神を多く目にしてきたからです（いくらかでも目にした以上、それは多すぎるほどいるということです）。ただし、イングランドではこうした気分はまだ一般的にはなっていないのです。

かつてイングランドの宗教改革者は正義を尊重していた

イングランドでわたしたちの宗教を改革した教師たちは、いまのパリにいる改革博士たちとはまったく似ていませんでした。イングランドの改革者たちもおそらく当時の敵対者とおなじくらい派閥的な精神から強い影響を受けてはいましたが、最も深く真摯な信仰者で、きわめて激しく、しかも高められた敬虔な心の持ち主だったのです。そしてまことの英雄のように、キリスト教について自分たちに固有の考え方を弁護するためなら命を懸ける覚悟がありました。実際にも何人かは命をうしなったのです。かれらは普遍的真理の核心のためには、おなじくらい強く、より快活に命を懸ける覚悟があって、枝葉末節の問題にも血を流して争ったのでした。

ところがあの卑劣漢たちは、論敵から略奪したことや、［カトリックという］共通の宗教を軽蔑したことにもとづいて、かつての改革者を自分たちの同志としての資格があるかのようにみなすのです。しかしかれらのほうはぞっとして拒んだことでしょう。じつのところかれらはこの共通の宗教の純粋さのために熱意をもって努力したのであって、こうした熱意の強さは、自分たちが改革しようとしていた制度の本質を深く尊敬していたことのあらわれでした。

かれらの子孫の多くもおなじような熱意を抱いてきました。ですが対立がそれほど激しくなくなったので、より温和ではあります。それでも正義と慈悲が宗教の本質であることは忘れていません。同朋に不公正と残虐を示すような不敬虔な人間は、かれらの仲間にはなれないのです。

新しい教師たちが、いつも自分の寛容な精神を誇っていることはわたしたちも耳にしています。しかしこの人びとが［自論以外は］どんな意見も尊重に値すると思っていないのなら、すべての意見に寛容をもって接すると主張してもあまり価値はありません。軽蔑から生まれる善意は、ほんとうの意味での慈悲とは違います。

宗教改革の精神を継承する者は聖物略奪などしない

イングランドには、ほんとうの意味での寛容の精神を持っている人間がおおぜいいます。かれらは宗教の教義というものは、それぞれに程度の差はあれ、どれも重要だと考えています。ただ、さまざまな価値には違いがあるように、これらの教義のなかでとくに優先するに値するものがあると考えているのです。ですからそれを優先し、ほかのものは寛恕します。

かれらが寛恕するのはさまざまな意見を軽蔑しているからではなく、正義を尊重しているからです。かれらはすべての宗教を、敬意と愛情をもって保護します。それは全員で合意しつつ偉大な目標にむかって進む、その偉大な原則を愛し敬っているからなのです。

わたしたちには共通の大義があり、共通の敵があることを、かれらはますます明瞭に理解し始めています。派閥精神に惑わされて、自分の小さなグループに対する好意のおこないと敵対する行為とを区別できなくなってしまうようなことはありません。

こうした敵対行為は、かれらが別の名で属する集団の全体をさして、さまざまな方法でなされるのです。

わたしたちの内部にはさまざまな種類の集団があります。それぞれの集団の性格についてここでくわしく説明することはできません。ですがわたしは集団を構成する大多数の人間を念頭においてお話ししているのです。善行にまつわるかれらの教義に聖物の略奪はふくまれていませんし、それはかれらのためにもここで指摘しておかなければなりません。

かれらは、聖物の略奪などという題目でみなさんを仲間に入れたりはしないでしょう。もしみなさんの教授たちがかれらの仲間入りをしたいなら、無辜の人びとの財産を没収しても合法だという自分たちの教義は慎重に隠しておかなければならないでしょうし、盗んだ財産もすべて賠償しなければなりません。それまでは、わたしたちの仲間ではありません。

国民議会は時効の法原理を軽視している

フランスで司教や司教代理、大聖堂参事会、教区司祭など、土地から生じる独立財産を所有していた聖職者の収入が没収されたことをわたしたちは容認していないわけですが、あるいはみなさんはそれを、イングランドにもおなじような制度があるからだと考えているかもしれません。また修道士や修道女の財産没収や修道会廃止はイングランドにはあてはまらないと指摘するかもしれません。たしかにフランスにおける全面的没収のうち、この部分だけはさしあたって先例としてイングランドにかかわらないものだといえます。しかし没収の理由はかかわりがあります。それもおおいにかかわります。

［ピューリタン革命のときの］長期議会は、フランス国民議会が修道会の土地を売却する際に依拠したものとおなじ考え方にもとづいて地方執事や参事会の土地を売却しました。しかし重要なのは最初の不正がどういう人物によるものだったかではなく、どういう原理によるものだったかなのです。すぐ隣の国フランスにおいて、人類共通の関心事である正義に挑戦するような政策が一貫して追求されていることにわたしは注目しているのです。

フランス国民議会にとっては所有などなんの意味もありません。法律や慣例などどれほどのものでもありません。わたしは国民議会が時効についての理論を公式に否定していることに注目しています。ところがこの理論が自然法の一部であることは、あるフランスの法律家がまことに正しくわたしたちに教えてくれているのです。この法律家は、時効の限界について実定法にもとづいて確定しつつ、時効の権利を侵害から守ることは市民社会が設立された理由のひとつなのだと述べました。もし時効の原理が揺らいだ場合、資金に欠乏した権力の強欲さを誘うほど膨れ上がった資産が安全に守られることはありません。

国民議会が、自然法の根幹をなすこの時効の原理を軽視していることを示す完璧な実例をわたしは知っています。司教や大聖堂参事会、修道会を対象とした没収がここのみ始められていますが、しかしそこで終わりになるとはみていません。フランスの王族は、王国のきわめて古い慣例にしたがって非常に広大な領地を所有していたわけです（この広さについては議論の余地がありません）。しかし国民議会の決定でこの所有地も奪われ、安定した独立の資産に依拠するのではなく、お恵みで認められた不安定な年金に望みをかけるしかなくなったのです。こうした年金は議会の好きなようにできるものです。国民議会は合法的な所有者の権利さえ無視しているのですから、そんな年金の受給者の権利などにはほとんど配慮しないでしょう。

所有権が破壊されている

不名誉なものであれ最初の勝利を得たことで国民議会は意気軒昂になりました。不浄な儲けを熱望して困窮に陥ったことにむしろ強いられるかたちで、失望しつつもやる気はなくさず、一大王国の全土にわたってありとあらゆる所有権を転覆させようと乗り出したのです。かれらは収奪したものの売却収入をみこんで発行したあの投機の象徴［アシニア紙幣］を完全な支払手段として、すなわち合法通貨として認めるよう強制しました。すべての国民に対して、あらゆる商取引においてです。土地の売買、市民の日常の取引、生活のあらゆる交際の場までがそこにはふくまれていました。

かれらが残した自由と所有の足跡は、しかしどういうものだったでしょうか。フランスで、最も地位ある人びとの手にあった最古の所有地、最も貴重な土地の所有権の扱われかたや、フランスのすべての貨幣所有階級や商業階級の扱われかたはどうだったでしょう。それらとくらべればイングランドでは、推定にもとづく財産権の影のようなものでさえ、はるかにていねいに扱われています。キャベツ畑の小作権も、一軒のあばら家の一年の占有権も、居酒屋やパン屋の営業権もです。

わたしたちは立法権を高く評価していますが、議会に所有権を侵害する権利があるとか、国の法律で認められた現実の通貨のかわりに自分たちで作り出した虚構の通貨を使うことを強制する権利があるなどとは夢にも考えたことがありません。ところがフランスではきわめて穏やかな制約にしたがうことを拒否することから始まって、やがてはこれまで耳にしたこともないような専制主義が確立されるにいたりました。

フランスで財産を没収するために使われている根拠はつぎのようなものだと思います。こうした没収のありかたは、たしかに裁判所では容認されないかもしれないが、時効の規則は、立法府を拘束するものではない(9)というものです。こうして、自由な国で審議をしている議会が、所有権の保障ではなくその破壊をめざすことになりました。破壊されるのは所有権だけではありません。安定性をもたらす規則や原理もすべて破壊され、それを流通させる唯一の手段まで破壊されるのです。

7　没収と課税の論理

かつて十六世紀に、ミュンスターの再洗礼派が財産平等化のシステムと所有権にまつわる粗雑な意見を提唱してドイツに大混乱を招いたことがありました。あのときかれらの狂気の高まりを警戒しなかった国がヨーロッパにあるでしょうか。叡智というのは狂信的な理論が伝染して蔓延することをなにより恐れるものです。あらゆる敵のなかでも、伝染する狂信的理論ほど手の打ちようがないものはないからです。わたしたちは、無神論的な狂信の精神を無視できません。こうした精神はおびただしい著作で鼓吹されて、驚くような熱心さと費用をもって、パリのあらゆる街路や公共広場での説教をつうじて広められています。

大衆の心はこうした著作や説教によって、どす黒く野蛮で残忍な思いで満たされるようになるのです。こうした残忍な思いは大衆の心のなかで、道徳と宗教の全感情だけでなく、ごく自然に生まれる共通の感情まで押しつぶしてしまいます。やがてこの哀れな大衆は、所有権について現れてきた荒々しい激動と変転で自分たちが耐えがたい困窮におちいったにもかかわらず、憂鬱な忍耐の思いでそれに耐えるしかなくなったのです。(1)

この狂信には、改宗者の精神がともなわれていました。改宗者たちは教えを広めるための党派や、連絡用の協会を国内にも国外にも設立しています。ベルン共和国は地上で最も幸福で最も繁栄し、最もよく統治された国のひとつですが、改宗者たちは破壊の大標的としてベルン共和国を選び出しました。かれらはあの国で不満の種を蒔くことにかなり成功したと聞いています。またドイツ全土で活発に活動しているそうです。スペインとイタリアでも活動しようとしています。

こうした悪辣で大規模な「慈善」計画にはイングランドもふくまれていました。そしてイングランドでもかれらに助けの手を差しのべる人や、いくつもの説教壇の上からかれらの先例を推奨する人、いくつもの定期会合で公にかれらと通信したり賞賛する人、まねるべき実例としてかれらを推奨すると決めた人を目にするようになったのです。(2) さらに同盟のしるしや、儀礼と密儀で聖なるものとされた旗を受けとる人や、かれらと永続的な友好同盟を結ぶことを提案する人までいます。わたしの国の憲法で王国の平和と戦争を決定する権利を独占的に認められた［議会の］権力が、フランスに宣戦布告することが望ましいと考えるかもしれないこの時期にです。

このフランスでの実例からわたしが心配しているのは、イングランドで教会財産が没収されるということではありません（これが瑣末な害悪だとはまったく思っていませんが）。わたしが強く懸念するのは、イングランドでも国家政策としてなにかの種類の財産を没収し、国の財源を確保するようになるのではないかということです。あるいは特定の種類の市民が、自分たちのためにはほかの種類の市民を犠牲にしても正当なのだと考えるようになるのではないかということです。(3)

重税は政府の瓦解につながる

現在さまざまな国が無限の債務の海にますます深くはまり込もうとしています。国家債務というものは、最初は多くの人びとに公共の平穏状態というものについて関心を持たせる手段にもなり、政府を防衛する役割をはたすことにもなりました。ですが行き過ぎれば政府を瓦解させる手段にもなりえます。

政府が国家債務を返済するために国民に重い税金を課すようになると、国民にとって政府は嫌悪の対象になり、政府が滅びる原因になります。いっぽう政府が国家債務を放っておくと、あらゆる党派のなかでも最も危険な党派によって政府は解体されてしまうでしょう。この危険な党派とは、損害を受けていてもまだ破壊されていない貨幣階級のことで、かれらは広い範囲で強い不満を持つようになるのです。

この貨幣階級を構成する人びとは、最初は、自分たちが存続していくための保障を政府の誠実さに求めていました。しかしかれらはやがて、その保障を政府権力に求めるようになります。しかし古い政府が衰え、疲れきってばねが緩んでしまい、かれらの目的を実現するために十分な活力がないと判断されると、もっと大きな活力をもつ新しい政府を樹立しようと考えるようになるのです。そしてこの活力は新しい財源を見つけることによってではなく、正義を軽蔑することによってえられるようになるでしょう。革命が起きれば財産を没収しやすくなります。そのつぎにおこなわれる財産没収がどういう不快な名前で権威づけられるかは、そのときになるまでわかりません。

フランスで支配的な原理はあらゆる国のきわめて多くの人のなかに、それもきわめて多くの種類の人に蔓延しているとわたしは強く思います。それは害のない怠惰を決め込むほうが自分たちの安全のためにはいいと考える人たちなのです。資産所有者がこんなふうに無邪気に考えていると、その人たちは無用な存在だと論じられるようになります。そして無用な人なら財産を所有するにもふさわしくないと論じられるようになるでしょう。

ヨーロッパの多くの国は公然の無秩序の中にあります。そのほかの国でも、地下では空虚なつぶやき声が響いています。混乱したうごめきが感じられ、それは政界で大地震を引き起こしかねないものです。国によってはすでにきわめて途方もない結社や連絡網が設立されているのです。[4]

こんな状況では十分な警戒が必要です。あらゆる大変動においては（そうした大変動が避けられない場合ですが）、その大変動にともなう弊害を小さくし、そのなかにあるかもしれない好ましい要素を推進する重要な方法があります。それはこうした大変動にあっても、わたしたちはしっかり正義を守り、十全に所有権に配慮していると示すことなのです。

国家の政策は正義と切り離せない

ただしフランスでこうした没収があることを他国が警戒する必要はないという意見もあるでしょう。こうした意見にしたがうとフランスにおける没収はたんなる気まぐれの貪欲さのためではなく、国内に広くみられる、根深い、迷信のような弊害を取りのぞくために採用された国家政策の重要措置だということになります。

しかしわたしにとって、国の政策を正義と切り離すのは非常に難しいことなのです。正義を守ることは市民社会の恒久的政策として重要ですし、どんな状況であれ正義と明確に分離された政策を採用した場合、そもそも政策といえるものがまるでないのではという疑いを招くことになります。

つぎのような場合を考えてみてください。既存の法律をつうじて人びとが特定の暮らしかたを奨励され、それが合法的な職業として国から保護されているとします。そしてその人びとは自分のすべての考えかたと習慣をそれに合わせて暮らしていき、その生活規則にしたがうことで名声を獲得するのです。逸脱した場合には不名誉を味わい、ときには刑罰の対象になると法律で定められています。しかも立法府が恣意的な行為でこの人びとの心と感情に暴力を加え、地位や状態を貶めて、それまでは幸福と名誉の尺度になっていた性格や習慣が恥で、不名誉なのだと烙印を押すのです。もしそんなことがあるなら、その立法府の行為はまちがいなく正義に反すると思うのです。

それだけではありません。こうした人びとが住居から追い立てられ、すべての所有物を没収されるというのなら、人の感情と良心と先入観と所有権を弄ぶこの専制主義的な戯れは、最悪の暴政とどこが違うのでしょう。どう区別できるのか見当もつきません。

　フランスで推進されている政策の方向が正義に反することがあきらかであるなら、すくなくともその措置には思慮があり、公共の利益がえられるのだということも最低限あきらかでなければなりません。すくなくとも重要性がみえなければなりません。

　こうした制度の初期導入において求められる賢明さの度合いと、全面廃止において求められる賢明さの度合いには非常に大きな違いがあります。情念に動かされて行動するのではなく、将来の計画における公共善だけをめざすような人であれば、その違いをすぐに見抜くはずです。とくにこうした制度が開始されたあと広く深く根づいている場合、そして長い習慣をつうじて、制度そのもの以上に貴重なことがらが制度に適応して密接にからみ合っていて、制度を廃止するとその貴重なものまでが損なわれるという場合はなおさらです。

　この問題が、詭弁家たちがその論争的な文体で示したような性格のものなのかは、この人も当惑するかもしれません。しかし国家の多くの問題がそうであるようにこの問題にも中間的な立場はあります。つまり完全に破壊してしまうか、それとも手を加えないで存続させるべきかという両極端の選択肢のあいだに、もっとべつの選択がありうるからです。「あなたはスパルタを手に入れた、だからそれを飾るがいい⑤」とよく言われます。この格言には深い意味があって、真摯な改革者は決して忘れてはならない言葉だとわたしは思います。まっとうな改革者であれば、自分の国を白紙とみなして自分の望みを好き勝手に書き込んでいいなどと思い上がったりはしないでしょう。思索的で熱い善意に燃えた人間は、自分の社会がいまとまったく違う状態に変革されることを望むものかもしれません。ですが良き愛国者、良き政治家は、すでに自国にある素材をできるだけ活用しようといつも検討するものです。良き政治家は、改善する能力と保存する傾向を両方もっているものだとわたしは考えています。そうでない政治家は思考においては低俗、実行においては危険なのです。

いまある素材を活用するのが政治家の商いである

国家が運命的な状態にあるときは、特定の人びとが偉大な精神力を発揮して改革をなしとげるよう求められることがあります。こうした瞬間、たとえ君主と国からかれらが十分に信頼されていても、たとえ完全な権力をあたえられているようにみえても、つねに適切な手段がそこにあるとはかぎりません。政治家は偉大なことをなしとげようとするとき、力を求めます（わたしの国で職人たちが梃と呼んでいるものです）。そして偉大な政治家がこの力をみいだすときは、政治においても力学においても、その力をどう使うべきか途方に暮れるようなことはありえないでしょう。

修道院制度には、賢明な善意という装置を動かす偉大な力があったとわたしは思っています。すなわち公共のために支出しうる収入があり、公共の目的だけに献身するよう定められた人びとがいて、この人たちは公共の絆と公共の原理だけをめざしていました。社会の財産を個人の財産に変えてしまうことなどできない人たちでした。利己心を否定し、共同社会のためだけに貪欲な人たちだったのです。個人としての貧困を名誉とみなし、自由を追求するのではなく沈黙のうちに服従する人たちでした。

こうした徳は、必要になったからといって作ろうとして作れるものではありません。風は思いのままに吹くのです[6]。こうした修道院制度は熱意のたまものであって、叡智の道具なのです。叡智は素材を創造することはできません。素材は自然の贈り物、あるいは偶然の贈り物だからです。叡智の本分は、素材を使いこなすことのほうにあります。

さまざまな法人団体とその財産が長い期間にわたって存在しているということは、長期的な視野のある人にとってはとくにふさわしい状況なのです。こうした人は、実現するには時間がかかるが、ひとたび成就したあとは長期にわたる存続をめざせる、そういう計画を考案するものだからです。

みなさんが性急に破壊してしまったさまざまな団体の富と規律と習慣のなかには、それほど大きな力があったのです。いま、その大きな力を自由に指揮し指導する権限をあたえられた政治家がいて、それなのにその力を自国の偉大な永続的利益に変える方法をみつけられなかったという場合、その人は偉大な政治家の序列のなかで高い地位をあたえられるべきではありません。そもそも偉大な政治家とみなすべきでもありません。工夫の才のある人がこの課題を検討すれば、それこそ何千もの使い道を思いつけるはずなのです。

人の心の肥沃な生産力から育ってくる野生の力を破壊する。それは道徳界でいうと、素材の実質部分にみられるあきらかな活動特性を破壊することにもひとしいのです。硝石に固定された気体膨張力を破壊したり（破壊する力がわたしたちにあったとしてですが）、蒸気や電気や磁気の力を破壊したりするようなものです。これらのエネルギーは自然のなかにいつも存在していて、いつもそれとみわけられるものです。

こうしたエネルギーはときに利用できないものだったり、有害だったり、児戯にひとしかったりするようにみえます。しかし実践技能をかねそなえた思索の力でその自然の野生を飼いならし、使えるように抑制して、人間の偉大な意図と目的を実現する最も強力で、御しやすい力に変えてきたのです。

みなさんには、命令すればその心的能力と身体能力を活用できた五万人もの人びとと、怠惰や迷信で獲得したわけではない数十万の年間収入がありました。それはみなさんの能力で制御できないくらい大きいものにみえたのでしょうか。修道士を年金生活者に変えることでしか、この人たちを活用する方法をみつけられなかったのですか。売却して浪費するという思慮の足りない仕方のほかに、こうした収入を活用する道をみつけられなかったのですか。もしみなさんにそこまで精神的なたくわえが欠けていたのなら、選んだ道に進むのが自然のなりゆきということになるでしょう。みなさんの政治家たちは、自分の商いがわかっていないのです。だから自分の道具を売りはらってしまうのです。

壊す迷信より築く迷信を選ぶほうがいい

ただしこの制度にはその原理からして迷信じみたところがあって、しかも永続的に影響力をもたらしているため、その迷信が育まれつづけているという意見もあります。

わたしはこれに反論しようとは思いません。しかしだからといってみなさんは、この迷信そのものから公共の利益に使える資源をなにかしら取り出してはいけないということはないでしょう。道徳的な観点からみれば、迷信とおなじくらい疑わしい色合いにみちた人間の性質や情熱からも、利益を引き出すことはできるものです。

あらゆる情熱についていえることですが、こうした情熱のなかにある有害なものを是正し、緩和することこそがみなさんの任務だったはずです。そもそも迷信というものは、ありうるすべての害悪のなかで最悪のものなのでしょうか。たしかに過剰になると、迷信はとても大きな悪をなすでしょう。ですがそれは道徳の問題であって、当然さまざまな程度があり、さまざまに変化しうるものです。迷信は弱い心にとっての宗教なのです。

ですからそうした人の心のなかに些細なかたちで、あるいは熱狂的なかたちで迷信が混ざりこんでいても、それは見逃されるべきでしょう。そうでないと最強の心の持ち主にさえ必要な手段を、弱い心の持ち主から奪ってしまうことになります。

すべて真の宗教の実質は、世界の至高の存在者の意志にしたがうこと、この存在者の言葉を信じること、その完全な徳に倣うことです。当然ながらそれ以外の部分は人間の持ち分になります。その人間の持ち分は究極の目的に役立つことも、それを阻害することもあるでしょう。賢者は賢者であるかぎり賛美する者ではありえませんが（すくなくとも「大地の贈り物」[7]の賛美者ではありませんが）、こうしたことがらに激しく愛着することも、それを強く憎むこともありません。

叡智は痴愚の最も厳しい矯正者というわけではありません。叡智も痴愚もいわばたがいに争いあう狂気のようなもので、たがいに容赦のない戦いをつづけているのです。そして自己の優位を残酷なほど活用しながら、節制のない大衆を自分たちの争いに引きずりこむようなことをするのです。

深慮というのは中立的なものでしょう。しかしその自然において激しい対立を生み出すことのなさそうなものごとにおいても、愚かな執着と激しい対立のうち、どちらかひとつを選ぶしかないとしたら、壊す迷信よりは築く迷信のほうがまだしも耐えられると深慮の人は考えるでしょう。熱狂がもたらす誤謬や過剰のなかでどれを非難し、どれを耐え忍ぶか選ばなければならないときもおなじことです。国を歪める迷信よりは国を飾る迷信を選ぶでしょう。略奪する迷信よりは贈与する迷信を選ぶでしょう。ほんものの不正義に駆りたてる迷信よりは誤った善行に向かわせる迷信を選ぶでしょう。自己否定の精神に生きる人の手にあるわずかな生活の糧を奪う迷信よりは、合法的に認められた快楽を自己にあたえることを拒む迷信のほうを選ぶでしょう。わたしの考えにすぎませんが、現代で哲学者を自称する人びとの迷信と、修道士の迷信を作りだした古代の創始者たちの迷信の違いは、ほぼこういう問題ではないかと思うのです。

没収資産の購入者には賢明さが求められる

没収した財産を売却してどのくらい公共利益がえられるのかという問題については、さしあたって考察はすべて棚上げします。ただし売却はまったく人を誤らせるものだとは思っているのです。ここではそれをたんなる所有権の委譲として検討し、所有権移譲にかかわる政策について、恐縮ですがいくつか意見を述べさせていただきたいと思います。

繁栄している社会ではいつも、富の生産者の直接維持に必要である量より多くの富が生産されます。この余剰は土地資本家の所得になり、労働することのない土地所有者が消費することになります。しかし土地所有者のこうした怠惰は労働をうながす刺激になり、かれらの休息は人びとに勤勉さをもたらす拍車になるのです。国家が関心を持つべきことはひたすら、土地の地代として確保された資本が、それを生んだ勤勉な労働に還流していくようにすることです。さらにこうした資本の消費が、消費する人の道徳にも、還流していく大衆の道徳にも、できるだけ悪い影響をおよぼさないようにすることなのです。

まっとうな立法者なら、追放しろと勧められた所有者と、その所有者の地位を占めにくる外来者をくらべるにあたって、収入や支出や個人的職業などあらゆる観点から慎重に比較することでしょう。財産を広範囲にわたって没収するならそれは激しい革命であって、そうした革命には不利益が必然的に付随します。

ですからこの措置を実行するにあたっては没収資産の購入者が、旧所有者と比較してある程度はより勤勉で、より徳があり、より真摯であると示せる根拠のある証拠が揃っている必要があるのです。この旧所有者は司教とか、大聖堂参事会員とか、委託修道会の修道院長とか、修道士とか、お好きな名前で呼んでいただければと思いますが、とにかく資産購入者には、余剰を安定した平等なかたちで支出する資質がそなわっていると十分な証拠をもって示せることが必要です。たとえば労働者が手にするべき利益から不当なわけまえを奪い取ろうとする傾向がないことや、一個人にふさわしい程度を超えて自分で消費してしまう傾向がないことなど、賢明に消費するという目的にかなう資質です。

修道士は怠惰だといわれます。そういうことにしておきましょう。修道士は聖歌隊で歌わせる以外には使い道のないものだとしておきましょう。それでもかれらは歌いもせず、語りもしない人びととおなじ程度には有益に使われているわけです。すくなくとも舞台の上で歌う人間とおなじ程度には有益だといえます。社会制度によって、多くの気の毒な人びとが夜明けから日暮れまで、隷属的で屈辱的で体裁が悪く非人間的で、しばしばきわめて健康に悪い有害な仕事で働くことを余儀なくされています。修道士たちもこれらの人とおなじ程度には有益に雇用されているのです。

大土地所有層の支出には有益なものも多い

ものごとの自然ななりゆきを妨げることがもし全般に有害ではないのなら、そして奇妙に操られているこれらの不幸な民衆の労働が回転させている大きな循環の車輪を、なんらかのかたちで回らないようにすることが全般に有害ではないのなら、修道院の静寂にみちた休息を荒々しく乱すより、この不幸な民衆をその惨めな労働からむりやりにでも救い出すほうに、わたしならどこまでも心を傾けます。人間性という点からも、おそらくは深慮という点からも、わたしにはそのほうが正当だと思われてなりません。これはしばしば省察してきたことで、わたしはこの問題を考えるたびに心を動かされずにはいられないのです。人間は贅沢のくびきや妄想のような専制に服従せざるをえないもので、土地の生産物から生じた余剰を身勝手で傲慢なありかたで分配しようとするものです。しかしそれをべつとするなら、正しい秩序のある国でこんな仕事や雇用が黙認されていることは、どう検討してもとうてい正当化できるものではありません。

しかし余剰生産物の分配という目的からいえば、修道士のむだな支出は、世俗の怠惰な人びとのむだな支出とおなじ程度には目的にかなっているのです。もし現に所有している状態からえられる利益と、そこになにか変更を加えることでえられる利益がおなじなら、変更を加える動機は生じません。そしていま検討している件では、このふたとおりの利益は同程度、というよりむしろ現所有状態を維持するほうが利益が大きいようなのです。

みなさんが追放しようとしている人たちの支出と、そのあとがまにねじ込もうとしているお気に入りたちの支出を比較してみます。あとがまとくらべて追放される側の支出が、その支出の受益層を直接かつ全般的に堕落させ、悲惨にする方向に進んでいたとは思えません。大規模な土地所有者の支出とは、その土地の余剰生産物が分配されることをさすのですが、そのありかたがみなさんからみて、あるいはわたしからみて、許しがたいと思わざるをえない理由はどこにあるのでしょうか。

しかもこうした大土地所有者の支出先は、人の心の強さと弱さの歴史的記録をなす膨大な蔵書の蓄積だったりします。人間の法律や習慣を証明し、説明してくれる古代の記録や貨幣の膨大な収集だったり、自然を模倣することで創造の域を広げる絵画や彫刻の購入だったりします。その人の生前の愛情と結びつきを、霊廟を超えてながらえさせる故人の偉大な記念像の建立だったり、その特質からも好奇心を掻き立てることによっても科学への道を拓いていく自然界の標本収集だったりするのです。こうした収集は世界のあらゆる生物の属と科の代表的なサンプルを集めたものなのです。

これらの支出で獲得されたものを、もし偉大な恒久施設が、個人の気まぐれや濫費の戯れから守って保障するなら、それは悪いことですか。おなじような偏った趣味がいろいろな個人に分散していることより悪いのでしょうか。

大工や石工は汗を流して農民の家を建て、その報酬を農民の汗の結晶から受けとります。壮大な宗教建築を建築し、修復して流す汗や、悪徳や贅沢の器であるペンキ塗りの小屋、不潔な売春宿を建築し修復して流す汗も、おなじように健やかに、そして愉しいものとして流れるのではないでしょうか。数えきれない歳月をへて古びていくこれらの聖なる建造物を修理して流される汗は、移ろいゆく淫蕩のかりそめの器である歌劇場や売春宿や、クラブハウスやシャンドマルス(8)のオベリスクのために流される汗とおなじように名誉を帯び、利益をもたらすものではないでしょうか。

団体による土地継承は国家にとって利点がある

敬虔な想像力の作り出す物語によって、神に奉仕するとみなされ、高い地位をあたえられている人びとが、その慎ましい生活で消費するオリーヴや葡萄の余剰生産物は、高慢な人びとに奉仕する無益な下僕になりさがった無数の人間を養うために使われるものとくらべて悪い使われかたなのでしょうか。賢者にとって神殿の装飾は、勲章のリボンやモール、国の定めた帽章、小さな別荘やそこで開かれる宴会などの数え切れない洒落た遊びや愚かしい遊びなどよりふさわしくないものだといえるのでしょうか(豊かな人たちはこうした遊びで余剰な富という重荷を投げ捨てるのです)。

わたしたちはこんなものまで許容していますが、こうしたものを好ましいと考えるからではなく、さらに悪いものを恐れるからです。所有権や自由を確保するにはある程度までそうした寛容が必要で、だから許容するのです。ですがそれなら、疑問の余地なくあらゆる点で立派に用いられている財産を略奪するべきでしょうか。どうしてすべての所有権を蹂躙し、あらゆる自由の原理に侮辱を加えて、より良い状態からより悪い状態にむりやり変えてしまおうとするのでしょうか。

新しい個人と古い団体を比較するにあたっては、古い団体のほうにはまったく改善の余地がなかったのだろうという想定にもとづいています。しかし改善をこころみる場合、私人としての市民に可能であるもの（あるいは可能であるべきもの）とくらべれば、単独であれ複数編成であれ団体のほうが、財産使用や成員の生活様式や習慣を規制するにあたって国の公的指導に従いやすい傾向があるとわたしはいつも考えてきました。政治的な企てといえるほどの計画を立てる者にとっては非常に重大なことではないかと思うのですが、修道院財産の没収問題については、さしあたってこのくらいにしておきましょう。

司教や大聖堂参事会員や委託修道会修道院長の所有財産については、多少の土地財産が世襲以外の方法で所有されてはならないという理由がわたしには理解できません。土地財産の一定部分、がいしてかなりの部分が、敬虔さと道徳心と学識の深さを考えれば理論上、またしばしば実際にも、それを受けとる資格のある人に順に継承されていくわけです。それが絶対的にも相対的にも害悪だというのは、どんな哲学的略奪者であれ、あえて証明できるものなのでしょうか。

そうした財産はその目的上も、功績のある人びとにつぎつぎに伝えられていくもので、最も高貴な家系には革新と援助をあたえ、最も下層の家系には尊敬と上昇手段をあたえるものです。またこうした財産を保有するにはなんらかの義務を遂行することが条件になっています（みなさんがそうした義務にどういう価値をみとめるかはまたべつの問題なのですが）。財産所有者の性格には、すくなくとも外面的な礼儀正しさと重厚な態度が求められます。客人には寛大で節度のあるもてなしをしなければならず、収入の一部は慈善用の信託財産と考えなければなりません。

そしてこうした人がみずからの信託にそむき、本来あるべき性格をうしなってごく普通の世俗の貴族や紳士になりはてたとしても、略奪財産をそのまま継承する人びとより劣っていることにはなりません。義務をまったく持たない者が財産を所有するのと、ひとつでも義務を負った者が財産を所有するのと、どちらが良いですか。自分の意志と欲望以外にどんな規則も指示もなく財産を消費してしまう者が財産を所有するのと、その性格と方向性において徳をめざす者が財産を所有するのと、どちらが良いでしょうか。

またこれらの領地がすべて「死手所有」(9)に固有の性格と固有の害悪をともなって所

有されているわけではありません。こうした土地はほかのどんな財産よりも手から手へすばやく循環するものなのです。行き過ぎはよくないことですし、土地財産のあまりにも多くの部分が職務によって無期保有されるというのはいいことではありません。それでも国家財産の一部を、あらかじめ貨幣を蓄積しておくという方法にたよらずに獲得できる機会があることが、とくに大きな害になるとは思えないのです。

革命政府を合法化する手段は時効だけである

この手紙はとても長くなってしまいました。それでも取り上げている問題のはてしない広さから考えればじつは短いのですが、いろいろと連想が湧いてきてしばしば本題から逸脱してしまいました。わたしはしばらく時間をかけて、国民議会の行動のなかにこちらの第一印象を変える理由や緩和する理由がないかと考察していました。それがむだだったとは思わないのですが、すべて最初の知見が強化されただけでした。

この手紙で最初にめざしたのは、国民議会が定めた制度のおもだった根本原理を概観し、みなさんが破壊したものとそのあとに設立したものの全体を、イギリスの憲法のいくつかの要素と比較することでした。しかしこの計画はわたしが最初に考えたより広範なものになりそうですし、先例を示したとしても、みなさんがそれを手本にするつもりがないことはわたしにもわかっています。ですのでここではフランスの制度について、いくつか意見をのべるだけで満足しなければならないでしょう。わたしはイングランドの王政、貴族政、民主政の精神についてありのままに説明するつもりでしたが、べつの機会にとっておくことにします。

わたしはこれまでフランスで統治権力がどういうことをしてきたかを考察してきました。これについてはまちがいなく自由をもって述べたのです。古代からずっと受けつがれてきた人間の感情を軽蔑し、新しい原理にもとづいて社会体制を構築することを行動原理とする人びとなら、つぎのことは自然に予期するでしょう。すなわちそうした人びとの判断より人類の判断のほうが優れていると考えるわたしたちのような者は、かれらについても、その社会体制についても、裁判官のまなざしで吟味するということです。

わたしたちはかれらの理性にはしっかり注目していますが、かれらの権威はまったく気にとめていません。それくらいはあちらにも自明のことと考えてもらわなければなりません。偉大な影響力のある人類の先入観のなかに、かれらを支持する先入観はただのひとつもないのです。かれらはほかのすべての権威とあわせてこうした先入観を自分たちの管轄領域から追放してしまったわけですから、自分たちが支持をえられるという期待も抱きようがないでしょう。

フランス国民議会は国家権力を掌握しようと状況を利用した人たちの自発的結社でしかないとわたしはみなしています。最初に集まったときには正当性と権威という性格がまだあったのですが、やがてそれもうしなわれました。まったく違った性格のものになっていって、本来そなわっていたすべての関係を完全に変更し、転倒してしまったのです。かれらが行使している権利は国の基本法で定められたものではありません。

かれらは人民に選ばれて国民議会へ集まったのですが、やがて人民による支持から離れてしまいました。国民議会は古くからの慣例や、定められた法律にもとづいて行動しているわけではありませんでしたから、人民による支持だけが国民議会がもつ唯一の権威の源泉だったのです。また国民議会の最重要行動のうち、かなりの部分は絶対多数で採択されたものではありませんでした。このように小差で採択された場合、その行動にそなわる全体の権威はただ推定によるものだけですから、「わたしのような」第三者としては、決議そのものだけでなく決議の背後にある理由も検討することになります。

もしかれらがその実験的政府を、暴政を追放したあとに代替組織が必要なので樹立したというのなら、人類は時効が成立する時期を待つことになるでしょう。時効とは、長年の慣行によって、最初は暴力的だった政府を合法的な政府に成熟させるということです。

便宜にもとづき、かつ納得できる原理から生まれる政府というものがあります。すべての正当な政府はそうやって生まれ、それによって自己の存続を正当なものにしているのです。市民的秩序が保たれることを愛する人なら、こうした政府を、たとえまだ揺りかごのなかにある段階でも正当な嫡子として承認するでしょう。

またそういう人であれば、法律から生まれたのでも必然性から生まれたのでもない権力の行使を承認するのは遅くなるでしょうし、あまり望みもしないでしょう。こうした権力は社会の統一を妨げることが多いものですし、ときには破壊することもあって、悪徳や悪しき行為から生まれてくるものなのです。

国民議会はまだ一年ほどの時効しかもっていません。そのいいわけとして、自分たちは革命を遂行したのだと語っています。ところが革命を遂行するというのは、それだけでみると弁明が必要になる行為なのです。革命を起こすことは自国の既存国家を転覆させることです。こんな乱暴な行為を正当化するには、なみなみならぬ理由がもとめられます。人類の感覚から判断するかぎり、新たな権力がどう獲得されたかを検討するときは、そしてその権力がどう行使されているかを批判するときは、安定し承認された権力にふつうに抱く畏怖も尊敬もいりません。

国民議会は権力維持において着実、公共利益は偶然まかせ

国民議会がその権力を獲得し維持するために利用している原理があります。しかしそれはその権力を行使する際に従っているようにみえる原理とは正反対なのです。この原理の違いを考察すれば、国民議会の行動の背後にある真の精神を洞察できるでしょう。国民議会が権力を獲得し維持するために利用してきたすべてのこと、そしていまも利用しつづけているすべてのことは、ごくありふれた技術に依拠しています。かれらは、自分たちの野心的な先祖とまったくおなじように行動しているのです。かれらの策略や詐欺や暴行のすべてを追跡してみれば、新しい要素などどこにもないとわかります。法律文書を作成する弁護士なみの几帳面な正確さで、かれらは先例と実例に従っているのです。暴政と簒奪という権威ある先例から一歩も逸《そ》れていません。ところが公共利益について規制を定める場面では、国民議会の精神はこれと正反対

になるのです。かれらは全部、現実の試練をつうじて鍛え上げられたものではない机上の論理に丸投げしてしまいます。最も重要な公共利益を粗雑な理論にゆだねているのです。これがもし自分に利害関係のあることだったら、かれらのなかの誰であれこうした理論を信用したりはしないでしょうに。

こうした違いがなぜ生まれるのかというと、かれらは権力の獲得と維持を望むことについてはきわめて真剣だからです。ですから、すでに踏み固められた着実な道を進もうとします。ところが公共利益のことはあまり真剣に気遣っていないので、まるごと偶然にまかせてしまうのです。わたしがそれを偶然と呼ぶのは、かれらの定めた計画が好ましいものだという証明が経験のなかにまったくないからです。

人類の幸福が問題になっているとき、自分の考えかたに疑問を感じて臆病になる人がいます。そうした人があやまちを犯しても、わたしたちはいつでもその人を、尊敬の念が混じっていないわけでもない憐れみとともに眺めなければなりません。ところがあの紳士たちには、実験だからと幼児を切り刻むことなど恐ろしいと感じる優しい親の心などまったくみられません。かれらの約束は莫大で、予測はうぬぼれに満ちています。藪医者の語るほら話がじつにおとなしく聞こえるくらいです。あまりに高慢な自負心なので、いったいどこにその根拠があるのかとつくづく調べてみたくなるのです。

自己擁護の才能と困難を突破する才能はちがう

国民議会の民衆指導者のなかには優れた才能の持ち主もいて、そのことはわたしも確信しています。この人びとは演説でも著作でも雄弁です。そうした雄弁は、教養のあるしっかりした才能なしにはありえません。ただし雄弁というものは、それにふさわしい叡智がなくても存在するかもしれないのです。ですから才能について語るときには二種類の才能を区別する必要があります。まずかれらが自分たちのやりかたを擁護するためにしてきたことを検討してみると、それは非凡な才能を持った者のやりかたに思えます。いっぽうで国民の繁栄と安全を確保して、国家の力と偉大さを促進するという目的で共和国を構成するためにどういう計画を推進してきたかを検討してみると、一貫性のある包括的な精神のはたらきなど微塵もみられないのです。ごく月並みな配慮を示す実例さえ、ただのひとつもみつからないと告白するしかありません。いたるところでかれらの目的は、いかに困難を回避してすり抜けるかにあったとしか思えません。ところがこれまでのすべての技芸における偉大な巨匠たちの名誉は、こうした困難に立ちむかい、これを克服することで生まれてきたものです。この巨匠たちは眼前の難題を突破すると、それを新しい困難を克服する手段として活用し、それによって学問の帝国をさらに拡大し、人間の知性それじたいの限界を、最初のかれらの思想の地平をはるかに超えるところまで推し進めてみせたのです。

困難は人間にとって厳しい教師です。わたしたちにこの教師をあたえてくださったのは親のような後見者であり立法者であるかた［神］でした。このかたはわたしたちが自分自身を愛する以上にわたしたちを愛し、わたしたちが自分自身を知る以上にわたしたちを知っているかたでした。「父なる神ご自身は、大地を耕すいとなみがあまりにたやすくないことを望みたまわれた(10)」のです。

わたしたちと争う人は、こちらの神経を強めてくれる人、技能を鋭くしてくれる人です。敵対する人は、じつは助けてくれる人なのです。わたしたちは困難とこのように友好的に争うことで、自分が取り組んでいる問題についてくわしく知らざるをえなくなり、すべての側面からその問題を考察せざるをえなくなります。おかげで表面的な取り組みですませてしまうことができなくなるわけです。

世界の多くの国で恣意的な権力をふるう政府が生まれてきたのは、こうした「困難に立ち向かうという」課題を理解する神経が欠けていたためです。偽りに満ちた近道を好んだり、小さな欺瞞のあるたやすい道を好む堕落した傾向が、そうした政府を作り出してきました。こうした傾向が、最近フランスで成立した恣意的な君主制を作り出し、パリの恣意的な共和国を作り出してきたのです。

こうした政府は叡智の欠如を力の大きさで補おうとします。しかしそれではなにも得られないのです。怠惰という原則にもとづいて仕事を始めると、怠惰な人間に共通の運命をたどらざるをえなくなります。こうした人びとは困難から逃げ出すというより、困難に立ち向かうことそのものを避けたわけですが、進むにつれてこうした困難がふたたび顔を出してくるのです。困難はますます増え、ますます厚みを増していきます。かれらは混乱した細部の迷路に巻き込まれ、まったく方向の見当がつかないいま、際限ない努力をせざるをえなくなります。そして結局は仕事のすべてが弱々しく、有害で、不確実になってしまうのです。

恣意的な権力をふるうフランス国民議会が、改革計画を始めるにあたって廃絶と全面的な破壊に頼らざるをえなかったのは、困難と取り組むこの能力が欠けていたためです[11]。しかし技能というものを示す場は破壊と転覆の行為のなかなのでしょうか。それならフランスの暴徒でもみなさんの議会とおなじ程度にはうまくやれるでしょう。きわめて浅い理解力ときわめて粗雑な手腕でも、この仕事なら こと足ります。

思慮と熟慮と先見の明を使って百年かければやっと築けるようなものでも、怒りと逆上の力を使えば半時間で引き倒せるでしょう。アンシャンレジームの誤謬と欠陥は目にみえるもの、手にふれるものでした。それを指摘するのもごくわずかな才能ですんだでしょう。絶対権力がそなわっていれば、その制度と害悪を完全に廃棄するにはひとことで足りるのです。しかしそうした廃棄を命じた政治家たちは、いざ破壊してはみたものの、代わりになにかべつのものを構築しようとしたとたん、怠惰を愛し静謐を嫌う、ものぐさで落ち着かない気質に引きずられてしまったのです。すべてのものをそれまでと逆に反転させるのは、破壊するのとおなじくらいかんたんです。まだ一度も試されていないことをするときは困難も生まれません。かつて存在しなかったものの欠陥を発見しようとしても、その批判はほとんどつねに失敗します。激しい熱意と人を誤らせる希望は反対する声にほとんど、あるいはまったく出会うことなく、広大な想像の原野を自由に歩き回れるものなのです。

立法者には鋭い感性と慎重な歩みがもとめられる

しかし保存と改革を同時におこなうのは、これまで述べてきたこととはまったく違います。古い制度の有益な部分を活かしつつ、それまで保存されてきたものにふさわしいかたちで新しいものをつけ加えるには、潑剌とした精神、着実で根気強い注意力、さまざまに比較し結合する力、巧みにしのいでいく理解力のさまざまな手段が必要です。たがいに対立しあう諸悪が結びついて生まれる力とつねに戦いながら、あらゆる改良を拒否するがんこさとつねに戦いながら、そして自分の所有するすべてのものに倦怠と嫌悪を感じている移り気な心とつねに戦いながら、これらの手段を行使する必要があるのです。

とはいえ異議が出るかもしれません。「この種のプロセスは時間がかかる。数世代にわたる仕事をわずか数か月で実現するという名誉をになう議会にふさわしいものではない。こんなやりかたで改革していたら何年もかかってしまいかねない」という異議です。

たしかにそうですし、またそうであるべきでしょう。時間に助けを求める利点のひとつは、作用がゆっくりはたらくこと、ときにはほとんど気づかれないことにあるのです。叡智ある者にとっては、生命のない事物にはたらきかけるときでさえ慎重さと注意深さを心がける必要性が感じられるでしょう。だとすれば、わたしたちが解体し建設しようとするものが煉瓦や木材などではなく、感覚を持った人間という存在であるなら、慎重さと注意深さを心がけることは義務の一部と化すでしょう。というのも大衆の地位や状態や習慣を急激に変えた場合、相手は惨めさを感じるかもしれないからです。

ところでパリで支配的な考えかたでは、完全な立法者である唯一の資格は、無感覚な心をもち、疑問をいだかないほど自信を持つことだとされているかのようにみえます。しかし立法者というこれほど高貴な地位にもとめられる資格はそういうものではないとわたしは思います。真の立法者は鋭い感受性に満ちた心をそなえているべきです。おなじ国の人びとを愛し、尊敬する心を持つべきですし、自分自身を恐れるべきです。究極の目的を直観で一瞥して把握することは、資質としてはゆるされるでしょうが、じっさいにその目的を実現するにあたっては慎重に進むべきなのです。

支配原理には自然の造形力を活用するべき

政治的措置は社会の目的を実現するためのものですから、社会的手段だけで遂行されるべきです。そこでは人びとの心がつうじ合っていなければなりません。この心の一致が生まれるには時間がかかりますが、わたしたちがめざす善なるものを実現できるのはただ心の一致だけなのです。忍耐すれば、わたしたちの力を超えたものを実現できるでしょう。

パリではすっかり流行遅れになってしまった経験というものに、もしわたしがあえて訴えることができるなら、みなさんにこう申し上げたいと思います。わたしはこれまでの人生で偉大な人びとと知り合うことができ、またわたしなりの方法でこうした人たちと協力してきました。しかしわたしが経験したどの計画でも、そうした計画の実現で主導的な立場にあった人より、はるかに理解力が劣る人が指摘したことがらのほうが、計画をより良いものに手直しをするには役に立ったのです。

計画をゆっくりとでも着実に進展させていけば、それぞれのステップがどういう効果になるかを見守れます。ある段階でそのステップが成功したか失敗したかをみて、つぎの段階でどうしたらいいかがわかるからです。それをつうじてそれぞれのステップに光が当たり、すべての段階をつうじて安全に進められます。またシステムの各部がたがいに衝突しないようにもできます。

いちばんみこみがありそうだった策にひそんでいた害悪も、それがあきらかになった時点で対処できます。ある利点をできるだけほかの利点の犠牲にならないように活かすこともできます。わたしたちは補い、調整し、均衡をとるのです。そうすれば人間の精神や事象のなかにみつかったさまざまな異常要素や対立する原則などを一貫性のある全体として統合できます。単純性において優れたものよりは、複合性において優れたものを作りだせるほうがはるかにいいわけです。
何世代という長い継承をつうじて人類の偉大な利益がかかっているような場合、その利害にきわめて深く影響することを決める会議では、長い期間継承されてきたというその事実にある程度は配慮するべきです。正義がそうもとめるならということですが、そうした決定には、一世代では足りない多くの精神の援助が必要になるのです。最善の立法者たちはこのような視野に立って、確実で揺るぎない支配原理が政府内で確立されるということに満足します。これはある種の哲学者たちが造形する自然と呼んでいた性質の権力です。ひとたび原理を定めたあとは、その原理じたいのはたらきにまかせるのです。

フランスの立法者たちはふつうの道具を使いこなせていない

こういう仕方で作業を進めること、すなわち指導原理を定めて豊かなエネルギーを持って進むことこそが、わたしの思う深遠な叡智の有無を判断する基準です。フランスの政治家たちが大胆で勇敢な才能の〈しるし〉とみなしているものは、嘆かわしい才能の欠如を示すにすぎません。こうした政治家たちはむやみに急ぎすぎて自然のプロセスというものを軽蔑するせいで、山師や投機者が現れるたび、錬金術師や藪医者が現れるたび、みさかいなく従ってしまうのです。

かれらはごくありふれたものは利用できないとあきらめてしまっています。治療法のなかに節制をめざす食餌療法などは入っていません。最悪なのはふつうの病気をふつうの療法で治せないとあきらめていること、それもたんに理解力の欠如のせいというより、ある種の性格の悪さのせいにみえることです。そこにわたしは強い懸念をもっています。

フランスの立法者たちは、すべての職業や身分や公的地位についての意見を、風刺家たちのわめき声やおどけ声から作り出したようですが、こうした風刺家が自分たちの語ったことにすべて厳しく責任を取らされたら驚愕してしまうでしょう。フランスの政治家たちはこうした人の声ばかりに耳を傾けて、すべてのものごとをその害悪と欠点からみるようになりました。しかもその害悪や欠点を誇張した彩色をとおして眺めたのです。

それは逆説ではとお思いになるかもしれませんが、まちがいなく真実です。ですが一般的に、ものごとの欠点を発見してあばくことに慣れている人びとは改革作業には不適格なのです。公正で善いものをみわけることに精神が慣れていないうえ、それを軽蔑することに喜びを感じるのが習い性になっているからです。悪徳を憎みすぎ、人を愛さなくなりすぎているのです。

だとすればこの人たちが人間に奉仕する気持ちも能力もなくしていても、なにも驚くことはありません。フランスの指導者の一部に、あらゆるものを破壊しようとする傾向が体質的にそなわっているのはそのためです。この邪悪な戯れにたずさわるときには、かれらの四つ足の獣としての活動がすべてむき出しになります。

そのほかの側面でもこれらの紳士は、雄弁な著作者たちの逆説をほんとうの意図とは違った仕方で解釈しています。趣味を育み、文体を改善するというのがほんらいであって、書き手は自分の才能をためし、人びとの注目を集め、驚きをよびさますという純粋な戯れとしてこうした逆説を述べるものです。ところがくだんの紳士たちはこうした逆説を本気で自分の行動の土台にしてしまいました。逆説をよりどころにして国家の最も重要な利害を規制しようとするのです。

キケロは軽蔑したようにこう述べたことがあります。ストア哲学を学ぶ若い子弟たちの機知の才能を磨く教材として作られた逆説があるが、カトー(12)はそれにもとづいて国にかかわる行動を遂行しようとしたというのです。このカトーの逸話がほんとうであれば、フランスの政治家はカトーの時代に生きた者のやりかたに習っているのです。それこそ「はだしのカトー」⑬です。

かつてヒュームは、制作原理の秘密をルソーから学んだとわたしに語ってくれたことがあります。エクセントリックではあっても鋭い観察者だったルソーは、読者の心を一撃して注意を引くには、驚異を作り出してみせなければならないと気づいていました。異教の神話の驚異はとうにその効果をうしなっているし、あとにつづく巨人や魔法使いや妖精や空想物語の英雄も、いにしえの信じやすい心をあてにすることはもうできない。現代の書き手がまだ作り出せて、かつてと違うありかたで大きな効果を発揮できる驚異にはつぎのものしか残されていない。それはすなわち人びとの生活や風俗や性格や異例なできごとからの驚異で、政治と道徳において目新しい予想外の衝撃をあたえるものだけだというのです。

もしルソーがまだ生きていて、ときおり訪れた精神の澄明な時期にあったら、自分の生徒たちが行動で示している熱狂に驚愕しただろうと思います。こうした生徒たちはその逆説において奴隷のようにルソーを模倣し、なにも信じようとしない姿勢においてはルソーに対する絶対の信仰を示しているのです。

8　国民議会の業績評価

革命者たちの業績を調べてみる

なにか重要なことがらに取り組む人は、通常の方法を利用している場合でもそれなりの能力があるという証拠をわたしたちに示すべきです。まして国の医者になる人びとが、病気を癒すことでは満足せずに国家体制まで刷新しようとするのであれば、なみなみならぬ力がなければなりません。こうした作業においていかなる慣行にも頼らず、いかなる手本にも従わないという人びとが立てる計画である以上、そこにはずば抜けた叡智の発露がはっきり示される必要があります。そういう叡智はみられたのでしょうか。

それを調べるために、これからフランス国民議会がおこなってきたことを概観してみようと思います（これほど重要な主題としてはごく短いものになるでしょうが）。まず立法部の構成について検討したあと、行政部の構成について調べてみます。つぎに司法部の構成を検討し、軍隊のモデルについても調べ、最後に財政システムを検討し、かれらの計画のどこかしらにでも、この大胆な改革者たちが人類に対して卓越していると自負することが正当だといえるような驚異の能力が現れているかどうかをみてみましょう。

主権者モデルは立法者の能力があらわになる

こうした驚異の能力があらわになる場所として期待できるのは、この新しい共和国を指導する主権者のモデルでしょう。ここでかれらは、その誇り高い自負心に値する者だと自分を証明しなければなりません。この論点にまつわるかれらの計画全般と、計画の根拠になった理由づけについて、わたしは一七八九年九月二十九日の議会議事録と、後日この計画に修正を加えた議会の議事録を参照することにします。かなりの混乱は見受けられますが、システムそのものは最初の構想からそれほど変化していないことがすぐわかります。

ここではそのシステムの精神と傾向について手短かに指摘し、さらにかれらが作り出したという民衆国家が適切といえるかどうかをかんたんに指摘してみます。およそ国家というものを作る目的に、とくにこうした民衆のための国家を作るという目的に、それはかなっているのでしょうか。また同時に、このシステムそれじたいに矛盾がないか、またその原理と矛盾がないかも、わたしは検討するつもりです。

古い制度というものは、それがどういう効果をあげているかという観点から点検できるものです。人びとが幸福で、統一されていて、豊かで力強いなら、そのほかのこともうまくいっていると考えられます。その制度から善なるものが生まれているということ、わたしたちはそこからその制度が善いものだと結論できます。古い制度では、それが理論から逸脱した場合にそなえてさまざまな矯正手段がみられるものです。こうした矯正手段はさまざまな必要性と便宜的な都合によって生まれたもので、理論で構築されたものではまったくないことが多いのです。逆に理論のほうがこうした矯正手段から生まれるのです。

古い制度では、最初の計画で想定されていたものとはまったく調和しないような手段から最善の結果が生まれることが多いというのもわかっています。経験から導かれた手段のほうが、最初の計画で組まれていた手段より政治上の目的にはふさわしいかもしれないのです。またこうした経験的手段が最初の政治構造にはたらきかけていって、もとの計画から逸脱してみえるこうした経験的手段のほうが計画そのものを改善することもあるくらいです。

イングランドの憲法には、不思議なくらいこうしたことが例証されているとわたしは考えています。最悪の場合でも船位計算の誤謬や逸脱が発見され、確認されて、計算され直した船は正しい進路を進みつづけられます。古い制度ではこういうことが起こるのです。ところがたんに理論的であるというだけの新しいシステムでは、すべてのこころみは外見上、目的にかなっていると期待されています。とくに立案者が新しい建物を建築し、古い建物の土台や壁に合わせて調整をこころみる必要がないときは、そう期待されるわけです。

現在のフランスの立法システムは三つの基礎からなっている

フランスの建築家たちは目に入るすべてをがらくたとして一掃し、自国の庭園装飾専門の庭師のようにすべてをまったくおなじ水準にならしました。そのうえで、全国の地方および中央の立法組織に幾何学的基礎、算術的基礎、財政的基礎という三種類の基礎をおくよう提案しました。第一の幾何学的基礎は「地域の基礎」、第二の算術的基礎は「人口の基礎」、第三の財政的基礎は「租税負担の基礎」と呼ばれています。

1　幾何学的基礎――全国を正方形に区分した

かれらは第一の「地域の基礎」を実現するために、縦一八リーグ、横一八リーグという正方形に国土を分割し、合計で八三の地域に全国を区分しました。これら大区分を県（デパルトマン）と呼びます。さらにおなじような正方形による分割原理を県にもあてはめて計一七二〇の区域を作り、これを自治体（コミューン）と呼んでいます。さらにこの自治体にもおなじ正方形の分割原理をあてはめて、区（カントン）と呼ぶ小区域を作りました。これは合計で六四〇〇区になります。

ぱっとみたところでは、こうした幾何学的基礎による分割には、ほめるところも非難するところもないようにみえます。こうした分割をするのに特別な立法の才能はいりません。実現するには土地測量士が鎖と照準器と経緯儀を使って正確に測定すればすみます。

それまでの国土分割方式では、さまざまな時点でさまざまな偶発事があり、それぞれの領地や裁判権の浮き沈みで地区の領域が決定されてきました。まえは区域境界線が固定されたシステムで決定されていなかったことはたしかです。そのせいで不便なこともいくつかはあったでしょう。しかしこうした不便は実際に運用する際に是正手段がみつけられ、慣習の力や、適応と忍耐の力でそれが実現されてきました。ところが正方形のなかに正方形を作り出すという新しい地域分割方式は、政治的原理にもとづいたものではありません。エンペドクレスとビュフォン(1)のシステムに依拠して全国を分割し、それをさらに再分割するというものですので、人びとは不慣れで、数えきれない不便な問題が地方レベルで発生せざるをえなかったわけです。ただしこの問題にはふれないでおきます。くわしく論じるにはフランスについて正確な知識が必要ですが、わたしにはそれがありません。

幾何学的基礎は最悪の不平等を生んだ

国家を地域に分割したこの測量技師たちは自分の測量事業を再検討してみて、政治における最も重大な誤謬は幾何学的証明に頼ることだったとすぐ気づきました。そこでかれらはこの誤った土台の上でぐらついている建物を支えるためにべつの基礎、べつの支持壁に頼らざるをえなくなりました。

各地の土壌の肥沃さ、人口の多寡、民の富裕度、租税負担の大きさなどは正方形に分割された各区域で無限に異なるわけですから、国家における権力の基準に測量をおくのは奇妙な話で、人間の住む地域を分割するうえで幾何学的平等というものが最も不平等な方法だったことはあきらかでした。しかしかれらはこの方法をあきらめることもできなかったのです。

そこでかれらはフランスの政治的代表および社会的代表の制度を三つに分割し、その一つにこの正方形の測量方式を適用しました。ですがこの代表制度の地域比率が正しく適用されたのかどうか、また三分の一が必然だとしたのはどういう原理によるのか、それを確認するための事実はあきらかにされていません。その計算も示されていません。おそらく幾何学という崇高な学問への敬意からこう分割したのだと想像しておきます（寡婦のわりあては財産の三分の一という、あれでしょうか）。

2　算術的基礎——選挙権にお金を払う制度が人権を破壊した

さて人口についての原理を適用する際になると、国土に対する幾何学原理の適用ほどスムーズには作業を進められませんでした。算術的原理が法の形而上学を圧迫することになったからです。かれらがこの形而上学の原理に忠実であろうとすれば、算術的原理をごくかんたんに適用することができたでしょう。かれらの考えでは人間は厳密に平等な存在で、政府に対しておなじ権利をそなえているからです。このシステムにしたがえばそれぞれの国民が同等の投票権をもち、立法府で自分を代表する人物を、直接選ぶことになります。ただし「まあゆっくりと、順々に、まだまだ(2)」という感じでおこなうのです。

この形而上学的原理は法律や慣習や慣行や政策や理性を従わせるはずのものでしたが、適用するにあたっては逆にそれらに道を譲らなければなりませんでした。国民の代表が自分を選んだ有権者に出会えるまでには多くの等級と多くの段階をへなければなりません。これから検討しますが、じつのところ国民の代表と有権者というこの二者の間にはどんな共通関係もないのです。

まず第一に、各区の有権者はいわゆる区の予備選挙人会に代表を選出する必要があるのですが、そのためには選挙資格というものが必要になるのです。これはいったいなんですか。剝奪しえない人間の権利に、資格制限ですか。でもそうなのです。ところがこれはごく小さな資格制限にすぎない、この不正にほとんど抑圧性はない、資格を得るには地域ごとの価値にてらして労働三日分の賃金にあたる金額を国に支払えばいいというのです。

ですが、なぜですか。たしかにたいした金額ではないでしょう。しかしこれではみなさんのいう平等の原理が完全に覆されてしまうのではありませんか。資格制限としては、ほうっておいても変わりはないかもしれません。この資格制限は、制限する目的じたいなにひとつ達成されないようなものです。しかしこの資格制限で一票の権利を奪われるのは、自然的平等の原理からみればすべての人のなかで最も保護と防御を必要とする人、すなわち自分を守る手段として自然的平等のほかになにも持っていない人なのです。

みなさんはこの人に、一票の投票権を金で買えと命じます。ところがそのまえはこの人に向かって、この権利は生まれながらに自然から無償であたえられたもので、地上のいかなる権力もそれを合法的に奪うことはできないと教え諭していました。みなさんの市場に登場しえないはずの人に対して、暴君さながらの貴族制を確立してしまったのです——貴族政治こそは不倶戴天の敵だと最初に宣言していたのにです。

有権者の資格の違いはさらにこまかく規定されます。区の予備選挙人会は、選挙資格のある住民二〇〇人に一人の割合で自治体に代議員を送ります。これが予備選挙人と代表制の立法者とのあいだにある最初の中間段階です。これは人間の権利を制限するために第二の資格制限をもうけたことになります。いわばべつの、新しい通行税の徴収所です。というのは自治体代表として選任される資格は、一〇日分の賃金にあたるお金を払った人にしかあたえられないからです。

制限はこれで全部ではありません。べつの資格制限がまだあります。というのは区の予備選挙人会から自治体に選ばれた代表が、さらに県議会に送る代表を選び、さらに県議会で選ばれた代表が、全国議会に送る代表を選ぶのです。ここでまた無意味な資格制限が第三の障壁として定められています。全国議会に送られるすべての代表は、直接税として銀一マルク相当の金額を払わなければなりません。[3]

こうした資格制限はすべておなじ意味だと考えるしかありません。こうした資格制限は議員の独立を保障するには無力で、ただ人間の権利を破壊することにだけ強力にはたらくものです。すべてのプロセスは、基本的要素としては自然権の原理にもとづいて人口だけを考慮しているようにみえますが、じっさいには財産に注目していることがあきらかです。これがかれらの計画でなければ公正で妥当かもしれませんが、かれらの計画としてはひとかけらも支持できないことなのです。

3　財政的基礎——富による不平等が地域間に生じた

さて第三の基礎、すなわち租税負担の基礎にいたっては、かれらが人間の権利についての自分たちの考えを完全に見失っていることがわかります。第三の基礎のすべては財産にもとづいているのです。ここで主張されているのは人間の平等とはまったく異なる原理であって、どうみても両立しえません。

ところが人間の平等というこの原理も、例によって、認められると同時に覆されてしまうのです。しかも覆される理由は（いずれ検討しますが）富のもたらす不平等を自然の水準に近づけるためではありません。この第三の代表の項目には特別に配分された点があるのですが、これは高額納税者だけに特別に認められたもので、税金を支払う個人ではなく、地域だけを考慮したものなのです。

かれらの議論の進めかたを調べていくと、人間の権利と富裕者の特権という二つの対立した観念のために、かれらがどのくらい困惑したかがよくわかります。憲法制定委員会は、この二つがまったく調和しようがない観念だと認めているようなものです。

かれらはこう主張します。「個人間の政治的権利の均衡をとることが問題である場合、どのくらい税金を払ったかがまったく意味がないことはあきらかである。実際にこういう権利の均衡なしでは個人の平等は破壊され、富裕者の貴族政治が樹立されることになるだろう。しかし租税負担の比率を大きな集団だけ、すなわち地方間で考えれば、不都合な問題は解決される。この方式を使えば複数都市で相互に正しい均衡が確立され、市民の個人的権利にはまったく影響しないだろう」。

ここでは租税負担の原則は個人間の関係としては無効で、平等を破壊する有害なものとみなされています。それは富裕者の貴族政治につながるからです。とはいえこれを放棄することもできません。そこでこの困難な問題を解決する方法として選ばれたのが、それぞれの県に住むすべての個人間の関係は対等なものにしておいて、県と県のあいだに不平等を持ちこもうとする方法でした。ところが県の内部において個人の選挙資格を定めた時点で、個人間の平等はすでに破壊されていたことを忘れるわけにはいきません。また人間の平等が破壊された以上、それが集団において破壊されるか個人において破壊されるかは、そう大きな違いではないということも忘れてはいけません。

少数で代表される集団における個人と、多数で代表される集団における個人では、その重要性に違いがあります。自分の平等を維持することを強く望んでいる人に向かって、議員を三人選出する選挙人も、一〇人選出する選挙人も、おなじ選挙権があると言いきかせても、なっとくはしないでしょう。

富を基準にするのに富裕者に特権をあたえない矛盾

さてこの問題をべつの観点から考察するために、納税額に応じた代表制という原理、すなわち富の大きさに応じた代表制という原理がうまく構想されたもので、かれらの共和国のために必要な基礎になると想定してみましょう。この第三の基礎においては富というものが尊敬すべきものであること、そして富を持つ者は公的な問題の運営にあたってなんらかのかたちでより大きな発言権をもつ資格があることを、正義の観点からも政策の観点からも必要なものとして想定していることになります。

するとつぎに問題になるのは、富裕者が個人として大きな権力を持つことは否定しながら、その富を理由として、富裕者が住む地域には大きな権力が認められ、それによって富裕者がその卓越だけではなく安全性まで保障されるようにするために、国民議会はどういう措置を定めているかです。

民主主義的な基礎を持つ共和国政府において、富裕者は君主制の場合よりもはるかに大きな安全の保障を必要とすることはもちろんわたしも認めます。これはある種の根本的な原理だと考えることもできるでしょう。かれらは嫉妬の対象になりますし、嫉妬のために抑圧の対象になりがちだからです。

ところで現在の計画では、さまざまな地域に不平等な代表制が認められているのですが、こうした貴族主義的な優先によって富裕者はどういう利益を手にするのでしょうか。それはみとおせません。こうした扱いで自分の品位が高められたと感じることも、財産が保証されたと感じることもできないのです。というのもこの貴族主義的優先が適用された地域は、純粋に民主主義的な原理で形成されたものだからです。

またその地域が全国水準の代表として優先的な地位を認められたとしても、認められる根拠になった財産を所有する個人にはなんの関係もなく、なんの結びつきもありません。もしこの計画の立案者が租税負担の大きさを理由になんらかのかたちで富裕者を優遇するつもりだったのなら、富裕者自身または富裕層という階級に、なにかの特権をあたえるべきでした。

歴史家はローマ初期の国制においてセルウィウス・トゥリウス(4)がこういう特権を認めたと伝えています。なぜなら富者と貧者の戦いは、法人同士ではなく個人同士の戦いだからですし、地域同士ではなく身分同士の戦いだからです。

この計画はむしろ逆にしたほうがほんらいの目的にあっていたでしょう。つまり地域の投票権は平等にしておいて、各地域内で財産の多寡に応じて不平等な投票権を定めるべきだったのです。

いま、ある地域で一人の人が隣人一〇〇人分の税金を支払っていると考えてみます（これは十分ありうることです）。ところが彼は一票しか持っていません。地域代表が一人だけだとすると、選出にあたっては貧しい隣人一〇〇人の一〇〇票に、彼の一票は負けることになります。これは困ったことです。では彼のために修正を加えるにはどうすればいいでしょうか。この富裕者のために一人の地域代表ではなく、たとえば一〇人の代表を選出するのです。するとこの人物は非常に多額の税金を支払うことで、代表選出にあたって一〇〇対一の比率で負けるのではなく、さいわい一〇対一の比率で負けるようになるわけです。

ところが富裕者は代表の数が増えたことで恩恵をこうむるかわりに、新しい困難を背負うことになります。地域で選ばれる代表者数が増えれば、徒党を組んで陰謀をくわだて、人民に追従する代表が九人増えるからです（民主的な候補がいれば九人以上です）。この新代表は富裕者の負担する費用で彼を抑圧するために選ばれるのです。

いっぽう下層大衆には、パリに住む快適さや王国政府に参加できる喜びに加えて、一日一八リーヴルの給与を手にするという利益もあたえられます（かれらにとっては高額です）。野心の実現対象が増えて民主的になればなるほど、それに正比例して富裕者の危険は増します。貴族主義的とみられるような状況の地方では、貧しい人と豊かな人の関係はこうならざるをえませんが、その内部には貴族主義と逆の、民主主義的な関係しかないのです。

また外部との関係、つまりほかの地方との関係でいえば、富んだ地域に貧しい地域より多くの代表を割り当てるという不平等な代表制度がどうして国家に均衡と平安をもたらす手段になるのか、わたしにはまったく理解できません。弱者が強者に押しつぶされないようにすることが国家の目的のひとつなら（あらゆる社会の目的のひとつはこれで、そこは疑問の余地がありません）、豊かな者による圧政から貧しく小さな者を救うにはどうすればいいのでしょう。貧者を抑圧する新しい組織的手段を富者にあたえて解決になるものでしょうか。

消費税など間接税のほうがまだ自然

さまざまな法人の代表間に均衡が生まれるまでには、個人間でみられるように、地方の利害や競争や嫉妬が激しく展開されるでしょう。ですがこうした地域間の分裂は個人の場合以上に激しい不和の精神を生じさせて、はるかに戦争に近い状態になるでしょう。

貴族主義制度に近い状態といえるこれらの地方集合体は、いわゆる直接税の原理に従って構成されているとわたしは理解しています。しかしこれほど不平等な基準はありません。それよりは消費に対する賦課金にもとづいた間接税のほうが実際に優れた基準ですし、直接税より自然なかたちで富のありかを追跡して発見できます。

とはいえ直接税と間接税のどちらであれ、あるいはその両方であれ、代表の選出にかんして特定地方を優先する基準としては難しいものがあります。いくつかの地方が直接税や間接税をほかより多く払っていたとしても、それがその地方固有の原因からきているのではなく、べつの地方の原因のためにみかけの納税額が多くなっていて、そのために代表選出で優先されるにすぎないということがありうるからです。

かりに地方が独立主権を持つ団体で、明確な分担金を支払うことで連邦政府の財政をまかなうことになっていたとします。連邦政府の歳入に全国をつうじて徴収される多数の賦課金が（いまと違って）ふくまれていない場合なら、各地方にもとづいた租税貢献の基礎という考えかたもある程度は容認できるかもしれません。ただこうした全国的な賦課金は地域団体ではなく個人に課せられるので、その性格上すべての領土の領界は曖昧になってしまうのです。

しかしなににもまして、このように租税貢献額から定める代表制は、国家における平等性の原則とはいちばん折り合いをつけにくいのです。国は各地域を、全体を構成する一部とみなすものだからです。ボルドーやパリのような大都会は、ほかの地方とはくらべものにならない多額の税金を支払う団体とみなされ、その大都会が属する地方もおなじようにみなされることになります。

ですがこれらの都市はほんとうにそんな比率で納税に貢献しているのでしょうか。いえいえ。港町ボルドーに輸入された商品の消費者はフランス全土に分散しています。その人たちがボルドーの輸入税を支払っているのです。ギュイエンヌやラングドック地方は、そこで生産されたワインを販売することで、その輸出産業が払う税金の支払い能力を手に入れています。地方の地主がパリで自分の資産を消費するとき（それによってかれらはパリを作り出す役割をはたすのですが）、この地主たちは自分が収入をえている地方から、パリのために納税していることになるのです。

直接税の納税額にもとづいて代表者数を決定するという方式にも、ほぼおなじことがいえます。というのも直接税の納税額は実際の富あるいは想定された富にもとづいて査定しなければならないのですが、地方の富はその地方にそなわる原因ではないところから生まれるかもしれず、衡平の原則から考えればその地方を優先するべきではないからです。

集団の代表を直接税の納付額にもとづいて決定するというこの基本規定において、直接税をどう賦課し、どう割り当てるかがまだ未決定であることは注目に値します。この奇妙な手つづきには、現在の議会を継続させるための隠れた政策が暗にふくまれているのかもしれません。しかしそこが決まらなければ明確な国家体制は確定しません。それは結局のところ課税システムによって決まるのであって、このシステムがどう変化するかに応じて、これもまた変化せざるをえないのです。

すなわちかれらの企図ですと、課税システムが国家体制に依存するというよりは、国家体制が課税システムに依存することになります。これは集団内部に大きな混乱を引き起こさざるをえないでしょう。というのも実際の選挙戦が始まれば、地域内の投票資格について際限のない論争が始まるにちがいないからです。

三つの原則のくいちがいが強い不平等を生む

これらの三つの基礎をあわせて比較するにあたって、その政治的理由という観点からではなく、国民議会の活動のもとになっている発想という観点からくらべてみて、その一貫性をはっきりさせてみたいと思います。するといやでも気づかざるをえないことが出てきます。つまり議会の委員会が「人口の基礎」と呼んでいる原則は、あとの二つの原則「地域の基礎」「租税負担の基礎」とは同じ出発点に立っていないということです。あとの二原則のほうには貴族主義的な性格があるのです。結果として三つの原理がいっしょに機能し始めると、「人口の基礎」の原則があとの二原則に作用して、これ以上ないくらい不条理な不平等が生じてきます。

各区が四リーグ平方の面積で、そこに平均四〇〇〇人の住民がいて、予備選挙人会の有権者は六八〇人程度だと想定してみましょう。有権者数は区の人口に応じて変わりますが、有権者二〇〇人につき一人の代議員を自治体に選出し、九つの区で一つの自治体が形成されるとします。

いま、このなかで貿易をおこなう港湾都市または製造活動をいとなむ大都市がある区について考えてみましょう。この区の人口が一万二七〇〇人で有権者は二一九三人だとしますと、区内に三つの予備選挙人会が形成され、自治体に一〇人の代議員を送ることになります。

この区と、その自治体にふくまれる残り八区のうち二つの区を対比して考えてみましょう。この二つの区にはそれぞれ、ほぼ四〇〇〇人の住民と六八〇人の有権者がいるとします。二区の合計は八〇〇〇人の住民と一三六〇人の有権者です。しかしこの二つの区の予備選挙人会は計二つだけで、自治体には計六人しか代議員を送らないことになります。

自治体の議会が地域の原則にもとづいて投票をおこなうとすると（この議会では地域の原則がなにより優先されているものとします）県議会に送るのは三名の代議員です。この選出は地域の原則どおりおこなうという明示的根拠にもとづいた場合、ほかの二区の合計と比べれば半分の面積しかない一つの区が一〇票を持つことになります。いっぽうの二つの区はあわせて六票しかないのです。

この不平等にはそれじたいで驚きます。自治体のなかで要をなす一つの区の人口が自治体の平均水準を上回っているのに対して、ほかの複数の区で人口が平均を下回っている場合を想定してみましょう。これはごく普通にありうることだと思いますが、その場合この不平等はさらに大きくなります。

つぎに租税負担の基礎を例に考えてみましょう。この原理も自治体の議会において最優先されることがあります。ここでもまえとおなじように大きな貿易都市や大きな製造都市がある一つの区があると考えてみましょう。この都市に住む住民が支払う直接税の合計をその都市の住民間で均等に分割してみましょう。そうするとおなじ区の農村に住む個人についておなじように直接税の納付額を均等分割してみた場合、都市の住民は農村の住民よりもはるかに多くの直接税を支払っていることがわかります。都市おそらく都市の住民の納付額を合計すると農村の住民の納付額を上回っているでしょう。おそらく三割程度は多いと考えられます。

すでに述べたようにこの区は人口一万二七〇〇人で有権者が二一九三人です。この区は、この自治体のほかの区の人口を一万九〇〇〇人、有権者を三二八九人と想定して、これらほかの区と等しい額の税金を納付しているが、それはほかの五つの区の人口および有権者の人数とほぼおなじであると想定します。

またすでに確認したようにこれらの二一九三人の有権者は、自治体議会に一〇人の代議員を送るだけですが、有権者三二八九人の残りの区は、一六人の代議員を送ることになります。このように自治体全体では租税負担の原則において平等に代議員数が割り当てられているにもかかわらず、実際には県議会に選出される代議員数に一〇人と一六人という違いが生まれるのです。

おなじ計算方法で、自治体全体の租税負担について六分の一だけ少なく支払っているべつの複数の区では、人口一万三八七五人で有権者二七四一人だとすると、さきに述べた人口一万二七〇〇人で有権者二一九三人の区より三人も多くの代議員を県議会に送ることになります。

このように地域原理と租税負担原理にもとづいて代表者を選出した場合、さまざまな集団の間で奇妙で不正な不平等が発生することがわかります。この方式で定められている選挙資格は否定的な性格のもので、資格が多くなるほど権利が小さくなるのです。

こういう三つの基礎から構成されている全体の方式は、どういう観点から考察してみても、さまざまな目的が調和した一貫性のある全体を構成しているとはどうしても思えません。複数の矛盾する原理が、みなさんの哲学者の手でいやいやながら和解しがたいありかたで持ち込まれ維持されているとしかわたしには思えないのです。まるで野獣たちがひとつの檻に閉じ込められてたがいに引っ掻きあい、嚙みつきあい、結局おたがいに殺しあうのとおなじような状態にみえます。

わたしは、国家体制の形成をめざすかれらの考えかたに立ち入りすぎたかもしれません。かれらには多くの形而上学がありますが、どれも粗悪です。かれらには多くの幾何学がありますが、どれも粗悪です。かれらには多くの比例算術がありますが、どれもまちがっているのです。かりにこれらの形而上学や幾何学や比例算術がどれも正確で、かれらの計画にすべての部分で完全な一貫性があったとしても、いくらか美しくみばえのする景色が広がるだけのことでしょう。

人間を再編成するという偉大な仕事をこころみながら、そこにいかなる道徳性や政治性への配慮もみられないということ、そして人間の懸念や行動や情熱や利益についての配慮がまったく見られないということは、なんとも注目に値します。「かれらには人間としての味がない」のです。

おわかりのようにわたしはここで、フランスの国家体制をたんに選挙制度の観点からしか考察していません。区から始まって国民議会にいたるまでの選挙制度という観点だけです。県内部の統治機構について考察するつもりはありませんし、区や自治体から県にいたる系譜についても考察するつもりはありません。最初の計画では、これらの地方政府はできるかぎり選挙にもとづいた議会とおなじようなかたちで、おなじ原理にもとづいて構成されることになっていました。地方政府はそれぞれ完全に閉じた、完結した組織とされていたのです。

この計画をご覧になれば、そこにはフランスをさまざまな共和国に分裂させ、それらの共和国をたがいにまったく独立したものにするような直接的で端的な傾向があることがおわかりになると思います。そこには国家体制をつうじて一貫性と結合と従属関係が作り出されるような手段がまったく定められていないのです。それぞれの独立共和国から派遣された大使としての代議員が全体会議で決定したことがらに従うことが定められているだけです。国民議会というのはじつのところそういう性格の組織なのです。

たしかに世界にはこうした政府もあることをわたしも認めます。ですがフランス以外の国のこうした政府は、自国の民衆の地方的で習慣的な事情に、はるかに合った形式を持っています。ただしこうした政府は国家組織というより連合体に近く、一般には必然の結果として生まれたもので、選択の結果として作られたものではありません。ですからフランスの現在の権力は市民の団体として世界で初めて自国の国家について絶対的な権利を獲得したうえで、こういう野蛮な方法で国家を分裂させようとした組織のように思えるのです。

こういう幾何学的分割と算術的処理の精神のなかで、これらの市民と称するフランス人たちがまるで征服した国のように自国を取り扱っているさまを見逃すことはできません。かれらは征服者のように行動しながら、あの最も過酷な人種が採用した最も過酷な政策を模倣したかのようです。こうした野蛮な勝利者は服従した人民を軽蔑し、人民の感情を侮辱しながら、由緒ある国にみられる宗教と政治と法律と習慣のなかに

残された あらゆる痕跡を拭い去ることをめざす政策を採用しました。

かれらの政策はあらゆる領土的境界を混乱させ、あらゆるところに貧困を作り出し、人びとの財産を競売にかけ、君主や貴族や高位聖職者を破滅させることをめざしてきました。そして水準を超えて抜きん出ようとしたものはすべて貶め、散りぢりになって困窮した人民を古い思想の旗印のもとに集めて結びつけるために役立つようなすべてを貶めることをめざしました。

かれらはフランスを自由にしましたが、そのやりかたはかつて人間の権利の真摯な友人だったあのローマが、ギリシアやマケドニアやその他の諸国を自由にしたのとおなじ方法だったといえます。ローマはこれら諸国の都市に自由をあたえるという見せかけのもとで、その統一の絆を破壊したのです。

フランスの新制度はローマの衰退期と似ている

これらの区や自治体や県といった新しい組織は、いわば混乱という方法で意図的に作り出された制度です。こうした組織に所属する人たちは、いざ仕事を始めるとおたがいに自分たちがまったくのよそ者だと気づくことになるでしょう。

この組織のいたるところ、とくに農村区でそれが強いはずですが、有権者も選出者も、自分に社会的な慣習や結びつきがまったくないことにしばしば気づかされるはずです。そして真の共和国の魂といえる自然の規律がまるでそなわっていないと気づくでしょう。組織の司法官も徴税役人も、自分がはたらく地域になじみがなく、司教は自分の管区になじみがなく、司祭は自分の教区になじみがないということになるでしょう。

これらはいわば人間の権利の新しい植民地で、衰退期のローマの政策を観察したタキトゥスの目に映った軍の植民地にきわめて似ています。繁栄した賢い時代のローマ人は異民族との関係でどういう方針を採用したときも、異民族を組織的に持続させる方法と植民地を形成する方法が矛盾なく両立しうるように、そして軍の規律のなかに市民的規律の土台がすえられるように慎重に配慮したものなのです。(5)

しかし優れた技術がことごとく崩壊したあとは、フランス国民議会とおなじように人間の平等という理論にもとづいて、ごくわずかな判断力も行使されませんでした。国家というものを、どうにか耐えられる持続可能なものにするうえで必要なことにさえほとんど留意しなかったのです。

この観点からみればみなさんの新しい国家は、ほかのあらゆる事例とひとしく疲弊して堕落した共和国の特徴であるあの腐敗のなかに生まれ、育ち、養われています。その人相はみなさんの子供は、生まれたときからすでに死の兆候を示しています。「ヒポクラテスの顔」[6]を特徴として、その運命をあらかじめ示しているのです。

立法者は人間の自然な性質を理解する責任がある

古代共和国の枠組みを作った立法者は、自分たちの仕事が困難なもので、大学生の形而上学や徴税役人の幾何学や算術のような道具では任務をはたせないとよく知っていました。かれらの任務の対象は人間で、人間の自然な性質というものを研究しなければなりませんでした。かれらの任務の対象は市民で、社会生活のさまざまな状況をとおして伝えられる市民習慣の影響というものを研究しなければなりませんでした。古代の立法者たちが敏感に感じとっていたのは、習慣という人間の第二の自然が人間の第一の自然にはたらきかけて新しい組み合わせをもたらすことでした。人間の多様性を作るものは生まれや教育や職業や寿命の違いだったり、都市に住むか農村に住むかの違いだったり、各人が自分の財産を獲得して維持する方法の違いだったり、財産そのものの性質の違いだったりするということを感じていたのです。こうした違いによって人間は、まるで種の違う動物のように違う性格を帯びるようになります。
これをつうじて古代の立法者たちは、それぞれに特殊な習慣を持つ市民を国家のなかでふさわしい等級に分類し、ふさわしい地位におく必要があると考えました。そして市民たちが置かれた特有の状況のなかで必要なものを確保できるよう、各市民にふさわしい特権を割り当てる必要があるとも考えました。こうした特権をつうじて各身分の人びとは、自分を対立関係から守る力を獲得することができます。そうした関係はすべて複雑な国家のなかでは必ず存在せざるをえないもので、たがいに争い合うような利害の多様性から生まれてくるのです。
粗野な農民たちでも、自分の羊や馬や雄牛をどう選りわけて使うかをよく知っているはずです。どれもすべて動物だからと抽象化して同等に扱ったりしないで、それぞれの種にふさわしい餌と注意と運動をあたえるに足る常識があります。それなのに立法者である者が、自分の率いる群れに対して人間一般という以外になにも知らなくていいと決意するなら、自分を恥ずかしいと思うのがあたりまえではないでしょうか。立法者は人間という種の家計と世話と司牧を担当してそれに責任を負う者なのですから、夢見る形而上学者のように思い上がってはいけません。古代の偉大な立法者たちがそ
モンテスキューはその理由を正しく指摘しています。

の偉大な力を発揮して自分の力を超えた高みにまで昇ったのは、市民の分類(7)という作業においてであったというのです。

まさにこの作業において現代のみなさんの立法者たちは、否定されるしかない立法者の群れのなかに深く落下したのです。自分の無力をさらに下回るような深みにまで沈んでしまいました。古代の立法者たちは異なる種類の市民に着目し、そうした市民をひとつの国家にまとめあげていきました。ところが現代の立法者たちは、形而上学的で錬金術師的な立法者として、まったく逆の道に進んでいったのです。かれらはあらゆる種類の市民をできるかぎり混ぜ合わせてひとつの均質的な集まりを作ろうとしました。ついで自分たちが作り出したこの合金を分割し、たがいに無関係な複数の共和国にしようとしたのです。かれらは人びとを、その立場によって権力が生まれる人物としてではなく、たんに数えるだけに有効な、ばらばらのコインのような存在にしてしまいました。

かれらの好きな形而上学の要綱を学ぶだけでも、もうすこしいい教えが学べたはずでしょう。自分たちのカテゴリー表を調べるだけでも、知的世界には実体と質量のほかにもっとべつのカテゴリーがあると学べたでしょうに。さらに形而上学の教理問答を調べるだけでも、かれらが考えたこともない八項目(8)があって、それぞれに複雑な考か人間わざで扱えるものなのですが。

察が必要だと学べたことでしょう。全体で一〇項目[9]のうち、これらの八項目はどうに

予言――君主政が復活すれば専制になる可能性が高い

古代の立法者たちは卓越した精神をそなえていたので、人間の道徳性の状態や傾向を慎重かつ厳密に調べたのです。ですが現代フランスの立法者たちは目に入るすべての身分を破壊し、ならしてしまいました。しかも共和国とくらべれば、君主政では市民の身分分類が統治法としてそれほど重要な意味を持ちません。ですがそこにあった素朴で自然な身分秩序に対してまでそんな破壊をおこなったのです。

こうした身分分類は、適切に秩序づけさえすれば、どんな統治形態でもまちがいなく好ましいものなのです。専制主義の行きすぎを防ぐ強力な防壁になりますし、共和国というものに実効性と永続性をもたらす必要手段でもあります。ところが現在の共和国の建国計画にはこうした配慮がありません。もし計画が失敗に終わった場合、節度のある自由を確保するすべての保証も共にうしなわれます。そして専制主義のもたらす害悪を緩和する間接的な抑制手段がことごとく消えてしまうことになるのです。

このためフランスで君主政がふたたび全面的に復活したとしても（どういう王朝のもとで復活するかにかかわらず）すべり出しの時点でその君主が賢明で有徳な助言をおこなって自主的に穏やかな君主政にしないかぎり、その君主政はかつて地上に出現したなかで最も完全に恣意的な権力と化すでしょう。これは最も絶望的なゲームをあえてプレーすることにほかなりません。

こうした作業には混乱がつきものなのですが、フランスの立法者たちはこうした混乱を自分たちの目的のひとつだと宣言しています。「自分たちが作った憲法を破壊したら」憲法を作るときに生じたさまざまな害悪がまた起きてくるだろうという不安が、かれらの憲法を守る力になるのではないかと期待しているのです。「こうしておけば」とかれらは言います。「権力者がこれを破壊するのも難しくなるだろう。破壊したら国家組織全体が崩壊せざるをえないからだ」。

かれらはもしこの権力者がかれらとおなじような権力を持った場合も、そうした権力者はその権力をはるかに穏健にひかえめに使うだろうし、かれらの実行したような野蛮な方法で国家を解体してしまうことなど恐れおののいてできないだろうと想定しているわけです。すなわち専制主義が復活したとしても、かれらが民衆に対して犯した悪徳としての共和国の末裔たちは、復活した専制主義の美徳によって安全が守られるに違いないと期待しているのです。

あなたをはじめ、わたしのこの手紙を読まれるかたがたが、この問題についてはカロンヌ氏⑩の著作を注意深くお読みくださるよう願っています。あれは雄弁なだけではなく教訓豊かな優れた著作です。ここではさしあたりカロンヌ氏の著作で新しい国家体制と歳入の条件について述べているところにかぎることにして、カロンヌ大臣とライバルのあいだで交わされた論争については言及しないでおきます。

また隷属と無秩序と破産と物乞いといった、氏の祖国がいまおちいっている不名誉で嘆かわしい状況から脱出するために大臣として採用した財政手段や政治的手法についてもここでは考察しません。わたしは大臣ほど楽観的に考えることはできません。しかし氏はフランス人でこの問題を解決しなければならない強い義務を負っていますし、この問題をわたしよりよく判断する手段も持っています。

わたしがここでとくに注目してほしいのはカロンヌ氏が言及しているつぎの点です。すなわち国民議会の政策はフランスを王政から共和制に移行させるだけではなく共和制からたんなる連邦制に移行させる方向性があると、議会のある主要な指導者が指摘しているというのです。この指摘はわたしがこれまで述べてきたことには追い風になります。実際にカロンヌ氏の著作は、これまでわたしがこの手紙で述べたなかで筆の足りないところを数多くの新たな力強い議論でおぎなってくれます。

自分たちの国をいくつもの共和国に分解しようとする国民議会の決意こそが、かれらをきわめて多くの困難と矛盾に直面させる原因になっているのです。こんな決意がなされていなければ、個人の権利とか人口とか租税負担の厳密な平等性とかその均衡の実現のような問題は、まったく意味のないままですんだはずでした（そもそもこうした均衡が実現されるみこみはないのです）。

また国を代表する議会も、国のさまざまな部分から選出されたものでありながら、国の全体を平等に扱うということを義務にできたはずです。国民議会のすべての代議員はフランスの代表で、あらゆる種類の人びとの代表で、多数者と少数者の代表で、富む者と貧しい者の代表で、大地域と小地域の代表でもあったはずでした。

フランスのすべての地域は、地域とは独立して存在する常設の権力機構に従属するものになっていたはずです。全地域の代表と、そうした代表に所属するすべてのものがこの常設の権力機構から権限を獲得し、この権力機構を目標にするようになったはずです。そしてこの不変で恒常的で基本的な統治機関が、国の領土をほんらいの意味で全体的なものにできたはずです。それを実現できるのはこの統治機関だけなのです。

イングランドでわたしたちは民衆の代表を選任し、この代表を会議に派遣しますが、この会議で各代表は個人としては被統治者で、すべての日常的な機能をはたしている政府に服従します。ところがフランスでは、選挙による国民議会が主権者で、しかも唯一の主権者なのです。そのため国民議会のすべての議員は、この唯一の主権者の不可欠な一部ということになります。

イングランドではまったく状況が違います。選ばれた代表は他の部分から切り離されるとどんな行動もできませんし、そもそも存在しないものになります。政府こそ、わたしたちの代表制度の各部分と地域とが目標にする参照点なのです。政府こそがわたしたちの統一の中心です。この参照点としての政府は各部分のためではなく、全体のための［権力の］受託者として行動します。

イングランドの公的会議のべつの部分である上院についてもおなじことがいえます。わたしの国では国王と上院議員は、各地域と各地方と各都市の平等を守る個別的かつ全体的な保証になっているのです。

グレートブリテンのどこかの州が、代表における不平等で苦しんでいるとお聞きになったことがあるでしょうか。どこかの地方が代表を持っていないということがあるでしょうか。わたしの国では君主政治と貴族制度が国の統一の基礎である平等を保証しているだけではありません。下院の精神もそれを保証するものになっているのです。

代表の不平等ということが愚かしくも不満の種にされることがありますが、それこそはまさにわたしたちが特定の地域の一員として考えたり、行動したりすることを防いでくれるものでもあるのです。コーンウォール地方はスコットランド全土と同数の代表を選出しています。しかしだからといってコーンウォール地方がスコットランドより優先して扱われたりするでしょうか。フランスのお粗末なクラブから提案されたような論拠について頭を悩ます人は、イングランドにはほとんどいないのです。妥当な根拠にもとづいてなんらかの変革を望む人びとは、ああした論拠とはべつの立場から変革を望むのです。

フランスの新しい国家体制は、その原理からしてイングランドの国家体制とは正反対のものです。ですからフランスでおこなわれていることはグレートブリテンが模倣するべき実例であるように考える人がそもそも存在するということに、わたしとしては驚かざるをえません。

フランスの国家体制では、［代表制度を構成する］最初の有権者と最後の代議員との間にほとんど、あるいはまったく結びつきがありません。国民議会に出席する代議員は国民によって選ばれたわけではなく、国民に対して責任をとりません。国民議会の代議員が選出されるまでに三つの選挙がおこなわれ、代議員と区議会の間には［州議会と県議会という」二つのレベルの為政者が介在しています。そのため国民議会の代議員は、すでに指摘したように国内の民衆の代表というよりも、国外に向けた国の大使のようになっています。

これによって選挙の精神全体が変わってしまいます。みなさんの憲法論者たちがどんな矯正案を考え出しても、国民議会の議員はいまあるようなかたちでしか存在しえません。国民議会の議員をいまと違う存在にしようとするこころみはなんであれ、たとえそれが可能だったとしても、いまよりもっとひどい混乱を引き起こさざるをえないでしょう。

最初の選挙人と最後の代議員の間につながりを作り出す方法はひとつしかありません。それはなにかの迂回的手段をつうじて、選出候補者がまずなによりも予備選挙人会の選挙人たちに注意を向けるようにすることです。それによって第一の選挙人である予備選挙人会の選挙人たちが、かれらの権威のある指示によって（あるいはそれ以上のものによって）自分たちの希望にかなう選択を、つづく二つの議会の選挙人たちにも強制できるようにするのです。

とはいえこういうしかたがシステム全体を転倒させてしまうのはあきらかです。そもそも複数段階の選挙をおこなうことで民衆の選挙につきものの騒動と混乱を避けようとしたわけですが、いま述べた方法では、そうした騒動と混乱に逆戻りしてしまいます。そして結局は国家のすべての命運を、国家についての知識も利益もほとんど持たない人びとの手に委ねることになります。これは永遠の二律背反です。かれらは自分たちが選んだ矛盾と弱さと害悪に満ちた原理によって、この二律背反に投げ込まれたのです。人びとがこの段階的な選挙システムを打ち破ってまっすぐなものにしないかぎり、かれらが実質的に国民議会の議員を選出することにならないのは明白です。国民は実際、国民議会の議員選出に、外見的にも実質的にもかかわっていないのです。

代議員の連続当選を禁じるという制度的欠陥

わたしたちは選挙というものに対してなにを求めるでしょうか。選挙のほんとうの目的を実現するにはまず第一に、選ぼうとする相手の適性を確認できる手段がなければなりません。つぎに個人的な義務や依存関係によって、選んだ人物になんらかの影響力を維持しておく必要があります。

ではフランスのこの予備選挙人会の有権者は、どんな理由で選挙という手段を使うのでしょうか、あるいはそれによって愚弄されているのでしょうか。かれらは有権者に奉仕するはずの選出者の個人的資質についてまったく知識がありません。選出者のほうでも有権者に対していかなる義務も負っていません。

自分で判断をくだす手段をほんとうの意味で持っている人が、自分のなにかの権限を他者に委任することを求められた場合、その委任をおこなうのが最もふさわしくないのは、権限を委任される人選にまつわる権限を委任してしまうことです。委任された人がその権利を濫用した場合、予備選挙人会の有権者は自分たちが選び出した代表に対して、その行動の責任を求めることがまったく不可能になります。代表の連鎖において、選ばれた代表者が有権者からあまりにも遠く離れているからです。

ある代議員が二年間の任期の最後のころになにか不適切な行動をしても、その後の二年間にはまったく影響しません。フランスの新しい国家体制では、最善の代議員も最悪の代議員も「正しき人びとの下界の滞留場所」、すなわち煉獄行きになるからです。代議員という船の底が汚れているとみなされて、修理のためにドック入りしなければならなくなるといいますか、つまり議会で二年の任期をつとめた代議員は、その後の二年は被選挙資格をもてないのです。これらの代議員はやっと自分の仕事を覚えたころに「体が大きくなって、煙突に入れなくなった」煙突掃除の少年さながら、任務を遂行する資格をうしなってしまうのです。

フランスの将来の統治者はすべて、仕事を習得するうえでは表層的で不慣れで短気で、習得した仕事を思い出すときは断続的でものうい、壊れたような悪い記憶として思い出すようになる――そういう性格をそなえるよう宿命的に定められているのです。フランスの憲法はあまりに妬み深く、分別がありません。みなさんは代議員が信託に違反することを懸念するあまり、信託を実行する適性がその人物にあるかどうかはまったく検討しないのです。

この浄罪のための煉獄滞留期間は、誠実ではない代議員にとって有利になります。こうした不誠実な人物は演説者としては有能かもしれませんが、統治者としては無能であることも多いのです。こうした人物はこの期間に策謀をはたらかせて、最も賢く最も有徳な人達より優位に立てるでしょう。結局この国家体制の選挙制度で選ばれた代表は誰もが一時的にしか信託を受けない立場で、選挙のためにしか存在していないのです。新しく信託の更新を求めるときにその代議員を選出する人たちは、最初にその代議員を選出した有権者とおなじ人物ではなくなっているでしょう。

こうして選ばれる自治体議会のすべての第二次選挙人に自分の選択責任を負うよう求めることはむちゃですし、実行もできないし、不当でしょう。有権者は選挙のときにだまされていたのかもしれませんし、それは県議会の第三次選挙人についてもおなじでしょう。ようするにフランスの選挙では責任というものが存在しえないのです。

9　共和国の権力構造——アシニア紙幣とパリ

共和国どうしを固めるセメント　その一　財産没収と紙幣流通

フランス国内の新しい共和国どうしの自然な性格や国家体制に、全体を貫く原理のようなものをみつけることがわたしにはまったくできませんでした。ですので、立法者たちがそれらの共和国群を固めるセメント(1)をどうやって外部の素材から調達したのかを調べてみました。ただしかれらの連盟の行為や見世物や市民的祭典やその熱狂ぶりは無視します。たんなる詐術にすぎないからです。かれらの行動に注目しながらその政策を追跡すれば、共和国どうしをまとめておくためにどういう手配がなされているか、みわけられるとわたしは考えています。

第一にかれらの没収という行為に注目しました。これには紙幣の強制流通が結びついています。第二にパリ市が最高権力を保有していることに注目しました。第三に国の正規軍に注目しました。ただし正規軍については、軍隊そのものを独立したかたちで考察するまでは意見をひかえたいと思います。

セメントとしての第一要素、すなわち没収と紙幣については、たがいに依存関係にあるこの二つの措置が当面はある種のセメントとして機能する可能性を否定できません。ただしこの措置をどう運営していくのか、そして相互の関係をどう調整するかについて、あまりに狂ったような愚かな決定をして最初から国民の反発を招いたりしないという場合にかぎります。

またこの計画にそれなりの結合力と持続力が認められたとしても、没収で獲得した金額が紙幣の流通を保証するには不十分だとしばらくしてあきらかになった場合（実際に不十分だとわたしは考えているのですが）、この計画は共和国どうしをまとめるどころか、連盟を結んだ共和国どうしの相互関係だけではなく共和国内部の複数の部分においても分裂と無秩序と混乱をかぎりなく増大させるだけではないかと考えています。

いっぽう没収で獲得した金額によって紙幣を償還できたとしても、このセメントは流通プロセスで消滅してしまいます。いずれにせよその凝固力はじつにあやうく、紙幣の信用度が変動するにつれて強くなったり弱くなったりするでしょう。

この計画でひとつだけ確実なのは、どの共和国においても寡頭制を出現させる効果があるということです。それはこの業務を統括する者の心に生まれる、一見副次的だがじつは直接的な（と思います）効果のために生じるのです。

イングランドの通貨に換算してすでに四四〇〇万ポンドもの紙幣がフランスで流通していますが、この紙幣には支払準備も、保証になる正貨の裏づけもまったくありません。ところがこの通貨がかつての王国の貨幣に代わるものとして強制されて、国家の歳入の大部分を構成し、すべての商業取引、私的取引の媒体になっているのです。これでは国家にまだ残されている権力と権威と影響力はことごとく、なんであれいやおうなくこの紙幣の管理と統括にたずさわる者に握られることになります。

土地は農作の場から投機の対象になった

イングランドでもわたしたちは、任意取引の中心にすぎないはずの銀行というものの影響力の強さを感じています。銀行は国にあるどの金融機関より広がりのある影響力を持っていますし、その自然の性質上、管理者への依存度もほかより高いのです。ですから銀行の管理から生まれる力の大きさを正しく認識していない人は、貨幣というものが人間にどれほど影響をおよぼしているか、ほとんどわかっていないといっていいでしょう。

しかも銀行はたんなる金融機関ではありません。銀行というシステムには、お金の管理とわかちがたく結びついたべつの要素がふくまれています。すなわち没収した土地の一部を取り出して自由に売却したり、紙幣を土地に変換したり、土地を紙幣に換金したりするプロセスをたえず進行させる手段があるのです。わたしたちはこのプロセスがどういう効果をもたらすかを追跡していけば、システムを機能させている力の大きさをそれなりに理解できるかもしれません。

この手段をつうじて、貨幣操作と投機の精神がおもだった土地そのもののなかに入りこんで一体化していきます。この種の操作によって、財産の形式としての土地が（まるで）揮発性をもつもののように不自然で奇怪な動きをするようになり、それぞれの銀行経営者の手に落ちます。それはおそらくフランス全土の土地の優に十分の一におよぶほどのものなのです。そこには大規模な経営者も小規模な経営者もいれば、パリの経営者も地方の経営者もいるでしょう。

いまではこれらの土地は紙幣の流通がもたらす悪のなかでも最悪の、最も致命的な悪、すなわち極度の価値の不安定性という特徴を帯びるようになりました。かつてラトーナ(2)は土地財産としてのデロス島をつなぎとめるという親切な行為をおこなったのですが、かれらはその逆のことをしたことになります。フランス人は自分たちの土地財産を難破船の小片かなにかのように「あちこちの岸辺に(3)」吹き散らしてしまいました。

新しく取引に参加するのはすべて投機の仕事に慣れた山師のような人たちで、定まった習慣も特定の地方への愛着のようなものもないままに、紙幣や貨幣や土地の市場から儲けを期待できるかぎり転売を意図して買い込むでしょう。没収された教会の財産を購入しようとする「啓蒙された」高利貸しからも農業は大きな恩恵を受けることができると、かつてある司教(4)が語ったことがあります。しかし立派でもないたんなる老いた農夫にすぎないわたしとしては畏れながら、高利貸しが農業の師になることはないとこの元司教に伝えたいのです。そしてこの「啓蒙された」という言葉を新しい辞書にもとづいて理解しなければならないなら（フランスの新しい学派によればつねにそうなるわけですが）、神を信じない［高利貸しのような］人間がその不信心のおかげで多少なりとも土地を耕す技が巧みになったり、やる気が出たりするということがどうしてできるのか、わたしにはとうてい理解できません。

ある年老いたローマ人は、自分がにぎる鋤の取手の先端を死神につかまれたときも「わたしは永遠の神々のために種を蒔く(5)」と語ったものでした。たとえみなさんが二つのアカデミーの理事全員と割引銀行の頭取たちを一堂に集めても、経験をつんだ一人の老農夫にはかなわないでしょう。

わたしはカルトゥジオ会(6)のある修道士と短い会話をかわしたことがあります。それだけで、かつて話したことのある銀行の頭取全員との会話でえられた知識より多くのことを、農業の興味深い一分野について学べました。

しかし銀行家が農村の経済問題に口を出すのではないかと心配する必要はないのかもしれません。同世代人のなかでも、あまりに賢すぎる人たちだからです。たしかにかれらも最初はその感じやすい繊細な想像力のために、無垢で利益と無関係な農村生活に魅惑されることもあるかもしれません。ですが農業は銀行業務とくらべてはるかに疲れるし、儲からないものだということにすぐ気づくでしょう。こうしてかれらも最初は農業を褒めたたえながら、自分たちの偉大な先駆者であり原型でもあるアルフィウス(7)にならって農業に背を向けるでしょう。かれらはアルフィウスのように「あの人は幸福だ」と歌い始めるかもしれませんが、その終わりはさてどうなることでしょうか。

金貸しアルフィウスは将来農夫になるのだといつも思ってはいたものの、

そう言いながら月のなかばになったなら、それまで貸した自分の金をすべて集金したものだ。来月初めにもう一度貸しつけに回すためなのだ。

そんなわけでかれらは、あの聖なる司教さまのおゆるしを得て教会の金庫でも耕すことになるでしょう。そのほうが、おなじ教会の領地でも葡萄畑やとうもろこし畑を耕すよりずっと大きな利益が得られます。かれらは自分の習慣や利益に従って自分の才能を使うでしょう。財政を運営し地方を統治することができるかぎり、鋤のうしろを追って歩くようなことはしないはずです。

いまやフランスは投機大国と化している

すべてにおいて新しいものを好むフランスの立法者たちは、賭博を国家の基礎にすえ、賭博精神を国家の命の息吹として吹き込んだ初めての人びとです。この政治の大きな目的は、偉大な王国であったフランスを、巨大な賭博のテーブルにしてしまうことです。そしてフランスの民を賭博の民にしてしまい、投機を生活そのものとおなじくらい一般的なものにして、国のあらゆる問題に投機の要素をふくませるのです。民衆のあらゆる希望と恐れを、それらがふつうに流れる水路からはずれさせ、偶然に頼って生きる人間の持つ衝動や情念や迷信の水路へと流し込もうとしています。

フランスの立法者たちはまた、現在の共和国のシステムはこの種の投機の資金なしには存在できないし、共和国の命の糸そのものがこうした投機という繊維から紡ぎ出されていると声高に宣言しているのです。

かつての株式投機が十分に危険なものだったことは疑問の余地がありません。ですがそれが危険だったのは個人に対してだけでした。ミシシッピ会社や南海会社[8]などをめぐって投機が最高潮に達したときでも、影響を受けた人びとはかなり少数でした。またこの投機が宝くじなどに拡大された場合も、その目的はひとつしかありませんでした。

法律は多くの場合こうした賭博を禁止していて、どんな場合でもこれを奨励することはないものなのですが、法律が堕落してごく些細なことにまで賭博の精神とシンボルを持ち込むときや、すべてのことがらについてすべての人を賭博に巻き込むときには、法律本来の自然な性格と政策が逆転されます。そして賭博という破滅のテーブルに着くようにと国民にはっきり強制するようになります。そのとき世界には、かつてなかった恐ろしい伝染性疾患が蔓延することになるのです。

フランスでは誰でも投機をしないと夕食代もなくなります。朝に手にしたものが夜にもおなじ価値とはかぎりません。古い債務の弁償金として受けとった金額をべつの借金返済にあてようとしても、おなじ価値としては受けとってもらえないかもしれません。そして金を借りる契約を結ぶことをやめて即金で支払いたいと思っても、おなじようなことになるのです。

勤勉は消え去ります。フランスという国から倹約は追い払われるしかなくなります。将来を考えて慎重に配慮することもなくなります。そもそも受けとる金額がわからないのに働く人などいるのでしょうか。誰も評価できないものを増やそうと熱心に努力する人などいるのでしょうか。節約してもどういう価値になるかわからないものを貯めておく人がいるものでしょうか。賭博のテーブルで使えることをべつにすれば、みなさんの紙幣の富を貯めこむことは人間の知恵というより、頭のおかしくなったコクマルガラス[9]の本能のようなものにすぎません。

予言――権力は都市の富裕層に集中するだろう

しかしすべての人が賭博をするよう強制されているにもかかわらず、その賭博がどういうものか理解しているのはひとにぎりで、その知識を活用できるのはさらに少数の人にすぎません。組織的に博打国民を作り出そうとするこの政策のもっとも憂鬱なところはそこです。多くの人はこうした博打装置を操作する少数者の餌食になります。田舎に住む人びとにこれがどういう効果を発揮するかは自明でしょう。都会に住んでいれば朝から晩まで計算しつづけることもできます。田舎ではそうはいきません。

農民が収穫した穀物を市場に持ってくると、都会の役人はアシニア紙幣で額面どおりに対価を受けとらせます。ところがその農民がこの金で店で買い物をしようとすると、その価値が七パーセントも下がっていることに気づくのです。この農民はそんな市場を二度と使おうとしないでしょう。すると都会の住民は激怒して、農民に穀物を持ってくるよう強制するでしょう。すると抵抗が始まり、やがてはパリやサンドニでおこなわれたような虐殺がフランス全土で起こるかもしれません。

みなさんは農村に、みなさんの代表理論で、もともと想定されていたより多くの代議員数を割り当てました。農村に虚しいお世辞を使ったことになるのですが、それでどんな意味があったのでしょうか。みなさんは貨幣と土地の流通を支配するほんものの権力をどこに配備したのでしょう。すべての人の自由保有地の値段を上昇させたり下落させたりする手段をどこに配したのでしょうか。すべてのフランス人の所有物の価値を一〇パーセントも上下させる手段を持つような者は、それこそすべてのフランス人の主《あるじ》というしかありません。

この革命で獲得されたすべての権力は、都市の中流市民、とくにかれらの先頭に立つ富裕な支配者たちの手に落ちることになるでしょう。土地を所有する紳士たち、自作農たち、農民たちは、いまのフランスに残されたこの唯一の権力と影響力の源泉にわずかなりとも参画できるような習慣も性質も経験もないからです。

田舎の生活としての自然な姿や土地財産の自然な性質、それらは農村のあらゆる職業とその喜びのなかにみいだすことができます。そしてまさにその性質のために、農村は結合化や組織化になじまないのです。ところが人を結びつけて組織的に操作することでしか、影響力というものを獲得し行使することはできません。しかし考えられるあらゆる方策や手段をつくして農村の人びとを結びつけても、かれらはつねに個々の人間に分解してしまいます。団体を結成するためにふさわしいことがらを農村の人びとの間で実現するのは、ほとんど不可能なのです。

団体の指導者はつき従ってくる人びとを抑制したり鼓舞したりするために、希望や恐怖や警戒心や嫉妬心、さらに一日で役割を終えて消えていくとりとめのない噂話などを、いわば鞭や拍車のように使うものです。しかしこうした手段は、ばらばらにわかれて住む［田舎の］人びとの間ではほとんど、あるいはまったく効果がありません。

農村に住む人が集まったり、武装したり、行動したりするのはきわめて難しいことで、しかも多額の費用がかかります。手をつけることができたとしても、組織的に進めていくとなると、できないのです。たとえ田舎の紳士が自分の財産収入だけで影響力を行使しようとしても、その収入の十倍もの金額を売り買いする人たちにとって、どんな意味があるというのでしょう。こうした人たちは自分が略奪して手に入れたものを市場に持ち込むだけで田舎の紳士の財産にそれを対抗させ、破滅させることができるのです。

土地の所有者が土地を抵当に入れようと望んでも、土地の価値を低下させてアシニア紙幣の価値を上昇させることになってしまいます。地主は、敵と戦うために利用しようとする手段によって敵の力を強めてしまうのです。こうして田舎の紳士たちは、たとえ陸軍や海軍の将校だったとしても、リベラルな見解と習慣の持ち主だったとしても、どんな職業にも就いていない者として、まるで法的な権利を剝奪されたように自国の統治から完全に排除されてしまうのです。

田舎の紳士たちに対抗するために都会でとられているすべての措置が、金融機関の管理人や支配人を結びつけるために役立っているのはあきらかです。こうした人びとの結びつきが生まれるのは都市ではごく自然です。ブルジョワたちの習慣や職業や気ばらしや事業が、さらに怠惰までが、つねにかれらがたがいに接触し合うようにうながすのです。かれらの徳も悪徳も社交的なものです。いわばつねに守備隊を形成しています。かれらは隊列を組んでなかば訓練された状態で、市民的な行動や軍事的な行動のためにかれらを組織しようとする人びとの思いのままになるのです。

予言――フランスは低劣な寡頭制の沼に沈むだろう

すべてをこう考えてみて、わたしは確信せざるをえなくなりました。この怪物のような国家体制がもし持続しうるものなら、フランスを支配するのは扇動者の集団ということになるでしょう。すなわちアシニア紙幣の管理者、教会の土地の売却金の信託者、弁護士、斡旋人、金融業者、投機師、山師などで構成される都市のさまざまな団体になるでしょう。かれらは国王と教会と貴族と民衆の破滅の上に、低劣な寡頭制を構築するでしょう。人間の平等と権利を確立するという欺きに満ちたすべての夢はここに潰えるでしょう。これらの夢はすべてこの低劣な寡頭制という底なし沼、「セルボニスの沼」(10)に飲みこまれ、沈んでいって永久に姿を消すでしょう。

フランスでおこなわれているこの巨大な犯罪は、人間の目で追跡することはできなくても天に訴えざるをえないようなものですので、フランスは天の裁きのために、低劣で恥知らずな支配に隷従せざるをえないのだとまで考えたくなります。フランスのこうした隷従とは違う、べつの専制政治のもとではまだしも偽りの輝きがきらめき、人類は抑圧されているときでも自分の名誉が汚されていると感じずにいられるのですが、フランスにはそうした慰めや償いをあたえる偽りの輝きさえありません。

かつては高い地位にあり、いまでも高い名声をそなえた数人の人びとが、もっともらしい名前に欺かれて、自分には理解できない仕事にどっぷりはまり込んでいるのを目にするにつれて、わたしは悲しみと、ある種の憤懣を感じることを告白せずにはいられません。この人びとはその立派な名声を、そしてかつては誇り高く保っていた名前の権威を、面識さえなかったような人びとのくわだてに委ねてしまい、ほかならぬ自分たちの徳が国の破滅につながることになっているのです。

セメントの第一の凝固原理についてはこのくらいにしておきましょう。

共和国どうしを固めるセメント　その二　パリの権力

かれらのこの新共和国に使われたセメントの第二の要素は、パリ市の優越性です。これは紙幣流通・財産没収というさきの凝固原理と密接に結びついているといえます。かれらの計画のこの部分こそが、古くから伝わるあらゆる地方的境界線と、聖俗両面における裁判管轄権の破壊原因になりました。また古来のあらゆる結びつきが分解され、これほど多くのばらばらの共和国が新設された原因なのです。

パリ市の権力がかれらのすべての政策の大源泉なのはあきらかです。この党派の指導者たちは、いまや投機の中心でありその焦点をなすパリの権力をつうじてすべての立法機関や行政機関を指導しているのです——というより命令しているのです。ですからパリがほかの共和国に対してそなえている権力を強化するために、あらゆることがなされなければならなくなります。

パリはコンパクトです。そして正方形に区域を定められたどの共和国の力ともくらべようがないくらい巨大な権力をそなえています。この力の強さが小さな街の中に集められ凝縮されているのです。パリのさまざまな部分はごく自然に、たやすく結びついています。この結びつきは、幾何学的な組織計画からは影響を受けず、そこに割り当てられる代表人数の多寡もそれほど大きな意味を持ちません。いわばその地引網のなかにすべての魚が集まっているからです。

フランスのほかの地域はこまかく切り分けられ、連盟の原理をふくめてそれまで持っていたすべての手段を奪われているため、すくなくともとうぶんは連合してパリに対抗することはできなくなっています。フランスでパリに対して従属的地位に置かれたこれらの地域には弱さと分裂と混乱しか残されていません。国民議会は計画中のこの要素を強めるために、二つの共和国が同一の司令官を戴くことはできないという決議を採択したところです。

パリの強さはシステム全体の弱さのあらわれ

全体を見る視野のある人にとって、パリの強さは、全般に弱みの多いシステムの姿をあらわにするものでもあるでしょう。フランス全体を幾何学的な原理によって分割するという政策が採用された理由は、地方に固有の考えかたを消すため、もはやガスコン人もピカルディ人もブルターニュ人もノルマン人もなく、ただフランス人だけがあり、ただひとつの国、ただひとつの心、ただひとつの国民議会だけがあるようにするためだと誇らしげに語られています。

しかし地域の住民たちはやがて自分をフランス人と考えるより、いかなる祖国も持たない人間だと考えるようになる可能性も高いのです。正方形の測量原理で分割された地域に対して誇りや偏愛や真の愛情などを持つ人はいません。第七一号区に属することや、番号で呼ばれる地域に属することを名誉だと思う人など、どこにもいないのです。

国家への愛情は家族のなかから始まります。冷たい親戚が熱心な市民になることはありません。家族から始まってわたしたちは隣人と結びつき、それがやがて習慣で定められた地域の結びつきに進むのです。これらは宿屋のようなもの、休憩所のようなものです。権力が突然ひねりだしたものではなく、習慣によってかたちづくられたさまざまな地方こそが偉大な国土の無数の小さなイメージを作り、心から貢献できるものを人はそこにみいだすのです。

全体に従属する地方へのこの偏愛のために、国という全体に対する愛が消滅することはありません。むしろこうした偏愛は、より高次でより広範な関心を育てるある種の基礎訓練になります。こうした訓練をつうじて人は自分の利害だけでなく、フランスという巨大な王国の繁栄にも心を動かされるようになるのです。

人がなじみの地名だけではなく国土全体にまで関心を持つようになるのは、地域の幾何学形の特性によってではなく、古い先入観や根拠のない習慣によってです。パリの権力と卓越した地位は、それが存続するかぎりこれらの共和国を押さえつけ、たがいにつなぎとめておくものになるでしょう。しかしすでに説明した理由によって、わたしにはそれが長続きするとは思えないのです。

予言——国民議会はさらに無謀になるだろう

この国家体制を市民社会に作り出し、市民社会を結合させている原理を考察してきました。つぎに主権者として出現し、行動している国民議会について考察することにしましょう。

この国民議会という組織はありうる権力のすべてを持ち、しかも外部からの制御は可能なかぎりおこなえないようになっています。この組織には基本法もなく、確立された原理もなく、手つづきにあたって尊重される規則もなく、なんらかのシステムを堅持させることもできません。かれらが自分たちの権力についてどう考えているかといえば、立法権限を最大限まで拡張することにすぎませんし、通常の事例を処理するときに模範として利用するのは、最も緊急な必要性に迫られたときの例外的な処理方法です。

国民議会のありかたはおそらく将来も現在と変わらないでしょう。ですが新しく採用された選挙方法や、新しい通貨流通の手法から判断すると、いまは議会の内部にわずかながら存在する内的な自己規制要素が、今後は完全にうしなわれると思われます。この内的な自己規制の要素は、もともと多様な利害関係のなかから選ばれた少数派が、少数派としての精神を維持することから生まれたものでした。

おそらくつぎの議会は現在の議会よりもさらに悪いものになっているでしょう。現在の議会はすでにあらゆるものを破壊し、変更しつくしているのですから、将来の議会に国民の人気をえられるような事業はなにも残っていないでしょう。すると将来の議会は過去の事例と競争するように、またとなく大胆でまたとなく無謀な計画に飛びつくことになるでしょう。こんな議会が水を打ったような静粛のなかに座したままでいると想定するのはばかげています。

国民議会は上院を作り忘れた

全能を誇るフランスの議会はなにもかも一気に片づけてしまおうと急ぐあまり、あることを忘れてしまいました。それも肝心かなめといえそうなことをです。共和国を樹立しようと計画する者なら、理論的にも実践的にもこれまで決して省くことのなかったもの、すなわち上院を設置するのを忘れたのです。あるいは自然にそのような性格をそなえたものを、です。

上院のような制度を持たないまま立法し行動する議会が一院だけ存在し、そうした議会と議会の意志を執行する官吏だけで構成された政治組織などというものは前代未聞です。この政治組織に欠けているのは、諸外国と結びつくことができる制度であり、統治の日常処理を国民が検査できる制度であり、国家行動にある種の傾きと確実さをあたえつつ、一貫性を維持する制度です。

王政の場合、こうした制度は国王の顧問団のようなものとしてあります。君主制はこういうものがなくても存在できるのですが、しかし共和制政府ではまさにその真髄にあたるのです。これは国民が行使するか、国民から直接委任された代表が行使する最高権力と、たんなる行政府との中間的な地位を占める組織です。

ところがみなさんのいまの国家体制にはそういうものがまったく存在しません。みなさんの国家体制を構築したソロンやヌマ(11)にあたる人びとは、ほかのすべての問題でも示されたように、こうした制度をまったく作らなかったことで、そのまったくの無能をさらけ出しているのです。

10　国王の立場——形骸化した下級官吏

国王は無意味な情報回路になっている

　ではつぎに、国民議会が行政権を確立するためになにをしてきたかを検討してみます。かれらは、ひとたび王座を追われた国王をこの目的のために拾いあげました。ところがこの国王は筆頭行政官であるにもかかわらず、議会に使われるただの装置にすぎなくて、その機能をはたすにあたっていかなる自由裁量権も認められていないのです。この人物は、国民議会という団体が知っておくべきだと思われる問題について国民議会に知らせるというただの回路にすぎません。

　もしこれが唯一の回路だったら、その権力はそれなりの重要性を帯びたかもしれません。そうした権力を行使することに無限の危険があったにしてもです。ところが公共問題についての情報や事実伝達は、どんな回路からでも国民議会に伝えられるのですし、どれもおなじ信憑性をもちうるのです。ですから権威のある報告者がなにか指摘することで議会の措置に方向性をあたえるという観点からみれば、この情報局はないも同然なのです。

国王の立場はもはや下級官吏でしかない

フランスの行政官の制度について定められた計画は、私的問題と公的問題という自然に区分される二部門から考えることができます。しかしまず指摘しておかなければならないのは、新しい国家体制では私的・公的というどちらの面からみても、司法権の最高権限が国王のもとにないということです。フランスの国王は正義の源泉ではないのです。

フランス国王は通常の裁判所の判事も上訴裁判所の判事も指名できません。判事候補者を提案する権限も、選ばれた判事に拒否権を行使する権限もありません。検察官でさえありません。国王の役割はたんに、さまざまな地域で選ばれた判事について公証人のように承認することにすぎないのです。判事が下した判決を、自分の部下である役人たちに執行させるだけです。

国王の権威の自然な性質、そのほんとうのところを調べると、下級巡査や行政命令執行人や、逮捕を任務とする役人、監獄の看守、絞首刑の執行人などの長でしかないようです。国王の地位というものをここまで侮辱した見方がほかにあるでしょうか。この不幸な君主にとって自己の尊厳を守るためには、司法権の行使などとはいっさい関係を持たないほうが千倍くらいよかったのではと思えてきます。国王の司法任務からは尊敬に値するすべてのもの、その機能で慰めをもたらすあらゆるものが剝奪されているからです。

国王には訴訟を提起するいかなる権力もなく、法の執行を停止する権力もなく、刑罰を軽減する権力も、恩赦をあたえる権力もありません。それでいて司法権の行使のなかで下劣で不快な部分だけが国王に委ねられているのです。国民議会はつい先日まで自分たちの王だった人物を死刑執行人とほとんど変わらない地位につけて、死刑執行人よりほんのすこしだけましな状況に置きました。そのことで、これまで汚らわしいものとみられてきた職務から、その汚辱を取り去るために多大な努力を傾けたとはいえます。ですがそれにはべつの意図もあったのです。いまのフランス国王のような地位に置かれた人物が、自尊心を持つことも人から尊敬されることもありえなくなったのはごく自然なことでした。

行政官としての国王の機能は矛盾している

国民議会の命令のもとで行動するこの新しい行政官について、その政治的能力という観点から調べてみましょう。法の執行は国王の職務ですが、実際に命令を遂行するのは王者の仕事ではありません。政治的命令の遂行者という職務は、それだけにすぎないものとはいえ偉大な信託を受けた地位です。そしてこの信託が実際のものであるためには、職務遂行者と部下の全員が任務を誠実に実行することが重要になります。

この義務を遂行する手段は規則で定められている必要があります。そして任務を遂行しようとする気持ちは、その信託があたえられた状況によって鼓舞されている必要があるのです。この任務は尊厳と敬意と尊敬の気持ちで崇められるもの、遂行することによって名誉がえられるものでなければなりません。遂行者の地位は、努力によって実現される地位です。わたしたちは無能な者に権力の仕事を遂行してほしいとは願いません。

ところが行政の執行を命じる地位にありながら、その遂行者に対して報いる手段を持たない国王という人物は、いったいどういう人間なのでしょうか。国王はそうした遂行者に終身職の地位をあたえたり、土地を下賜したりして報いるすべがありません。それどころか五〇ポンドの年金をあたえたり、ごく取るにたりない称号をあたえて報いることさえできないのです。

フランスの国王はもはや正義の源泉ではないのと同様、名誉の源泉でもなくなったのです。すべて褒賞をあたえる権限も、名誉をあたえる権限も、国王以外の人が持っています。国王に仕える人びとを動かす自然の動機は恐怖だけです。ただしその恐怖も、主である国王に対する恐怖ではなく、そのほかのものごとすべてに対する恐怖なのです。

国民を威圧する国王の機能は、司法部において国王がはたす機能とおなじように忌まわしいものです。ある地方自治体になにか援助をあたえる必要がある場合、それをするのは国民議会です。しかしある地方自治体を国民議会に服従させるために軍隊を派遣する必要がある場合、その命令を執行するのは国王なのです。あらゆる場合において国王は自分の民の血にまみれることになります。

国王に拒否権はありません。しかし過酷な法令を強制する場合にはつねに国王の名前と権威が利用されるのです。それどころか王を囚人の状態から解放しようとこころみる人や、王の身柄や古くから伝わるその権威にごくわずかでも愛着を示そうとする人を葬り去ることにも、国王は同意しなければなりません。

そもそも行政官の職務は、その地位につく人びとが、自分が服従しなければならない相手を愛し、尊敬するようなやりかたになっている必要があります。国民がこうした人びとを故意に無視したり、さらに悪い場合でいえばおもてむきは服従しながら、その裏ではよこしまな悪意を持って服従するようだと、行政官の最も賢明な助言もまるで無益になってしまうでしょう。こういう企まれた無視や、欺瞞にみちた遵守を国民がおこなうとしても、それを法律で予期したり対処しようとしたりするのは虚しいことです。人びとの熱意を掻きたてて行動させるのは法の力のなしうることではないのです。

国王であれば、そして真の王者であれば、自分としては不快を感じる臣下にも自由を認めることができますし、実際に認めてやるべきなのです。不快な臣下にも権威をあたえることで王への奉仕をうながせるなら、王はそれを耐え忍ぶでしょう。それは自分を貶めることにはなりません。

ルイ十三世はリシュリュー枢機卿を心から憎んでいました。しかし国王が卿のさまざまなライバルを退けてこの枢機卿を大臣として支えたことが、王の統治のあらゆる名誉の源泉になり、王座そのものの確固とした土台にもなったのです。

ルイ十四世は、王座についたときにはマザラン枢機卿[1]を好きではありませんでした。しかしみずからの利益のために枢機卿を権力のある地位にとどめおいたのです。老齢になってからのルイ十四世はルヴォワ[2]を嫌っていましたが、彼が王に忠実であるかぎりはがまんして、この人物を長年にわたって使いつづけました。

ジョージ二世は、自分にとって快い人物ではなかったピット氏[3]を顧問会議に迎えましたが、それは賢明な主権者としての王の名を辱めるものではありませんでした。この大臣は好意によってではなく、職務におけるふさわしさによって選ばれ、王の名のもとで王の信託によって行動したのです。国家体制によって認められた王の公然の主人として行動したわけではありません。

どんな国王であれ、［廃位や処刑など］最初の恐怖から立ち直ったあと、王である自分に対して最も強い嫌悪を抱いているだろうとしか思えない相手が定めた措置に、心から生気と活気をあたえることができるとはとうてい考えられません。またどんな大臣であれ、礼儀正しく尊敬に満ちた態度でこうした王に（あるいはどんな名称で呼ばれていようと）仕え、ほんの数日前その王の名のもとに自分たちをバスティーユ監獄送りにした人間の命令に心から服従するということができるでしょうか。どんな大臣であれ、かつて専制主義の裁判で正義として判決を下し、それでいて寛大な取り扱いをあたえてやったと自分では考えているような人間の命令に従えるでしょうか。投獄することで避難所をあたえてやったのだと考えている人間が下した命令に従うことなどありえますか。

みなさんがそんな服従を期待するなら、みなさんがほかのところでおこなった多数の革新や再生だけでは足りないでしょう。自然のなかでも革命を実現し、人間の心にも新しい体制を樹立しなければならないでしょう。そうでもなければみなさんの最高政府はその行政システムと調和できません。

たんなる名前やたてまえではごまかせないことがあるのです。みなさんはわたしたちが恐れ憎むべき理由がある十数名の指導的人物を国民そのものと呼ぶことはできます。しかしわたしたちがその人物をますます恐れ憎むようになるだけのことです。

みなさんが自分たちの手で実現したように、あんな人物を使って、あんな手段で、あんな革命をすることが正当で適切だったというのなら、十月五日と十月六日[4]にこころみたことは最後までやりとおしておくほうが賢明だったでしょう。そうすればこの新しい行政の遂行者も、その地位は自分の創造者で主人である人びとからもたらされたのだとみなしたでしょう。そして罪にまみれた社会にあっても利益と報恩の気持ちに縛られて（罪のなかにまだそんな徳があるとしてですが）、こんな多大な利益を自分にもたらし、さらに肉体的な放埓さえ可能にしてくれる地位に、そしてほかにも多くをもたらす地位に就かせてくれた人びとに奉仕せざるをえなかったかもしれません。そうした人びとは、自分が傀儡化した人に対しては、降伏してきた敵に対するよりもっと気前良くあたえたはずですから、より多くのものを受け取れると本人も期待できたはずです。

国王はすぐに退位させたほうがまし

国王が現在のような状況に置かれ、自分の不幸に圧倒されてまったく呆けてしまって、食べることと寝ることが自分の生活に必要なことというより人生の余禄であり特権であると考えるようになってしまい、自分の名誉などまったく無視するようになったとすれば、それはもはや国王にふさわしい人間ではありません。もしふつうの人間と変わらない感情があるなら、そんな境遇ではいかなる名誉も評判も獲得できないとわかっているはずです。行動する動機になるような高尚な関心などまったくそなわっていない人間、せいぜい受動的に、防御的に行動する人間にすぎません。しかしこうした下層階級の民衆ならこんな地位でも名誉と思えるかもしれません。しかしこうした地位まで昇りつめることと、その地位まで落とされることとはまったくべつの話で、おそらくまったくべつの感情を引き起こすはずです。国王は実際に大臣を指名しているのでしょうか。もしそうなら大臣たちは国王に共感を示すはずでしょう。それとも国王はそれらの大臣を指名するように押しつけられているのでしょうか。それなら大臣たちと名目だけの王との関係は、すべてたがいに反発し合うものにしかなりません。どの国でも国務大臣という地位は最高の名誉をともなうものです。ところがフランスではこの地位は危険だらけで、名誉ともいえません。しかしこの世にあさましい野心があるかぎり、あるいは長い目をもたない人間がわずかな給与でも手にしたいと願うかぎり、この無にひとしい国務大臣という地位を得たいと争う者はなくならないでしょう。

大臣の地位をねらうこうした人びとは、フランスの憲法によって現職大臣の致命的な急所を攻撃することができます。ところが現職大臣にはまるで未決囚のような屈辱的な資格でしかこうした攻撃を退ける手段がないのです。フランスの国務大臣は国民として国のさまざまな会議に参加する資格のない唯一の人間です。なんという大臣、なんという会議、なんという国民でしょうか。それでいて大臣としての責任は負わされているのです。

責任という観念にもとづいてなされる職務からは、ごく貧しい奉仕しか期待できません。精神の高揚が恐怖からしか出てこないなら、それである国民が名誉の人になることはけっしてないでしょう。責任の観念はたしかに犯罪を防ぎます。法に反するあらゆるこころみを危険にするからです。しかし責任の観念が、能動的で熱心な奉仕を生む原理だと考えるのは愚かな人だけでしょう。

戦争を忌み嫌っている人に戦争の遂行を委ねられますか。そんなことをすれば、戦争を勝利に導くためのあらゆる手だてが、自分を圧する相手の力を強めるだけになりかねないでしょう。和戦の大権を持たない人とまじめに交渉しようとする対戦国がありますか。当人もその大臣たちも、また当人が影響力をふるえる人も、和戦を決定する一票さえ投じることのできない相手とまじめに交渉しようという対戦国がありますか。侮蔑されるだけの地位は君主にふさわしい地位ではありません。いますぐ退位させたほうがまだましです。

11　国民議会の弱点

議会の弱点1　最高権力と行政権力に齟齬があること

宮廷や行政府のこんな空気はこの世代で終わるだろうとか、皇太子にはその地位にふさわしい教育を授けるべきだと国王が宣言しているとか、そうした指摘が出るであろうことはわたしもわかっています。しかし「いまの状況で」皇太子が地位にふさわしい教育を受けるということは、まったく教育を受けないのとおなじです。皇太子の教育課程は専制的な君主が受ける課程よりさらにひどいものになるでしょう。皇太子が文字を読めるようになれば――あるいは読めるかどうかにかかわらず――善き霊あるいは悪しき霊が「おまえの祖先は国王だったのだ」と皇太子に告げるでしょう。そうなれば皇太子の目的は自分にあたえられるべき地位を要求し、両親の復讐を遂げることになります。

そんなことは皇太子の義務ではないとみなさんは言うかもしれません。たしかにそうかもしれませんが、自然の理とはそういうものなのです。自然の理がみなさんに腹を立てるようにしむけておいて、愚かにも義務だけは信じようとするのです。こんな不毛な政策のもとで国家はいま、懐に弱さと混乱と反動と非効率と衰退の根源を育てています。そして将来、最終的な破滅の手段を準備するのです。ようするにこんな執行権力では（これを権威とは呼べません）外見だけの活気でさえみつけられません。そして最高権力とこの行政権力とのあいだには正しい対応関係・照応関係・友好関係のかけらもみつからないのです。それがフランスに現存する最高権力であろうと、将来の統治のために計画されている最高権力であろうとです。

議会の弱点2　外国勢力の潜入防止策がないこと

みなさんはその政策とおなじように歪んだ制度を作ることで、現実政府と虚構政府という二つの政府[1]を維持しています。どちらの政府も巨額の費用をかけて維持されていますが、わたしには虚構政府を維持する費用のほうが大きいように思えます。ですが虚構政府のような装置にはその車輪に差す潤滑油ほどの価値もありません。経費は巨額なのに、外見も実用性もその出費の十分の一にも値しません。

ですが反論が出るかもしれません。ああ、おまえは立法者たちの才能を正しく評価していない。必要性を考慮に入れるべきなのにそうしていない。この行政権力の方式は好きこのんで選んだわけではないのだ。このショーはつづけるしかないのだ。国民はやめることに同意しないだろう。

はい。よくわかります。みなさんはりっぱな理論を構築し、その理論には天地のすべてが従うはずだと考えています。そう考えていながら、なおものごとの自然な性質と状況に適応するすべは知っているというわけです。しかしみなさんがそこまで現況に適応しなければならなかったのなら、もっとしっかり提案を推し進め、自分たちが採用しなければならなかったものをきちんとした道具に仕立てて、使いものになるところまで仕上げるべきでした。みなさんにはそうする力があったのです。

ひとつ例をあげましょう。みなさんは国王に、和戦を決する権利を残しておくことができました。そんなばかな、国王の大権のなかでも最も危険な権利を行政官に残しておくなんて、といわれるかもしれません。たしかに最も危険な権利です。しかし国王に信託しておくことがこれほど必要な権利もありません。ただし特権にともなわれる付随的権利の信託も同時におこなうという条件つきです。いま現在そういう信託はされていないわけですが。

もし国王が付随的権利も所有していた場合、それが危険なものだということに疑問の余地はないにせよ、その国家体制から生まれる利点はリスクをおぎなってあまりあるものになるでしょう。これ以外の方法では防げないことがあるからです。ヨーロッパの列強大国がフランス国民議会の議員とつうじて私的なかたちで陰謀をたくらむこと、そしてみなさんのすべての利害に干渉を加えたり、国の懐深いところで最も危険な党派を育てること、すなわち外国勢力の利益に奉仕してその指揮下にある党派を助長したりすることなどです。さいわいイングランドはこうした最悪の害から守られているのです。

国王にこんな信託をしても、みなさんの技量によって（その技量があったとして）こうした信託を間接的に制御し、是正する方法はみつけられたはずです。イングランドで採用している方策がお好きでないなら、みなさんの指導者はもっといい方法をみつけるために能力を活用すればよかったのです。

議会の弱点3　旧大臣たちの処遇が宙吊りになっていること

みなさんが現在採用している行政府が、重要案件の管理でどういう結果をもたらしたかを示す実例が必要なら、国民議会に提出されたド・モンモラン氏[2]の最新の報告書、およびグレートブリテンとスペインの係争にかかわるその他の文書を参照するようお願いします。ただ、そうしたことを指摘するのはみなさんの理解力を軽蔑することになってしまうかもしれません。

またフランスで大臣の地位にある複数の人物が辞任の意向を表明したと聞いています。ただしわたしが驚いているのは、それからずいぶん時間がたったのにまだ辞任していないことです。わたしなら、かれらが過去十二か月にわたって立たされていた立場に自分が置かれることには天地にかけても甘んじないでしょう。かれらは革命のためによかれと願ったのでしょうし、当然そうだろうとわたしも思います。

ただ事実はそうだったとしても、これらの人物は抜きんでた地位に立っていたために――屈辱を受けるにあたっても抜きんでることになりましたが――あの革命がもたらした害悪を集団としてはじめて目撃した人たちで、各分野でその害悪をはじめて体感したに違いない人たちでもありました。かれらは自分たちが採用した措置、あるいいは採用せざるをえなかったすべての措置において国の状況が悪化していること、自分たちには国に奉仕する能力がまったく欠けていることを感じていたに違いありません。かれらは史上まったく例のないある種の従属的奴隷状態に置かれているのです。

かれらは主権者からどんな信頼も得ていません。そしてその主権者をむりやり押しつけてきた国民議会からもなんら信頼を得ていません。かれらの地位にあるすべての高貴な機能は、人物としてのかれらやその職務の権威に対するいささかの配慮もなしに国民議会の委員会が執行しているのです。かれらは権力なしに執行しなければならず、裁量権なしに責任を負わねばならず、選択肢なしに審議しなければなりません。

この混乱状況においてかれらは、二種類の主権者のどちらにも影響力を行使することができないまま、意図はどうあれ、ときには一方を欺き、ときにはもう一方を欺き、しかもつねに自分を欺くようなありかたで行動しなければなりません。かれらの置かれた状況はこういうものでした。そしてかれらの後継者もこういう状況に立たされるに違いありません。

わたしはネッケル氏を尊敬していますし、好意も持っています。また彼が示してくれた配慮に感謝しています。政敵たちが氏をヴェルサイユから追放したときなど、罷免は氏のためにはじつに祝福すべきことだと本気で考えたものでした。「しかし多くの都市と国家の祈りによって」[3]いまネッケル氏はフランスの財政と王政の廃墟の上に座らされているのです。

フランス新政府の行政部門の奇妙な構成についてはまだまだ多くのことを語れるでしょうが、疲れてしまったので議論を終わりにせざるを得ません。ほとんど際限のない問題だからです。

議会の弱点4　高等法院の独立性をなくしたこと

国民議会が作成した司法制度計画にも、才能や天稟はかけらしかみえません。フランス国家体制の構築者は自分たちのお決まりのコースに従って、まず高等法院を全廃することから始めました。旧政府のほかの組織とおなじように、この敬うべき組織にも改革は必要でしたが、君主制のもとでは変更を加えようがありませんでした。高等法院を自由な国家体制のシステムに適したものにするにはさらに複数の変革を加える必要がありました。

しかしこの制度には、賢人の賞賛にも値する特徴がいくつもあったのです。最も卓越した基本的特徴はその独立性です。この職位に付随する最もいかがわしい点は売買できることでしたが、これでさえ独立性を高めることには貢献していました。職位は終身制で、子孫が相続して受け継ぐことができたのです。この職位は君主から任命されるものでしたが、ほとんど君主の権力がおよばないものとみなされてきました。国王の権力が高等法院に対して最も断固として行使された場合も、その根源的な独立性をはっきり示すことで終わりました。

高等法院は、恣意的な改革に抵抗するために組織された常設の政治機関でした。その法人としての組織と、組織の多くの形態によって、法に確実性と安定性をもたらすよう巧みに工夫されていました。世の中の空気や考えかたが大きく変動したときも、法を保護するための安全な避難場所でありつづけていました。専制主義的な君主の治世でも、恣意的な党派の争いのなかでも、国家の神聖な預託物である法を守ってきたのです。

高等法院は国家体制の記憶と記録を生きたものとして保ってきました。また私有財産の偉大な保障でもありました。フランスで私有財産は（個人的自由というものがまったく存在しなかった時代にも）ほかのどの国にもおとらず、りっぱに保護されてきたといえるでしょう。国家の至高権力は、その至高権力にできるかぎり依存しないという だけでなく、ある意味でそれと均衡をとるように構成された司法的権威を持っているべきなのです。至高権力は、それに対抗する司法の権威に保障をあたえなければなりません。いわば司法の権力が、まるで国家の外に存在しているかのようにしておくべきなのです。

場当たり的な法令で法は崩壊していく

高等法院は君主制の行き過ぎと害悪を是正する最善の手段ではないとしても、かなり有効な手段として機能してきました。民主政治がフランスで絶対的権力を振るうようになったらこういう独立した司法機関の必要性はそれまでの十倍にも高まります。みなさんが考え出した国家体制では、選挙で選ばれた有限任期の地方判事たちが狭い社会で独立した機能をはたすようになっていますが、これは司法システムとしては最悪に違いないのです。

こうしたシステムではよそ者や、嫌われ者の金持ちや、敗北した党派の少数派や、選挙で落選した候補の支持者などに対する公正さを、たとえ外見だけにせよ探し求めてもむだでしょう。この新しい司法システムから最悪の党派根性を取りのぞくのはまったく不可能だと思います。わたしたちがこれまでの経験から学んだのは、えこひいきを防ぐために秘密投票の方法をどう工夫しても子供じみた無益なこころみにしかならないということです。秘密投票は秘密を守るという目的には最もかなっていると同時に、疑惑を生むにも最適な方法で、えこひいきのさらに有害な原因になるのです。もし高等法院という制度が、あそこまで国家を破滅する変革のときに解体されず維持されていたら、かつてアテナイのアレオパゴスに設置された元老院法廷とまったくおなじではないにせよ（厳密に対応すると主張するつもりはありませんが）［フランスの新しい国家でも］ほぼ似た目的に役立ったのではないでしょうか。すなわち軽薄で不公正な民主政治のもたらす害悪を是正し、緩和する役割をはたせたのではないでしょうか。アレオパゴスの裁判所(4)が国家の偉大な支柱だったのは周知のことですが、この制度がどれほど注意深く維持されたか、どれほど大きな宗教的畏敬の念をもって聖なるものとみなされてきたかも周知のことです。

高等法院が党派性の災いを完全にまぬがれていたわけではないことはわたしも認めます。ですがこうした災いは外的で偶然的なもので、制度そのものの内在的な害悪ではありません。ところがフランスで発明された新しい六年任期の選挙制の裁判制度には、その制度そのものに害悪があります。

イングランドには、高等法院があらゆる事件を賄賂と買収で決定したと考えていて、この制度が廃止されたことを賞賛する人もいます。しかしこの制度は王政と共和制という試練にも耐えるものだったのです。一七七一年に高等法院が解体された際、宮廷は高等法院に腐敗がはびこっていることをなんとかして証明しようとしました。［革命で］この制度が再解体された際にもおなじようなことがこころみられました。しかしこの二回とも失敗に終わったことから考えて、高等法院では、はなはだしい金銭的腐敗は稀だったと結論したいと思います。

高等法院を制度として維持しておくだけではなく、古くからの高等法院の権限も維持しておくほうがおそらく賢明だったでしょう。これは君主制時代の制定法に対して高等法院が実行していたことなのですが、国民議会のすべての法令を高等法院が登記し、すくなくともそれに異議を唱える権限が維持されていたら、民主制の場当たり的な法令が一般的な法学の原則に照らして是正される手段になったはずです。

古代の民主制の害悪としていえることですが、没落原因のひとつはその場かぎりの法令（プセーフィスマタ）(5)による支配でした。それはまさにみなさんがいましていることです。この慣行は法の連続性と一貫性にたちまち打撃をあたえ、法に対する民衆の尊敬の念を低め、最終的には法を完全に崩壊させてしまったのです。

国王が異議申告権を持っているという異常さ

王政時代には、異議申告権はパリの高等法院にあたえられていました。現在みなさんはこの権利を主席執行役員にあたえ、しかも常識に反してこの人物を国王と呼びつづけているのです。これ以上ない異常さです。執行することを任務とする人物から異議の申し立てを受けるというのはあってはならないことです。これは、審議とはなにか、執行とはなにかをまったく理解していないということを示しています。権威とはなにか、服従とはなにかをまったく理解していないのです。みなさんが国王と呼んでいる人物はこういう権力を持つべきではありませんし、あるいはこの人物にもっと大きな権力をあたえるべきなのです。

現在のやりかたは厳密に司法的なものです。みなさんは君主制の手本にそって判事に独立した地位を認めるのではなく、判事にどこまでも機械的な服従を強いることが目的のようです。みなさんはすべてのことを変えてしまって、まったく新しい秩序原理を発明したわけです。わたしの理解では、判事というものは法律に従って裁くべき者ですが、みなさんはまず判事を選任しておいて、判決を下すときに準拠する法律はそのうち示すからと言ってきかせるのです。これでは判事が学んできたすべてのことは（学んできたとしてですが）すべてむだになってしまいます。

そして判事はそれまで学んできたことに代えて、国民議会からいずれ提示される規則や命令や指示などのすべてに服従するよう誓約を強制されるのです。判事がこんなものに服従してしまったら、もはや法律が機能する余地はまったく残されていません。これでは判事は支配権力の手にある完全かつきわめて危険な道具になってしまいます。しかもこの支配権力は係争中の事件について、あるいはそうした事件が発生するかもしれないという段階で、決定規則を完全に変更してしまうかもしれないのです。

地元で判事を選任した民の意志と、国民議会のこの命令が対立した場合、およそ考えられる最も恐ろしい混乱が起こるほかありません。判事はその地位を地方当局の力で獲得したのですが、かれらがそれに服従すると誓約した命令は、判事の任命にまったく関与しなかった人びとからきているためです。

ところでこの判事たちには自分の職務をはたすことをはげまし、指針をあたえてくれる制度としてシャトレ法廷(6)があります。この法廷は国民議会が名ざしした犯罪者や、そのほかの道筋で送られてきた犯罪者の裁判をおこなうためのものです。判事たちは自分の生命を守る護衛つきで裁判の任にあたります。とはいえどの法律で裁いたらいいのか、どの権威のもとで判決を下すのか、自分の任期がどのくらいなのか、すべてわからないままで任務をはたさなければなりません。

判事はときに自分の命を危険にさらしても有罪判決を下さなければならないと考えられています。そんなことは起きないかもしれませんが、そうと言い切ることもできません。しかしかれらが無罪を宣告したあと、被告が裁判所を出たところで首を吊るされ、しかも加害者はまったく罰せられないこともたびたび目撃されているのです。

予言――いまの司法制度は寡頭政治への道具になる

もっとも国民議会はいずれ、簡潔で単純で明快な法律を定めることを約束しています。ということは、このように法律を簡潔なものにすることで判事に大きな自由裁量の余地をあたえるということです。それでいて国民議会は、健全な自由裁量という呼び名に値する司法の自由裁量（ときには極めて危険なものになりますが）を可能にするすべての学問的権威を打破してしまっているのです。

ところで新しい行政府の機関が、これらの新しい裁判所の管轄権から慎重に除外されていることは興味深いことです。すなわち完全に法に服従すべき人びとが、法の力の適用を完全に免除されているのです。公共の金銭の信託にかかわる業務をおこなう人びとは、自分の義務に最も厳密に拘束されている人びとでなければなりません。これらの行政府の機関を真の意味で全権を持った独立国家のようなものにしてしまわないためには、最近まであった高等法院やイングランドの王座裁判所のような厳粛な裁判所を設立するようにまず配慮したはずだと、誰もが思うでしょう。こうした機関の職員は職務を合法的に遂行すれば保護をあたえられ、法的義務に違反するなら義務に従うよう、こういう裁判所で強制されることになるのです。

しかし行政府の機関が裁判所の管轄権から除外された理由はあきらかです。これらの行政機関は、みなさんの指導者たちが民主政治を経由して寡頭政治に移行するために利用する、大がかりな道具なのです。だからこそ、これらの機関は法律の適用を免除されなければならないわけです。みなさんが設置した司法裁判所は行政機関の職員を強制するには不適切だと指摘されるかもしれません。実際にそうです。こんな裁判所はいかなる合理的目的にもかなっていません。

いっぽうで、こうした行政機関は国政の総合議会に責任を負わされるものだと指摘する意見もあるでしょう。しかしこうした意見は国政の総合的な議会についても、行政機関についても、その自然な性格をよく知らないものいいだと指摘するしかありません。いずれにせよ、保護するためであれ制約するためであれ、そうした議会の意思にそのまま従うことは、法に服従することとはまったく違うことなのです。

この裁判官制度は、完成するにはまだ欠けているものがあります。この制度よりさらに上位の裁判所が新たに設置される予定なのです。これは偉大な国事裁判所になり、国家に叛逆して犯された罪、すなわち国民議会の権力に抗して犯された罪を裁くことになります。どうやら国民議会では、大簒奪の時代にイングランドで設立された高等裁判所(7)のような性格の裁判所を考えているようです。

この計画はまだ完了していませんので直接には判断できません。しかしこの裁判所を設置するにあたっては、国事犯の裁判に際してこれまでとはまったく異なる精神で作業が進められるよう慎重に配慮されないかぎり、議会の異端裁判所ともいうべきもの、調査委員会に従属するものになるでしょう。それはフランスの自由を最後の火まで消しつくすことを意味します。そしてあらゆる国民にとって史上最悪の恣意的な専制主義が蔓延することになるでしょう。この裁判所に外見だけでも自由と正義があるようにみせたいなら、国民議会にかかわる訴訟を好き勝手にこの裁判所からよそへ移送してはいけません。またこの裁判所に送付してもいけません。それにパリ共和国の外に設置(8)しなければだめです。

12 軍部と民衆——制御不能

共和国どうしを固めるセメント　その三　軍部

みなさんの軍部の体制は、司法部の計画よりは叡智が現れているでしょうか。ここをたくみに処理する作業はさらに難しいので、さらに優れた技量と注意力が必要になります。というのはこの問題はそれじたいとして重要なだけではなく、軍というものはフランス国民と呼ばれる新しい共和制国家の第三のセメント、すなわち結合原理でもあるからです。

とはいえ軍が結局どんなかたちで構成されるかはまったく予測困難です。みなさんは非常に大規模な軍を設立し、支払い能力の上限ぎりぎりまで十分な装備をそなえることを決定しています。しかしその軍規の原理はどんなものですか。軍は誰に服従するのですか。みなさんはいわば狼の耳をつかんだ［身動きできない］状態に置かれているのです。わざわざ選んだこの状況を楽しまれることを願っています。この状況でみなさんは軍についても、ほかのすべてのことについても、まったく自由な裁量の余地を手にしているからです。

軍務省担当の国務大臣はドラトゥール・デュパン氏です。この紳士は政権の座にある同僚たちとおなじように革命の熱心な推進者で、革命で生まれた新しい国家体制の楽観的な賛美者です。この人物がフランスの軍について述べていることは、その個人的権威と公的権威の両方から重い意味を持ちます。ですがそれ以上にこの大臣の発言は、フランスの軍の実情を非常に明確に説明しており、さらに軍部という危険な組織を議会がどんな原理にもとづいて運営しようとしているかを示すうえでも重要なのです。大臣の発言を調べてみると、イングランドがフランスの軍事政策を模倣するのはどのくらい適切なのかも判断できるでしょう。

軍は士官たちが殺される騒乱状態

六月四日にドラトゥール・デュパン大臣は、国民議会が後援している軍務省の状態について報告しています。この問題についてデュパン大臣ほど知悉している人物はいませんし、大臣ほどうまく説明できる人物もいません。大臣は国民議会でこう演説しました。

「国王陛下は本日、軍が混乱を極めた状態にあることを議員諸氏にお知らせするためにわたしを派遣されました。陛下はこの混乱について毎日のようにきわめて悲痛な報告を受けとっておられます。軍はきわめて不穏な無秩序の状態に陥ろうとしています。すべての連隊は法律にも国王にも、議会命令で確立された秩序にも、また自分たちがきわめて厳粛に誓った誓約にも敬意を捧げるべきであるのに、すべてを踏みにじってしまいました。

わたしはみずからの職務上、こうした暴挙についてみなさんに説明する義務を負うものですが、この暴挙をおこなったのがどんな人びとかを考えると、心に血のにじむ思いがします。わたしはこれらの人びとに激しく抗議せざるをえないのです。しかもかれらはこれまで高い名誉と忠誠心に満ち溢れ、五十年の長きにわたって、わたしが同僚として、友人として生活をともにしてきた兵士たちの一部なのです。

かれらがとつぜん血迷ってしまったのは、どんな錯乱と幻想の精霊に惑わされたからなのでしょうか。みなさんが国を統一し、国家全体を一貫した均質な組織にまとめあげようと努力しているというのにです。さらに法律が人権に対して尊敬を持ち、市民が法律に対して尊敬を持つようにと議会のみなさんがフランス国民に教えているというのに、軍の管理には騒乱と混乱しかみられません。

わたしは複数の部隊において、規律で作られた絆がゆるんでいる、あるいは破壊されているのを目撃しています。これまで耳にしたことのないような主張があからさまに、はばかることなく語られています。命令には従わず、隊長は権威を失い、軍資金も軍旗も持ち去られて、国王陛下ご自身の権威も『笑わずにいられようか(1)』と誇らしげに無視されています。

軍の士官たちは軽蔑され、侮辱され、脅迫され、追い払われています。数人は部隊の営倉に閉じ込められ、忌み嫌われ侮辱されながら、どうにか命を保っている状態です。こうした恐怖の仕上げとして、多くの地区の司令官が兵士たちの眼前で、あるいは部下の兵士たちの腕の中で喉を掻き切られているのです。

これらの悪は、はなはだしいものではありますが、軍の蜂起で起こりうる最悪の事態ではありません。遅かれ早かれ、軍は国家そのものにとって脅威になるでしょう。ことがらの自然な性格から判断して、軍がたんに道具としてしか行動しないということは考えられません。軍はやがてみずから審議機関になって、自己決定で行動するようになるでしょう。そうなればいかなる政府もすぐさま軍による民主制に堕落します。

これは政治的怪物とでも呼ぶべきもので、生み出した人たちを飲みつくして終わるのがつねなのです。

このように考えてきますと、一部の連隊において、下級兵と下級士官が混乱に満ちた委員会を設立し、奇妙なことがらを審議していることに、わたしたちは警戒を覚えずにいられません。かれらはものごとを知らず、上官の権威を軽蔑しているのです。もっともこうした上官たちが委員会に出席し、それに同意したところで、こうした怪物的な民主制集会（コミス）にどんな権利もそなわることはないのですが」

兵士は爵位廃止と平等の思想に動かされている

この説明はいわば完成された絵画で、カンヴァスの隅々まで描き上げられていますから、わたしがなにもつけ加える必要はないでしょう。それでもこの説明のなかに、軍が主導する民主制というものの秩序のなさ、その自然な性格と複雑さがことごとく描かれているわけではありません。しかし軍務大臣が賢明率直に認めているとおり、軍によるこうした民主制が存在する場合、公式にはどんな名前で呼ばれようと、それは国家の実際の体制になるしかないのです。

というのは軍隊の多くの部分は忠誠を放棄せずに義務を守りつづけていると議会で大臣は語っていますが、良いふるまいを維持しているという部隊を観察した旅行者の証言によると、それは規律が存在するからではなくて、たんに反抗が発生していないからだというのです。

わたしはここで一瞬立ちどまり、軍務大臣が軍における行きすぎについて思わず漏らした言葉をしばらく振り返ってみざるをえません。大臣にとっては軍が忠誠と名誉の古くからの原理に反したことが、どうにも理解に苦しむ点のようです。ところが大臣が演説している議会の座を占めている議員たちは、確実にその原因を熟知しています。かれらは自分たちが説いて聞かせた教義についても、自分たちが通過させた法令についても、自分たちが煽りたてた行為についてもよく知っているのです。

いっぽうで兵士たちは十月六日の事件をよく記憶しています。近衛兵のことも思い出すでしょうし、パリとマルセイユで王の宮殿が占拠された事件も忘れていません。このパリとマルセイユという二つの場所で司令官が殺害され、その加害者が罰せられていないという事実も忘れていないでしょう。

かれらは人間の平等をあれほどあからさまに、熱心に説く原理を放棄していないのです。フランスの貴族全体を没落させ、紳士という観念そのものを抑圧することに目をつぶっていることができず、称号や爵位の全面的廃止という原則を捨てていないのです。議会の博識な人びとは兵にこの原則を教え、そのいっぽうで法への尊敬も教えてはいます。デュパン氏は兵士たちが忠誠心をうしなったということに愕然としていますが、武器を手にした人びとが二つの教えのどちらを選ぶかはすぐ判断できることです。

また国王の権威については（この問題について考察するのがよけいなお世話ではないとして）、大臣自身の語った言葉でも、軍にとってはほかの誰にもまして国王の権威などまったく考慮するに値しないものだとはっきりしているのです。大臣はつぎのように語っています。「国王陛下はこれらの行きすぎをやめるようくり返し命令なさいました。しかしこういう恐るべき危機にあっては、国家を脅かす害悪を防ぐために議会のみなさんの協力が不可欠です。みなさんは立法権力の持つ力に、それよりさらに重要な世論の力を結びつけてください」。こうしてみると軍が国王の権力や権威についてまったく重視していないのは確実です。兵はすでに、議会そのものも国王とくらべてとくに大きな自由を享受しているわけではないと学んでしまっているでしょう。

軍の犯罪は調査も処罰もされない

　それでは国家に起こりうる最大の緊急事態ともいうべき現在の事態に対処するために、なにが提案されているのか調べてみましょう。軍務大臣は議会に対して、軍に恐怖を引き起こさせる装いをすること、そしてあらゆる威厳を身にまとうことを求めています。議会が重々しく厳しい原理を宣言するなら、国王の述べた声明にも力があたえられるのではないかと考えているのです。

　大臣がこういう希望を表明したからには、そのあと民事法廷と軍事法廷が開催されるものと期待するところです。一部の部隊が解散され、ほかの部隊では一部の指導者が処罰され、あらゆる害悪のなかでも最も恐るべき害悪の進展を止めるために、こういう場合に使われるはずの恐ろしい手段がすべて採用されるだろうと期待するところです。とくに兵士たちの面前で司令官が殺害された問題については、本格的な調査を期待したいところでした。ところが大臣はこういう言葉は一言も語らず、これについてまったく言明しなかったのです。

　そして国王が発布した議会の法令を兵が踏みにじったという報告を受けたあと、議会は新しい法令を承認し、国王に新しい声明を出す権限を認めるわけです。最も厳粛な儀式で誓った誓約を連隊がまったく無視していると軍務大臣が議会に知らせたあとで議会がどうするかというと、もっと多くの誓約を求めるように提案するのです。議会はみずからの不十分さを経験すると、新しい法令や宣言をまた出します。議会は兵の心のなかで宗教の聖なる力が弱まるにつれて、さらに多くの誓約を出すのです。

兵士には市民としての誓約だけでなく、霊魂の不滅や、人間の魂を見守る神の摂理や、来世の賞罰についてのヴォルテールやダランベールやディドロやエルヴェシウスなどのけっこうな理論の要約書も下付してはと、望みたいところです。わたしはそういうことをまったく疑っていません。というのはある種の読書は兵士の軍事教練の不可欠な一部であって、兵士たちには銃の弾丸といっしょにパンフレットという弾薬もたっぷりあたえられるものと理解しているからです。

軍部は地方自治体と接近しつつある

また国王は全連隊に回覧状を発布しました。その目的は、陰謀や怪しい相談や、内乱計画委員会や兵士たちの奇怪な民主主義集会(コミティア、コミス)などなどから生じる害悪を防ぐこと、あるいは怠惰や贅沢や浪費や不服従などから生じるあらゆる無秩序を防ぐことだそうです。そしてそのために各連隊は各地方のクラブや結社の集まりに加わること、その地方組織が開催するお祭り騒ぎや世俗の催しに参加すること、それを王の権威において奨励すると宣言したのです。これはもう、かつて人間が考えついた手段のなかで、またこの多産な現代のあらゆる発明のなかでも最も驚く手段です。

おそらく国王のこの陽気な規律(2)は兵の心の獰猛さをやわらげ、世間の飲み仲間と和合させて、軍だけの陰謀をさらに広範な組織的方策に結びつけていくことに役立つでしょう。軍務大臣も指摘しているとおり、この是正策が兵士の気に入ることはまちがいありません。そして兵士たちは、ほかの面で反乱を起こしてもこの国王声明にだけは忠実に従うこともまちがいないでしょう。

ですがわたしが疑問に思うのは、こういう市民としての宣誓や、クラブへの加入やお祭り騒ぎをとおして、いまより上官に服従することを兵士に教えられるのかどうかです。軍規の厳格な規則に服従することをこれで教えられるものなのでしょうか。たしかに兵士たちをフランス流の立派な市民にするかもしれませんが、どんな流儀であれ立派な軍人にすることはないでしょう。たんなる道具にすぎない兵士というものの性格に、楽しい食卓でのおしゃべりがふさわしいかはおおいに疑問です。老練な将校で政治家でもある軍務大臣が正しく指摘しているとおり、ことがらの自然な性質において、軍人とはつねにそうしたたんなる道具であることを求められるものだからです。国王の認可と勅許をえて、兵士たちが地方のお祭り騒ぎをする団体と自由に交際することが、軍の規律にどんな改善をもたらすのか。それは軍務大臣がこの演説で伝えてくれた地方自治体そのものの現場から判断できるでしょう。大臣は一部の連隊の好ましい傾向から判断して、秩序を回復する努力が当面は成功するのではないかと楽観的な期待を抱いています。将来についてはいささか悲観的ですが、軍にふたたび混乱が戻ることを防げるかについては、こう語っています。

「これについて当局は、議会に対して責任を負うことはできません。議会が定めたところによりますと、軍の支配権はそもそも国王の全権に委ねられていたのです。しかし地方自治体が軍に権限を行使できると考えるようになっているのでは、当局がその責任を負うことはできません。議会は軍の権威と自治体の権威の限界を定めています。そして自治体が軍に対しておこなえるのは出動要請権の遂行にかぎると定められています。議会の法令はその言葉においても精神においても、地方自治体の一般の人びとに軍を隷属させる権利などはまったく認めていません。将校を解任したり、将校を裁判にかけたり、兵士に命令をあたえたり、守備を命じられた場所から兵士たちを移動させたり、国王の命令で行進している兵士たちを停止させたりすることを、軍が通過している都市あるいは市場町などが恣意的におこなう権利はないのです」

地方自治体は兵士たちを矯正して軍の真の服従原理にふたたび従わせ、兵を国の最高権力の「装置」にすることを期待されているわけですが、その社会の性格や傾向が、なんとこういうものなのです。フランスの軍の病とは、まさしくこういうものです。そしてその病を治癒するための方法が、まさにこのようなものなのです。陸軍もそうですし、海軍もそうです。

地方自治体が議会命令より優先権を持つようになると、今度は水兵たちが地方自治体の命令より優先権を持つようになるのです。このりっぱな公僕である軍務大臣が、高齢にもかかわらず市民の祝祭に加わって議会のために乾杯したり、若い政治家たちの熱狂的な悪ふざけに白髪で混ざっていたりするのをみると、わたしは心から気の毒になります。こういう計画は、人生で五十年も辛酸をなめてきた人物から出てくるようなものではありません。

こうした計画は、政治学の学位を金で買って国家的地位を手っとりばやく獲得しようとする人物にはふさわしそうです。こうした人物はあらゆる問題について熱狂的な確信と光明を心に抱いていることが多いものです。ある博学な人物などは、高齢の人物の主張に、あるいは経験にもとづくものの多い人の主張に耳を傾けないよう議会に警戒をうながして大きな喝采を博し、大成功をおさめていました。

国務大臣たるものはすべからく、経験と観察というあやまちと異端思想を放棄してこういうテストを認め、受験するしかないのだろうとわたしは察します。好みというのは人それぞれですが、わたしは老人の叡智にはおよばなくても、老年の確たる威厳をすこしでも自分のなかに保ちたいと思うほうです。

あの紳士たちは自分が生まれ変われるほうに賭けているのでしょう。しかしわたしならどんな犠牲を払ってでも、かれらの手をつうじて自分のがんこな性格を一変させるようなことは願いさげです。大厄年[3]にもなって新しいアクセントでわめき出したり、第二の揺籃期で野蛮な形而上学の初歩[4]をつっかえながら唱えるようなことは、わたしには決してないでしょう。「もしどなたか神様が、この歳から赤子に返り、揺籠で泣くことを許して下さるとしても、きっぱりと断るだろう[5]」。

王権は無能、議会は脆弱、軍部と社会は無政府状態

フランス人が憲法と呼んでいるこの小児的で衒学的なシステムについて、ある部分の愚かしさをあきらかにしようとすると、ほかの部分まできわめて不十分で害悪があることがあきらかになってしまいます。つまり該当箇所と密に関係するほかの部分や、ごく遠い関係しかないすべての部分についてまでそうなるのです。王権が無能であることの是正策を提案しようとすれば、議会の持つ力の脆さがあきらかになります。国軍の混乱について考察しようとすれば、武装した地方自治体のさらに悪質な無秩序を露わにせざるをえなくなります。軍の無政府状態は市民社会の無政府状態を暴露し、市民社会の無政府状態は軍の無政府状態を暴露するのです。

わたしはすべての人にドラトゥール・デュパン大臣の雄弁な演説を（ほんとうに雄弁です）注意深く熟読してほしいと思います。大臣は一部の部隊には行儀のいいふるまいがあるということに、地方自治体の問題解決の鍵があると考えています。つまり地方自治体のなかでも行儀のいい自治体を（これらの自治体は最弱ということになります）最も行儀の悪い地方自治体（これらが最強ということです）の略奪から守る役割を、さきの行儀のいい部隊が担えるだろうと大臣は期待しているのです。ところが地方自治体は自分たちに主権があるようにふるまっているわけですから、自分たちを守るため、必要な部隊に命令を下すことになるでしょう。

実際に地方自治体は部隊に命令を下すか、それとも取り入るか、どちらかを選ぶしかありません。地方自治体は置かれた状況の必然によって、またその自治体が取得している共和的権力によって、軍の主人か召使いか同盟者か、そのどれかを（あるいは順々にその全部を）選ばなければならないのです。そうでなければ地方自治体はその状況に応じて、この全部をごた混ぜにしたものになるしかないでしょう。

現在、軍を抑えられる統治機関として地方自治体のほかになにがあるでしょう。そして地方自治体を抑える統治機関として軍のほかになにがあるでしょう。国民議会は権威が消滅したあとも和合を維持するため、どんな結果につながるかをまるで無視したように、病気を病気で治癒しようとしているのです。地方自治体に対する怪しげな関心を軍に持たせることで、国民議会は軍による純粋な民主制から自分を守ろうとしているのです。

予言——この無秩序は流血にいたる

もし兵士たちがしばらくのあいだであれ市町村のクラブや党派や結社などと混ざり合ってしまったら、兵士たちは選挙の魅力に惹かれて、さらに下層階級の最も救いのない部分に次第に引き寄せられていくでしょう。そしてかれらの習慣も愛着も同情もこうした部分に寄せられるでしょう。人びとは軍の陰謀を市民結社で解決しようとしています。自治体の秩序を守らせる国軍そのものを誘惑する手段を自治体にあたえて、反抗的な自治体を抑えこもうとしています。

しかしこういう怪物的で不吉な政策のもたらす奇妙な幻想は、そうした幻想を生み出した混乱をさらに深刻なものにせざるをえません。流血は避けられません。かれらがさまざまな力を構築するときに示した常識的な判断の欠如が、またあらゆる種類の行政権力と司法権力にみられた常識的な判断の欠如が流血を招くのです。

たしかに、一時的に、また局所的に無秩序を抑えることはできるでしょう。ですがまたべつのところで無秩序が出てくるに違いありません。そうした無秩序をもたらす害悪が根源的で内在的なものとしてあるからです。反抗している兵士たちを、内乱を起こしている市民たちと交流させようとするこのすべての計画は、まちがいなく軍における兵と士官との結びつきをますます弱めることになります。そして内乱好きの職人や農民たちを軍事的側面と市民的暴動の両面でますます大胆にさせるのです。

ほんものの軍を維持しておくためには、兵士からみて士官が最初で最後の存在でなければなりません。すなわち士官は兵士が最初に注目し、服従し、尊敬する存在でなければならず、また兵士が最後に注目し、服従し、尊敬する存在でなければならないのです。ところがフランスの軍ではたしかに士官たちは存在しているようにみえますが、士官であるために求められる資質はなにより穏やかさと忍耐心のようです。士官は兵士を選抜することで部隊を操作しなければなりません。士官は命令者としてではなく、候補者であることでようやく士官でいられるのです。こうした方法でも士官はときに権力を手にできるかもしれません。士官を指名できる権威はますます重要な意味を持つようになります。

名目だけの王権が派閥争いを激化させる

みなさんが最終的になにができるのか、まだあきらかではありません。しかしフランスの軍と共和国の全部分とのあいだにあるこの奇妙で矛盾した関係が維持されるかぎり、そしてこれらの部分どうしの関係性や、部分と全体の関係性がいまのままで維持されるかぎり、最終的になにができるかはあまり重要ではありません。

みなさんは国民議会が承認するという留保をつけて、軍の士官の任命権をさしあたり国王に認めたようです。ですが自分の利益を追求する人間はほんとうの権力がどこにあるかを見つけるうえでじつに賢くふるまうものです。どこまでも拒否権を行使できる人が実際の任命権を持っているということに、すぐ気づくに違いありません。すると士官たちは、最も確実な昇進方法は議会において陰謀をたくらむことだと考えるに違いないのです。しかしみなさんの新しい国家構造だと、士官たちはまず宮廷で自分の昇進運動を始めなければなりません。軍で高い地位を占めるためにはこうして［議会と宮廷に］二重に交渉しなければならないわけです。

しかしこのやりかたは軍の士官の任命権という重要な権益に関連して、議会内の党派争いを促進させるという目的にあまりにもかなっています。というよりまさにそれだけをめざしているのではないかと思えてくるほどです。政府がどんな基礎のうえに立っているかにかかわらず、政府の安全性を損ねる可能性のある最も危険な要素は派閥争いです。この方策は軍の将校団をこの派閥争いで毒するだけでなく、最終的には軍そのものの効率を破壊するものです。

国王が昇進を認めようとしたのに［議会の反対で］昇進できなかった士官たちは、議会の内部でその昇進を認めなかった派閥に敵対する派閥を構成するようになり、軍の核心部で支配権力に刃むかう不満を醸成することにならざるをえません。これとは逆に議会の権益をつうじて自分の地位を強化している士官たちは、議会では自分が誰より有利な昇任候補に上がっているのに、国王があまり重視してくれないと感じた場合、昇進を進めることも遅らせることもできない権威などいやでも軽んじることになるでしょう。

こうした害悪を避けようと軍の命令権や承認権の規則を年齢だけで定めた場合、軍に形式主義がはびこることになるでしょう。そういう軍はさらに独立性を強め、ある種の軍事共和国のような存在になるでしょう。

機械のような存在になっているのは軍ではなく、王なのです。国王を半分だけ退位させるということはできません。国王は軍を指揮する全権を所有していないかぎり、軍について何者でもないのです。軍の最上部に名目だけの権力が置かれ、軍はこの権力に対していかなる感謝の念も持たず恐怖も感じないとすれば、そんな権力がいったいなんになるのでしょう。そんな取るにたりない権力は、軍の最高指揮権という、なににもましてじつに微妙な権威を発揮するにはおよそふさわしくないのです。

軍人を統率する人物は実際にそこにいて、生気に溢れ、効率的で、断固とした人格的な権威をそなえていなければだめです。軍人には、自分たちが必要とするものに顔を向ける傾向があるのです。議会はこういう弱々しい権威をつうじて軍を管理しようとすることで、議会の権威そのものを損ねています。軍はやがて、偽りの見せかけだけであきらかに欺瞞に満ちたこうした権威をつうじて行動する議会になにも期待しなくなるでしょう。軍はやがて囚われの王に真面目に服従しなくなるでしょう。軍はこの見せかけだけのものを軽蔑するか、囚われの王を憐れむようになるでしょう。わたしが大きな思い違いをしていないかぎり、フランスにおけるこういう軍と国王の意志の関係は、みなさんの政治における重大なジレンマになるでしょう。

予言——国の支配者は軍部から現れる（ナポレオンの出現）

さらに考察するべき、べつの問題があります。フランスの議会が軍に命令を伝達するにあたって［国王とは］別の組織があるとしても、軍の服従と規律を促進するという目的を実現するにあたって議会がふさわしいかどうかという問題です。これまでの経験からもあきらかなように、軍というものは元老院や民衆的な権威に対しては、きわめてあてにならないあやふやな忠誠しか捧げてきませんでした。ましてや二年間しか存続しない議会にはごくわずかな忠誠しか捧げないでしょう。もし軍の士官が議会で演説する議員の支配に完全に服従し、十分な尊敬を捧げるようになったとしたら、それは士官が軍人に特有の気質を完全にうしなってしまうことを意味します。しかもこうした演説の得意な議員たちは、つぎからつぎへと新しい顔ぶれに変わっていくので、その新しい相手にも追従しなければならないとすればなおのことです。しかも命令を下す地位にあるこれらの議員の軍事政策も、命令の才能も（もしあるとしてですが）任期の短さとおなじに頼りないものだとすれば、なおさらではないでしょうか。

現存するただ一種類の権威が弱体で、しかもあらゆる種類の権威が揺らいでいる状態では、軍の士官は反抗的になって党派の争いをつづけるでしょう。ですがいずれ、兵をなだめるすべを知っていて、真の統率精神をそなえた人気の将軍が現れて、全員の注目を集めるようになるはずです。軍はその将軍を個人として尊敬し、そのために将軍に服従するようになるでしょう。いまのような状態で軍を服従させる手段はほかにありません。

ですがこのできごとが起きた瞬間から、真の意味で軍を統率するその人物がみなさんの主人になるのです。この人物はみなさんの国王の主人になり（これじたいはそう重要なことではありませんが）みなさんの議会の主人になり、みなさんの共和国全体の主人になるでしょう。

そもそも議会はいまのような権力で、どうやって軍に権力を行使できるようになったのでしょう。それはおもに兵士をそそのかして士官に反抗させることによってでした。議会はきわめて恐るべき作戦を始めたのです。議会は、軍を構成する最も深い核心部に手を出しました。士官と兵士を結ぶ最も重要で最も枢要な絆は服従の原則です。軍における服従の系列はこの原則から始まり、軍のすべてのシステムがこの絆に依拠しているのです。にもかかわらず議会はこの原則を破壊したのです。

議会は兵士たちにこう告げました。兵士というのは市民であって、人間の権利と市民の権利を所有している。人間の権利というのはすべての人が自分の統治者だということで、自分が統治する権利を委ねた人物にしか統治されないということである。ですから、自分が最も服従を捧げる人物を選ぶためには自分の選択権を最大限に行使しなければならないと兵が考えるようになるのはごく自然な話なのです。

すると兵士は、いまのところごく散発的におこなっていることを組織的におこなおうとするようになるでしょう。すなわち自分の上官になる将校の選択においては、すくなくとも拒否権を行使しようとするでしょう。いまのところ将校たちは、行儀が良ければどうにか容認されている状態です。しかし自分の隊から追放された将校たちも多いのです。これは王の決定に対する第二の拒否権で、議会の行使する拒否権とおなじ程度に有効なものです。

予言——人権宣言との矛盾で議会は軍を支配できなくなる

すでに兵士たちは、自分の士官を直接に選挙するべきではないのか、すくなくとも一部の士官を直接に選挙するべきではという考えかたが、議会においてもかなり受け入れられていると知っています。こういうことがらが議論されるようになれば兵は自分の主張に最も有利な意見になびくようになると考えても、そう風変わりではないでしょう。

おなじ国内に自分たちとはべつの軍がもうひとつあって、そちらは自由な国家体制のもとで自由軍とみなされているとします。その軍と交流し同盟することが自分たちに求められているのに、自分たちのほうは捕虜になった国王の軍であるとみられていたら、これをがまんする軍はないでしょう。そしてかれらはこの常設の軍に注目するようになるでしょう。この軍とは自治体の軍(6)のことなのです。そこでは実際に兵が自分たちの士官たちを選んでいて、それをかれらもよく知っているのです。それなら自分たちがラファイエット侯(いまはどう呼ばれているのでしょうか)を将校として選んではいけない、どんな理由があるでしょうか。

最高司令官を選任することが人間の権利のひとつなら、それが兵士たちの権利でないはずはありません。かれらが目にしているのは、治安判事も選挙で選ばれ、裁判官も選挙で選ばれ、司祭や司教も選挙で選ばれ、パリ軍の司令官も選挙で選ばれているという事実です。それなのにどうして自分たちだけ除外されなければならないのでしょうか。フランスの勇敢な軍だというのに、なぜ軍事的功績や総司令官に必要な資格を判断することにおいて国内で唯一の不適格者とみなされなければいけないのでしょうか。国家から俸給を受けとっているというだけの理由で、どうして人間の権利をうしなわなければならないのでしょうか。兵士は国民の一部であって、国家による俸給の支払いに貢献しています。国王も国民議会も、国民議会の議員を選挙するすべての人もおなじように俸給を受け取っています。この人びとは俸給を受けとることで自分の権利を喪失するどころか、このすべての場合において、こうした権利を行使することで俸給を受けとっていると考えています。

これまでみなさんはすべての決議、すべての議事録、すべての理論、そして宗教と政治に関する博識なかたがたの著したすべての著作を熱心に兵に手渡してきました。それならお望みどおり、みなさんが示した教義や実例を、兵士たちが自分にも適用するようになるのは、ごく自然だと考えるべきでしょう。

みなさんのような政府にあってはすべてが軍にかかっています。というのもみなさんは、政府を支えるすべての本能だけでなく、みなさんのなかにあったすべての意見と偏見まで、ことごとく破壊しつくそうとけんめいに努力してきたからです。そのため国民議会と一部のフランス国民のあいだに齟齬が発生した場合、みなさんは力に頼らざるをえなくなります。みなさんにはほかに、いかなる手段も残されていません。というよりみなさんは自分たちのために、ほかになにも残しておかなかったのです。

国内の反乱を抑えることを重要な目的として軍が配備されていることは軍務大臣の報告(7)からもあきらかです。みなさんは軍で支配するしかありません。ところがその支配手段である軍にみなさんが植えつけた原理があります。それは、しばらくたてば抑圧手段として軍を使うことができなくなるような原理でした。しかもみなさんは全国民にこのおなじ原理を植えつけたのです。

国王が自国民を抑圧するために軍を派遣しようとしても、軍は市民に向かって発砲すべきではないという意見が広く語られていて、それはいまもわたしたちの記憶に鮮やかに残っています。植民地からは独立した憲法と自由貿易を要求してきます。植民地の要求は軍を派遣して抑えるしかありません。しかし植民地の人びとがみなさんの人権法典のどこを探しても、貿易を独占することや、他者の利益のために貿易を制限されることが人間の権利の一部だという条項はみつからないでしょう。

植民地が本国のフランスに抵抗して立ち上がれば、今度は黒人たちが植民地支配に抵抗して立ち上がるでしょう。するとまた軍が派遣され、また虐殺と拷問と絞首刑です。これがみなさんの人間の権利なのです。気まぐれに宣言されて、恥知らずに撤回された形而上学的声明の成果です。

民衆――人権を教えた以上、封建制で支配できるはずがない

つい最近、フランスのある地方の農民が、ある種の地代の支払いを領主に拒んだことがありました。そこでみなさんは、すべての地代と賦課金を払わなければならないと農民たちに通達しました。除外されたのは、過酷だという理由から撤廃されたものだけです。支払いを拒むなら軍を派遣するよう国王に命令するというのです。

みなさんはまず普遍的帰結にいたる形而上学的命題を定めておいて、そのあと専制主義でその命題の論理を制限しようとするわけです。現体制の指導者は国民に対してこう語っているわけです。国民議会から見かけだけの権限も認められない場合は要塞を奪い、警備兵を殺害し、国王に攻撃を加えていい。それは人間の権利として認められている。

こうした権限の授与を議会に求める必要もありません。立法機関である国民議会が国民の名において開会されていてもです。指導者から承認され裏づけをえた原理にもとづいて、国民は判断を下そうとします、それは前例に従おうとすることです。ところがまさにそのときに、指導者側はその国民を抑圧するために軍を出動させようとする、しかもその軍が混乱の当事者だったりするのです。

指導者側は、およそ封建的な要素はすべて暴政の野蛮さの表れだとして、それを嫌悪し、拒否するように民衆に教え込んでいます。ところがそのあとで、この野蛮な暴政を耐え忍ばなければならないと言い聞かせるのです。民衆が苦情を訴える問題については、それを照らす十分な光を提供します。ところがひとたびそうした問題を解決しようとすると、指導者が極端に出し惜しみをすることに民衆は気づくでしょう。

みなさんはある種の免役地代や個人的な賦課については、民衆が現金を支払うことで免除すると認めました（そのために必要な現金は提供しませんでしたが）。民衆はこうして免除された負担は、まったく免除されなかった負担と比較すれば無にひとしいとよく知っています。

それだけではありません。民衆は、土地所有のシステムすべてが最初から封建主義的なものだということ、そうした土地財産は、野蛮な征服者がもとの所有者から奪って野蛮な手下に分けあたえたものだということ、あらゆる種類の土地の地代は、こうした征服の最も過酷な結果として生まれたということを、ごく自明のこととして知っているのです。

農民はおそらく、ローマ人やゴール人など、かつての土地所有者の子孫にあたる人びとです。ところが故事研究家の原則に訴えても、弁護士の原則に訴えても、かつての所有地を取り戻すことはできません。しかたなく、かれらは人間の原理という要塞に立てこもるのです。この砦で農民は人間が平等なのだと発見し、大地は平等で心優しい、全人類の母なのだから、いかなる人間の傲慢や贅沢を促進するためにも独占されてはならないのだと発見します。大地の独占者はその自然の性質として農民より優れているわけではないのだし、はたらいてパンを稼がないところは農民より劣っています。

農民たちはまたつぎのことも知っています。自然法では土地を占有し開拓した人物こそがその土地の真の所有者であること。自然に反する時効というものはありえないこと。隷属している農民と領主のあいだで締結された契約は（そういう契約があるとしてですが）脅迫と暴力の結果にすぎないこと。そして民衆が人間の権利を回復したときにはそんな契約は無効になる——古く封建的で貴族的な暴政で定められたほかのすべてのことがらとともにそうなる——ことをです。帽子に国家章をつけている〔役人という〕怠け者と、僧帽をかぶって僧衣をつけている〔聖職者という〕怠け者には、どんな違いもありはしないと民衆はみなさんに告げるでしょう。

みなさんは地代を取るという権利を、相続と時効の規定で正当化しようとするかもしれません。すると民衆はこう主張するでしょう。国民議会が民衆を教化するために配布したカミュ氏の演説を援用すれば、最初に悪がおこなわれていたケースに時効は適用されない。そしてこれら領主の権利はその最初において邪悪なものだった。そして暴力は詐欺とおなじように悪しきものである。

また民衆は相続権についてみなさんにこう告げるでしょう。土地を耕してきた者による相続こそが所有権を示す真の系譜であって、腐りはてた羊皮紙やそれに代わる愚かしいものはそういう相続権を示すものではないこと。領主は土地収奪の成果をあまりにも長く享受しつづけてきたこと、もし民衆がこの世俗の修道士〔領主〕たちに恵み深い年金を認めてやったら、真の所有者からあたえられたその恩恵に領主は感謝すべきであること。そして真の所有者とは自分の所有物に対してそんな偽りの請求をしてくる相手に対して、かくも恵み深い者なのである、などなどです。

みなさんはかつて詭弁的理性にもとづいて貨幣を鋳造し、自分たちの像と銘をそこに刻みこんで農民に押しつけました。ところがかれらがそれをみなさんに戻そうとすると、それは粗悪な貨幣だと非難します。そして今後農民にはフランス衛兵、竜騎兵、軽騎兵などで［暴力と抑圧で］支払うことにすると告げるのです。

身分という権威は民にとって無になっている

みなさんは農民たちをこらしめるために国王という中古品の権威を掲げます。しかしその国王がいまではたんなる破壊の道具にすぎなくて、民衆だけではなく自分自身さえ保護する力がありません。国王を使って国民の服従を獲得しようとしても、民衆はこう答えるでしょう。

「おまえたちは、われわれのなかに生まれの良い人間などは存在しないと教えた。そのなかで、われわれが自分で選んだわけでもない国王に敬意を示せと教えるのはどの原理なのか。封建的な威厳や称号や職務を支える手段として土地があたえられたことくらいは、教えられなくてもわれわれは知っている。過酷だとしておまえたちが原因を取り除いたのに、さらに嘆かわしい結果が残ったままなのはどうしてなのか。いまでは世襲の栄誉も身分の高い一族も存在しないというのに、存在するべきではないそんなものを維持するために、われわれが税金を払わなければならないのはどうしてなのか。

おまえたちはわれわれのところに、かつての古い貴族主義的な領主を派遣してきた。その領主がおまえたちの権威の下にある収税人としての性格と地位しか持たないのはどうしてなのか。おまえたちはこの地代の徴収人がわれわれからみて尊敬できる人物になるように、なにか努力したのだろうか。いや、なにもしなかった。

おまえたちがわれわれのところに送ってきた人間の武器は逆向きに握りなおされていた[8]。盾は破れ、盾飾りは汚れていた。そしてかれらはひどく羽をむしられ、品位を落とされ、羽のない二足の生き物に変わっていた。だからそれが誰なのか、もはやわからなかった。かれらはわれわれにとって異邦人だ。かつての領主の名を名乗っていたとしても、われわれのところでは認められない。体はおなじ人物かもしれないが、人格の同一性についてのおまえたちの新しい哲学理論でそれがおなじ人物なのかわれわれにはわかりようがない。ほかのあらゆる側面でかれらはすっかり別人になった。おまえたちが、かれらのすべての名誉と称号と地位を廃止したのだ。ではかれらの要求する地代を支払うことを拒否する権利が、われわれにないのはどうしてなのだ。われわれはそんなことをおまえたちに委託したおぼえはない。そしてこれは、委託されてもいない権力をおまえたちが勝手に僭称したおびただしい例のひとつにすぎないのだ。

われわれのみるところ、パリ市民は自分たちのクラブと暴徒と国民衛兵をつうじておまえたちに好きに指図していて、そういう指図を法律として認めさせている。そしてそれがおまえたちの権威をつうじて、法律としてわれわれにも伝達される。パリ市民はおまえたちをとおして、われわれのすべての生命と財産を自由に処理している。おまえたちはかれらともわれわれともまるで関係のない高い地位や栄誉などについて、この傲慢な市民の要求を聞き入れている。

ではわれわれに非常に大きな影響をあたえる地代について、勤勉に働く農民の願いに耳を傾けないのはなぜなのだ。われわれのみるところおまえたちは、われわれが現に必要としていることより、パリ市民の気まぐれのほうに敬意を払っているらしい。しかし人間が、自分と平等な人間に貢ぐということは、人間の権利のひとつなのだろうか。

おまえたちの政策がおこなわれるまで、われわれはすべての人間が平等なのだとは思っていなかったかもしれない。こうした領主に有利な古い習慣や、意味のない先入観を持っていたかもしれない。しかしおまえたちがかれらの品位を下げる法律を定めたのは、たんにかれらに対するすべての尊敬の念を破壊するためだったとしか思えないのだ。

かれらを昔ながらの尊敬の念をこめた形式で遇することを、おまえたちはわれわれに禁じた。それをしておいて、いまではサーベルと銃剣を使って、われわれを恐怖と暴力のもとに服従させようとして軍を送ってくる。おまえたちは世論という温和な権威で、われわれの服従を勝ちとろうとはしなかった」

理性的な人にとって、民衆のこうした議論の背後にある論拠は愚かしく、こっけいなものにすぎません。ですが詭弁の学校を開いたり、無政府主義の制度を確立してきた形而上学の政治家たちにとっては、説得力のある確固とした論にみえるはずです。

無秩序な民衆を無秩序な軍で支配できるはずはない

議会の指導者たちも、人間の権利というものを考えてみれば、貴族の称号や家紋だけでなく、さっさと地代も廃止するべきだったことはあきらかでしょう。自分たちの推論の原理に従って自分たちの行動類型を完全なものにするのなら、そうでなければならなかったはずなのです。

ところがかれらは最近になってから、没収で新しく多量の土地財産を所有するようになりました。かれらはこの商品を売りに出していたのですが、かれら自身が夢中で熱をいれている投機活動に農民たちが暴れながら入りこんでくるのをゆるせば、この土地売買の市場じたいが破壊されるでしょう。どんな種類のものであれ、所有とは他者の財産に対する貪欲さから守られなければ安全に保証できません。ところがかれらはどんな財産が保護されるべきで、どんな財産が破壊されるべきなのかという判断について、自分たちの恣意的な好みしか残してきませんでした。

また、服従を強いられるのはどの地方自治体なのか、それを決める原理もかれらは定めていませんでした。またある自治体が自治体全体から分離して独立したり、ほかの国と結合したりすることを良心にもとづいて妨げる原理も定めていなかったのです。聞くところではリヨンの民衆が地代を支払うことを拒否したそうですが、拒否していけない理由はあるのでしょうか。農民から地代を徴収する合法的な権威が、どこに残されているのでしょうか。

かつては国王が地代を徴収していました。それ以前には階層構造の原理による旧等族会議が地代を徴収していました。リヨンの民衆は国民議会に対してこう指摘できるでしょう。おまえたちはいったい誰なのだ、われわれの王ではないし、われわれが選出した等族会議でもない。しかもわれわれが選んだ原則に従って会議を開いているわけでさえない。

リヨンの民衆はこうも指摘するでしょう。おまえたちはわれわれに塩税を支払うように命じ、われわれはそれを完全に無視した。ところがおまえたちはそれを是認したではないか。どんな税を支払うべきで、どんな税を支払うべきではないのか、われわれ自身で判断することが許されないとしたらわれわれはいったい誰なのだ。またおまえたちがほかの自治体に容認した権力をわれわれは行使できないというなら、われわれはいったいどういう存在なのだ。

こう問いかけた地方自治体に対して、みなさんは「われわれは軍を派遣する」と回答しました。軍の派遣は国王にとって最後の手段でしたが、議会にとってはつねに最初の手段なのです。この軍という補助手段も、兵士の昇給という好印象が残っているあいだだけ、そして自分たちがすべての紛争の裁判官だという虚栄心が兵のなかに掻きたてられているあいだだけは有効かもしれません。しかしこの武器は脆く、それを使おうとする人に不実なはたらきをするものです。

議会はいわばある種の学校を開いて、そこで倦まずたゆまず市民的服従と軍事的服従の全精神を破壊する原理を教え、そのための規則を作り出しています。それをしておきながら、こうした無秩序な軍で、無秩序な民衆を服従させておけると考えているわけです。

自治体の軍は怪物のように錯綜した動きをみせている

みなさんの新しい政策では地方自治体の軍が国軍と均衡を取るようにされています。ですが地方自治体の軍をそれじたいとして検討すると、国軍よりはるかに単純な構造で、あらゆる側面で疑問の余地のないものです。地方自治体の軍は国王とも王国とも結びつきのない、たんなる民主主義的な組織です。各部隊の所属する地方が好きなように武装して訓練され、統率されています。部隊を構成する兵士としての個人的な役務も、そうした役務に代わる負担金の支払いも、それぞれの地方権力が決定していま す。(9) これほど均質な組織もありません。

ところがこうした組織を、国王や国民議会や国の裁判所やほかの軍とくらべてみると、きわめて怪物的な組織だといえます。組織を構成する各部の結びつきや一貫性という観点から考察してもそうなのです。動きが錯綜していて、これは国に大きな惨禍をもたらさずにはいないだろうと思えてきます。統治システムの構築が稚拙なために生じてきた緊急事態のなかで、国家体制全般を救済するために考案された方策としては最悪の組織でしょう。それはクレタ島の都市防衛連合（シスターシス）やポーランド連邦など、かつて考案されて失敗に終わったさまざまな方策とくらべてもいえることです。

13　財政──致命的な無能と巨額の構造赤字

ここまでで最高権力の体制について、行政権と司法権について、軍について、これらすべての制度の相互的な関係について、かんたんながら考察を終えました。つぎにみなさんの立法者が歳入面でみせた力量についてすこし述べてみます。

富の確保と分配こそは国家のすべて

歳入の問題にまつわるフランス立法者たちの行動からは、政治的判断力や財政能力の痕跡すらほとんどみあたりません。身分制議会が開かれたときの重要な目的は、歳入のシステムを改善して徴収額を増大させること、抑圧や不満を解消して確固とした基盤のうえにこのシステムを確立することだったはずです。これについてはヨーロッパ中で大きな期待が抱かれていたのです。

フランスという国の存亡は、まさにこれが成功するかどうかにかかっていました。これこそ議会指導者の技量と愛国心がためされる重要な試験場になるはずだったのです。国家の歳入というのはすなわち国家そのものを意味します。実際のところ、なにを維持するにせよ改革するにせよ、すべては歳入次第だからです。

あらゆる職業の品位はすべて、その職務の遂行において発揮される徳の量と種類で決まります。公共の場で活動する人の精神は、たんに忍従的で受動的なだけであってはなりません。それだけに、その精神のあらゆる偉大な特質が発揮されるには力量が必要になります。こうした精神が明確なかたちで存在するためには、すべての力の源泉になる歳入の運営の場が、あらゆる活動的な徳のはたらく領域になるとわたしは考えます。

公共における徳とは壮麗で輝かしい性格のものです。偉大なものごとのために作られ、重要なことがらを熟知しているだけに、それがはたらくためには広い空間が必要になります。制約された狭い窮屈な領域で制限されながらはたらいてもこの徳は発展も成長もできません。

国家の政治組織はその歳入をとおしてはじめて真の精神と性格を発揮できます。ですから政治組織は正当な歳入をどれだけ持っているかに応じて集団としての徳を示すことができ、そうした組織を動かす人びとの特徴を示す徳をあらわすことができます。ですからこうした人びとこそが、その組織の生命になり、指導原理になるのです。こうした歳入は組織の持つ偉大さ、寛大さ、善意、忍耐強さ、配慮の深さ、あらゆる立派な学芸の保護などの特質によって、その栄養源とその内的器官の成長源を確保するものになるのです。

それだけではありません。克己心や自己否定や勤勉さ、そのほか精神がたんなる欲望に過ぎないものではないことを示すすべての要素は、国家の富の確保と分配というといとなみにおいてこそしかるべき活動の場をみいだすのです。ですから理論的財政と実践的財政の学問はさまざまな補助知識の分野から支援を必要とするにせよ、ふつうの人びとだけではなく、最も健全で立派な人びとからも高い評価をえているのは理由がないことではありません。

財政の学問は、その学問が対象とする財政そのものとともに発展します。そのことで国民の歳入も増大します。一般に国家の繁栄と改善はそれにともなって可能になってきたのです。さらに個人の努力を強化するためにあてられる部分と、国家の共通の活動のために徴収される部分の均衡が、たがいに適切な比率に維持されつつ、密接な調和と相互伝達の関係を維持するかぎり、国家も財政学も成長と繁栄をつづけるでしょう。

しかし国家財政の規模の大きさと国家の困窮が緊迫したことで、財政機構の昔からの濫用が発見されて、その真の性格と合理的理論がますます明快に理解されることもあるでしょう。個人的な富と国家の歳入の比率が変化していない場合でも、ある時代における少額の徴税が、ほかの時代のもっと多額の徴税より苦痛だということもあるでしょう。

こういう状況にあってフランスの国民議会は、ある種の歳入を破棄したり変更したりしつつ、また別種の歳入は維持しながら確保しつつ、よりよく運営する必要があると気づいていました。国民議会の高慢な態度からみれば厳しい吟味をするのがふさわしいと思われるかもしれませんが、わたしはかれらの財政に関する行動能力を検査するにあたっては、ふつうの大蔵大臣がごく当然のこととして求められる義務だけにもとづいて、理想的な完璧さをお手本とせずに判断することにしましょう。

フランスの歳入額は劇的に減少している

財務官の業務の目的は豊富な歳入を確保し、それを適切な判断で平等に賦課し、経済的に運用することです。また公債を発行する必要がある場合、発行の時点でも永久的にもその手つづきの清潔さと公平さ、計算の正確さ、基金の確実さなどをつうじて公債発行の土台を確固としたものにすることです。わたしたちはこの基準にもとづいて、国民議会でこの困難な課題をみずから引き受けた人たちの業績と能力について、簡潔に、明瞭に、調べてみることにしましょう。

八月二日に財務委員会から提出されたヴェルニエ氏の報告書によれば、国民議会のもとにある歳入は増加しているどころではないとわかります。国民議会の国家歳入は革命前と比較して年間二億リーヴル、すなわち八〇〇万ポンドも減少していて、この減少額は総額の三分の一以上にも達しているのです。

もしこれが偉大な能力の結果だとすれば、これほど傑出したかたちで、これほど強力な効果とともにその能力が示された前例はまずありません。これまで現代世界にみられたごく月並みな愚行も、俗人の無能力も、ありふれた役人の職務怠慢も、役人による犯罪も、いかなる贈賄や投機も、どれほど直接の敵意あるいとなみも、ここまで短期間に偉大な王国の財政を完膚なきまでに転覆させ、あわせて国力を破壊することはできませんでした。「言ってくれ、これほどの祖国がこれほど早くうしなわれた理由を」(1)。

塩の独占問題——旧制度の代替案が出されていない

議会が始まるとすぐに詭弁家と扇動家の演説者たちが、国家による塩の独占など旧来の歳入体制について、多くの重要な側面を非難し始めました。かれらは旧来の歳入体制の仕組みの不適切さや不公正さを非難しましたが、こうした非難は当たっているとともに、賢明さに欠けていました。かれらは改革のための計画を審議する演説のなかでこうした非難をするだけでは満足できず、議会の荘厳な決議でもこうした非難の言葉をくり返したのです。決議とは改革案に対して、いわば司法的に下された公的な判決なのですが。

ところがこうした法令を承認しながら、それに代わる新たな歳入がみつかるまではこの不条理で抑圧的で不公正な税の徴収をつづけると、おなじく荘厳な言葉で命令したのです。その結果は不可避なものでした。これまでいつもこうした塩の専売を免除されてきた地方は(一部の地方はそれとおなじような税金を賦課されていたのですが)、こうした税金の負担を引き受けることにはおよそ乗り気ではありませんでした。この負担を平等に割り当てるなら、重い負担を受けていたほかの地方にとって負担の軽減になったはずなのですが。

いっぽう国民議会は、人間の権利を宣言したり蹂躙したりすることに熱中するあまり、さらには国にさまざまな混乱をもたらす措置に没頭するあまり、どんな種類の計画であれ作成する暇も才能もなく、またそうした計画を実行する権威もありませんでした。たとえばこの税金を公平としたり、ほかの税金に変えたり、負担の多い地方に援助をあたえたり、あるいは負担の少ない地域が負担の多い地域と調整計画を作るようにするなど、なにもありません。

塩を製造していた地域民は、税金の支払いを命令する当局から押しつけられたこのいまいましい税金に腹を立てていて、ほどなく忍耐の限界に達しました。これらの地域は破壊といういとなみなら自分たちも国民議会とおなじくらい巧みに実行できると考えたのです。そしてあらゆる負担を拒否して自己救済をはたしました。このお手本に見習ったほかの地域も、あるいは地域内の地区も、自分たちがどう感じているかで苦痛の大きさを判断し、必要とされる救済策を自分たちの意見にもとづいて判断し、ほかの租税についても好き勝手にふるまい始めてしまいました。

課税システムは自主献金まかせ

ではつぎに国民議会が、それぞれの市民の能力に応じた平等な課税システムを作り出すためにどう努力したのかを調べてみましょう。かれらがめざしたのは私的な富を作り出すために使われる活動資本に対して、最も負担がすくないとみられるシステムでした（公共財産もこうした私的な富から生まれざるをえないのです）。国民議会はよりよい平等性の原則に依拠するのではなく、旧来の租税のうちどれを支払わずにすませるかという判断を各地区に、あるいは地区に住む複数の個人に委ねてしまったのです。

これで最も抑圧的な種類の新たな不平等が発生することになりました。納税がその人の好みに任せられたからです。そして王国のなかで最も服従し、最も秩序が維持されていた地域や、王国に対する愛情の最も強かった地域が、国のすべての負担を背負うことになりました。まさに弱体な政府こそが最も抑圧的で最も不公正な政府になるのです。

では権威のない国家が旧来の課税方式の不足分をおぎなって、今後予想されるさまざまな種類の新しい不足分を埋め合わせるには、なにを活用すればよかったのでしょう。国民議会は市民の自主献金に頼りました。全市民に所得の四分の一を税金として納めるよう求めたのですが、その所得の額については支払う人の名誉心に評価を委ねたのです。予想額よりはいくらか多めの収入を確保できたのですが、それでも議会が現実に必要とする額にははるかにおよびませんでした。まして議会が楽観的に期待していた額からは大幅に下回っていました。

理性的に判断する人なら、献金という装いで支払われるこんな税金にそれほど大きな期待はかけなかったはずです。これは無力で、効率が悪く、不公正な税金です。贅沢な人や貪欲な人や利己心の持ち主は免除され、生産的な資本に重荷を負わせ、廉直で寛大で公共的な精神を持つ人に重荷を負わせる税金です。ようは徳の持ち主に課税するシステムなのです。ほどなくこうした仮面は脱ぎ捨てられ、現在の国民議会は力で献金をむりやり徴収しようとしていますが、あまり成功はしていません。

この献金という方式は政府の弱さから生まれた、足元のふらつく子供です。これを支えるため、無能なままに多産な親から生まれた双子の兄弟が活用されました。愛国的な献金が失敗したことをおぎなうために愛国的な寄付という方式が採用されたのです。こうしてジョン・ドゥーがリチャード・ロー(2)を保証することになりました。

この方式で国民議会は贈与者から高価な品物を取り上げたのですが、受け取った側にとってはそれほど価値の高いものではありませんでした。これでかれらはいくつかの職業を破綻させました。王冠からは装飾品を、教会からは献金用の銀皿を、国民からは個人の贈答品を略奪したようなものです。

しかし自由を僭称する成り上がり者たちが発明したこの方式は、老いさらばえた専制主義が活用する哀れな手段のひとつを卑屈なありかたで模倣したものにすぎません。国民議会の若禿を隠すために、ルイ十四世の古い衣装簞笥から古めかしい大きな長い鬘を取り出してきただけです。国民議会はこうして流行遅れの、型にはまった愚行を演じたのです。こうしたものはサン・シモン公爵(3)の『回想録』にいくらでも述べられています。理性がだいじという人びとからみれば、愚行の有害さと不十分さを示す論拠には欠けるかもしれませんが。

わたしの記憶ではおなじようなことをルイ十五世もこころみました。(4)いつであれ成功したためしはありませんでした。ただし当時は破滅的な戦争のためにどうしても必要だったという事情がこの破滅的な計画の弁明にはなるでしょう。災厄のなかで考えられたことに賢いものはあまりないのです。

ただし今回は、決定と深慮をへるだけの十分な機会がありました。かれらがこの絶望的な小細工に頼ったのは五年間にわたって享受されてきた深い平和の時代で、しかも平和はさらに長い期間つづくとみこまれていたのです。この重要な時期に国民議会は議事録を財政問題にまつわるこんなおもちゃや遊び道具でなかば埋めつくしたのですから、おおいに評価を下げることになったのはしかたありません。

この評価の低下は、かれらが一時的に提供しえたものではどうしてもおぎなえませんでした。こんなプロジェクトの採用者は、自分の置かれた状況についてまったく無知だったか、必要とされる課題にまったくそぐわない人びとだったとしか思えません。

こうした課税方法にどんな利点があったにせよ、愛国献金や愛国贈与という方法が二度使えないのはあきらかです。こういう公的愚行の財源はすぐに尽きはててしまうものなのです。実際にかれらの歳入計画は、人為的な手段でしばらく貯水池が満杯であるというみかけだけを作り出すのですが、実際には永続的な供給源である泉や井戸の源泉を断ち切ってしまいます。

その後ネッケル氏が提出した報告書は、あきらかに楽観的な展望を装うものでした。ネッケル氏はその年はなんとかやり過ごせると気休めの見方を表明しましたが、翌年については懸念を表明しています。これは大臣として当然でした。とはいえその翌年の懸念についてネッケル氏は、予想された害悪を防ぐために適切なみとおしを立てていません。しかもその懸念の根拠をあきらかにすることは求められないままで、国民議会の議長からもむしろ友好的といえる譴責の言葉を受けただけでした。

旧政府よりはるかに経費が大きい赤字構造

そのほかの議会の課税方式については、まだ動き出していないだけにいまの時点で確実なことは申し上げられません。しかしそうした課税方式で、国民議会の無能が国家の歳入にあけてしまった大きな穴を、わずかでも埋められると考えている者はいません。いまのところ国庫から毎日のように現金がへって、架空の代表物［アシニア紙幣］が増えつづけています。この紙幣は豊かさではなく欠乏を意味するもので、信用ではなく権力から生まれたものですが、すでに内でも外でもこんな紙幣しかみられなくなっています。

イングランドが繁栄しているのは銀行券のおかげだとかれらは想像しているようですが、じつは銀行券のほうこそがイングランドの商業的繁栄や信用の確かさ、また取引のどの部分でも権力が排除されていることなどに負っているのです。その事実には想像がおよんでいません。

イングランドでは、たとえ一シリング紙幣でも受けとりたくなければ受けとらなくていいのです。すべての紙幣は実際に貯金されている現金にもとづいています。希望すれば即座に、いかなる損失もなしに紙幣を現金に換金できます。かれらはそれを忘れているのです。

わたしの国の紙幣は、法律で支えられていないからこそ、商業的価値が認められているのです。国会議事堂では無力であるからこそ、株式取引所では力を持ちます。たとえ二〇シリングの負債の支払いであろうと、債権者はイングランド銀行券で受けとることを完全に拒否できます。金額や性質を問わず、公的権威で強制されているような公債はイングランドにはいっさいありません。

じつのところイングランドの紙幣の富は、現実の通貨の流通をへらすどころか反対に増大させる傾向を持っています。通貨の代替物ではなく、通貨の流出入、その循環を容易にするだけのものです。繁栄の象徴であって貧窮の印ではありません。そうしたことを示すのはまったくかんたんです。実際にもイングランドで現金の不足や紙幣の過剰が苦情の種になったことはありません。

それにしても、浪費を切りつめ、徳にあふれた賢明な国民議会が始めた節約をおこなえば、それで歳入の受領額の減少は埋め合わせがつくと一部の人は考えているようですね。それで、かれらはすくなくとも財務官としての役割ははたしたことになるというわけです。しかしこうした意見を述べる人たちは、国民議会そのものの経費を調べてみたことがあるのでしょうか。地方自治体やパリ市の経費、二つの軍の俸給の増加、新設された警察や司法組織の経費を調べてみたことがあるのでしょうか。現在の年金一覧表も、以前の年金一覧表と注意深く比較してみたのでしょうか。

議会の政治家たちはずっと情け容赦なくふるまってきましたが、節約面に関しては違いました。浪費的といわれた旧政府の出費や、当時の歳入と経費の比率について、それを現在の新システムの経費や新しい国庫の状態とくらべてみるとわかると思います。いまのシステムのほうが比較にならないほど経費がかかる[5]のです。

すべての打開策はアシニア紙幣

ところで歳入を信用で確保するにあたって、現在のフランスの当局者はどういう財政能力を証明したのでしょうか。残るはその検討作業だけなのですが、ここでわたしは途方にくれてしまいます。本来の意味での信用をかれらはまったく持っていないからです。旧政府の信用が最善だったとはいいません。ですが旧政府はなんらかの条件で、国内にかぎらず、余剰資本が存在する欧州の大半の国から金を調達できていました。そして政府の信用は日ごとに改善されていました。

自由なシステムが確立されれば政府の信用は強まるはずだと予期するのが妥当ですし、ほんとうに確立されていれば実際にそうなったでしょう。しかし自由な政府だと僭称するフランス政府は、かれらの紙幣による取引についてオランダやハンブルク、スイス、ジェノヴァ、イングランドから、どんな申し出を受けたでしょう。商業的で経済的なこの諸国が、ものごとの自然な性質そのものを逆転させようとしている民と金銭的取引をおこなう理由はあるのでしょうか。この諸国がフランスで目にしているのは債務者が債権者に対して銃剣の先で自分の支払い手段を示したり、債務をべつの債務で返済したり、窮乏そのものを財源にしたり、利息を紙屑で支払っている状態です。

これらの哲学者たちは教会を略奪すればすべては実現可能だという狂ったような確信を抱いていたため、公共財産に対するあらゆる配慮を忘れたのです。それはまさに賢者の石[6]という夢のために錬金術のもっともらしい幻想に動かされた愚者が、自分の財産を増やせる合理的手段をことごとく無視するようになったのとおなじです。哲学を振り回すこれらの財政理論家たちは、［教会財産の没収で生まれた］教会のミイラから作る万能薬があれば、国家が抱えるあらゆる病害を癒してくれると考えました。これらの紳士たちはおそらく、信仰心の奇跡のようなものはあまり信じていなかったでしょうが、教会荒らしの霊験は心から信じていたのです。

不都合な負債があれば「アシニア紙幣を発行しろ」です。かれらのために地位の自由保有を剝奪された人への補償が必要であるとか、職業から追放された人への補償が必要であるとか、扶助が必要であるというなら「アシニア紙幣を発行しろ」。艦隊の艤装にも「アシニア紙幣」。一六〇〇万ポンドのアシニア紙幣を民衆に押しつけてもまだ国家の財政苦境が改善されないならどうするのか。ある人は「三〇〇〇万ポンドのアシニア」、べつの人は「八〇〇〇万ポンドのアシニア」です。

財政問題の理論家にはさまざまな党派がありましたが、その違いもたんに人を苦しめるために発行するアシニア紙幣の量が多いか少ないかの違いにすぎません。こぞってアシニア紙幣の熱烈な信奉者なのです。自然に良識をそなえていて商業知識もあり、哲学で損ねられていない人びとも、この幻想を否定する決定的論拠を提示していないながら、結局はアシニア紙幣の発行が結論になってしまうのです。

つうじる言葉がほかにないのでアシニアと言うしかないのだろうかとわたしには思えてきます。それは無効だという経験がいくらあっても、かれらはまるでくじけません。古いアシニア紙幣の価値が市場で低下している、では対策は。新しいアシニア紙幣を発行しろ、です。「もしも病がしつこくも、癒されないならどうすれば。それならやはりアシニアだ、もひとつおまけにアシニアだ、まだまだつづけてアシニアだ」[7]。みなさんの学識者たちのラテン語は、みなさんのかつての喜劇のラテン語よりはいくらかまともになっているのかもしれませんが、その叡智も、利用できる方策の種類も、まったく代わりばえがしません。かれらが歌う音色は、かっこうの歌の音色とたいして変わりません。もっともかれらの声は、夏の訪れと豊穣な収穫を予言するかっこうの声の柔らかさとは似ても似つかない渡り鳥のような、不快で不吉なものなのですが。

お手本　土地を抵当にする基本手順とは

そもそも哲学と財政分野の山師でもなければ、公的な信用の唯一の保証である安定した国家歳入を破壊しておいて、没収財産という材料でそれを再建しようなどと考える人がいるでしょうか。しかしある敬虔で敬うべき高位の聖職者が[8]（いずれ教父[9]の一人に列せられると予想されるのですが）国家に対するあまりの熱意から自分の修道会を略奪しようと考えたり、教会と民衆のためを考えてみずから没収をおこなう偉大な財務官に就任しようと思ったり、教会荒らしを担当する財務総監になろうと思ったりしたことがあります。しかしこの人物も彼を補佐する人びとも、自分たちが就こうとする職務について、すこしは知識を持っていると証明するべきだったとわたしは思います。またかれらが自分たちの没収した土地財産の一部を国庫に充当すると決めたときは、自分たちの銀行が銀行としての機能をはたせるように現実の信用という土台を用意しておくことも任務だったはずなのです。

土地銀行[10]に依拠して信用流通を確立することは、どんな状況においても非常に困難なもので、それはこれまでの経験からもあきらかです。こうしたこころみは破産に終わるのがふつうでした。しかし国民議会が徳の原則を軽蔑して、ついには経済の原則まで軽蔑するようになったにせよ、せめてこの困難な事態を緩和するため、そして破産が深刻化するのを防ぐため、議会があらゆる努力をすることくらいは誰もが期待していたのです。フランスの土地銀行をなんとか許容しうるものにするために担保計算の公明さと率直さを明確に示す方法や、請求額の払い戻しに役立つあらゆる手段を採用することが期待されていたのです。

いちばん好意的な見方をすればみなさんの状況はいわば、大土地財産の所有者が負債を返済するために、あるいは受けとった特定の役務の支払いをするために、自分の所有する土地を売却しようとしている状態にたとえることができます。ところが土地をすぐに売却できなかったので、それを抵当に入れようとしたのです。ではこの状況で、公正な意図とそれなりに明晰な判断力のある所有者ならどう行動したでしょうか。まず自分の土地全体の価値を調べるはずです。つぎに土地の管理と売却のために必要な費用を調べます。そして土地に関わるあらゆる種類の永続的な負担と一時的な負担の額を調べるでしょう。こうして純剰余額を確認して、担保の正しい価値を計算するでしょう。そしてその純剰余額が明確に確認されれば（これは債権者にとって唯一の保証になります）土地財産を管財人に正しく委託します。そのあと土地のどの部分を、どの時期に、どんな条件で売却すべきかを、所有者として指示するのです。そこまですませてから、もしそうしたければ一般の債権者に対してこの新しい基金への投資を許可します。あるいは所有者として、この種の担保を購入しようとする人からアシニア紙幣での前払いを申し込まれたら、承諾するかもしれません。

このやりかたなら方法論的にも合理的にも実業家らしいやりかたといえますし、公的信用や私的信用について現在採用されている唯一の原則にもとづいたものになります。買い手も自分がなにを購入したのか正確に知ることができます。買い手が気にかける唯一の懸念は、買い取った土地がいつか奪い返されるのではないかということです（しかも刑罰のおまけつきで）。つまり、もともとこれらの土地を教会荒らしの方法で奪いとった忌まわしい悪漢たちが、この土地を再び奪い返しにやってくるのではないかという心配です（この悪漢たちは無辜の市民の競売でも買い手として登場するかもしれないのです）。

土地財産の明確な価値を公明で正確なかたちで表明すること。売却の時期と状況と場所を公明で正確なかたちで表明すること。これはあらゆる土地銀行にずっとまつわってきた汚点をできるかぎり取りのぞくためには全部必要なことです。ですがこれはべつの原則においても必要でした。それがこの件に関する既定の信義にもとづく誓約原理です。すなわち最初の約束が遵守されることによってのみ、その後のまだ疑わしい事業における約束も遵守が保証されるという原則です。

没収財産は費用計算もされていない

国民議会は教会から没収した財産を国家歳入に充当することを一七九〇年四月十四日に最終決定しました。この問題について厳粛な決議を採択し、自国民にこう宣言したのです。「国家が自由に処分できる財産および物品をあらゆる負担から切り離し、国の重大で重要な緊急事態に国の代表と立法部が使用できる状態に維持しておくために、毎年の公共支出報告書ではローマカトリック教会の諸費用、職務にある司祭の生計費、救貧の費用、修道院所属または非所属の男女聖職者への年金を支給するために十分な金額が計上されていなければならない」。国民議会はその日さらに、翌一七九一年度についても必要な額をただちに決定することを確約しました。

国民議会はこの決議において、これらの費用を明確に示すことが自分たちの義務であると認めています。さらにべつの決議では、この問題がなにより優先して配慮すべき問題であるとも決定していました。財産は正味金額で、あらゆる負担を精算済みのものとして示す必要があり、そうしたものとしてただちに示す必要があることを議会は確認していたのです。

では議会はただちにそれを実行したのでしょうか、いつ実行したのでしょうか。議会は、かれらのアシニア紙幣を発行するために没収する土地財産の地代帳簿を作成したり、動産の目録を提示したことがあるでしょうか。財産の正味の価値やそれに付随する負担の大きさを明確に示さないままで「あらゆる負担から切り離し」た財産を、公共の用途に提供するという約束をはたすことなどいったいできるのでしょうか。この問いに答える役割は、イングランドにいる［フランス革命の］賞賛者たちに任せておきましょう。

議会はこのことを保証しておきながら、約束を実現するための手段をまったく講じることなく、こういう麗しい声明をいわば担保として、一六〇〇万ポンドものアシニア紙幣を発行したのです。おみごとです。こういう水際だった手腕を見せられたあとで、かれらの財政能力を疑う人などいるでしょうか。

ただしかれらもこうした財政能力の免罪符を発行するまえには、すくなくとも最初の約束だけはやりとげようと配慮したのだという意見もあるのかもしれません。もしかれらがそうした財産の価値や負担の大きさを評価するこころみをしていたというなら、わたしのほうが見逃したのかもしれません。とにかくそれについてはまったく耳にしたことがないのです。

教会財産没収の総経費は巨額の赤字

かれらはやっとのことで口を開き始め、自分たちの忌まわしい詐術の正体を完全に露呈しました。そしてあらゆる種類の負債と役務の担保として、教会所有地を差し出しました。かれらは詐欺をおこなうためだけに強奪するのです。ところが、かれらがべつの目的でおこなった説明でたちまちその暴力と詐術のすべてのからくりが失敗してしまい、こうした強奪と詐欺の目的そのものが挫折することになるのです。

とほうもない事実を証明しているこの文書についてはカロンヌ氏が説明していて、わたしはそのことに感謝しています。なぜか見逃していたからです。実際に議会が一七九〇年四月十四日の宣言の信義に反していることを、わたしが特別に主張する必要もありませんでした。議会の委員会報告書でつぎのことがあきらかになっています。すなわち議会が獲得した土地財産から得られる年間総収入では、つぎの総額をまかなえないということです。規模を縮小された聖職者組織の維持費、宗教に関わるその他の経費、職務にあるか年金を受けとって引退した男女聖職者の生計費、そして議会が土地財産を没収することで発生したおなじような性格のその他の付随費用の総額です。年間二〇〇万ポンドという巨大な額が不足していて、さらにこれとはべつに七〇〇万ポンド以上の負債があるとあきらかにされたのです。

これはもう詐欺師の計算能力というしかありません。哲学者の財政能力というしかありません。気の毒な民衆を暴動と殺人と教会荒らしに駆りたてた結果がこれです。気の毒な民衆を熱心で有益な自国破壊の道具にするために提供されたあらゆる幻想の結果がこれなのです。どんな場合であれ、国家が自国市民の財産を没収して繁栄したためしはありません。そして今回の新しい実験も、過去すべての前例にならうことになりました。

正直な心を持つすべての人、自由と人間性を愛するすべての人は、不正がつねに善政になるわけではないこと、略奪は富をもたらす王道ではないことが示されたのを喜ばないといけないでしょう。わたしも喜びをもって、この問題におけるカロンヌ氏の有能で機知に満ちた観察を注で引用しておきます。(11)

赤字を埋める第二の没収が巨額の負担を増す

国民議会は、教会の没収が無尽蔵の資金源だと世間を説得するために、教会が職務上保有していた財産の没収というべつの没収を始めました。ただしこれは教会のもつ土地財産の大規模な没収によって補償しないかぎり、妥当な性格のものと思わせることはできませんでした。教会地の没収は、すべての負担を清算したあとに余剰金が発生するはずでしたが、この第二の没収で新たな負担がつけ加えられたわけです。この負担とは、解体された司法部の官吏などに対する補償と、負担を加えられたすべての職務と財産に対する補償のことです。この負担の金額がどの程度になるかはわかりませんが、数百万リーヴルの規模に達することはたしかです。

これとはべつの負担として、一回目に発行したアシニア紙幣に対する金利として毎日のように支払われる金額が（かれらが信義を守って利息を支払うとすればのことですが）、年間で四八万ポンドに達しています。そもそもかれらは地方自治体の手中にある教会の土地財産の管理費を公正に規定するというめんどうな作業を引き受けたことがあるのでしょうか。かれらは没収財産の管理で発生する費用を、地方自治体とそこに雇われている無数の役人の配慮と熟練と勤勉さに丸投げしたのです。その結果どうなったかは、ナンシーの司教(12)があれほどありありと指摘したとおりです。

ですがこういう、当然発生してくるさまざまな負担の諸項目について、ここでこまかく述べる必要はありません。かれらはそもそもすべての大規模な負担について、すなわち全国および地方のさまざまな組織全体の負担について、明確に確認し、それらを課税収入による正規の国家歳入と比較するという作業をしたことがあるのでしょうか。

これらの負担にまつわるすべての赤字は、債権者が教会所有地の一エーカーにキャベツを植え始めるまえから、すでに没収財産に対する負担になっているのです。国家全体が崩壊するのを防ぐために使える支柱としては、教会から没収した土地しか残されていません。

こんな状況でかれらは、ほんらい勤勉に作業して明確にしておかなければならないすべてのことを、ぶ厚い霧で意図的に覆い隠してしまいました。そして雄牛が角で突き刺そうと突進する前に自分の目をつぶってしまうのとおなじように、自分たちも目隠しをして銃剣の先で突いて奴隷たちを駆りたてて（奴隷もまた主人におとらず目隠しをされているわけですが）、通貨の代わりにかれらの虚構の紙幣を受けとらせ、三四〇〇万ポンドの紙の丸薬をむりやり飲みこませたのです。

それまでのすべての約束を反故にしておいて、国家の所有する余剰財産が、最初の抵当すなわち四億リーヴル（一六〇〇万ポンド）という額のアシニア紙幣ではまったく足りないことがあきらかになっているにもかかわらず（かれらがそれをあきらかにできるとしてですが）かれらは誇らしげに将来の信用に対する資金を要求するのです。

このやりかたには、まっとうな取引についての堅実な感覚も、天才的な詐欺にみられる繊細な器用さもまったくありません。こんな詐欺の手段をあふれさせるために水門を開くことには議会内部でも反対がありましたが、回答は示されませんでした。しかしさすがに数十万人の民間の財務家たちが徹底的に拒否したのです。

議会の形而上学的な算術家たちはこんな方法で数を数えているのです。フランスの哲学的公共債務はこんな基礎計算にもとづいているのです。この方法では補充の歳入を調達することはできませんが、暴徒を調達することはできます。市民から略奪したものを国家歳入として利用するという叡智と愛国心が示されたことにダンディーのクラブ[13]は拍手喝采を送っていましたが、わたしはかれらがこの喝采を楽しむままにしておきましょう。

わたしはこの問題について、イングランド銀行の頭取たちからなにか意見が表明されたということは耳にしていません。頭取たちがこの計画を承認したら、ダンディーのクラブの承認よりはもうすこし重みがあるでしょう。ただしダンディーのクラブの名誉のためにいっておくと、あのクラブの紳士たちは見かけより賢いのではないかとわたしは思っています。紳士たちは拍手喝采するぶんには鷹揚でしたが、お金の支出にはそれほど鷹揚ではないようです。みなさんの真新しいアシニア紙幣二〇枚と引き換えでも、自分のスコットランド紙幣のいちばんすり切れた皺だらけの一枚も渡そうとしていないのですから。

紙幣の価値が下がりつづける混乱状況

今年の初めに国民議会は一六〇〇万ポンドの紙幣を発行しました。しかしこれほど多額の補充歳入を投入しても国の財政の窮地がほとんど改善されていないように感じられるのです。いったい国民議会はみなさんをどういう状況に投げ込んだのでしょう。この紙幣は発行されると同時に五パーセントの減価をこうむり、減価比率はすぐに七パーセントに増えました。歳入の徴収に関しては、このアシニア紙幣の効果はてきめんでした。徴税人たちは税金を貨幣で受けとって、国庫にはアシニア紙幣で納入し、七パーセントの差額を懐に入れたのです。こんな事態が避けられないと予測することは難しくありませんが、しかし困った話であることには変わりありません。

ネッケル大臣は造幣局のために金と銀を購入せざるをえませんでした（大半はロンドン市場で調達したのだと思います）。しかしその購入費用は調達した金銀の価値を一万二〇〇〇ポンドも上回る結果になってしまいました。アシニア紙幣にどれほど隠された滋養があるにせよ、国はアシニア紙幣だけでは生きられないと大臣は考えていました。ですからある程度の実物の銀を用意しておく必要があると考えたのですが、ひとつには役人に現実の貨幣で俸給増を約束しておいて実際には減価したアシニア紙幣で支払った場合、俸給減になってしまうためで、もともとそれほど強い忍耐心のない役人たちが手に武器を持って押しかけてくるのではと心配したからです。

大臣はきわめて自然に予想されるこの窮地に立たされて、貨幣で受けとった税金は貨幣で国に納めるよう徴税人に命令してほしいと議会に要請しました。財務省が貨幣を発行するときには三パーセントの手数料を払っているのに、その貨幣が国に戻ってくるときは発行時より七パーセントも価値が下がっているわけです。こんな取引で国がたっぷり富むことはありえないということを大臣が見逃すはずはありませんでした。

しかし国民議会は大臣の勧告にいっさい注意を払いませんでした。議会はジレンマに陥っていたのです。徴税人からアシニア紙幣を受けとりつづけるかぎり国庫は現金不足になるしかありません。ところがこの紙のお守りを拒否したり、なにかで貶めたりしたら、自分たちの唯一の財源の信用を崩壊させてしまいます。

そこでかれらはこうしました。自分たちがアシニア紙幣を受けとって、ある程度の信用を紙幣にあたえ、いっぽうで金属の貨幣とかれらの発行したアシニア紙幣に価値の違いはないと自慢そうに宣言したのです（こんな宣言は立法府の越権行為ではないかとわたしは思うのですが）。これはこの哲学的な宗教会議につどう、貴き教父のかたがたが呪文をとなえて発表した不屈の信仰箇条でした。信じたければ信じるべし、ただしそれは「ユダヤ人アペラ」ではないというわけです(14)。

ミシシッピ会社の詐欺事業のほうが高貴なくらい

みなさんの民衆指導者は、自分たちが財政手品という演目で使った魔法のランプが、ジョン・ロー氏の詐欺の展示会と変わらないという意見を聞くと、心に憤慨が湧き上がるのです。自分たちが財政システムの土台にしている教会という岩盤が、実際にはロー氏のミシシッピの砂のようなものだと語られることに、がまんがならないのです。ですが、かれらがアシニア紙幣を建造できる堅固な地盤が（べつの負担をあらかじめ上乗せしたりしていない状態で）ごくわずかでも存在するのだと世間に示すまでは、こうした慢心は抑制してほしいものです。詐欺の母といいたいあの壮大な詐欺と、かれらの作った劣化したまがいものをくらべることじたい不当なのですから。ロー氏が考えた計画の基礎はミシシッピ会社についての投機だけだったというならそれも正しくありません。彼はほかにも東インド貿易を加えましたし、アフリカ貿易も加えています。さらに租税取立請負人から受けとるはずのフランスの税金すべてをこれに加えています。

ただし彼ではなく民衆が熱狂してその土台の上に構築しようとした建造物のためには、それでは不十分だったこともまちがいありません。それでも国民議会の幻想とくらべれば、むしろ高貴な幻想でした。ロー氏の幻想はフランスの貿易収入が増大することをめざし、それをみこんでいました。そしてそのために地球の二つの半球の全体で貿易をおこなおうと計画していました。この幻想では、自国にある財産だけでフランスを養うことは考えられていなかったのです。その偉大な想像力は、この貿易の羽ばたきのなかに魅惑されるものをみいだしていました。それは鷹の目でさえ眩むようなものだったのです。

あの計画はみなさんの計画のように、母なる大地に鼻をこすりつけて潜りこんでいく、もぐらの嗅覚を惹きつけるようなものではありませんでした。当時の人間は、下品で卑しい哲学のせいで人の自然な次元からすっかり縮みこんだあげく、低級で低俗な欺きが気に入るような人たちではなかったのです。なにより忘れてはいけないことがあります。このシステムを計画した人たちは想像力に訴えることをつうじて、人間の自由というものに敬意を表したということです。その詐欺には、力ずくのやりかたは混ざりこんでいませんでした。暴力はわたしたちの時代のものです。この啓蒙の時代のぶ厚い闇に、かすかに射しこんでくるかもしれない理性の小さな炎を消すために、暴力が使われるのです。

赤字のパリ市政は地方の費用でまかなわれる

思い出したのですが、この紳士たちの能力証明に使えそうな財政計画がひとつあって、それについてなにも書いていませんでした。この計画は国民議会にはなばなしく発表されたものの、最終的には議会が採用しなかったのです。それは、弾圧された教会の鐘を鋳造して貨幣にしようという計画です。流通しているアシニア紙幣の信用を高めるために役立つ要素がこの計画にはふくまれていますし、その有用性と洗練度についておおいに宣伝されたものでした。これがかれらの錬金術なのです。議論する価値もないもの、愚かしいと嘲笑する価値さえないもの、不快感しか引き起こさない愚行というものがあるのです。ですからこれ以上はお話ししません。

かれらがおこなった手形の発行と再発行についてとか、その厄日［償還日］の到来を引き延ばすための流通方式とか、国庫と割引銀行との間で演じられたお芝居とか、昔からなじみのみえすいた商業上の詐欺の手口などについても（それがいまでは国の政策にまでなっているのですが）つづけて申し上げる必要はないでしょう。国の歳入は気軽に扱っていい問題ではありません。人間の権利について饒舌をふるっても、ビスケット一枚の支払いにも火薬一ポンドの支払いにも役立ちません。この領域では形而上学者たちも夢のような思索の領域から降りてきて過去の前例に忠実に従おうとするのです。しかしどんな前例かというと、破産で片づけるという前例です。

かれらは敗北し、困惑し、名誉をなくし、呼吸も力も発明の才も空想もうしなったあとでも、自信だけはしっかり持っています。かれらの能力が役に立たないことが露呈されたときにも、情深いという評判だけは獲得しようとします。国の歳入がかれらの手の中から消えうせてしまっても、すくなくとも国民は救済したという思い上がりで自分たちに誇りを感じていることが最近の議事録には示されています。ですがかれらは国民を救済したりしていません。救済しようと考えていたら、こんな忌まわしい税金を払えと国民に命じたでしょうか。国民は、国民議会があったにもかかわらず自分たちを救ったのです。

国民を救ったというこの偽りの功績を自分のものにしようとするさまざまな党派についての議論はやめておきますが、はたして国民はなにかしら実際に救済されたのでしょうか。アシニア紙幣の流通計画で張本人の一人だったバイイ氏⑮の説明から、この救済がどんな自然的本質をそなえたものだったかがみえてきます。彼は国民議会の演説で、パリ市民がこの苦境と困難な状況をいかに決然と、くじけない覚悟で耐えたかを、おおげさな言葉で賞賛しています。これは公共の至福をえがいたみごとな絵画になっています。まことに偉大な勇気、屈することのない偉大な精神が、利益をがまんして救済を耐えしのぶという絵です。

この博識の市長殿の演説を聞いていると、まるでパリ市民がこの十二か月のあいだ恐ろしい包囲網に耐えてきたようです。まるでアンリ四世がかれらの補給網を断っていたときのようにです。シュリがパリの城門を砲撃(16)しているように、その苦境をありありと思い浮かべられそうです。じつのところパリ市民には自分たちの狂気と愚行と、自分たちの信じやすさとひねくれた心という敵しかいなかったのですが。

しかしバイイ市長は、パリが偽りの無感覚な哲学で「冷たく乾いた、すべてを石にする杖で(17)」打たれているあいだにも、パリの中心に熱を取りもどすより早く、アトランティス(18)の万年雪でもすみやかに溶かしてしまうでしょう。

この演説からしばらくたった八月十三日、市長は国民議会の演説でパリ市の統治についてこう説明しています。「一七八九年七月（永遠の追想の時です）には、パリ市の財政はまだ健全な状態でした。支出にみあう収入があり、その時点で一〇〇万リーヴル（四〇万ポンド）の銀行預金がありました。革命のあとパリ市が払わなければならなかった経費は二五〇万リーヴルに達します。これらの経費のため、また自発的献金の大幅な減少のため、一時的なものではなく全面的な資金不足が発生しています」。

これが過去一年間、フランス全土の枢要な地域から集められた、あれほどの金額で養われてきたパリの姿なのです。パリが古代ローマに代わる地位を占めているかぎり、パリはこの都市に服従する地域の手で養われつづけるでしょう。これは主権を持つ民主的共和国による支配には避けられない害悪なのです。ローマがそうでしたが、こうした害悪はそれをもたらした共和国の支配が崩壊したあとまでつづくかもしれません。その場合は専制主義的な支配もまた民衆の人気という悪徳に屈しなければなりません。ローマは皇帝の支配のもとで両方のシステムの悪徳を結びつけました。自然に反したこの二つのシステムの悪徳に満ちた結びつきが、ローマ滅亡の一大要因だったのです。

民衆の利益と負担を考慮しなさい

民衆に向かって、あなたたちは公共財産を浪費することで救われるのだと告げることとは、残酷で不躾な詐欺です。政治家は民衆の公共財産を破壊することで民衆を救済するのだとうぬぼれるまえに、まずつぎの問題について慎重に配慮しなければなりません。すなわち民衆はある程度の負担を引き受けることでそれに応じた恩恵を受けるべきか、それともすべての負担を免除されて、代わりにまったく恩恵を受けないほうがいいかという問題です。わたしは最初の方法のほうが好ましいと心を決めています。これまでの経験はわたしの考えを裏づけてくれますし、おそらく最善の意見も、わたしとおなじような考えであるはずです。

国民がなにかを手に入れる力と、国家からの要請に応じる度合いを均衡させることは、真の政治家の基本的技能のひとつです。その場合は時間においてもその順序においても、国民がなにがしかのものを手に入れる手段のほうが優先されます。あらゆる良いものごとの土台は良い秩序なのです。国民が隷属することなく、なにかしらを手に入れられるためには、その国民が扱いやすく服従できる人びとでなければなりません。行政官は尊敬されていなければならず、法律は権威をもっていなければなりません。

多くの民衆が、なんらかの人為的な方法で、自然な服従の原則が自分たちの心から根こそぎ取り除かれたと感じるようなことがあってはなりません。民衆は自分たちが手に入れられない財産も尊重しなければなりません。民衆は働くことで手に入るものを獲得するためには働かなければなりませんし、多くの場合そうなりますが、努力に釣り合っただけのものを手に入れることができないとしても、その不足分は永久の正義によって最終的に釣り合うのだと自分を慰めるよう教えられなければなりません。

民衆からこの慰めを奪い去る者は、いかなる者であろうと民衆の勤勉さをうしなわせ、すべての獲得とすべての保存の［可能性の］根を断ち切ることになります。こういうことをするのは、貧しき人びとや不幸な人びとに対する残酷な抑圧者で、無慈悲な敵なのです。この者はその邪悪な思惑で、怠け者や絶望した者や富を手にできなかった者に、勤勉のもたらした成果と蓄積された財産を略奪させるのです。

職業的な財務官のうちあまりに多くの人が、国の歳入としては銀行や流通や終身年金やトンティ方式の年金(19)や永久地代やそのほか些細な収入しか考えに入れない傾向があります。国の状態が安定しているときならこうしたものを軽視するべきではありませんし、こうしたことがらを処理する手腕も低く評価されるべきではありません。これらはたしかに良いものなのです。ただしそれが良いものでありうるのは安定した秩序があるからで、そうしたものの上に築かれている場合に限られます。

しかしこういう物乞いにも似たこまかな工夫が、公共秩序の基盤を破壊して生じる害悪や、所有権の原理の転覆を生じさせる害悪や、その破壊から生じる害悪などの源泉になることがありえます。人びとがそれを考えるようになった場合、そうした財務官たちはものごとの秩序に反した政治と、思い上がった近視眼的で偏狭な叡智の結果を示す、憂鬱でいつまでも消えない記念碑を祖国の廃墟の上に残すことになるでしょう。

自由の虚名が政治家の不徳を覆い隠す

いまや国家の偉大な人びとのなかでも民衆指導者の無能の結果が、自由という「すべての罪を償う名」で覆い隠されようとしています。一部の民衆指導者のなかには偉大な自由の精神がみられます。しかし大部分ではなくても、多くの民衆指導者のなかには、抑圧的で屈辱的な隷属の精神が見受けられるのです。しかし叡智のない自由、徳のない自由とはいったいどんなものでしょうか。これは考えられるかぎり最も忌まわしい害悪なのです。それは教えることも抑えることもできない愚行で、悪徳で、狂気だからです。

徳をそなえた自由がどんなものかを知っている人なら、無能な人びとがいかにもりっぱそうな言葉を口にしてそれを汚すことに耐えられないものです。自由という観念がもたらす、偉大で、胸の高鳴る感情を、わたしは軽蔑しているわけではありません。この観念は心を温めてくれます。自由という観念はわたしたちの心を寛大にして広げます。対立が起きたときには勇気をかきたててくれます。わたしは老齢ではありますが、ルカヌスやコルネイユ[20]が描いたすばらしい歓喜の瞬間を喜びをもって読む者です。民衆の人気を集めるためのちょっとした技巧やしかけのすべてを否定するわけでもありません。これは多くの重要なことがらを実現するために役立つもので、人の心をひとつに集め、活動する精神を活気づけ、道徳的な自由の厳しいまなざしにもおりおりの華やかさをあたえてくれます。政治家なら美の三女神に捧げ物をしなければなりませんし、理性と人の良さを結びつけなければなりません。

しかしフランスで起きたようなできごとにおいては、こうした付随的な感情やしかけのようなものはほとんど役に立ちません。政府を樹立するにあたっておよそ慎重な配慮など不要です。権力のありかを定め、服従を教えれば、それで仕事は終わりです。自由をあたえるのはさらにかんたんです。導く必要などありません、自由がひとりでに進んでいくまま放っておけばいいのです。

しかし自由な政府を樹立するというときは自由と抑制という対立要素をうまく調和させ、一貫性のある作品に仕上げることが必要になります。ですから多くを考え、深く省察し、さまざまなものを賢く力強く結びつける精神が求められるのです。国民議会の指導層にはこうした精神が欠けているように思います。

あるいはかれらも見かけほど無能ではないのかもしれません。そう信じたいところです。そうでないと、ふつうの人間の理解力を下回る人たちだと考えなければならなくなってしまうでしょう。しかし指導者たちが民衆の人気集めの〈競り市〉で高値がつくことをめざすようになってしまうと、かれらの才能は国家構築にはまったく役に立たなくなってしまいます。

その場合、かれらは立法者ではなく追従者に、民衆の指導者ではなく道具になってしまうでしょう。かれらの誰かが自由を確立する計画を提案し、自由の限度を適切に定め、ふさわしい資格を明確に定義しても、はるかに民衆の人気を集めやすい計画を提案するライバルが登場し、かれらを上回る高値を〈競り市〉で得てしまうでしょう。中庸な計画の提案者は、大義に忠実といえるのかを疑われてしまうことになります。中庸という徳は臆病者の徳という烙印を押され、妥協は裏切り者の深慮という烙印を押されるでしょう。やがてそうした民衆指導者は信用を維持しようとして（こうした信用があるからこそ指導者は計画を穏健に実現できるはずなのですが）、それまでめざしていたまともな目的をいずれ破壊してしまうことになる理論を宣伝したり、そのための権力を確立することに熱心にならないわけにはいかなくなるのです。

フランスの不幸とイングランドの幸福

もしわたしが国民議会のたゆまない努力のなかに推奨に値するものをなにひとつみないとしたら、あまりに不条理でしょう。無数の暴力行為や愚行のなかに、すこしは良いこともあるのを否定するわけではありません。すべてを破壊すれば不満の種もまた取り除かれるのは確かですし、すべてを新しく作り直せば、なにか有益なものがでてくる可能性もあります。とはいえ、かれらが支配権力を簒奪することで遂行できたものをなにか良いものとして認めるためには、さらにかれらがそうした支配権力を簒奪する際に犯した罪を赦すためには、そうした革命に踏み切らなければどうしても実現できなかったというものが示されなければなりません。

しかし革命をしなくてもそれらを実現できたはずなのは確実なのです。というのもかれらが作成した規則のうち、ごく明確なものの大部分は身分制議会で国王が自主的に譲歩したものか、そのとき国民の諸身分に出された命令にふくまれていたものだからです。確かにいくつかの慣行は正当な根拠によって廃止されました。しかしそうした慣行はたとえそのまま永続していたとしても、どの身分に対しても幸福と繁栄を損ねるようなものではありませんでした。国民議会の実行した改良は皮相なものです。

ところが犯した誤謬は根本的だったのです。

かれらがどんな人びとであるにせよ、イングランドの国民には、自分たちの状態を改善するにあたって隣国のお手本にならうのではなく、イングランドの国家体制をお手本としてそれにならってほしいと思うのです。隣国の人びとはイングランドの国家体制のなかに、きわめて貴重な宝をみつけるでしょう。隣国の人びとにも懸念や不安の種はあるでしょうが、それはかれらの国の体制のためではなく、かれらの行動から生まれているものなのです。

イングランドが幸福な状態にあるのは、国の国家体制のおかげだと思います。しかもその一部ではなくその全体のおかげだと思います。というのは何回か見直しと改革がおこなわれてきたわけですが、新しく追加され変更されたところからだけではなく、まったく手を加えずにそのまま維持してきたところからも大きな恩恵を受けているからです。

イングランドの国民は、真に愛国的で自由で独立した精神の持ち主なら、いま自分たちが手にしているものが破壊されないよう守るためになすべき多くのことがあると実感するでしょう。わたしは変更を加えることをまったく否定するわけではありません。ただ変更するなら、そのものを保存するためになされるべきなのです。

大きな苦情の種があれば、是正するために対策が必要になるでしょう。しかしそのときでも祖先の実例にみならうべきでしょう。変更を加える場合、わたしなら建物を修復するような仕方でおこなうでしょう。わたしたちの祖先は断固とした行動をとるときも、賢明な注意深さ、慎重な配慮、体質的というより道徳的な臆病さを守ることを指導原理にしてきました。わたしの国の祖先は、フランスの紳士たちがおおいに恩恵をこうむっていると誇らしげに語っている啓蒙の光に照らされていなかったので、人間とは無知で誤りやすい生き物だという印象をもって行動したのです。人間をこれほど誤りやすい存在に造った神は、かれらがこうした人間の自然な本性に注意深く行動したことを祝福したのです。

もしわたしたちが祖先の運命に値する存在であろうとするなら、また祖先が残した遺産を継承しようとするなら、祖先の注意深さを模倣しようではありませんか。わたしたちが望むならなにかをつけ加えてもいいでしょうが、祖先が残したものは保存しようではありませんか。そしてわたしたちはイングランドの国家体制という堅固な土台のうえに足を踏みしめて、フランスの空中冒険家たちの絶望的な飛行をまねするのではなく、それに見とれるだけで満足しようではありませんか。

わたしはこれまで自分の感情をすなおに語ってきました。それであなたの感情が変わることはないでしょう。それにあなたが自分の感情を変えるべきなのかどうかはわたしにもわかりません。あなたはまだ若く、あなたの国の運命を導くことはできません。その運命に従わなければならないのです。

ですがわたしの書簡をお読みいただいたことで、あなたの祖国がこれからとるべき将来の形態について、わたしの感じていることがすこしは参考になったかもしれません。あなたの国が現在のかたちのままつづいていくことはまずないでしょう。しかし最終的な形態に到達するまでに、あなたの国はわたしの国の詩人が語ったように「いまだこころみられない偉大な変遷をつうじて[21]」炎と血で浄化されるあらゆる変転を経験しなければならないでしょう。

わたしには、長期にわたる観察とおおいなる公平さを維持することのほか、あなたにとくにお勧めする意見はほとんどありません。ですがこうした意見を語るわたしという人間は、権力の手先になることも、高位の人物の追従者になることもなかった人間で、いかなる行為においても、自分の人生の基本的な動向にそむくことを望まなかった人間です。公的な活動のほぼすべてを捧げて他者の自由を守るために戦ってきた人間です。暴政に対する怒りのほかには、消えない怒りも激しい怒りも心に感じたことのない人間です。ひどい抑圧が獲得している信用を失墜させようと、善い人たちが推し進める活動に加わりながら、みなさんの国の問題について考察する時間を捻出してきた人間です。またそうしながら自分の日常の業務から逸脱することがなかったと確信している人間なのです。

名誉も地位も報酬もほとんど望まない人間、それらに期待するものはほとんどない人間です。名声を軽蔑せず、汚名を恐れない人間です。あえて意見を述べることはあっても争いは避ける人間です。一貫性を保とうとしつつ、自分の目的の統一性を維持するために、手段を変えてその一貫性を維持しようとする人間です。自分が乗っている船の積み荷がいっぽうに偏りすぎて均衡が危うくなったときは、そのつりあいを保てるように自分の理性の持つ小さな重みでも役に立てようとする人間です。ここにあるのは、そんな人間の感情から生まれた意見なのです。

原注と訳注

バークによるはしがき

（1）手元においておいた……バークは当初、手紙が検閲されて相手に害がおよぶことを懸念したため急いで送らなかった。青年が十二月末に再度の依頼をバークに求め、これにこたえて一七九〇年一月にバークから長文の手紙が投函されたいきさつがある。

1

（1）囚人たちを救出した英雄……ドン・キホーテ。ドン・キホーテは遍歴の途中で囚人たちに遭遇し、かれらは神と自然が自由に作った者たちだとして囚人を解放してしまう。自由になった囚人たちはドン・キホーテに酷い暴力をふるい、身ぐるみはいで去っていく。憂い顔の騎士はドン・キホーテの自称。

（2）ロシュフコー公爵、エクスの大司教……革命賛成派の論者。ロシュフコー公については本書5章であらためて論評されている。

（3）フィリッポス……アテナイの外敵だったマケドニア王。アテナイとテーベからなる軍に勝利してギリシアを制圧した。

（4）ヒュー・ピーター（ヒュー・ピーターズ）……イングランドの政治的説教家（一五九八～一六六〇）。ピューリタン革命において議会派を支持した。本文にある「一六四八年」は第二次イングランド内戦期で、クロムウェルらの議会軍と国王軍による武力抗争が起きていた。翌年チャールズ一世は処刑された。バークはフランス革命とそれを煽るプライス博士をここに重ねている。

（5）定められし裁きをおこなわん……『旧約聖書』「詩篇」一四九‐六～八。

（6）在俗の神学者について示唆した箇所……プライス博士『祖国愛についての演説第三版』（一七八九年十一月四日）一七～一八ページ。

（7）自分の礼拝所を設立するべき……「公共当局の規定する礼拝形式を好まれない方は、みずからの認める教会から礼拝を得られない場合、みずからのために別の礼拝の場所を設立すべきです。そうすることによって、そして理性的で人間的な信仰の模範を示すことによって、その身分と学識によって卓越した人物であられる方々は、社会と世間に対して偉大な貢献をすることができるのです」前掲『祖国愛についての演説』一八ページ。

（8）あの暴虐の日々を……ユウェナリス（六〇頃〜一二八頃）『諷刺詩』四‐一五〇。当時暴君とされた皇帝ドミティアヌスを批判している。ユウェナリスはローマ帝政期の詩人。政治や社会に対する風刺的な作風で知られた。

2

（1）専横な主張……前掲『祖国愛についての演説』三四ページ。

（2）やや逸脱……オランダのオラニエ公家の公子ウィリアム（一六五〇〜一七〇二）はイングランド王ジェームズ一世の曽孫、その次の王チャールズ一世の孫、その次の王チャールズ二世の甥にあたるが、継承順位としては一位ではない。ジェームズ二世の娘で継承順位一位の妻メアリとはいとこの関係になる。ジェームズ二世に憤激したイギリス議会に協力して戦ったのち王位を望み、ウィリアム三世としてイングランド王に即位。同時即位した妻メアリ二世と共同統治をおこなった。

（3）第一位から外れた君主を迎えた……議会側は王位継承順位一位のメアリ二世の単

独即位を望んだが、同格で共同即位という王側の条件を受け入れた。

（4）メアリ女王とエリザベス女王が宣言した成文法……メアリ治世の第一年第三議会法令第一号。

（5）自分流のホイッグ理念……ホイッグ党は国民の権利や議会の権利を重視していた。バーク自身ホイッグ党に属していたが、フランス革命を肯定する層とは一線を劃していた。

（6）分割相続者と長子相続者……ノルマン征服王ウィリアム一世の息子のうち、長男ロベールはノルマンディとメーヌを継ぎ、三男がウィリアム二世としてイングランド王位を継承した。この王が急死した直後、長兄の家臣だった四男が国庫を掌握して即座に戴冠式をすませ、ヘンリー一世として即位したいきさつがある。なお次男は早世している。

（7）いにしえの統治者たちの遺体……十七世紀なかばの動乱期、クロムウェルはピューリタン軍をひきいてウィンチェスター大聖堂の王家墓所をあばいた。

（8）選定侯妃ゾフィーの子孫……名誉革命ののち王位についたウィリアム三世とメアリ二世の国王夫妻、および次の王であったアン女王に王位を継承できる嫡子がなかったことから、チャールズ一世の孫にあたるハノーヴァー選定侯妃ゾフィー（ソフィア）の子孫に王統が移った。ハノーヴァー王朝。

（9）ことさらくわしく記した……「王ジェームズ二世は、国王と国民との初原の契約を破ることによって、またイエズス会士その他の邪悪な人びとの進言によって国の基本的な法律を踏みにじり、みずから王国の外に逃亡したことによって統治を放棄した。よって玉座はここに空位となるものである」。

（10）まるでとがめられているようですね……『アンドロスの女』一幕一場。昔おまえは奴隷だったのをわたしが自由にしてやったという主人のものいいに対して、解放奴隷がこう反論する。作者は古代ローマの喜劇作家テレンティウス（前一八五～前一五九）。

（11）漁師……ローマ教皇。十二使徒の筆頭格とされるペトロは漁師で、人をとる漁師になる者としてイエスにしたがい、教会の礎とされた。歴代の教皇はペトロの権能を受けつぐ者と位置づけられている。

（12）アラゴンの大法官……アラゴンはかつてイベリア半島北東部にあった王国（現スペイン）。中世のアラゴンの大法官は強大な権力をもち、王を裁く権限があった。

(13)戦争は、それを避けられない者にとっては正当である……リウィウス『ローマ建国史』九巻一－一〇。「戦争を避けられない者にとって、戦争は正当であり、武器に訴える以外に希望が残されていない者にとって、武器は掟に叶っている」『ローマ建国以来の歴史4』毛利晶訳、京都大学学術出版会。

(14)マグナカルタ……一二一五年。ジョン王の治世期に、王権に対する議会の権利を強めた。のちにイギリス立憲政治の礎とされ、権利請願、権利章典とともに三大法典といわれる。大憲章。

(15)エドワード・クック卿……権利請願の起草をおこなった法律家、下院議員(一五五二～一六三四)。エドワード・コーク。

(16)ブラックストーン氏……オクスフォード大学初代イングランド法学教授(一七二三～一七八〇)。十八世紀なかばに、マグナカルタをふくめイングランドの法律について注解する著作をのこした。

(17)権利請願……一六二八年。チャールズ一世の侵襲的な姿勢に不満を抱いた議会は、恣意的な課税や不法な逮捕は国民古来の権利を侵すと唱えた文書を請願として提出した。マグナカルタ、権利章典とならぶイギリス憲法の三大法典。

(18) セルデン氏……ジョン・セルデン（一五八四～一六五四）。チャールズ一世の治世下からピューリタン革命にかけてのイギリスの法学者、政治家、史学者。議員としては国王に反対した経緯で二度投獄されている。

(19) シェイエス師……エマニュエル・ジョゼフ・シェイエス（一七四八～一八三六）。フランスの聖職者、シャルトルの司教代理。一七八九年一月に『第三身分とは何か』を公刊して貴族層を否定し、フランス革命を主導する理論家の一人になった。

(20) 権利宣言……名誉革命の翌年、一六八九年二月にウィリアム、メアリの共同即位の条件として提出された文書。王権より議会が優位におかれ、イングランド国民の権利と自由があらためて宣言されている。

(21) 最大限に真剣に熟考する……ウィリアム／メアリ治世第一年の法律。

(22) 新紙幣の発行……アシニア紙幣。一七八九年十一月に教会財産が国有化されて競売にかけられ、これを担保に五パーセントの利子つきで発行された。ほどなく乱発されて下落し、四年後の九三年八月には額面の二割程度の価値しかなかった。

(23) 靴の留め金……革命政府に銀製のバックルが献納されたことを指す。財政をまかなうために銀製品の献納をつのった。

3

（1）天使も歩むをおそれるところ……『批評についての試論』（一七一一）。イギリスの詩人、批評家アレクサンダー・ポープ（一六八八〜一七四四）による。

（2）ホランド伯爵……初代ホランド伯爵ヘンリー・リッチ（一五九〇〜一六四九）。チャールズ一世の治世期に活動し、最後は断頭刑に処された。

（3）当時の流行詩人……エドマンド・ウォラー（一六〇六〜一六八七）。王政復古ののちはチャールズ二世にも詩を捧げた。

（4）ギーズ、コンデ、コリニ……カトリック派、ユグノー派など異なる立場からユグノー戦争に指導的に関与して衝突。ギーズ家の息子はサンバルテルミの大虐殺も扇動した。

（5）リシュリュー……ルイ十三世治世期の宰相。内政では中央集権の確立を主導し、外政ではスペインと抗争した。

（6）アンリ四世とシュリ……ナントの王令でユグノーに信教の自由をあたえてユグノー戦争を終わらせ、国家としてのまとまりを実現した。シュリ公はこの治世下で王を補佐した政治家、財務卿。

（7）自然と闘っていることになる【バークによる原注】……「シラ書」三八章二四‐二五節「学者の智恵は、閑暇のおりに生まれる。実務にわずらわされない者が、賢者になるだろう」。「鋤を持つ者、家畜の突き棒のあつかい方を自慢する者、牡牛を追い立てる者、労働に忙しい者、去勢牛について語るばかりの者、これらの者がどのようにして智恵を手にいれることができようか」。二七節「日夜をつうじて働きつづける大工と棟梁はかくのごとし」など。三三節「こうした［職人の］人びとは、国家について審議する場に招かれることはないだろう。集会において定席に就くこともないだろう。裁判官の席に座ることもないだろう。判決文を理解することもないだろう。かれらは正義を宣言することも、判決を告げることもできない。格言が語られるところに居合わせることもないだろう」。三四節「しかしかれらはこの世の調和を維持するのである」。

フランスの教会は（最近まで）この書を聖書の正典としていて、こちらの教会では外典としていますが、わたしはどちらと決めるつもりはありません。なんであれ、きわめて有意義で真理に富んだ書だと思います。

（8）形式と論理の面だけである……『祖国愛についての演説』第三版、三九ページ。

（9）自由におさめておればよい……ウェルギリウス『アエネーイス』一‐一四〇〜一四三。泉井久之助訳（岩波書店）。

（10）詩人には自由に死ぬ権利がある……ローマ帝政期の詩人ホラティウス（前六五〜前八）の『詩論』。「自由に死ねる詩人よ」とある（四六五〜四六六行）。いやがる者を救助するのは殺人と同じであるとも述べた。なお後述部分にある、飛び込んで死んだとされるのは古代ギリシアの詩人で哲学者のエンペドクレス。しかし自死の真偽そのものは不明である。

（11）カンタリス……ある種の甲虫を乾燥させた薬で、独特の臭気と強烈な味をもつ。もと催淫剤。芫菁《げんせい》。

（12）暴君を弑するなり……ユウェナリス。前掲『諷刺詩』七‐一五一。

（13）安らかに去らせてくださいます……『新約聖書』「ルカによる福音書」二‐二九〜三〇。エルサレムの信仰者シメオンが幼子イエスと会い、もう思い残すことはないと神に捧げた万感の感謝の言葉。シメオンは、生きているうちに救世主を見る、それまでは死なないと聖霊から告げられていた。

(14) 臣下の前に屈した【バークによる原注】……この尊敬すべき紳士たちの一人で、最近パリでこうしたスペクタクルを見物してきた人がこう語っています。「征服者たる臣民たちによって屈従的な凱旋行進のなかを引かれていく国王を目撃することは、人の世ではほとんどありえない偉大な光景のひとつである。わたしは命のあるかぎり、この光景を驚異と満足とともに思い出すだろう」。この紳士たちの感情は驚くほど一致しているのです。

(15) この目であなたの救いを見たからです【バークによる原注】……「国事裁判」第二巻三六〇ページ、三六三ページ。

(16) 神殿に響いたあの美しい預言的な言葉……前掲『新約聖書』「ルカによる福音書」二―二九〜三〇。シメオンがこの言葉を口にしたのは、生まれてまもないイエスが両親に抱かれて神殿を詣でた機会だった。

(17) オノンダーガの村……オノンダーガ族は、イロクォイ連盟を構成していたアメリカ先住民族の部族のひとつ。ニューヨーク州中部のオノンダーガ湖の近くに暮らしていた。

（18）カティリナ、ケテーグス……ルキウス・セルギウス・カティリナ（前一〇八?～前六二）はローマの政治家で、政府を転覆させようと陰謀をくわだてた。キケロによる弾劾演説で知られる。ケテーグスはこの陰謀の共謀者。

（19）元老院のすがたもなかった……古代ローマの詩人ルーカーヌスの叙事詩『パルサリア』九－二一〇前後。自由を損なわなかった偉大な指導者ポンペイウスが殺されたのち、ローマに生じるであろう独裁と荒廃をのべたくだり。

（20）麗しき一日【バークによる原注】……一七八九年十月六日を指します（訳注　原語は「ある日 un beau jour」というフランス語の慣用表現。きわめて日常的な表現であるぶん、人的犠牲の生じた劇的な一日を指すには無神経ともいえる。バークはあえて直訳で英語に移して評している）。

（21）痛む心への慰め……眠り。シェイクスピア『マクベス』二幕二場。王を殺した直後のマクベスが、もはや自分に眠りはないと語る場面。

（22）聖なる尊者……前掲「ルカによる福音書」のシメオン。

（23）すべての司教を街灯に吊るせ……絞め殺して街路のランタンに吊るすこと。

（24）忘却のかなたに押しやるしかない記憶【バークによる原注】……ある日撃者がこ

の主題について書いた手紙にふれておくべきでしょう。国民議会の議員のなかでも、いちばん正直で知的で雄弁な議員の一人です。国家の改革をきわめて積極的に、熱心に進めていた人でしたが、この敬虔な凱旋行進には恐怖を味わいました。そして公共のことについて指導的な立場に立った人びとが、みずから犯罪を犯さないまでも犯罪を利用しようとする傾向があったことにぞっとして、議員を辞職して自発的に亡命者になったのです。

ド・ラリ・トランダル氏から友人にあてた第二の手紙の抜粋

「わたしがくだした決断についてご説明しましょう。わたしは良心にてらしてこれが正しかったと考えています。罪にまみれたこの都市も、もっと罪深いあの議会も、わたしの決断の正しさを証明してはくれませんでしたが、それでもわたしは心のなかで、あなたやあなたとおなじように考える人から非難されるのではないかと懸念しています。誓って申しますが、任務の遂行をつづけられなくなったのは健康のためです。しかしそれをべつにしても、自分が目撃した恐怖にこれ以上耐えられなくなりました。この血、この首。ほとんど喉をかき切られそうになった王妃、そして不幸な衛兵たちの首を先頭に掲げて、暗殺者たちに囲まれながら奴隷のようにパリへ引かれていく国王。裏切った近衛兵たち、あの暗殺者たち、あの人喰い女たち、国王が二人の顧問司教と馬車に乗せられて首都に入ってきたその瞬間、叫ばれた憤りの声——すべての司教を街灯に吊るせ。これら全部があたえた恐怖に耐える力は、もはやわたしには残っていません。

一発の銃弾が王妃の馬車に打ち込まれるのをわたしは目撃しました。ところがバイイ氏は、この日を『麗しき一日』と呼ぶのです。国民議会はあの朝、国王を囲んでぞろぞろ歩くのは議員としての尊厳にふさわしくないと冷たく宣言していました。ミラボー氏は『国家という船はその航路において停船するどころか、その再生にむけて、かつてない速さで航路を飛ぶように進むだろう』と議会で語り、罰せられることもありませんでした。バルナーヴ氏などは、わたしたちの周りで血が流れているのに、ミラボー氏と笑っていたのです。いっぽう人徳者のムーニエ氏は、かれの首でもっとトロフィーをつくろうとした二〇人もの暗殺者の手から奇跡的に逃れるのがやっとでした」

（25）【バークによる原注】ムーニエ氏は当時の国民議会の議長でした。どこまでも確固とした自由の擁護者で、そのためにこそ亡命生活を送るしかなくなったのです。

「こうしたわけで、わたしはあの人喰いたちの巣窟［国民議会］に足を踏み入れないと誓いました。わたしにはもはや国民議会で声を張り上げる力はありません。これまで六週間にわたって発言してきたことも、すべてむだでした。

わたしやムーニエ氏など、まともな人間たちは全員、なすべき最善のことは国民議会を去ることだと考えました。恐怖にかられてそう決めたのではありません。これについては弁明しません。しかしわたしは道中で拍手喝采を受けたのです。陶酔した熱狂的な民衆ほどは罪深くない人びとからの喝采で、人によっては自慢したかもしれません。ですがわたしはぞっとしました。血の流れるのを見ただけで憤慨と恐怖に、そして肉体的な苦痛に屈してしまったことを自分で思い知らされました。

ただ一度だけ迎える死には、わたしは勇気をもって立ち向かえます。有意義な死なら何度でも勇敢に立ち向かえるでしょう。しかしこの世のいかなる権力も、あるいは公共の意見も私的な意見も、一分あたり千の刑罰を意味もなく受けろと命じることはできないはずです。あの凱旋行進でなされた犯罪行為をわたしは阻止できませんでした。しかし、だからそのさなかに絶望と憤慨で死ねと命じることもできないでしょう。

かれらはわたしの権利を剝奪するでしょう。わたしの財産を没収するでしょう。それならわたしは土地でも耕します。そして二度とかれらには会いません。これがわたしの弁明です。これをお読みになって、ほかの人にお見せくださってもかまいません。複写してくださってもけっこうです。おわかりいただけないかたには、残念ですというしかありません。わからない相手に押しつけるつもりはありませんから」

軍人の心をもったこの人物は、旧ユダヤ人街の、のどかな説教師のような神経を持ち合わせていなかったのです。これらのことについてムーニエ氏がどう語っているかも参照なさってください。この人は名誉も人徳も才能もある人物で、だからこそ亡命したのです。

4

(1)詩は美しいだけでは十分ではない……ホラティウス『詩論』九九。

(2)大衆の足で踏みにじられる【バークによる原注】……これについて特に示唆的と思われるバイイとコンドルセの運命を参照してください。そしてバイイの裁判と処刑の事情を、ここでの予言とくらべてみてください[一八〇三年版での追記]。

(3)族の揺籃地……ウェルギリウス『アエネーイス』三 - 一〇五。前掲上巻(岩波書店)。

(4)ギャリック、シドンズ……デヴィッド・ギャリック(一七一七~一七七九)とセアラ・シドンズ(一七五五~一八三一)はいずれも当時のイングランドの有名な俳優。

(5)モナルデスキほか……アグリッピナ(一五?~五九)はネロの支配的な母。ルイ十一世(在位一四六一~一四八三)はフランス絶対王政の祖で、実際的な判断に優れたが性格は暴君だったとされている。シャルル九世(在位一五六〇~一五七四)はサンバルテルミの大虐殺を命じた王。カール十二世(在位一六九七~一七一八)は当時スウェーデン領だったリヴォニアの愛国者パトクルを裁判をへて殺害させた。クリスティナ女王(在位一六三二〜一六五四)は、機密文書をスペインに漏らした家臣モナルデスキを斬首に処した。

(6)白百合の花を肩に飾る……フランス王妃を醜聞に陥れた首飾り事件についての書物が一七八八年にロンドンで刊行され、事件の中心だったラモット夫人はフランス王室を象徴する白百合の花と「盗人」という言葉を両肩に添えて紹介されたという。

(7)ゴードン卿を監禁……フランス王妃に対する侮辱罪などにより収監された。

(8)タルムード……ユダヤ教の律法解釈にもとづく口伝的な思想。とりわけ倫理性が重んじられる。

(9)銀貨三〇枚……キリストを裏切った代価としてユダに支払われた金額。

(10)フランスの国王をこの国に迎えた……ジャン二世(在位一三五〇〜一三六四)を指す。百年戦争のころ一三五六年のポワティエの戦いで黒太子エドワード(一三三〇〜一三七六)の軍に敗北し、イギリスの捕虜になった。

(11)エルヴェシウス……フランスの哲学者(一七一五〜一七七一)。『精神論』(一七五八)『人間論』(一七七二)。無神論に接近し、ここで挙げられているルソー、ヴォルテールとともに、いわゆる啓蒙思想家に数えられる。

(12) 尊重をもって貴族を見上げます【バークによる原注】……非国教会派の牧師だろうと思われる紳士の書簡がある新聞に掲載されましたが、この書簡でえがかれたイングランド国民のイメージはまちがっていると思います。この書簡はプライス博士あてで、書き手の紳士はパリを支配している精神についてこう述べています。「パリの民衆はその精神で、王や貴族がこれまで民衆の心のなかに横暴につくり上げてきたあらゆる高慢な区別をなくしてしまいました。このようなときに民衆が語る言葉はイングランドの最も啓蒙的で自由な人びとの語る言葉とおなじです」。この紳士が「啓蒙的で自由な」という言葉を、イングランドのごく一部の人に限定して使っているなら正しいかもしれません。しかしイングランド人の一般としてはまちがっています。

(13) 自国の法を変えるようにといわれて拒んだ……ジョン王(在位一一九九〜一二一六)がマグナカルタを承認したのち、教皇イノケンティウス三世がマグナカルタの廃棄を命じたが、イングランドの諸侯はこれを拒んだ。

(14) モーガンほか……アンソニー・コリンズ(一六七六〜一七二九)。ジョン・トーランド（一六七〇～一七二二）、マシュー・ティンダル（一六五七～一七三三）、トマス・チャブ（一六七九～一七四七）、トマス・モーガン（一七四三没）。いずれもイギリス圏の理神論者、自由思想家。奇跡の必要性の否定や聖書の合理主義的解釈などで、国教会神学者と論争を展開した。

（15）ボリングブルック……イギリスの政治理論家、トーリー党の領袖（一六七八～一七五一）。なおバークは自身の第一著作『自然社会の擁護』（一七五六）でボリングブルックの論点や文体を意図的に模倣し、これをつうじてボリングブルックの批判をめざしたほど熟読し、じつは知悉している。

（16）「キャピュレット家代々」の家族墓所……シェイクスピア『ロミオとジュリエット』四幕一場。名門キャピュレット家は、最後の後継者ジュリエットが家族墓所に収められて終焉した。

（17）宗教こそが市民社会の基礎【バークによる原注】……「さてまず第一に、市民には次のことを説得しなければならない。神々はすべてのものの支配者であり統率者であって、世に起こるさまざまな事柄はかれらの判断と意思によって起こるのであり、また、神々は人類に最大の恩恵を施し、めいめいがどのような人間であり、何を行い、どのような罪を犯し、どのような心がけで、つまり、どのような信仰心で儀式を執り行うかを観察し、敬虔な者と不敬虔な者を心に留めることである。このような考えに精神が満たされるなら、真実で有益である意見に背を向けようとはしなくなるだろう」。キケロ『法律について』二―七。岡道男訳『キケロー選集8』(岩波書店)。

(18) 民衆全体は誰からも処罰の対象になりえない【バークによる原注】……「なにごとであれ、多数で犯す罪は罰せられない」。ルーカーヌス『内乱 パルサリア』五―二六〇。

(19) 魔女の煮る鍋に投げ込みました……ギリシア神話。魔法使いでもあった王女メディアは、年老いた羊の喉を切り裂いて釜のなかで煮込み、仔羊に若返らせる魔法をおこなった。これをみたイオルコス王ペリアスの三人の娘は、年老いた父を若返らせたいと願っておなじようにした。王は煮えて死んでしまった。

(20) 一層気に入るものはない……キケロ「国家について」第六巻「スキピオの夢」岡道男訳『キケロー選集8』(岩波書店)。

(21) 個人貴族……一代かぎりの爵位身分で、世襲されない。勲功のあった者、高位聖職者などにあたえられることがある。

5

（1）とらわれるようになったのは当然でした【バークによる原注】……この箇所（および次のパラグラフの冒頭文の文末まで）とそのほか多少の箇所は、亡くなったわたしの息子が草稿を読んで挿入したものである［一八〇三年版での追記］。

（2）はっきり教えてくれるでしょう【バークによる原注】……わたしはここで、かれらの通信で使われた粗野で低俗で神を冒瀆するような言葉遣いを紹介して、道徳を重んじる読者の感情を傷つけるつもりはありません。

（3）文筆家たちが貨幣階級と手を結んだ【バークによる原注】……かれらはテュルゴやその他の財務官僚と結びつきました［一八〇三年版での追記］。（訳注　テュルゴはルイ十六世時代の財務総監。王妃をふくむ貴族層の反感をかって失脚した）。

（4）財務総監の財産が没収されないのはなぜでしょうか【バークによる原注】……やがてすべて順に没収されることになりました［一八〇三年版での追記］。

（5）ラボルド氏……ルイ十五世時代に公債募集に携わった財務官。

（6）ショワズール公……ルイ十五世時代の大臣。ポンパドゥール夫人の推挙をへて内閣の最有力者になり、軍備拡張を推進した。のち失脚。膨大な負債を残した。

（7）デギュイヨン公……デギュイヨン公エマニュエル（一七二〇～一七八八）。パリ高等法院から有罪判決を受けたが、一七七〇年にルイ十五世が事件をすべて破棄した。

（8）ノアイユ家……中世からつづく名門貴族。ルイ十四世時代のノアイユ公アドリアン・モーリス（一六七八～一七六六）は財務に実績を残した。いっぽう孫のノアイユ子爵ルイ・マリー（一七五六～一八〇四）は一七八九年夏の議会でデギュイヨン公とともに領主権放棄を宣言し、ここから封建制廃止決議にいたった経緯がある。

（9）ロシュフコー公……いわゆる自由主義貴族の一人（一七四三～一七九二）。このバークの論が書かれた当時は革命に賛同する姿勢をとっていた。のち批判に転じて殺害される。

（10）権威のある情報に保証されています【バークによる原注】……この人物は、彼の兄弟でも親戚でもありませんでした。ただ、このまちがいは論旨に影響するものではありません［一八〇三年版での追記］。

（11）かの残酷な槍……キケロ『義務について』二－八。競売のしるしとして広場に槍を立て、略奪品と公言した。戦後処理の公正さが失われたとキケロは批判した。

（12）ローマのマリウスやスラ……ともにローマの将軍。民衆出身のマリウス（前一五七？～前一八六）と貴族出身のスラ（前一三八～前一七八）は競合関係にあった。

（13）富は貧者にとって十分に大きな罪【バークによる原注】……この詩は次のようにつづきます。

王はみずからの王位の財宝すべてを蕩尽しつくしたのち、
人びとの贅沢を咎めだてして、みずからの贅沢に役立てようとする。
それでもこの行為においてさえ、瀆神の恥辱を濯ぐため
神への献身の名目に頼らざるをえないのだ。
かくも大胆な犯罪を犯しつつ、それが実際には善であると、
あるいは見かけだけでも善であるとみなされることを願うのだ。
悪を為すことは恐れずに、それでいて名を汚すことは恐れる者よ、
悪しき良心を知らぬ者、その者は名声の奴隷であろう。

かくて王は教会を保護し、同時にそれを損なった。
しかし君主たちの剣はその筆よりも強いのだ。
かくて王は古き時代に償いをなして、
過去の時代の慈愛を破壊し、なおかつその信仰だけは擁護する。
そのとき宗教は小部屋にあって物憂いままに、
空虚な空気のただなかで、省察しながらそこにいつづけ、
さながら石の塊のように身動きもせず横たわっていた。
しかしわれらの時代の宗教は、むさぼり食うこうのとりにも似て
あまりに活動的なのだ。
かつての寒帯とわれらが時代の熱帯のあいだには
温度の適度な温帯がありうることはないものか。
あの昏睡の夢から目覚めていながら、
さらに極端な休みのなさへと
落ち込まずにいることはなしえなかったものなのか。
昏睡を治療しようと熱射病へと投げ込むほかに、

なにか手だてはなかったものか。
知識はかぎりなく進み行くにもかかわらず、やがてはわれらが
無知を願うにいたることにもなるのだろうか。
明るさのなかで、偽りの導きに導かれつつ迷うより
むしろ暗闇で手探りをすることのほうを願うのか。
この嘆かわしい瓦礫の山を目のまえに、
いかなる野蛮な侵入者がわが国を略奪したのかと問わずにいられる人はなし。
ところがこの荒廃をもたらしたのがゴート人でもトルコ人でもなく
キリスト教徒の王であると聞かされたなら、
またわれらの最善のおこないとかれらの最悪のおこないに
ただ熱意という名のほかに違いはないと聞かされたなら、
その人はわれらの瀆神のおこないの手を免れるものはないことを知るだろう、
われらの敬神のおこないの結果がそのようなものならば。
　　ジョン・デナム卿『クーパーの丘』

(14) ジョン・デナム卿『クーパーの丘』……ジョン・デナム卿(一六一五～一六六

九）はアイルランド生まれの詩人。王党派で内乱期にはチャールズ二世のために尽くした。『クーパーの丘』（一六四二）ではヘンリー八世の宗教改革とピューリタン革命が対比されている。

（15）くわしく説明していますという【バークによる原注】……国王の命令により一七八九年五月五日にヴェルサイユでおこなわれた財務総監の報告。

（16）法案起草貴族委員会【バークによる原注】……スチュアート王朝の統治下ではスコットランドの基本法案を起草する委員会があり、この委員会に承認された法案でなければ通過しませんでした。この委員会は法案起草貴族委員会と呼ばれていました。

（17）共通点が多い【バークによる原注】……この文章を書いたときは、該当箇所を読んでから長い時間がたっていたので、記憶から引用しました。学識のある友人がその箇所をみつけて教えてくれました。

「［民主制と寡頭制では］その性格においても同じであり、両方とも優れた人びとに対して専制的であり、民会の政令は暴君における命令のようなものであり、民衆指導者とおべっか使いは同じであるか類似しているかである。そしてまたそのいずれもがいずれにおいても、すなわちおべっか使いは暴君のもとにおいて、民衆指導者はこのような性質の民衆のもとにおいて最も大きな勢力をそなえている」アリストテレス「政治学」第四巻第四章『アリストテレス全集15』山本光雄訳（岩波書店）。

（18）ターマス・クーリ・カーン（一六八八～一七四七）……ペルシア王を自称した専制支配者。

（19）自然の寛大さに応じています【バークによる原注】……ネッケル氏『フランスの財政について』第一巻二八八ページ。

（20）ネッケル氏の書物【バークによる原注】……同前『フランスの財政について』。

（21）通貨を鋳造したと断言している【バークによる原注】……同前第三巻第八章・第九章。

（22）疑いをもっても当然【バークによる原注】……ド・カロンヌ氏は、王室の経費が凄まじく誇張されていたことを論駁しようと尽力しました。世界は氏の尽力に感謝するべきだと思います。王室の年金の支払いについての虚偽説明は、大衆を挑発してあらゆる犯罪を犯させる邪悪な目的からだったとあきらかにされたのです。

(23) 想像したくなるかもしれません【バークによる原注】……哲学者が支配する国という思想については『ガリバー旅行記』を参照してください。

(24) ネッケル氏は国民議会に語っている【バークによる原注】……ド・カロンヌ氏はパリの人口減少がより著しいと指摘しています。ネッケル氏が計算した時代からのちの減少率が高いのかもしれません。

(25) 貧民救済にさしせまって必要な金額【バークによる原注】……

パリその他の地方失業者救済慈善事業費　3、866、920リーヴル　161、121ポンド13シリング4ペンス

浮浪者と乞食の排除費　1、671、417リーヴル　69、642ポンド7シリング6ペンス

穀物輸入奨励金　5、671、907リーヴル　236、329ポンド9シリング2ペンス

生計維持費　すでに回収した費用を除く　39、871、790リーヴル　1、661、324ポンド11シリング8ペンス

以上の合計　51、082、034リーヴル　2、128、418ポンド1シ

リング8ペンス

この原稿を印刷した時点では表の最後の項目の性格と範囲についていささか疑問を抱いていました。一般項目にすぎなくて細部が示されていないからです。ド・カロンヌ氏の著書を読んでみて、これをもっと早く読んでおかなかったのは大きな損失だったと思わずにはいられませんでした。氏はこの項目を一般的な生計にかかわるものと考えていますが、穀物の購入と売却の差額のために一六六万一〇〇〇ポンドという多額の損失が発生する理由は理解できないため、ここには革命で生じた機密費が含まれているというのが氏の考えです。わたしはこの点についてはっきりしたことはいえませんが、読者はこうした巨額の費用全体から、フランスの現在とその状態について、またフランスで採用されている公的な経済システムについて理解を得られるでしょう。この表のこれらの項目について、国民議会では議論されることも質問が出されることもまったくありませんでした。

(26) オルシーニ一族やヴィテッリ一族……オルシーニ家は中世ローマの名門。教皇を支持し、皇帝支持派と抗争をつづけた。ヴィテッリ家はルネサンス期にイタリア中部カステッロの領主をつとめた。

（27）エジプトのマムルークやマラバール沿岸のナイール……エジプトのマムルーク朝は十三世紀なかばから十六世紀初頭までエジプト、シリアを支配したイスラム系王朝。十字軍にとっては敵対者だった。ナイールはインド西部のマラバール沿岸を支配していた共同体。

6

（1）優れた市民はつねに貴族に好意的……キケロ『セスティウス弁護』九‐二一。
（2）災い多き嵐……エドマンド・スペンサー『妖精の女王』二‐七‐一四。
（3）カルヴァンの弟子たち……ユグノー教徒。なおサンバルテルミの虐殺は一五七二年八月二十三日〜二十四日。
（4）ロレーヌ枢機卿【バークによる原注】……この劇では、これが歴史的事実だったと想定されていますが、じっさいには枢機卿は当時フランスにいませんでした。名前を変えればそのまま通用してしまうのです。
（5）二大派閥……カトリックとプロテスタント。
（6）フェヌロン……フランソワ・ド・フェヌロン（一六五一〜一七一五）。大司教。ルイ十四世の王太孫の教師をつとめたが、理想国家を示唆して王の奢侈や専制を批判したことから失脚。その思想は革命にも影響をあたえたとされる。

(7) バーネット……ギルバート・バーネット(一六四三～一七一五)。英国の聖職者、歴史家。ソールズベリ主教。

(8) あるフランスの法律家【バークによる原注】……ドマ。(訳注 ジャン・ドマ、一六二五～一六九六。ルイ十四世時代の法学者。『自然的体系にもとづく市民法』。

(9) 立法府を拘束するものではない【バークによる原注】……国民議会の命令で出版されたカミュ氏の演説。

7

(1) それに耐えるしかなくなった【バークによる原注】……以下に述べることが厳密に正しいかどうかははっきりしません。しかし出版者なら読者を活気づけるという目的のためにこれを真実とみなすでしょう。ある新聞にトゥールからの読者書簡が掲載され、地方の民衆についてこう記していたのです。「現在の革命において民衆は、革命の敵が示すあらゆる盲信への誘惑や迫害や干渉に抵抗しています。

かれらは国民議会が定めた全体的な秩序の構想に敬意を表するために、自分の最大の利害も忘れてしまいました。そしてかつては自分たちが生きるために依存していた教会制度が抑圧されるのを目撃しても、あらゆる公平さの原理からみて民衆に残されていた（あるいは残されるべきであった）唯一の頼みの綱だった司教区が廃止されても不平も言わずにいるのです。最悪のおそろしい惨めさに宿命づけられて、不満の声が聞き届けられたことも聞き届けられる可能性もないまま、民衆はきわめて純真な愛国主義の原則に忠実であろうとしているのです。自分たちの町を最も悲惨な廃墟にしようとするこの憲法をかかげるために、自分の血を流すこともためらわないのです」。

この人びとは自由を求める闘争のなかでこうした苦悩や不正に耐えるよう求められたわけではありません。この書簡は、じつは民衆がいつも自由だったことを正しく示しているからです。民衆が乞食暮らしと廃墟のなかで耐えつづけ、きわめてあからさまに示された不正にも、苦情ひとつ言わずに忍従しているというのがほんとうなら、それはこの凄まじい狂信の結果としか考えられません。フランス全土の大多数の民衆の状態と気分はこういうものなのです。

（2）旗を受けとる人【バークによる原注】……ナントにおける連合の議事録を参照してください。

（3）市民を犠牲にしても正当【バークによる原注】……「そこで、邪な贈与を受けた人間が不正な簒奪を受けた人間より多いとしても、そのために勢力まで大きくなるわけではない。このようなことを判断する基準は数ではなく重みだからである。また、長年、あるいは、何世代にもわたる所有地がそれまでまったく所有地を持たなかった者の所有となる一方で所有していた人の手から離れることになれば、どこに公平さがあると言えるだろうか。

この種の不正行為のためにスパルタ人はエポロスのリューサンドロスを追放刑に、アーギス王を死刑にも処した。王の処刑はスパルタにおいて一度も前例のない出来事であった。そして、それ以後に続いた不和の激しさのために暴君が登場する一方で貴族は領地を追われて最良の体制を誇った国家は崩壊するにいたった。ただスパルタのみが倒れただけでなく、ギリシアの他の国家をも悪疫の伝染によって転覆させた。伝染はスパルタより始まって広く蔓延したのである」（訳注キケロ「義務について」二-七九、八〇。高橋宏之訳『キケロー選集 9』岩波書店)。

キケロは真の愛国者の模範となるシキュオンのアラトスの行動について語ったのち(これはまったく異なる精神でおこなわれたものでした)、つぎのように語っています。「市民に対してあるべき処遇とはこのようなものである。われわれがすでに二度も目にしたように、槍を中央広場に立てて市民の財産を競売人の叫びに委ねることではない。かのギリシア人は賢人にして傑出した人物にふさわしく、すべての人々の利益に配慮せねばならないと考えた。これこそは良識ある市民がもつべき最高の理念であり知恵である。すなわち、市民の便益を分け隔てせず、全市民を同一の公平性のもとにまとめることである」(同八三)。

(4) 連絡網が設立されている【バークによる原注】……これについては次の二つのタイトルの書物を参照してください。『イルミナティ教団の原資料集』および『イルミナティ教団の組織と帰結』ミュンヘン(一七八七)。

(5) だからそれを飾るがいい……エウリピデス。自分の仕事をせよ、の意とされる。

(6) 風は思いのままに吹く……『新約聖書』「ヨハネによる福音書」三 - 八。風は聖霊の象徴。人の意志をこえた神の力を示唆する。「風は思いのままに吹く。あなたはその音を聞いても、それがどこから来て、どこへ行くかを知らない」。
（7）大地の贈り物……ホラティウス『歌章』二－一四－一〇。食物と物質性の示唆。大地の贈り物を口にして生きるわたしたちは死すべき者であると歌った作品から。
（8）シャンドマルス……パリの士官学校付属練兵場。
（9）死手所有……教会などに不動産権を移転した状態の所有権。封建時代の土地法のもとでは税負担を回避するためになされることがあった。基本的には所有権の移転や割譲ができないとされる。
（10）たやすくないことを望みたまわれた……ウェルギリウス『農耕詩』一－一二一。
（11）能力が欠けていた【バークによる原注】……国民議会の主要な指導者ラボー・ド・サンテティエンヌ氏は、かれらのあらゆる行動の原理を可能なかぎり明確に表現しています。これ以上シンプルにはできないでしょう。「フランスのすべての制度は人民の不幸をその極限にまでいたらせている。人民を幸福にするには、そもそも人民を改革しなければならない。人民の考えを変え、法律を変え、習俗を変え……略……人間を変え、物事を変え、言葉を変えなければならない……略……すべてを破壊しなければならない。そうだ、すべてを破壊するのだ。すべてを作り直さなければならないのだ」。この紳士はある会議の議長に選任されたのですが、その会議は盲人院や狂人院で開かれた会議ではなく、自分を理性的存在であると公言する人の集まりだったのです。しかし彼の思想も言語も行動も、現在フランスで機能している制度の運営を指導している国民議会の内外にひしめく人と、なにひとつ変わりませんでした。

(12) カトー……カトー・ウティケンシス（前九五〜前四六）。古代ローマの政治家、哲学者。小カトー。ストア哲学に傾倒した峻厳な姿勢で知られた。キケロ『ムーレーナ弁護』二九から三一には、哲学そのままではなく、慈愛と柔軟性をもってことにあたるようにとカトーを説得するくだりがある。

(13) はだしのカトー……ホラティウス『書簡』一−一九。賢者カトーを模倣して粗末な服をまとい、はだしで歩いても、それで賢人になれるわけではないという記述がある。賢人カトーは古代ローマの政治家、将軍のカトー・ケンソリウス（前二三四〜前一四九）。大カトー。

8

（1）エンペドクレスとビュフォン……エンペドクレスは万物のもととして四元素を唱えた古代ギリシアの哲学者（前四九〇頃〜前四三〇頃）。ビュフォンは進化論の先駆とされる近代フランスの博物学者（一七〇七〜一七八八）。

（2）順々に、まだまだ……アレクサンダー・ポープ『道徳評論集』四‐一二九。

（3）資格制限【バークによる原注】……国民議会は委員会が定めた計画を実行するにあたっていくつか修正を加えました。ここで述べた段階的な資格制限のうちひとつの段階を廃止したのです。これによって異議のひとつは取りのぞけます。しかし主要な異議、すなわちこの計画によると最初の有権者と代表制の立法者の間には直接の関係がないという異議は、有効性をまったくうしないません。ほかにも修正が加えられ、そのうちいくつかは改善といえるかもしれませんが、いくつかは確実に改悪するものでした。しかしわたしの目には、この計画そのものが基本的に有害で不条理なものなのです。ですからこうした小さな修正が好ましいか好ましくないかはそれほど重要ではありません。

（4）セルウィウス・トゥリウス……ローマの第六代王（在位前五七八〜前五三五）。市民を部族や階層の百人組に区分し、財産を市民権の基礎とする改革をおこなったとされる。

(5) 慎重に配慮した【バークによる原注】……「その頃はもう昔のように、軍団兵が全部一緒になって、副官や百人隊長を中心に、各団ごとに集団入植し、融和と愛情で共同体を作るということはなかった。各部隊から寄り合い世帯で、お互いに顔を知らぬ者が指導者もなく相互の友愛もなく、まるで異民族同士が突然一箇所に集まったようで、植民市というより烏合の衆に過ぎなかった」タキトゥス『年代記』第一四巻第二七節(国原吉之助訳、岩波書店、下巻一九七ページ)。こうした記述は、不条理で無意味なこの国家体制で定められた、輪番制で任期が二年というまとまりのない国民議会にぴったり当てはまるでしょう。

(6) ヒポクラテスの顔……死が近づいた人の顔にみとめられるという相貌。

(7) 市民の分類……モンテスキュー『法の精神』二-二。「共和政体について、また民主制に関する法について」から「民衆国家では、人民はいくつかの階級にわけられる。偉大な立法者はこの分類の方法において世に名高いものとなったのであり、民主政治の永続と繁栄はつねにこれをよりどころとしているのである」。

（8）八項目【バークによる原注】……性質、関係、能動、受動、場所、時間、位置、状態。

（9）一〇項目……原注に挙げられた八項目に本文で述べている実体、質量を足した一〇項目。アリストテレスのカテゴリー分類による。

（10）カロンヌ氏……シャルル・アレクサンドル・ド・カロンヌ（一七三四〜一八〇二）。バークと同時代のフランスの政治家、財務総監。

9

（1）セメント……現代のセメントの礎になったローマンセメント。十八世紀なかばにイギリスで発明され、改良を加えられながら産業革命と大英帝国の繁栄を支えた。

（2）ラトーナ……ギリシア神話のレートー。デロス島は浮島だったがラトーナがゼウスとのあいだにアポロンとアルテミスを産んだことから、島は固定されるにいたった。

（3）あちこちの岸辺に……ウェルギリウス『アエネーイス』三－七五。海に漂っていたデロス島をさす形容。

（4）ある司教……オータンの司教だったフランスの政治家タレーラン（一七五四〜一八三八）。教会の財産を国有化することを提案してローマ教皇に破門された。

（5）永遠の神々のために種を蒔く……キケロ『老年について』七－二五。作家は老いても作品を書き、老農夫は死をまえにしても作業を知悉して未来の収穫を準備する。カエキリウス・スターティウス『若い仲間』から。

（6）カルトゥジオ会……一〇八四年に創設されたカトリック修道会。観想と隠遁の孤独な生活様式で知られる。

（7）アルフィウス……ホラティウス『第二抒情詩』にえがかれた金貸し。

（8）ミシシッピ会社……十八世紀初頭に銀行家ジョン・ローの発案でなされたルイジアナ西方会社。ミシシッピ河流域にあったことからミシシッピ会社と呼ばれた。事業は東インド会社などをつぎつぎに合併して拡張されたが最終的には株価の暴落とともに崩壊した（この事業については本文でバークによる批評が後述される）。

（9）コクマルガラス……なんであれ光るものを欲しがるとされ、おろかで騒がしいといわれる鳥。

（10）セルボニスの沼……古代エジプトの大沼沢地。ミルトン『失楽園』二－五九二では、呪われた者が引きずられてきて灼熱の焔と凍てつく氷に交互にさらされる極限の苦痛の場所。

（11）ソロンやヌマ……ソロン（前六三八？～前五五九？）は古代アテナイの立法者。ヌマ（在位前七一五？～前六七三？）は伝承に残る古代ローマの賢王。

10

（1）マザラン枢機卿……政治家（一六〇二～一六六一）。リシュリューの後継として宰相に就任。フランスが当時のヨーロッパで強大な国になる、かなめの役割をはたしたとされる。

（2）ルヴォワ……侯爵、政治家（一六三九～一六九一）。ルイ十四世治世期の陸軍大臣。フランス陸軍の改革をおこなった。のち王の信をうしなう。

（3）ピット氏……トーリー党の政治家ウィリアム・ピット（一七〇八～一七七八）。実質的な首相。七年戦争を主導して優れた政治的判断力を発揮した。大ピット。

（4）十月五日と十月六日……既述のヴェルサイユ行進。国王一家をパリに移動させた。

11

（1）二つの政府【バークによる原注】……地方共和国政府を入れれば実際には三つです。

（2）ド・モンモラン氏……ルイ十六世治世期のフランスの政治家（一七四五～一七九二）。スペイン駐在大使をへて外務大臣。スペインはグレートブリテンと北米の港湾をめぐって係争に入り、フランスに支援をもとめた。

（3）多くの都市と国家の祈りによって……ユウェナリス『諷刺詩集』一〇－二八四。古代ローマのポンペイウスが病を得たとき多くの人びとが回復を祈った。しかし回復したのちポンペイウスは悲劇的な運命をたどったため、回復しないほうがよかったという文脈で記されている。国王政府がネッケルを罷免したのち、再任されて地位が回復されたことと重ねられている。

（4）アレオパゴスの裁判所……古代ギリシア最古の裁判所。

（5）プセーフィスマタ……古代ギリシアのポリスにおいて民会などの集会で、民衆の過半数の得票で法的な地位を認められる規定。投票に丸石（プセーフォイ）が使われた。自然法や慣習法とは異なり立法手続きを必要としない。

（6）シャトレ法廷……シャトレはパリの監獄。国民議会は国王派を国家反逆罪で裁くにあたってこの場所を使うことを指示した。

(7) 高等裁判所……ピューリタン革命のときにチャールズ一世を裁いた法廷。

(8) パリ共和国の外に設置【バークによる原注】……これらの裁判権にかんする問題のすべてと、この調査委員会の問題についての説明は、カロンヌ氏の著作を参照してください。

12

(1) 笑わずにいられれようか……ホラティウス『詩論』五‐五。

(2) 国王の陽気な規律【バークによる原注】……わたしがでたらめを言っているのではと疑われないよう、兵士たちが民間の結社とお祭り騒ぎをするよう認可した言葉を引用しておきます。「陛下におかれましてはそこにおいて、ある特殊な結社のシステムが存在するだけではなく、国家の秩序の維持と、地方自治体の自由と繁栄をうながそうとするすべてのフランス人の意思の結びつきも存在することをお認めになられました。また国王陛下は、各連隊が市民の祝祭に参加すれば市民と兵士が結びつく絆が強められ、さらに多くの結びつきを作り出すために役立つとお考えになられました」。
（3）大厄年……六三歳または八一歳。the grand climacteric. 刊行時のバークは六一歳。
（4）野蛮な形而上学の初歩【バークによる原注】……その後、軍務大臣はこの学校を退学して辞職しました。
（5）きっぱりと断るだろう……キケロ「老年について」二三。「言うならば、折角コースを走り終えたのに、ゴールから出発点へと呼び戻されるようなことはまっぴらだ」とつづく。中務哲郎訳『キケロー選集 9』岩波書店（一九九九）。
（6）自治体の軍……国民衛兵をさす。
（7）軍務大臣の報告【バークによる原注】……『クーリエ・フランソワ』一九七〇年七月三十日。『国民議会報告』第二一〇号。
（8）武器は逆向きに握りなおされていた……降伏した騎士の印。
（9）それぞれの地方権力が決定しています【バークによる原注】……ネッケル氏の報告によるとパリの国民衛兵は国庫から一四万五〇〇〇ポンドの俸給を受けとっています。これはパリで徴収されている金額を大幅に上回るものです。この金額が、国民衛兵の設立以後九か月間の実際の俸給なのか、あるいは年間の予算なのかはよくわかりません。なんにせよかれらは欲しいだけの俸給を手にできるのですから重要な問題ではないでしょう。

13

（1）これほどの祖国がこれほど早くうしなわれた理由……キケロ『老年について』六－二〇で引用された詩人ナエウィウスの『ルードゥス』の一行。この祖国喪失の理由については、つぎの答えが秀逸であるとキケロはつづけて記している。「新しい弁論家が登場し、愚かな若造どもがしゃしゃり出たから」。

（2）ジョン・ドゥーとリチャード・ロー……第一当事者と第二当事者に使われる慣例的な仮名。

（3）サン・シモン公爵……フランスの外交家、作家（一六七五～一七五五）。

（4）ルイ十五世もこころみました……一七六二年。なおルイ十四世は一七〇九年に同様のことをおこなっている。これらの時代、フランスの国家財政はたびかさなる戦争で慢性的に赤字だった。

（5）比較にならないほど経費がかかる【バークによる原注】……読者は気づいたこと

と思うが、フランスの財政状態について、ここでわたしは求められていることがらとの関連でわずかに触れるにとどめた。構想上もこれ以上は不要だったのだが、とはいえわたしがこのさきを望んでも、手元の資料だけではその作業は不可能だったろう。この問題についてはカロンヌ氏の著作を参照していただくのがいいと思う。氏の著作ではきわめて恐ろしい報告がなされている。それは善き意図というみかけの下に隠された無知と無能から引き起こされた、公共財産とフランスのすべてのことがらにおける荒廃と悲惨な状態を述べている。この種の原因からは、こうした結果が生まれざるをえないのだ。氏の報告書を厳しいまなざしで読むなら、場合によっては厳しすぎるほどのまなざしで吟味するなら、革新家の冒険精神というものを警戒しなければならない理由について、フランスの経験ほど有益な教訓が人類にあたえられたことはかつてなかったとわかるだろう。それが、免職になった財務官の作成した報告書だということをさし引いてもである（こうした人物の敵は、元財務官が自分に理があると主張するために最大限報告書を活用したがっていると指摘するのだろうが）。

（6）賢者の石……卑金属を黄金に変容させ、人間に完全性をもたらす物質。錬金術の最終目標。

(7) アシニアだ……モリエールの『病は気から』で偽の医者がひとつおぼえの返答をくり返す台詞のもじり。

(8) 高位の聖職者……タレーラン。9の注（4）を参照されたい。

(9) 教父【バークによる原注】……ボシュエのラ・ブリュイエール。（訳注　この注は不明とされる。なおボシュエ、ラ・ブリュイエールはともに近代フランスの哲学者）。

(10) 土地銀行……土地を担保に銀行券を発行する銀行。いくどもこころみられ、ルイ十五世治世期に銀行家のジョン・ローが提案した例などが知られる。

(11) 機知に満ちた観察【バークによる原注】……「［カロンヌ氏］わたしはここで議会に語りかけるつもりはない。わたしが語りかけたいのは、自分たちが議会をどういう方向に引っぱっていこうとするかを、きわめて魅力的なヴェールで隠して議会を誤らせようとする人びとに対してである。その人びとに、わたしはこう言いたい。

あなたがたがめざしているのは聖職者からすべての希望を奪い、かれらを完全に破滅させることである。あなたがたもそれを否定しないだろう。わたしはべつに、あなたがたが貪欲の虜になっているとか、公共の財産を弄ぼうとしていると疑っているわけではない。だがそれでもあなたがたが提案している恐ろしい計画は、そういうことをめざしていると考えるしかないし、そういう結果をもたらすと考えるしかない。

ところであなたがたが重要だと考えている民衆は、それでどういう利益を手にするのだろうか。あなたがたはいつも民衆を利用するが、民衆のためにそもそもなにをしたのだろうか。なにもしていない。完全にゼロだ。それどころかあなたがたは民衆に新しい負担をあたえて苦しめているだけなのだ。あなたがたは四億リーヴルの貢納金を拒否して民衆に損害をあたえた。受けとっていれば民衆の苦しみを軽減する手段になったはずではないのか。これほど合法的で利益も上がる財源を受けとる代わりに、あなたがたは破滅的な不正をおこなったのだ。あなたがたが告白しているように、この不正によって国家と民衆はすくなくとも年間五〇〇万リーヴルの支出の増加と、さらに一五〇〇万リーヴルの返済すべき負債を負ったのである。

不幸な民衆よ。教会財産の略奪と慈悲深い宗教の司祭たちの俸給を賄うための過酷な課税条例によって、あなたがた民衆が最終的に手にしたのはこんなものなのだ。そしてこのさきも、これはあなたがたにとって大きな負担になりつづけるだろう。貧しい民はしばしば司祭の慈悲に救われてきた。だがこれからは司祭を食べさせるための金があなたがたに税金として課せられることになるのだ」『フランスの状況』八一ページ。九二ページ以下も参照されたい。

(12) ナンシーの司教……アンヌ・ルイ・アンリ・ド・ラファール（一七五二～一八二九）。革命に反対し、のちに亡命した。

(13) ダンディーのクラブ……スコットランド東部の港町ダンディーで「自由の友」というクラブが活動していた。

(14) 信じたければ信じるべし……ホラティウス『諷刺詩』一-五-一〇〇。アペラは迷信深いユダヤ人。ここでは民間金融家にユダヤ人が多かったことをかけているとされる。金融に通じた者達は議会の主張を信じないという示唆。

(15) バイイ氏……ジャン・シルヴァン・バイイ（一七三六～一七九三）。数学者、天文学者、政治家。初期に革命を主導した一人で、一七八九年から九一年までパリ市長。のちにギロチンで刑死した。

(16) パリの城門を砲撃……一五九〇年、アンリ四世は側近のシュリ公らとともにカトリック同盟軍を打破してパリを包囲した。

(17) すべてを石にする杖……ミルトン『失楽園』一〇‐二九四。

(18) アトランティス……古代ギリシアで伝えられた伝説の島。バイイはこの島について記したことがある。

(19) トンティ方式の年金……十七世紀のなかばに考案された年金システムで、払い込んだ基金から終身年金を受けとる。死亡した契約者の分が存命者に分配される。イタリアのロレンツォ・トンティの発案による。

(20) ルカヌスやコルネイユ……ルカヌス（三五～九五）は古代ローマの詩人。コルネイユ（一六〇六～一六八四）は十七世紀フランスの劇作家、詩人。

(21) いまだこころみられない偉大な変遷……悲劇『カトー』五‐一。作者はイギリスの詩人、劇作家、国会議員ジョゼフ・アディソン（一六七二～一七一九）。

解説

二木麻里

一七八九年。フランスでは前年の凶作を受けて穀物が記録的に高騰し、多くの民が飢餓の瀬戸際に立たされていた。しかし苦しむ庶民にとって頼みの綱に思われた財務総監ネッケルは罷免されてしまう。政権への憤懣がいっそうつのるパリで、激怒した民衆が牢獄バスティーユを襲撃したのは七月十四日のことである。

誰もが知るとおり、この歴史的な一日を大きな契機として連鎖していく激動は、当時、諸外国にも驚愕をもって伝えられていった。なかでも隣国イギリスでは一人の老いた政治家が、ことのなりゆきをじっと見つめて、つぶさな分析をもとに思索をめぐらせつづけていた。いま起きている〈革命〉はなにを意味しているのか。ここからどう展開していくのか。なによりイギリスの言論界までが染まりつつある共感の熱気を、どう考えるべきなのか――。

それが本書の著者、エドマンド・バークの姿である。一七二九年の年頭に生まれたバークは、このときちょうど六〇歳になっていた。

バークは財務に明るい老練な政界人であると同時に、若いころから筆の力と能弁で知られた、言葉の人でもある。その演説のみごとさは大きな武器になってきたのだが、下院議員の中核にあって英国議会政治の第一線に立っていた華やかな時期は、すでに過ぎ去っていた。ホイッグ党の主導権争いに敗れたのは、何年もまえのことである。

その彼がまとまった稿を起こした直接のきっかけは、十一月にフランスでしたためられた問いかけの手紙である。送り主はシャルル・ジャン・フランソワ・デュポンという貴族の青年で、フランス北東部メスの知事の子息としてバークと面識があった。隣国の老政治家を尊敬していたこの若者は、わくわくした期待から手紙を送ってきたのである。

バーク先生、この革命についてぜひご意見をきかせてください。わたしはフランス国民議会を支持しています。イングランドでも賞賛の声が多いと耳にしていますし、もちろん先生も革命に賛同なさるでしょう?

——いいえ。

バークはそう答えた。そして、なぜなら、とそのわけを説明していった。

この〈いいえ〉と〈なぜなら〉が『フランス革命についての省察』である。

回答は青年を愕然とさせた。あまりに思いがけなかったからである。エドマンド・バークといえば、かねてインド統治の不正を糾弾し、アメリカの独立には敢然と支持を表明した気骨の人として知られていた。ながらく属してきたホイッグ党も、王より議会を重視せよ、のリベラルな構えの党である。さらにバークはアイルランドの出身でもあった。イギリス政府の統治下で苛烈に扱われる故郷の民のために、憤慨してきた過去がある。節目節目で弱者の側に立ってきた、自由の志士——のはずだった。

あのバークが？ この革命に反対？

腰を抜かすほど驚いたのは、イギリス政界も変わらない。

もちろんバークも、ひとことで〈いいえ〉と答えているわけではない。眼前の事態は奇怪なほどこみいっている。しかしバークはいくつもの〈なぜなら〉をつらねて、そのこみいった状況をていねいに切り分けていく。そしてその作業をとおして、革命という啓蒙の怪物をばらばらに解体し、弱点をひとつずつ洗い出してみせるという、驚くほどリアリスティックな論展開をなしとげていくのである。

その奥から、バークの声はこんなふうに告げてくる。

ほかに道があったはずです――立憲君主制という道が。

そしてその可能性はここイギリスの地で、すでに実現しています。わたしたちの祖先が長い時間をかけて、それを築いてきたのですから。

結果としてこの論考は、バークの生涯をつうじた政治思想の結晶としてかたちをなしただけではない。憲法の祖国イギリスから、その精神を世に知らしめる記念碑になった。同時に立憲君主論の屈指の古典として、憲法とはなにか、議会制とはなにか、そして保守とはなにかという普遍的な概念の精髄にふれて、史上に残る名著になったのである。あらゆる政治家は、あるいは社会統治のありかたを問おうとする人びとは、そして憲法とはなんなのかを知りたいと願う人びとも、いまなお「バークの『省察』」を読まずにすませることはできないのである。

バーク自身は、じつは保守主義という言葉をここで一度も使っていない。その概念は、この論考の重要性を読み込んできた歴史のなかで抽出されたものである。『フランス革命についての省察』が、近代的保守主義の源泉と位置づけられる理由はここにある。

保守主義

保守とはなんだろうか。

バークの主張から汲みとれる「保守主義」は、大きく二つの面でとらえることができる。

一つは、壊さないことである。

もう一つは、いま在るものをよく活かすことである。

壊さない、は、すなわち保存である。破壊は避けるべきなのだ。これが暴動と流血の革命を回避せよ、の主張につながる。

フランスで起きたような革命は、巨大な転覆である。社会の転覆であり、制度の転覆であり、制度をかたちづくってきた役者たちの転覆である。その激動は戦争に近い。いや、じっさいに内戦をともなうという点からは、まごうかたなく戦争なのである。だからこそ、そんな仕方は最後の最後の手段でしかない。

とはいえそれは、社会を動かしてはならないという意味ではない。ましてや世の矛盾をたださないという意味でもない。保守とは絶対に、墨守であってはならないのである。そこには修正がともなわれる。ここがバークの保守のもう一つの要をなす。すなわち、いま在るものをよく活かすこと、である。

まったく機能しないというならともかく、是正できるなら努力を惜しんではならない。あちこちを吟味し、評価して、建物を増改築するように考える。まだ使える建物は、手入れをしながら使いこんでいくのである。

このようにみるとき、保守とはその内側に改革をはらむ概念であることがわかる。また革新が、いま在る土台を出発点としてその捨象や換骨奪胎をめざすものであるなら、そこには逆に保守がはらまれている。保守派か革新派かという単純な二項対立の発想は、じつは保守の源泉に宿る懐の深さをよく理解していないといわなければならない。

あえていうなら、ここでバークの保守的手法が対をなす概念は、フランス革命的手法である。それはバークの理解では暴力的手法であり破壊的手法だからである。さらにいえば破壊的手法でないものとは、まさに政治的手法なのである。

壊すより直す。そのほうが労力が小さい。費用が抑制できる。文化と伝統を守れる。そこには現実的な功利主義の裏づけもあるのだが、過去からいままで続いてきたものは、続くだけの理由があったから続いたのだと考えるのである。時をへて磨かれてきたその価値を、より磨き上げるほうが建設的ではあるまいか——。

いってしまえば、それがバークの保守主義である。とはいえ、いま在る制度の本質と必要な修正箇所を見抜いて、最適なかたちに仕上げ切る、などということは至難の業である。しかし、それができてこそ政治家だと、そこまでバークはこの本で示唆している。

彼のまなざしから見るなら、当時のフランスは政治不在といっていい。迷走は必然だった。

刊行と反響

その迷走にいたる複雑な要素を、バークは若者の手紙を手にするまえから観察していた。とりわけルイ十六世夫妻をパリに移動させた十月初旬のヴェルサイユ行進を、決定的に異質な事象と受けとめる。民衆という怒濤が法も階層も乗り越えてあふれた津波のような瞬間を、バークの嗅覚は逃していなかった。

いっぽうで革命の興奮がイギリス国内をも沸かせていく。もともと国内にあった制度改変派の声にこの熱狂が加わると、自国の秩序まで揺るぎかねない——そう悟ったバークは『省察』で、論駁すべき当面の敵として、まずはロンドンの革命賛美派だった聖職者リチャード・プライスらを具体的に名指して批判する。オリジナルタイトルも「フランスの革命およびこの事件に関するロンドンのいくつかの団体の活動についての省察　パリの紳士に送られるはずだった手紙」だったのである。バークはそこから革命の全貌へと論点を広げていく。原稿は一七九〇年初頭に起稿され、同年十一月一日にイギリスで出版された。

即座に大反響が巻き起こった。革命の賛成派も反対派もこぞって手にとり、みるみる一一版をかさねていく。バークは一躍、時の人になった。同じ十一月の二十九日にはフランスでも、問いかけの主デュポン自身の訳で刊行される。パリでは奪い合いさえ起きた。そこまでして、人びとはこれをむさぼり読んだのである。

バークのまなざしは、眼前のできごとの論評という射程をはるかに超えていた。革命の勃発初期に、ここまで的確に先を見とおしたことは神業にひとしいと史上くり返し指摘されてきたとおり、『省察』をのちの世まで生きたものにした要素の一つは、老練な情報収集にもとづく洞察力、そのぞっとするような先見の鋭さである。

なかでも、この革命はほどなくおさまるはず、という当時の大勢の楽観にたいして、ひとり真逆の指摘をした凄みはよく知られている。

おさまるどころか、とバークは考えていた。これはさらに凄惨な流血の事態にいたる。混乱のなかから新しい指導者が現れてくるだろう。だがそれは文政派ではない。軍を掌握した人物である。そのあと王政が復古するならかつてない専制支配になるはずだと、そこまで予見していた。

それらが掌をさすように的中したことはいうまでもない。歴史の光景でいうなら国王と王妃の処刑、ハイパーインフレーションと国家経済の破綻、激しい内部抗争、ギロチンの日常、そしてナポレオンの登場と皇帝戴冠までも、彼の示唆からありありと読みとることができる。さらには封建的な階層性が崩れて都市の市民層が台頭していく構造がもはや必然であること、だがそのブルジョワ的な社会には固有の不安定さがつきまとうこと、とくに民衆の潜在力はけっしてあなどれないものであること――そうした、まさに近代的な知見までが、いちはやくここに示されているのである。

批判

いっぽうで、革命当初にフランス革命を支持していた人びとの間からは、批判の声がつぎつぎに上がったことも事実である。さきに述べた保守という概念の重層性を考えても、『省察』はバークの過去とけっして断絶した主張ではないのだが、野党のホイッグ党だけでなく国王尊重派のトーリ党にさえ少なくなかった革命賛同派をふくめて、フランス革命はイギリスが育ててきた市民の権利をさらに推し進めるものだと受けとめていた知識人は多かった。ワーズワースやコールリッジなど若手の文人も、当時はフランス国民議会が八月におこなった人権宣言のうちに理想の光を見てうたがわなかったのである。

同時代の批判のなかで最も有名なものは、バークと親交のあったトマス・ペインの主張だろう。ペインは当時、アメリカ独立革命とフランス革命を結びつけてとらえていた。ともにアメリカ独立を擁護したバークが、フランス革命のほうは肯定しなかったことに衝撃を受けたペインは『人間の権利』で反論を展開する。統治の論理的基盤をあやうくする要因として抽象的な人権宣言に懐疑を示したバークを、ここでペインは強く批判していく。王統世襲制そのものが人間の権利にそむく暴力であると考えてきたペインの目には、バークがそこに過度の正統性をみているとしか思えなかった。

ペイン自身は、ラディカルでありながらどこまでも遵法精神をうしなわないリベラリストらしさを完遂したといえるだろう。彼は危険な思想家とみなされてイギリスを追われ、フランスに渡ったのちは国民公会に協力して憲法の草案作成にも参画する。しかし革命急進派の暴走を目の当たりにしてルイ十六世の裁判権を主張し、さらには死刑廃案を唱えて投獄されたあげく、あわや自身が死刑を執行されかねないというきわめて不当な状況に陥るのである。

民の暴走と王の暴走という政治的危機の二大要素を普遍的に考察しようとするとき、ペインの論はバークの論と、ときに表裏をなすように読むことができる。表裏のどちらもが鋭く、かけがえのない示唆をふくんだ古典である。

ペインほど激烈ではなくとも、革命の理念に感激して『省察』を非難する声は刊行当初、ぞくぞくとつづいた。女性の権利を唱えるメアリ・ウルストンクラフトや、哲学者のウィリアム・ゴドウィンなどもその一人だった。

しかし民の暴走のもう一つの頂点といえる一七九二年の九月虐殺をはじめ、翌年一月のルイ十六世の処刑などが、イギリス国内の共感の熱を急速に冷ましていく。革命憲法とは虐殺を認めるものでしかないのか——。粛清のやまないフランスがやがて対外戦争に踏み切り、ナポレオンの独裁が始まるにおよんで、世論はバークの知見を認めるものに変化していった。のちにマルクスが『資本論』の脚注で、バークを根っからの通俗的ブルジョワと評したことは有名であるが、啓蒙思想に対する批判を大きな原動力としたロマン主義の運動には圧倒的な影響をあたえ、聖典と呼ばれるまでになるのである。

イギリスの革命と立憲主義

ペインが批判したように、バークは統治秩序の構造として封建社会の階層性を肯定していた。しかしその核にあるのは絶対王政ではなく、あくまで立憲君主制である。王と議会という二つの権力において、王の暴走を抑制する主体は議会であり、議会が手にしている枷が憲法であることは『省察』のなかでとくに強調されている。そして議会そのものの抑制構造として二院をおくことが妥当であるとしたのである。

みじかくいうなら、憲法と議会が正常に機能していれば国民の権利は保障されるのであって、流血の暴動による国政の是正は不要だというのがバークの姿勢である。王の世襲を肯定するのも、そのほうが統治構造が安定するからであり、議会は王を制御できるし、また制御すべきであるという強い自負がそこにはある。

この価値観が、一六八八年の名誉革命を大きな契機として整えられつつあったイギリス国政の立憲体制に依拠していることはいうまでもない。バークはその立憲統治の原点をつくったマグナカルタや権利章典に文中でふれながら、自国の立憲体制の合理性を説いていく。

かつて一二一五年、ジョン王の重課税に反発した中世英国の貴族たちは王権を制限するマグナカルタを成立させた。これを「自国最古の改革」と位置づけるバークは、古来の一連の法のなかに国民としての自由がすでに保障されていること、これらの改革が保存され代々伝承されるなかで正統性が確立されたことを述べる。世襲の原理である。そしてフランスも、国家の具体的な枠組みとして機能する、歴史に根ざした憲法をもつチャンスが過去にあったことを指摘するのである。

とつぜん唱えられた抽象的な自由と平等の理念では、実際に国民の権利を守るものとして機能しないと彼はみていた。そしてそれは正しかった。

未曾有の事態だったあのフランス革命について、バークはそのなりゆきをなぜこれほど予見的に読み解くことができたのだろうか。

一つの説明は、イギリスが過去に複数の革命をくぐってきた先行国だったことだろう。その史実は、たしかにバークに重要な参照点をあたえている。名誉革命にさきだつ一六四〇年のイギリス革命（ピューリタン革命）について、『省察』ではあまり具体的には語られていない。それでもあの革命で激しい内乱を避けられなかった事実、そしてチャールズ一世という正当な国王を処刑してしまった事実を、バークが忘れていたわけではけっしてない。

イギリスの歴史が、無血であったわけではないのだ。バークは革命の悲惨さを深く認識していた。「破壊の天使」と呼んだほど、革命者たちの所業はよくわかっていたのである。あのイギリス革命で国内が分裂したことも、共和政とは名ばかりの大混乱も。さらには軍を統率して勝利したオリヴァー・クロムウェルが、まさしく独裁者として君臨するにいたったこともである。

バークはフランス革命を、かなりのところまでこのイギリス革命に重ねている。だからこそ、混乱の決着を時の解決にゆだねるという時効の法の概念を重視したのだし、めざせるものなら無血の名誉革命のほうが好ましいことを文中でも暗に示唆するのである。それでもなお、クロムウェルについてはその罪とともに長期的なヴィジョンがあったことをみとめ、フランス革命の主役たちは多数者の専制支配に右往左往して国家の利益を考えていないと非難している——つまりフランス革命は、イギリス革命をさらに下回るという厳しい評価なのである。

歴史をふり返ればフランス革命はイギリス革命よりもはるかに巨大である。そこまでの絶対王政も戦費も肥大しすぎている。バークが素朴な比較をしているのでないことはいうまでもないのだが、とはいえ、英国で過去の革命について知っていたのは知識層に共通のことだろう。それなのになぜ、バークだけがここまで比類のない洞察を示すことができたのだろうか。

それは過去の重みを考え抜く力の差だったように思われる。

憲法と、立憲君主制と、議会政治は、たやすく手にされた制度ではなかった。それは多くの命であがなわれ、血肉とともに受けつがれてきたかけがえのない財産だった。その貴重さを、この老人は調べ抜き、信じ抜くにいたった。そこにエドマンド・バークの独創性がある。未来を語り得たその凄みは、過去を読み抜いた凄みがもたらしたものなのである。

『フランス革命についての省察』は、この〈保守〉的な価値観を、体系性をともなって語った歴史上初めての著作とされ、いまなおイギリスにおける憲法解釈の礎をなす文献のひとつである。イギリスは今日にいたるまで「憲法」と名づけられた特定の法をもたない。しかし憲法は一連の成文法の集合体として存在しており、英国議会のウェブサイトには、マグナカルタに始まる二十以上の法がその枢要なものとして掲げられている。そして「世襲の原理」は英国憲法の重要な基本原理なのである。

バークの見識では法とは身体をなす生きものである。おのおのにまつわる時事的な要素を肯定しつつ、解釈の慣習とともにたいせつに育てていくべきものである。まして憲法は国家制度の根幹にほかならない。かんたんに捨て去り、書き替えていくようなものではけっしてなかった。その精神は現在まで貫かれているのである。

人の自然、社会の自然

自由という資格を得るには、自然の節度という元手がいる——。

バークはすでに一七八九年八月の手紙で、革命についてそう懐疑を示している。「自然 nature」はバークの思想を理解するうえで重要な鍵概念で、『省察』にもいくども、人の自然、といった表現が現れる。そこからはアリストテレス以来の哲学的伝統にたつ「本性 nature」という概念に重ねて、神が創造したこの世界の自然というキリスト教的な秩序観が響いてくる。人間は神の手によってその中心におかれたものであり、おのずと本質的な秩序をそなえていると考えるのである。このマクロコスモス・ミクロコスモスにあたる世界認識に加えて、バークの哲学はロックの穏やかな自然概念、ヒュームの本性論、また国家を政治的身体とする思想の系譜につらなるという点ではホッブズにつうじる面もそなえている。

キリスト教の世界観に根ざしている以上、ルソーの唱えたような、社会以前の始原の状態という自然概念とは大きく異なる。バークにとってもルソーは批判の対象だったが、社会的契約という概念を重視した点では興味深い接近をみることができるだろう。バークは市民としての一定の自由を得るために、ひとたび社会にすべての自由をゆだねると述べていた。これは社会契約という自発的抑制による市民的自由であるといえるからである。

いっぽうで、バークは歴史や伝統の積み重ねも自然の契約であり、その累積が人にあたえる先入観(prejudice)は貴重な継承財産であると考えていた。これはユニークな点で、この「プレジャディス」は偏見というよりも、「プレジャッジできること」すなわち「予断力」と考えると理解しやすい。先人の経験から受けついだ知識や常識にもとづけば、未知の事象にも「予め判断力がはたらく」という意味である。いわばバーク自身が、イギリス革命にもとづくことでフランス革命に予断力を発揮するというまたとない実践をおこなって、その価値を証明したことになる。

バークにとって作法や儀礼や慣習は経験という社会の叡智であって、いわば人の裸体をつつむ自然の衣装なのである。その点でも、社会的であることは人間の本性すなわち自然であるというヒュームの思想が、その背後から響いてくる。あるいはほぼ同世代のアダム・スミスが『道徳感情論』で措定したような、もし自分が相手の立場だったらという共感から出発して獲得される内的良心の理想は、バークにとって歴史的社会のうちで初めて醸成されるものだったといえるだろう。

対照的にフランス革命の抽象的な啓蒙理念は、そうした経験の叡智をいちどきに消滅させることで自然の衣服を剝ぎ取ってしまう。そのような正しさのまえには共感も無効である。これはバークの表現を借りるなら、人工的で無機的な、裸の理性であって、社会の転覆にとどまらず、道徳の転覆をもたらす理性でもあった。彼のまなざしの前に、フランス革命はいちじるしく「自然に反する」ものだったのである。

もっと有機的な、生きものとしての自然な育ち方をした社会的慣例がイギリスにはあるではないか。それら古来の伝統は、欧州圏で共有されてきた文化でもあったのではないかとバークは示唆する。もはや美学に近いこの政治哲学は、歴史や過去や、いま眼前にはないなにものかの遠さのなかに真実をみようとしたのちの初期ロマン派にとって、たしかに親和性の高い思想でもあった。

バークは政治思想において折衷的であるとも評される。なるほどインド統治の腐敗に抗議したときの論などをみても、植民地と協力的であることが国益にかなうという経済的な論点を周到に組み込んでいて、けっしてたんなる人権論ではない。しかし世界・社会・人間という三重の「自然」が統治の秩序を裏書きするという一貫した信念が、その奥には流れている。自国の現状を肯定する強い誇りとともに、ときに功利的であり、ときに情緒的でもある複雑なバランス感覚は、この信念の堅牢さに支えられていたように思われる。

バークは『省察』の後半で、まるで制御装置が壊れた駆動体をえがくようにフランス国民議会の混乱ぶりをえがいていく。その徹底した情報性をつうじてイギリスの革命賛同派たちを牽制し、じつはひそかに国内に呼びかけているのである。

みなさん落ちついてください。イギリスに、もはや革命は必要ありません——。

行間から響くその声は、真の政治家が人生のすべてをこめて発した、渾身の訴えにほかならない。

生涯

エドマンド・バークは一七二九年一月十二日にアイルランドのダブリンで生まれた。父は峻厳な弁護士で国教会教徒だった。しかし家庭内では温和な母の信じるカトリックに親しんで育ったといわれる。アイルランドのトリニティーカレッジに進み、文学や哲学を好み、美学を学ぶ優秀な青年に成長した。一七五〇年にはさらにロンドンのミドルテンプルに入学して法律を学び始めるものの、これはあまり性に合わなかったらしく、息子が法律家になることを望んだ父親とは激しい仲たがいをして訣別している。おかげで経済的に困窮することになった。

しかしこのころ書いた『自然社会の擁護』(一七五六)などには、すでに人間の自然な本性と社会的慣習の関係が論じられ、人と人の共感を重んじる価値観が現れている。この著作と、つづく『崇高と美の観念の起源に関する哲学的考察』(一七五七)がともに高い評価を得て、バークはまず文筆家として出発した。体系的な理論家というよりは感情の人といったほうがいいその資質は、のちにアイルランド気質とも評されることになる。

いっぽうで、一七五八年には国外の動向や思想に注目した年鑑雑誌『アニュアル・レジスター』を編集長として創刊する。親しかった出版人ロバート・ドズリーとの共同事業だったこの編纂はながらくつづけられ、情報通としてのバークの近代的な一面をになうものにもなった。

しかし生活はやはり苦しく、バークは一七五九年に政治家ウィリアム・ジェラード・ハミルトンの秘書になる。ハミルトンがアイルランド総督ハリファックスの秘書長になったため、六一年にはバークも彼らに従うかたちでアイルランドに移った。だが現地では政府のアイルランド政策の苛烈さを目のあたりにして衝撃を受ける。紆余曲折をへてハミルトンとは決裂、六四年にはロンドンに帰った。

またしても収入の道をうしなって追いつめられていたバークに、ここで大きな転機が訪れる。一七六五年にホイッグ党の指導者ロッキンガム卿の秘書になったのである。この時期、首相についたロッキンガム卿を後ろ盾として、バークはバッキンガムシャー州の選挙区から出馬するにいたる。下院に選出されるのが六五年、ここから政治家の道を歩み始めた。三〇代なかばのことだった。

バークは雄弁な演説ですみやかに頭角を現し、ジョージ三世時代のホイッグ党で政治家としての経験を積んでいく。政界ではここから約三〇年にわたって下院議員として活動し、やがてロッキンガム卿、チャールズ・フォックスらとともに党を率いる立場に立つまでになるのである。

いっぽうで公私に波乱が多かった。一七六八年にはバッキンガムシャーのビーコンズフィールドに領地を得て地主の地位を得たものの、多額の借金を負うことになった。一七七〇年には『現代の不満の原因についての省察』を刊行し、権力を不当に行使する者はみずから正当性をあきらかにすべきであると述べる。一七七三年頃にはインド統治のありかたに腐敗と搾取があると抗議して、インド・ベンガル総督ウォーレン・ヘイスティングズを公に批判するようになる。ヘイスティングズ弾劾の演説はバークの生涯でも指折りの名演説とされるが、議会を退くまでつづく長い係争ののち、最終的にバークが勝利を得ることはなかった。

ながらく野党の立場にあったホイッグ党がふたたび政権をえるのは一七八二年である。バークを支援しつづけたロッキンガム卿が首相の座についたものの、この内閣は短命に終わった。バークは議会の腐敗を是正する経済改革法案を起草するなど歴史的にも貴重な成果を残すいっぽう、これは政府の権限を縮小する法案でもあり、自身の性格もあいまって立場は安定したものとはいいがたかった。

ロッキンガム卿が亡くなるとバークは後ろ盾をなくす。一七九〇年に『フランス革命についての省察』を公刊したことで、革命賛同派のフォックスとも訣別にいたり、ホイッグ党は分裂してしまう。バークはくじけず『新ホイッグから旧ホイッグへの抗議』を書いて自説を貫いた。さらに九三年にピット内閣が決定した対仏干渉戦争に際しては、より強硬な主張を唱えさえした。彼にとってフランス革命はなんとしても祓わなければならない悪の熱病だったのである。

一七九四年に人身保護法が停止されたとき、あれほど重視していた市民的自由を保障する伝統法であるにもかかわらず、バークはこの停止措置に賛成している。人身保護法は、正当な法手続きをへずに身体の自由を拘束されている者に対して、すみやかに自由を回復させるための法律である。イギリスで、チャールズ二世の専横に抗議する英議会によって一六七九年に定められた。日本でこの法が制定されるのは第二次世界大戦の敗戦後、一九四八年のことである。

同じ一七九四年に議員を引退した際、バークはけっして富裕とはいえなかった。愛した息子リチャードにあとを譲ったものの、同じ年にリチャードは逝く。深く打ちのめされながらも最後まで執筆を捨てることはなかった。議会制を語り、『穀物の欠乏についてのくわしい考察』では農業労働者への措置を資本主義的な観点から分析している。ただ、その晩年は孤独だった。体調も優れないまま療養に入り、世を去ったのは九七年の七月九日。満六八歳だった。

各章の概略

原文は長大な書簡の形式をとっており、章だてなどがいっさいない。これについてはバーク自身、書き進めるうちにほかのかたちをとるべきではないかと思ったものの、もはや変えようがなかったと述べている。いっぽうで、記されていく内容は部分ごとに明確な主題性をそなえており、書き手が熟達した実務家であることを証明している。

こうした背景と特徴をもとに、この訳書では読者の便宜も考えて全体を13の章に分け、本文内に小見出しを添えた。章ごとの、ごくおおまかな輪郭を次にかかげておく。

1　フランスの革命とイギリスの反応

騒乱の空気がなまなましく伝わる導入部である。フランスで革命が勃発した当初、イギリスではこれを熱狂的に支持し、自国の王政までを否定する言論がみられた。しかしそれはかならずしも主流ではなく、自分もそこにくみしていないとバークは一線を画す。こうして革命支持派の論客リチャード・プライスへの批判をあきらかにしたうえで、国王が世襲であることの政治的な利の大きさとその背景を述べ始める。

2　イングランドの立憲主義と王政

バークの政治思想の核心であり、憲法論の古典として歴史的にも名高い箇所のひとつ。立憲君主制とは王をふくむ権力の暴走に歯止めをおきつつ、必要なときには調整をほどこしながら国政機能を存続させていくものだという〈保守〉の真髄が語られる。

3　フランス国民議会の実態

フランス国民議会は政治的には乱脈な素人の集団で、内部は分裂していて機能不全であるという観点に立って、批判点が列挙され始める。とりわけ市民法曹界から大人数が一度に選出された結果、国政経験のない者が議員として最大数を占めている。これでは専門的な審議はおこなえない。またルイ十六世夫妻をパリに移動させた十月のヴェルサイユ行進は残酷であり、とうてい文明国の凱旋行進とはいえないと批判する。

4 フランスとイギリスの文化の伝統

ヨーロッパの王政と立憲民主主義の背景にあったのは、紳士の精神と宗教の精神であると述べる。その両方を破壊したフランス革命の思想は、こののち裏切りと殺人の連続になるだろう。そこには見渡すかぎり絞首台しかみえなくなるだろうと記す。

5 フランスの財産になにが起きているのか

フランスにおける内政破綻が最も顕著にみられるのは財政面であるとして、具体的な問題点が挙げられていく。多くの没収をつうじて資産構造が土地から貨幣に移行しつつある状況が分析されていく。財政の不足は没収でなく国民全体に妥当な課税をすることでおぎなえたのであり、旧体制には改善可能性が十分にあったと指摘する。

6　貴族層と聖職者——優秀な人材への不当な迫害

貴族と教会の財産が没収された背景には、宗教そのものを否定する無神論的な思想がある。しかしこれら二つの階層は多くの有用な人材を擁していたのであって、この層が迫害される背景には歴史の歪曲がみられ、国民議会は時効の法原理を軽視しすぎていると述べられる。

7　没収と課税の論理

既得権益層から財産を没収して社会構造を破壊するよりも、すでにある素材を可能なかぎり活用するほうが優れた政治家であるとバークの持論が展開される。広大な領地の所有層がおこなう消費には、社会にとって有益なものがあり、まとまった土地が分割されずに継承されていくことには文化的な利益もある。それらは必要な是正を加えながら活用できたはずだと語られる。

8　国民議会の業績評価

フランス国民議会の共和国政策がくわしく検討される。まず代表選出制度に矛盾が大きく、人間の自然な傾向から生じた市民的習慣を反映していないため新しい不平等が起きているという。とくに全国を正方形に分けた幾何学的な区分は歴史的、文化的な区分を無視していたため不都合が生じ、結局は妥協がなされた。また選挙権を得るために納付金を必要とする制度は平等の原理と矛盾している。地域代表者の定数が納税額に応じていることも、経済活動の本質を反映しておらず不適切であるとする。

こののち有名な予言のひとつが述べられる。王政と身分制はじつは専制主義の歯止めとして機能していたのに、これが破壊された。したがって、いまの共和国統治が失敗に終わったとき、つぎに出現する君主政は独裁的な専制になるだろうという。

9　共和国の権力構造──アシニア紙幣とパリ

つづけて経済政策の検討がおこなわれる。国民議会はアシニア紙幣の発行をくり返しているが、金本位の裏づけをもたないこの紙幣は極端な経済不安を引き起こし、フランス国内は投機大国と化しつつある。

このなかで、パリが一極集中型の権力をもつことになると述べられる。権力が土地所有層ではなく都市の富裕層に集中するという未来像である。これは十九世紀をつうじて勃興するブルジョワ階層社会を見通した洞察として知られている。旧階層の瓦解ののち生じるのは低劣な寡頭制である。国民議会は議会政治をめざしたが二院制をとらなかった。かれらは「上院を作り忘れた」のだと指摘している。

10 国王の立場——形骸化した下級官吏

ルイ十六世は一七八九年十月の時点で多くの権力を剥奪されたにもかかわらず、国民議会は彼を行政官として任じた。執政の論理として矛盾であり、実務的にも機能していない。王としての権限がない以上、退位させたほうがましであると厳しい評価がなされる。

11 国民議会の弱点

国民議会は人民の平等という理想を掲げたが、現実的な行政制度が機能していない。国王に権限をあたえたうえで使いこなすことを知らず、旧制度の大臣たちの処遇も宙吊りのままである。また司法において高等法院の独立性をなくせば、民主制における絶対権力に歯止めをかけられなくなる。いま考えられている司法制度は結局のところ寡頭政治の道具になるだろうという予言が述べられ、これものちに的中した。

12　軍部と民衆――制御不能

軍部の問題が分析される。のちの軍のクーデター、ナポレオンの出現と寡頭統治までをすでに見通していたとされる有名な分析は、おもにここにまとめられている。封建的階層社会の秩序が崩壊した結果、軍内部で士官は権威を失い、規律は混乱に陥っている。各軍は脆弱な中央政府よりも各地の自治体と接近しつつあり、無政府状態に近づいている。このままならいずれ流血の事態は避けられず、国の支配者は軍部から現れることになるだろう。国民議会は人権宣言をつうじて民の平等をうたった以上、民衆である兵を支配する理論をもたず、政務能力にも限界が大きい。必然的に、軍を掌握した個人が国家を支配することになる。

13　財政――致命的な無能と巨額の構造赤字

最後に分析されるのは財政管理の手法で、国民議会が引き起こした無残な財政破綻の構造が述べられる。国政の力量とは富の確保とその配分の手腕であるとバークは述べる。国家の歳入とは国家そのものであって、政府といっても金がなければなにもできない。

フランスは革命前とくらべて歳入が劇的に減少しており、課税システムは事実上、自主献金まかせでしかない。いっぽうで経費は巨額に膨れ上がっている。この構造を打開する手だてがアシニア紙幣しかなく、その価値はすでに下落しつづけている。またおびただしく没収された資産を扱う手順が理解されていないため利益が出る構造になっていないとして、抵当を扱う正しい手順の基本が記される。

結論として述べられるのは、革命という破壊と転覆をへなくても必要な修正はおこなえたという見解である。変更とは、機能しているものを保存するためになされるものであるという決定的な価値観が述べられて、報告は締めくくられる。

エドマンド・バーク年譜

本書と関連の深い英仏の歴史的事項は＊を添えて併記した。

＊一二一五年
英貴族はジョン王の重課税に反抗。王権を制限するマグナカルタ成立。

＊一六二八年
英議会は王チャールズ一世の専制を批判する権利請願を可決。

＊一六四〇年
英王と議会が対立。イギリス革命（ピューリタン革命）勃発。

＊一六四二年
英王党派と議会派の間で内戦勃発。クロムウェルが軍を率いて勝利。

＊一六四九年
英王チャールズ一世処刑。共和政始まる。

＊一六六〇年
英王チャールズ二世即位、王政復古のかたわら議会制の道が模索される。

＊一六七〇年代末
このころトーリ党、ホイッグ党が誕生。政党の起原が成立する。

＊一六七九年
英議会、チャールズ二世の専横に抗議して人身保護法を制定。

＊一六八八年
絶対王政をめざしたジェームズ二世が亡命、名誉革命の始まり。翌八九年に英議会は権利宣言をおこない、新王ウィリアム三世、メアリ二世夫妻がこれを受諾。宣言は権利章典として制定された。

一七二九年　○歳
一月一二日　エドマンド・バーク、アイルランドのダブリンに生まれる。法廷弁護士リチャード・バークの次男。一三人いた兄弟姉妹の多くは夭逝した。

一七三五年　六歳
虚弱だったバークはこのころから四〇年ごろまで母の実家コークで母と暮らす。

一七四一年　一二歳
アイルランド東部キルデアのクエーカー教徒系の学校に入学。四四年卒業。

一七四四年　一五歳
ダブリンのトリニティーカレッジに入学。在学中は文芸活動を活発におこなう。雑誌『リフォーマー』を発行。

一七四八年　一九歳
文学士としてトリニティーカレッジを卒業。卒業後も美学を研究。

一七五〇年　二一歳
法律を学ぶためにロンドンに移る。ほどなく法律を断念。以後カフェやパブなどで討論に参加。出版人ロバート・ドズリーと知り合い、長年にわたって出版活動で連携することになる。五〇年代には欧州大陸を旅行。

一七五六年　二七歳
匿名で『自然社会の擁護』を刊行。評判になる。

一七五七年　二八歳
『崇高と美の観念の起源に関する哲学的考察』を刊行。高く評価される。三月、医師の娘ジェーン・ニュージェントと結婚。

一七五八年　二九歳
編集長として年鑑雑誌『アニュアル・レジスター』を創刊。ドズリーと共同の出版事業で、六六年頃まで継続した。この年長男リチャード誕生。のちに次男が生まれるが夭逝し、リチャードをひとり息子として溺愛していく。

一七五九年　三〇歳
政治家ウィリアム・ジェラード・ハミルトンの秘書になる。この年アダム・スミス『道徳感情論』。

一七六一年　三二歳
ハミルトンの秘書としてアイルランドに帰国。母国の貧困に衝撃を受ける。

一七六二年　三三歳
この年ジャン・ジャック・ルソー『エミール』『社会契約論』。

一七六四年　三五歳
ハミルトンと決裂。ロンドンに戻る。文芸クラブの設立メンバーになる。生活困窮。

一七六五年　三六歳

ロッキンガム卿の秘書になる。ウェンドーヴァーから出馬し、下院議員に選出される。第一次ロッキンガム内閣（～六六年）。

一七六八年　三九歳
このころバッキンガムシャーのビーコンズフィールドに領地を得て地主になる。多額の借金を負う。

一七七〇年　四一歳
『現代の不満の原因についての省察』を刊行。

一七七一年　四二歳
議会のニューヨーク植民地担当になる。

一七七三年　四四歳
フランスを訪問。このころインド・ベンガル総督ウォーレン・ヘイスティングズへの批判を公にする。

一七七四年　四五歳
ブリストルから出馬し、下院議員に選出される。アメリカへの抑圧的な政策を批判する演説をおこなう。

一七七五年　四六歳
三月、アメリカとの和平を提案する演説をおこなう。提案は賛成七八対反対二七〇で否決された。この年アメリカ独立革命勃発、八三年まで継続。

一七七六年　四七歳
この年アメリカ独立宣言。アダム・スミス『国富論』。

一七八〇年　五一歳
モールトンから出馬し、下院議員に選出される。

一七八二年　五三歳
第二次ロッキンガム内閣で英国軍支払総監に任命される。同年ロッキンガム卿死去、後ろ盾をうしなう。

一七八三年　五四歳
東インド会社経営の腐敗を弾劾する演説をおこなう。この年イギリスはパリ条約でアメリカ合衆国の独立を承認。

一七八四年　五五歳
スコットランドのグラスゴー大学学長に就任。エディンバラでアダム・スミスを訪問。

一七八六年　五七歳
ウォーレン・ヘイスティングズの不正を告訴。

一七八八年　五九歳
ヘイスティングズとの裁判開始。九四年までつづけられ、九五年にヘイスティングズは無罪となる。

一七八九年　六〇歳
一一月頃、シャルル・ジャン・フランソワ・デュポンから革命について所感を訊ねる手紙を受けとる。この年リチャード・プライス『祖国愛についての談義』を刊行。フランスでは七月一四日にバスティーユが襲撃され革命が勃発。八月、国民議会による人権宣言。一〇月、ヴェルサイユ行進でルイ十六世夫妻はパリに移動。

一七九〇年　六一歳
『フランス革命についての省察』を刊行。革命への賛否をめぐってフォックスと論争、ほどなくホイッグ党は分裂にいたる。この年アダム・スミスが『道徳感情論』の第六版を刊行、同年死去。

一七九一年　六二歳

『新ホイッグから旧ホイッグへの抗議』『国民議会議員への手紙』を発表。この年トマス・ペイン『人間の権利』でバークに反論。フランスでは憲法が発布される。共和政主義のジロンド派が立憲君主派と対立。反革命派が増えていく。

一七九二年　六三歳

フランスで男性普通選挙による国民公会が成立。王政廃止、第一共和政発足。九月虐殺が発生、多くの受刑者が殺される。アシニア紙幣が乱発され始める。

イギリスで反革命派が増加。バークに賛同する声が増え始める。

一七九三年　六四歳

フランス、ジャコバン派恐怖政治期（〜九五年）。ルイ十六世処刑。イギリスは第一回対仏大同盟を結成、対仏干渉戦争を開始。バークは戦争を支持した。

一七九四年　六五歳

議員引退。選挙区は長男リチャードが継ぐ。八月リチャード死去。英ピット内閣は人身保護法を停止。バークはこれを支持した。フランスではテルミドールのクーデターでロベスピエールが失脚、処刑される。

一七九五年　六六歳
『穀物の欠乏についてのくわしい考察』を執筆。一八〇〇年刊行。
一七九七年　六八歳
七月九日、ビーコンズフィールドで死去。
*一七九六年
フランス、アシニア紙幣を廃止。
*一七九九年
イギリスは第二回対仏大同盟を結成。フランスではナポレオン＝ボナパルトがブリュメール一八日のクーデターで第一統領として独裁権を握る。フランス革命の終了。
*一八〇四年
フランスでナポレオンが皇帝に即位。第一帝政の始まり。
*一八一四〜一五年
ナポレオン失脚。ブルボン王家による王政復古。

山川出版社『詳説　世界史B』（二〇一二）ほかを参照。

訳者あとがき

原文は十八世紀の書簡体です。当時の知識人にとって書簡とは公開されることを念頭においたひとつの文芸様式でした。その凝った修辞の慣例にとどまらず、これでもかと縦横無尽にくり広げられるバークの流麗な超長文は難物でしたが、当時の英語の読者にとってはふつうに読める文章であったわけですから――なにしろとんでもないベストセラーだったのです――現代日本語の読者にとってもふつうに読める文章になっていなければなりません。みごとな原文を忠実に踏まえつつ、そうなっていることを願いながら仕事を終えました。日本の憲法理解にも欠かせない、おそるべき警告に満ちた書です。どうかぜひお読みになってください。

いまの社会にこそバークを、とおっしゃってご依頼くださった古典新訳文庫の編集長、中町俊伸さんには最初から最後まで貴重なご助言をたまわりました。もともと政治学を専攻され、バークに深い理解をお持ちのかたです。あたたかくも鋭いご示唆とともに、遅れに遅れる訳者をお待ちくださったことに、心から御礼をもうしあげます。

変わることのない光文社の編集体制の手厚さ、製本のぜいたくさにも感動します。校閲のみなさま、千枚近い原稿に、いくども目をとおしてくださってほんとうにありがとうございました。そのようにして支えていただく心強さは言葉になりません。

そして今回も望月通陽さんが、みごとな装丁画をお描きくださいました。ふだん表紙は本が完成したときのお楽しみなのですが、こんどばかりは中町編集長が先にお見せくださったのです。

息がとまりました。

そして、ほんとうに息苦しくなりました。それなのに目が離せません。

――なんという表情。

千枚の本質を、一枚でとらえてくださった名作です。きっとバークも感激して胸を震わせたに違いありません。思想家であり実務家であると同時に、芸術だけができる表現というものに心をうたれる、美学と感情の人でしたから。

ほんとうに、よくあんな政治家がいたものです。そしてぼろぼろの晩年に、わたしたちにこの名著を遺していってくれました。私生活では子煩悩の、優しい人だったといわれます。きっとそうだったろうと、読んでいてもうなずくのです。
日本の政治家のみなさん。これを書けるような人であってくださいとはいいません。
これを読める人であってください——せめて。

二〇二〇年七月十四日の革命記念日をまえに

kobunsha classics
光文社古典新訳文庫

フランス革命《かくめい》についての省察《せいさつ》

著者 エドマンド・バーク
訳者 二木麻里《ふたきまり》

2020年8月20日 初版第1刷発行
2024年10月20日 第3刷発行

発行者 三宅貴久
印刷 大日本印刷
製本 大日本印刷

発行所 株式会社光文社
〒112-8011東京都文京区音羽1-16-6
電話 03（5395）8162（編集部）
03（5395）8116（書籍販売部）
03（5395）8125（制作部）
www.kobunsha.com

落丁本・乱丁本は制作部へご連絡くだされば、お取り替えいたします。
ISBN978-4-334-75430-3 Printed in Japan

組版 新藤慶昌堂

いま、息をしている言葉で、もういちど古典を

長い年月をかけて世界中で読み継がれてきたのが古典です。奥の深い味わいある作品ばかりがそろっており、この「古典の森」に分け入ることは人生のもっとも大きな喜びであることに異論のある人はいないはずです。しかしながら、こんなに豊饒で魅力に満ちた古典を、なぜわたしたちはこれほどまで疎んじてきたのでしょうか。

ひとつには古臭い教養主義からの逃走だったのかもしれません。真面目に文学や思想を論じることは、ある種の権威化であるという思いから、その呪縛から逃れるために、教養そのものを否定しすぎてしまったのではないでしょうか。

いま、時代は大きな転換期を迎えています。まれに見るスピードで歴史が動いていくのを多くの人々が実感していると思います。

こんな時わたしたちを支え、導いてくれるものが古典なのです。「いま、息をしている言葉で」——光文社の古典新訳文庫は、さまよえる現代人の心の奥底まで届くような言葉で、古典を現代に蘇らせることを意図して創刊されました。気取らず、自由に、心の赴くままに、気軽に手に取って楽しめる古典作品を、新訳という光のもとに読者に届けていくこと。それがこの文庫の使命だとわたしたちは考えています。

このシリーズについてのご意見、ご感想、ご要望をハガキ、手紙、メール等で翻訳編集部までお寄せください。今後の企画の参考にさせていただきます。
メール　info@kotensinyaku.jp

光文社古典新訳文庫　好評既刊

リヴァイアサン（全2巻）
ホッブズ／角田《つの だ》安正《やす まさ》◉訳

「万人の万人に対する闘争状態」とはいったい何なのか。この逆説をどう解消すれば平和が実現するのか。近代国家論の原点であり、西洋政治思想における最重要古典の代表的存在。

コモン・センス
トマス・ペイン／角田《つの だ》安正《やす まさ》◉訳

イギリスと植民地アメリカの関係が悪化するなか、王政、世襲制の非合理性を暴き、〝独立以外の道はなし〟と喝破した小冊子「コモン・センス」は、世論を独立へと決定づけた。

市民政府論
ロック／角田《つの だ》安正《やす まさ》◉訳

「私たちの生命・自由・財産はいま、守られているだろうか？」。近代市民社会の成立の礎となった本書は、自由、民主主義を根源的に考えるうえで今こそ必読の書である。

自由論
ミル／斉藤《さい とう》悦則《よし のり》◉訳

個人の自由、言論の自由とは何か。本当の「自由」とは。二十一世紀の今こそ読まれるべき、もっともアクチュアルな書。徹底的にわかりやすい訳文の決定版。（解説・仲正昌樹）

人口論
マルサス／斉藤《さい とう》悦則《よし のり》◉訳

「人口の増加は常に食糧の増加を上回る」。デフレ、少子高齢化、貧困・格差の正体が、人口から見えてくる。二十一世紀にこそ読まれるべき重要古典を明快な新訳で。（解説・的場昭弘）

社会契約論／ジュネーヴ草稿
ルソー／中山《なか やま》元《げん》◉訳

「ぼくたちは、選挙のあいだだけ自由になり、そのあとは奴隷のような国民なのだろうか」。世界史を動かした歴史的著作の画期的新訳。本邦初訳の「ジュネーヴ草稿」を収録。

光文社古典新訳文庫　好評既刊

饗宴

プラトン／中澤《なかざわ》務《つとむ》●訳

悲劇詩人アガトンの祝勝会に集まったソクラテスほか六人の才人たちが、即席でエロスを賛美する演説を披瀝しあう。プラトン哲学の神髄であるイデア論の思想が論じられる対話篇。

テアイテトス

プラトン／渡辺《わたなべ》邦夫《くにお》●訳

知識とは何かを主題に、知識と知覚について、記憶や判断、推論、真の考えなどについて対話を重ね、若き数学者テアイテトスを「知識の哲学」へと導くプラトン絶頂期の最高傑作。

パイドン——魂について

プラトン／納富《のうとみ》信留《のぶる》●訳

死後、魂はどうなるのか？　肉体から切り離され、それ自身存在するのか？　永遠に不滅なのか？　ソクラテス最期の日、弟子たちと獄中で対話する、プラトン中期の代表作。

ゴルギアス

プラトン／中澤《なかざわ》務《つとむ》●訳

人びとを説得し、自分の思いどおりに従わせることができるとされる弁論術に対し、ソクラテスは、ゴルギアスら3人を相手に厳しい言葉で問い詰める。プラトン、怒りの対話篇。

ニコマコス倫理学（上・下）

アリストテレス／渡辺《わたなべ》邦夫《くにお》・立花《たちばな》幸司《こうじ》●訳

知恵、勇気、節制、正義とは何か？　意志の弱さ、愛と友人、そして快楽。もっとも古くて、もっとも現代的な究極の幸福論、究極の倫理学講義をアリストテレスの肉声が聞こえる新訳で！

政治学（上・下）

アリストテレス／三浦《みうら》洋《ひろし》●訳

「人間は国家を形成する動物である」。この有名な定義で知られるアリストテレスの主著の一つ。後世に大きな影響を与えた、プラトン『国家』に並ぶ政治哲学の最重要古典。